Horst Friedrich Wünsche

LUDWIG ERHARDS GESELLSCHAFTS- UND WIRTSCHAFTSKONZEPTION

Herrn Professor Dr. Dr. h. c. Karl Brandt
und Herrn Dr. Karl Hohmann –
meinen Mentoren

Horst Friedrich Wünsche

LUDWIG ERHARDS GESELLSCHAFTS- UND WIRTSCHAFTSKONZEPTION

Soziale
Marktwirtschaft
als Politische
Ökonomie

BONN AKTUELL

CIP-Kurztitelaufnahme der Deutschen Bibliothek

Wünsche, Horst Friedrich
Ludwig Erhards Gesellschafts- und Wirtschaftskonzeption:
Soziale Marktwirtschaft als Politische Ökonomie /
Horst Friedrich Wünsche. – Stuttgart: Bonn Aktuell, 1986:
ISBN 3-87959-263-2

Verlag BONN AKTUELL GmbH
Juni 1986
ISBN 3-87959-263-2

Umschlagentwurf: Reichert Buchgestaltung, Stuttgart
Satz: Fotosatz Froitzheim KG, Bonn
Druck und Bindung: Druckerei Kösel, Kempten

Inhalt

I. Aktuelle Bemühungen um die Rekonstruktion der Sozialen Marktwirtschaft

1. Die Erwartungen

Ein beträchtlicher Zeitraum der kurzen Geschichte der Bundesrepublik Deutschland ist geprägt von einem „Wirtschaftswunder": von stetig wachsendem Beschäftigungsvolumen, von Preisniveaustabilität und hohem Wirtschaftswachstum. An diesen Zeitraum schließt sich ein etwas längerer an, der von einer schleichenden Inflation, einer stagnierenden wirtschaftlichen Entwicklung und einer hohen Zahl Arbeitsloser charakterisiert wird. In zwei aufeinanderfolgenden Perioden wurden gleiche wirtschaftspolitische Ziele einmal perfekt erreicht, einmal beträchtlich verfehlt. Dieser Umstand hat immer wieder die Frage aufgeworfen, inwiefern die Bedingungen der frühen Jahre Erfolge der damaligen Wirtschaftspolitik waren und durch eine systematische Revitalisierung dieser Politik wiedererlangt werden könnten. Die so aufgeworfene Frage brachte und bringt eine Wirtschaftspolitik in das Blickfeld, für die Ludwig Erhard[1] als Bundesminister für Wirtschaft die Verantwortung trug und die als Soziale Marktwirtschaft bezeichnet wird.

Die Frage nach den Möglichkeiten einer Renaissance der Politik Ludwig Erhards geht über ein historisches Interesse weit hinaus. Gesucht wird nach einer aktuellen Programmatik für die Wirtschaftspolitik. Nun werden jedoch – mit großer Wahrscheinlichkeit – in den vierziger, fünfziger und sechziger Jahren andere konkrete wirtschaftspolitische Maßnahmen erforderlich gewesen sein, als in der Gegenwart richtig wären und in der Zukunft erfolgversprechend sein könnten. Die Frage: „Was würde Erhard heute tun?" ist darum nur sinnvoll in einem eingeschränkten Sinne. Die Frage kann nur darauf zielen, die generellen Wirkungszusammenhänge zu klären, die der konkreten Politik Ludwig Erhards zugrunde gelegen haben.

---

1 Prof. Dr. Ludwig Erhard war Bundesminister für Wirtschaft in der ersten Bundesregierung, die am 20. September 1949 vereidigt wurde, und hatte dieses Amt bis zum 16. Oktober 1963, dem Tag seiner Wahl zum Bundeskanzler der Bundesrepublik Deutschland, inne. Unter der Kanzlerschaft Erhards besetzte die CDU das Wirtschaftsressort mit Dr. Kurt Schmücker letztmalig.

Doch schon dies ist interessant, denn es geht hierbei nicht um die Erinnerung an bestimmte Maßnahmen Ludwig Erhards, nicht um das Rühmen politischer Einzelentscheidungen, die sich in bestimmten, von historischen Zufälligkeiten geprägten Situationen als erfolgreich erwiesen haben; das Ziel ist vielmehr, das Wirken Erhards theoretisch zu analysieren.

Die Betrachtung einer Politik, die aus aktuellem programmatischen Interesse erfolgt, steht zunächst unter dem Eindruck, daß diese Politik ursächlich und in bedeutendem Umfang zu jener günstigen Wirtschaftsentwicklung beigetragen hat, die nun abermals als dringend erwünscht gilt. Der Wunsch nach einer Rekonstruktion der Politik Erhards ist jedoch nur dann realistisch, wenn die in den fünfziger und den ersten sechziger Jahren eingetretene Wirtschaftsentwicklung nicht nur irgendwelchen Maßnahmen zu danken ist, die zufällig ergriffen wurden oder nur unter den damaligen, ganz spezifischen Umständen angemessen waren. Es muß sich vielmehr erweisen, daß der eingetretene Erfolg einem konsequenten und damit notwendigerweise vorausbedachten Wirken zuzurechnen ist. Mithin ist nach dem grundsätzlichen Ansatz und nach den Prinzipien zu fragen, aus denen sich die Politik Erhards seinerzeit speiste.

Eine Erinnerung an die Soziale Marktwirtschaft, die von aktuellen wirtschaftspolitischen Problemen ausgeht und diese lösen möchte, richtet sich also auf Konzeptionelles – auf Grundsätze und Prinzipien, von denen angenommen wird, daß ihre tagespolitische Anwendung erfolgreich war. Grundsätze sind oft zeitlos und nicht an einen konkreten historischen Moment gebunden. Doch verabsolutiert und zum Dogma erhoben, taugen Grundsätze nicht als Grundlage einer sachgerechten Politik. Das Entscheidende ist der Nachweis einer Verbindung zwischen der grundsätzlichen Haltung und ihrem praktischen Erfolg. Erst wenn es gelingt, die Politik Ludwig Erhards, die Soziale Marktwirtschaft, in dieser Weise darzustellen: als eine erfolgreiche Konzeption, sind jene wirtschaftspolitischen Grundlagen gefunden, die möglicherweise auch heute, in der Bundesrepublik Deutschland oder in anderen Ländern, zu einer erfolgversprechenden Politik verhelfen könnten.

2. Die Schwierigkeiten

Diese vielversprechende Aufgabe zu lösen, ist nicht einfach. Schon die erste Voraussetzung, daß die aufgeworfene Frage nach der Politik Erhards überhaupt als sinnvoll angesehen werden kann, die Frage, inwieweit – ja ob – Ludwig Erhard überhaupt zur wirtschaftlichen Entwicklung der Zeit seit 1948 mit bewußten wirtschaftspolitischen Entscheidungen und mit konsequentem Handeln beigetragen hat, ist schwer zu beantworten: Generell kann jedes Ergebnis ebenso aus bewußt gesetzten Zielen und daraufhin zielgerecht ergriffenen Maßnahmen wie aus Zufällen, aus herrschenden Umständen und handlungsunabhängigen Einflüssen folgen. Darüberhinaus ist es im Bereich der Wirtschaftspolitik – in einem Bereich, in dem bekanntermaßen besonders zahlreiche Interessen vorhanden sind und im Mit- und Gegeneinander versuchen, sich Geltung zu verschaffen – auch besonders schwierig, den Grad irgendeiner bestimmten Einflußnahme zu isolieren, zu verfolgen oder zu beurteilen.

Wird die Betrachtung von vornherein auf die Handlungen Erhards konzentriert, besteht die Gefahr, daß der Einfluß von Umständen und Handlungen Dritter auf die wirtschaftliche Entwicklung unterbewertet wird. Eine solche Betrachtung würde nahezu unvermeidbar in eine Erhard-Apologie führen. Diese Gefahr könnte nur dann gering sein, wenn man sicher sein könnte, daß Erhard eine viel längere Zeit, nachhaltiger an der Verwirklichung von Zielen gearbeitet hat als jeder andere – und nachhaltiger natürlich auch als die Umstände, die in der „Ära Erhard" herrschten. Eine solche Annahme würde allerlei Vorurteile implizieren. Man würde insbesondere annehmen, daß das Erreichte mit den Zielen Erhards übereinstimmte. Damit hätte man sich von vornherein entschieden, nicht zu zweifeln, daß Erhard geeignete Mittel eingesetzt hat, seine Ziele zu verwirklichen. Wenn das Erreichte von Erhard angestrebt worden ist, dann muß seine Politik – die erreicht hat, was erreicht werden sollte – ja richtig gewesen sein. Auch die Frage nach der Durchsetzungskraft Erhards wäre auf diese Weise „geklärt".

Eine solche Verfahrensweise könnte sich klarer Ergebnisse sicher sein. Aber sie wäre dem Problem und auch den Feststellungen von Erhard selbst nicht angemessen. Erhard hat die Durchsetzung seiner wirtschaftspolitischen Konzeption als einen langwierigen und schwierigen Prozeß angesehen, bei dem es zunächst nur möglich war, allgemeinere, gelegentlich fast vage Zielvorstellungen zu verankern. Erst im Laufe der Zeit ist es ihm gelungen, die Konturen seiner Politik schärfer zu zeichnen und die Soziale Marktwirtschaft der Öffentlichkeit als eine feste und komplexe wirtschafts- und gesellschaftspolitische Gestaltungsabsicht darzustellen[1].

Also wäre eine umfassendere und gleichmäßige Betrachtung aller Maßnahmen – der Entscheidungen von Erhard wie sämtlicher anderer Umstände – erforderlich, die für die seinerzeit eingetretene wirtschaftliche Entwicklung Bedeutung hatten. Doch leider führt das wieder zu dem Punkt, der noch geklärt werden muß: Welche Maßnahmen hatten Bedeutung? Welchen Umständen ist die schließliche günstige Entwicklung zu danken? Wirtschaftspolitische Ziele lassen sich nicht unbedingt aus den Wirkungen rekonstruieren, die in der Zeit auftraten, in der bestimmte wirtschaftspolitische Maßnahmen propagiert wurden.

Auch bei den Maßnahmen im allgemeinen läßt sich nicht ansetzen. In der Zeit, in der Erhard wirtschaftspolitische Verantwortung trug, sind unter den getroffenen wirtschaftspolitischen Maßnahmen mit Sicherheit auch solche, die nicht aus einer dauerhaft maßgebenden Konzeption hergeleitet werden können. Andererseits könnte es sein, daß Erhard Maßnahmen für erforderlich hielt, die er aus irgendwelchen Gründen nicht durchzusetzen vermochte. Die getroffenen Maßnahmen sind somit ebenfalls ein unzulänglicher Spiegel der Konzeption Erhards.

Für die Absicht, eine praktische Wirtschaftspolitik systematisch nach dem Ansatz und in der Hoffnung auf den Erfolg früherer Jahre zu betreiben, ist es ebenso unerläßlich, das konzeptionell Angestrebte vom zufällig oder nur zeitbedingt Realisierten zu trennen, wie es nötig ist, das nur zeitbedingt nicht Realisierte darzutun. – Die Konzeption aber, die den Beurteilungsmaßstab hierfür stellen könnte, gilt es erst zu erschließen.

Man könnte diese Aufgabe auf eine naheliegende Weise zu lösen versuchen: Man könnte auf die Beschreibung längerfristig verfolgter Absichten des maßgebenden Politikers zurückgreifen. Man hat dem Wirken Erhards in der betreffenden Zeit ganz ohne Zweifel eine Dominanz einzuräumen, also käme es darauf an, die Konzeption Erhards aus dessen eigenen Verlautbarungen als Wirtschaftspolitiker heraus darzulegen. Doch würde eine solche Beschreibung wirklich zu den gesuchten theoretischen Einsichten in die Wirtschaftspolitik Erhards führen?

Ich habe schon darauf verwiesen: Würde man zum Zwecke der Beschreibung der Konzeption Erhards bei den Maßnahmen anknüpfen, die

---

1 Vgl. etwa Ludwig Erhard, Deutsche Wirtschaftspolitik, Seite 7: „Was ich ausgesagt, beschrieben und so oft verkündet habe – das Gefüge einer freien und sozial verpflichteten Marktwirtschaft –, gewann über immer festere Konturen schließlich feste Gestalt."

zur Zeit Erhards durchgeführt wurden, würde man leicht in einen Zirkelschluß geraten: Die Maßnahmen wurden des Erfolges wegen ergriffen, und der Erfolg rechtfertigte die Maßnahmen. Wenn man die Betrachtung der Maßnahmen durch die Erläuterungen ersetzt, die Erhard selbst seiner Politik beigefügt hat, würde damit ein noch weitaus problematischeres Verfahren gewählt, bei dem vor allem auch große praktische Schwierigkeiten entstünden: Man muß wohl annehmen, daß die Komplexität des wirtschaftlichen Geschehens und damit die Komplexität der Wirtschaftspolitik mit der wirtschaftlichen Entwicklung gewachsen sind. Die wirtschaftspolitischen Maßnahmen Erhards in den vierziger Jahren könnten möglicherweise noch relativ leicht bestimmten konzeptionellen Gestaltungsideen zugeordnet werden. Je günstiger sich die wirtschaftliche Entwicklung in der Bundesrepublik Deutschland darstellte, desto weniger durchschaubar sind jedoch auch die wirtschaftspolitischen Maßnahmen in ihren Kausalitäten und die Zurechenbarkeiten geworden.

Die Wirkung der Wirtschaftsreform Ludwig Erhards 1948 war relativ groß, verglichen mit später ergriffenen Maßnahmen. Offensichtlich gibt es auch in der Wirtschaftspolitik einen abnehmenden Grenzerfolg: Je weiter die Wirtschaftspolitik ausgreift, desto geringer werden ihre Wirkungen. Das bedeutet aber, daß Erhard, um seine politischen Vorstellungen durchzusetzen, vor der Notwendigkeit stand, seine Maßnahmen laufend eingehender zu begründen. Man kann kaum von einer gleichmäßig intensiven oder von einer zur Bedeutung der jeweiligen Maßnahmen proportionalen Begründungsintensität ausgehen, wenn die unmittelbare Einsehbarkeit und die Wirksamkeit der Politik schwinden.

Die Konturen einer wirtschaftspolitischen Konzeption, die anhand der Verlautbarungen über die jeweils ergriffenen Maßnahmen beschrieben wird, und der Wirkungen, die sie erzeugen, werden im Zeitablauf mehr und mehr verschwimmen. Dieser Versuch, Erhards Konzeption zu erschließen, dürfte sich also recht bald in einem Gestrüpp von Unsicherheiten und Zweifeln verfangen: Die wirtschaftspolitische Konzeption, die sich zunächst in wirkungsvollen Maßnahmen und nur wenigen begleitenden Worten dokumentierte, wird ausgreifen in immer intensivere Begründungen von immer weniger Wirkungsvollem und vielleicht auch weniger Wichtigem. Wie könnte aus einem solchen Umstand heraus eine überzeugende Beschreibung der Konzeption gewonnen werden? Offensichtlich müßte man hierzu ja das am meisten Betonte am stärksten relativieren.

Über die hier aufgeworfene Problematik ist bisher noch nicht ausreichend nachgedacht worden. Die Situation heute ist die: Ludwig Erhard wird weithin als Schöpfer des „Wirtschaftswunders" angesehen, aber es ist bisher weder gelungen, dieses „Wirtschaftswunder" theoretisch überzeugend als Erfolg der Politik Erhards darzustellen, noch vermochte man, zwischen der konzeptionellen Linie Ludwig Erhards und der darauf begründeten Politik einerseits und jenen politischen Maßnahmen andererseits zu unterscheiden, die aufgrund der herrschenden Umstände, Interessen und Kräfteverhältnisse getroffen worden oder unterblieben sind und die damit in irgendeiner Weise Modifikationen oder zeitbedingte Abweichungen oder vielleicht gar Widersprüche zu den konzeptionellen Absichten Ludwig Erhards darstellen.

Vieles spricht dafür, Erhard für den „Vater des Wirtschaftswunders" zu halten. Nur: Ganz so klar, daß angesichts jeder wirtschaftspolitischen Einzelmaßnahme jedes Fragen nach deren Sinn und deren Bedeutung im Rahmen der Gesamtkonzeption als ein frevelhaftes Zweifeln am doch Offenkundigen zurückgewiesen werden könnte, ist der Sachverhalt nicht. Beträchtliche Unsicherheiten werden offenbar, wo tiefer und nachdrücklicher gefragt wird. Es gibt viele und starke Indizien, die die Erhardsche Politik in ihr Recht als eine wirtschafts- und gesellschaftspolitisch beispiellos erfolgreiche setzen. Bloß weiß man eben nicht, in welch genauem Ausmaß Erhard der Urheber des „Wirtschaftswunders" war. Man kann die Wirkungen Erhards nicht theoretisch erklären. Man weiß somit auch nicht, ob die von Erhard angewandten Mittel wirklich die optimalen waren. Man weiß noch nicht einmal, ob die Erfolge so angestrebt waren, wie sie eingetreten sind. Man denke doch nur an Erhards bekannte Maßhalteappelle, in denen er sich besorgt über manche Konsequenzen des zunehmenden Wohlstandes geäußert hat – eines Wohlstandes, der doch immerhin als eine der hervorragenden Errungenschaften der Sozialen Marktwirtschaft bezeichnet zu werden pflegt.

Die Berechtigung zu zweifelnden Fragen geht tief, geht bis in das Grundsätzliche und beginnt schon, wenn der Begriff „Soziale Marktwirtschaft" erwähnt wird: Gewiß wird man Erhards Vorliebe für marktwirtschaftliche Lösungen kaum grundsätzlich anzweifeln. Aber wie fest war denn die marktwirtschaftliche Überzeugung bei Erhard verwurzelt? Bekanntlich hat Erhard ja nicht eine „Marktwirtschaft" schlechthin, sondern eine spezifische Form derselben, die „Soziale Marktwirtschaft", realisieren wollen. Jedoch, man kennt eigentlich nichts Präzises über Erhards Begründungen der marktwirtschaftlichen Ausnahmebereiche, die das „Soziale" an der Sozialen Marktwirtschaft bestimmen sollen – sofern in ihnen überhaupt das „Soziale" der Sozialen Marktwirtschaft definiert ist. Denn schon hierüber muß gesprochen werden: Ist die Soziale Marktwirtschaft eine Marktwirtschaft, die bloß taktischer Gesichtspunkte wegen mit einem schmükkenden Beiwort dekoriert wurde? Ist sie eine „neuartige Synthese", wie es Alfred Müller-Armack empfand? Ist sie eine Politik der Mittelwege, die unter das Verdikt der Anhänger von Ludwig von Mises fallen würde? Ist sie ein interventionistisches Experiment? Eine romantische Vorstellung oder eine soziale Illusion? Oder geht es nur darum, die notwendige Sozialpolitik „marktwirtschaftskonform" auszugestalten? Vielleicht aber ist dies alles viel zu anspruchsvoll gedacht: Möglicherweise sind die von der Marktwirtschaft ausgenommenen Bereiche einfach auf politische Schwächen zurückzuführen, und die Potemkinsche Fassade des „Sozialen" dient nur dazu, das große Einfallstor des Interventionismus in die Marktwirtschaft zu tarnen. Begriffe in Verbindung mit dem Attribut „sozial" haben nun einmal den Charakter zwar einflußreicher, aber unverbindlicher und unbestimmter Formeln. – Worin besteht also das „Soziale" an der Sozialen Marktwirtschaft? Was ist eine „Soziale" Marktwirtschaft?

Nun kann man freilich nicht so tun, als gäbe es auf derartige Fragen keine Antworten. Es gibt sie, und zwar in zahlreichen Variationen – und oft gar sind sie überaus schnell parat. Zahlreiche Antworten – das heißt aber vor allem: Es gibt keine Übereinstimmung. Es ist darum nicht überraschend, daß zwischenzeitlich auch das Urteil über die anfänglichen Ursachen der günstigen wirtschaftlichen Entwicklung nach dem Kriege im Westen Deutschlands in einen heftigen Widerstreit geführt hat: Einerseits werden die wirtschaftlichen Bedingungen nach Kriegsende als so günstig angesehen, daß man anzunehmen hat, die wirtschaftliche Entwicklung wäre auch gänzlich ohne die von Ludwig Erhard getroffenen Maßnahmen vorangekommen[1]; andererseits wird das Entgegengesetzte behauptet: Ohne die beherzten Entscheidungen Ludwig Erhards hätte seinerzeit keinerlei Aussicht auf eine Wirtschaftsbelebung bestanden, und ohne das beharrliche Festhalten Ludwig Erhards an seiner Politik hätte sich in der Bundesrepublik Deutschland keinesfalls „Wohlstand für alle"[2] eingestellt.

Wird von der Konzeption Erhards gesprochen, liegen die Meinungen weit auseinander. Das Meinungsspektrum umschließt etwa den Bereich zwischen einer bloßen „Erhard-Saga", einer Wirtschaftspolitik, die angeb-

---

1 Vgl. etwa Werner Abelshauser, Wirtschaft in Westdeutschland. Abelshauser behauptet, daß der Wirtschaftsaufschwung im Westen Deutschlands bereits vor der Wirtschaftsreform Ludwig Erhards in Gang gekommen war. Zur Kritik dieser These und ihrer Begründung vgl. meine Rezension, Wirtschaft in Westdeutschland, sowie meinen Diskussionsbeitrag zum XV. Symposion der Ludwig-Erhard-Stiftung. Auch Egon Tuchtfeldt, Globalsteuerung, Seite 87, spricht von „ungewöhnlich günstigen Startbedingungen für das Experiment Soziale Marktwirtschaft". Die von Egon Tuchtfeldt angeführten Elemente sind recht unterschiedlicher Natur und teilweise erst durch das Wirken Ludwig Erhards entstanden.

2 „Wohlstand für alle" ist der Titel des bekanntesten Werkes Ludwig Erhards.

lich gar keine war[1], und Ludwig Erhards Wirtschaftspolitik, die als hohe Staatskunst anzusehen ist[2]. Wo in diesem weiten Bereich liegt das zutreffende Urteil? Fast jedermann hat sich hierüber seine Meinung abschließend gebildet, und kaum eine dieser Meinungen hat noch Kraft, eine gegenteilige zu verdrängen.

3. Die gängigen Lösungsversuche

Es wäre nicht richtig zu behaupten, die Wirtschaftstheorie hätte sich der Aufgabe, das Zustandekommen der günstigen wirtschaftlichen Entwicklung zur Zeit Ludwig Erhards zu erklären, nicht angenommen. Um jedoch die Wirkungen Erhards hinreichend zu beschreiben, sind wirtschaftstheoretische Methoden grundsätzlich unzureichend: Die Wirtschaftstheorie richtet ihr Interesse nicht auf das Wirken eines Politikers, sie hat Sachzusammenhänge darzulegen. Nun ist es aber nahezu unmöglich, aus den Ergebnissen wirtschaftstheoretischer Analysen die Konzeption eines Wirtschaftspolitikers zusammenzufügen, denn alle Erklärungen – zumal sie ja auch gelegentlich nicht miteinander kompatibel sind – wird er nicht oder doch nicht nach neuestem Stand des Wissens übernommen haben. Welche Erklärungsstränge wären dann zusammenzubinden? Wie wäre diese Auswahl in der Konzeption zu gewichten? Und welche Auswirkungen hätte das auf die Interdependenzen zwischen den einzelnen Wirkungsbereichen?

Bei dieser Schwierigkeit ist es schon erforderlich, einen Weg zu suchen, der bei Erhards eigenen Vorstellungen anzusetzen vermag. Hierin aber liegt der Mangel aller bisherigen Untersuchungen: Der Frage nach Erhards ganz spezifischer Konzeption für die Politik der Sozialen Marktwirtschaft wurde noch nie tiefgründig nachgegangen. Wenn nach Erhards Politik jetzt gefragt wird, müssen seine Grundansichten neu rekonstruiert werden. Zunächst wäre es wichtig, die Zielsetzungen Erhards präzis festzustellen und in ein in

1 Vgl. Herbert Ehrenberg, Erhard-Saga.

2 Vgl. Rüdiger Altmann, Staatskunst. – Diese Aussage erinnert an Othmar Spann, Gesellschaftslehre, Seite 215, wo festgestellt wird, die Entwicklung des Begriffs Freiheit führe stets „mitten in die Staatskunst hinein“. Wenn Erhards Position mit dem Ganzheitsgedanken identifiziert wird, sollte man jedoch nicht von einer solchen Analogie ausgehen. Es wäre vielmehr daran zu denken, daß jede Position, die sich auf der Grundlage der „Interdependenz der Ordnungen“ entfaltet, „ganzheitlich“ erscheint.

sich konsistentes System zu bringen. Dann könnten die Maßnahmen Erhards und schließlich die Auswirkungen der Erhardschen Politik analysiert werden.

Lange Zeit hindurch galt diese Aufgabe bereits aus der Intuition heraus als beantwortet. Es wurden einzelne wirtschaftspolitische Entscheidungen Ludwig Erhards hervorgehoben und mancherlei Erinnerungen und Detailerfahrungen angeführt, insbesondere solche, die in den „Kampfjahren", in der ersten Wiederaufbauphase, entstanden sind. Dieses weitgehend unsystematische Vorgehen war wenig geeignet, die Konzeption Ludwig Erhards als eine doch immerhin mehr als ein Jahrzehnt lang gültige zu bestimmen. Für den Wunsch nach einer Wiederbelebung der Konzeption Erhards macht sich dieser Sachverhalt nun recht ungünstig bemerkbar: Die bloße Überzeugung, daß Erhard erfolgreich war, reicht als Wegweiser für die aktuelle Wirtschaftspolitik nicht aus. Es müßte im einzelnen dargelegt werden, was Erhard aus welchen Gründen und mit welchem Erfolg tat.

Abgesehen davon, daß manche Legende inzwischen die Erfahrung verdrängt hat, ist auch die historische Forschung grundsätzlich nicht in der Lage, die Frage nach den beabsichtigten Wirkungen Erhards, nach seinen konzeptionell begründeten Maßnahmen, befriedigend zu beantworten. Aus der Darstellung historischer Sachverhalte ist zwar zu erfahren, was geschah. Der Sinn des Geschehenen kann aber nur durch eine theoretische Aufarbeitung geklärt werden[1].

Erforderlich wären darum eine von Erhard ausgehende, systematische wirtschaftstheoretische Analyse, insoweit wirtschaftspolitische Phänomene, eine soziologische, insofern soziale und gesellschaftspolitische Aspekte der Sozialen Marktwirtschaft betroffen sind. Bedauerlicherweise jedoch sind in der Wirtschaftstheorie Paradigmata dominant geworden, die kein Verständnis für die Wirtschaftspolitik Ludwig Erhards erwarten lassen. Bedauerlicherweise hat auch die Soziologie zur Erörterung der Urteile über die Gesellschaftspolitik Erhards – seit sich diese vor zwei Jahrzehnten in einem allgemeinen Unverständnis festgefahren haben – nichts beigetragen.

Aus einer solchen Situation führt nur ein Ausweg: Man muß den Sachver-

---

1 Treffend weist schon Ludwig von Mises gegenüber der modernen (genetischen) Geschichtsschreibung darauf hin: „Die Tatsachen sprechen nicht, sie wollen von einer Theorie beleuchtet werden". Vgl. Ludwig von Mises, Theorie des Geldes, Seite 248. Auch an die Klage von Max Scheler, Kapitalismus, Seiten 351f., kann erinnert werden: „Es ist immer wieder derselbe geschichtsphilosophische Grundfehler, in den unsere Moral-, Rechts-, Kunst- und Wirtschaftsgeschichte so ungemein leicht verfällt: die geschichtlichen Tatsachen bereits auf unsere kapitalistische Geistesstruktur, ihre Maßstäbe und Ideale zu beziehen und ein ‚Nichtkönnen' da zu sehen, wo ein anderes Wollen, eine andere Gesinnung, ein anderes Ethos vorlag."

halt gründlich und möglichst völlig vorurteilsfrei neu betrachten. Doch auch hierbei ist sogleich eine Schwierigkeit ersichtlich: Was soll eigentlich – präzis! – das Objekt der Neubetrachtung sein? – Die Soziale Marktwirtschaft, heißt es, befände sich im „vierten Jahrzehnt ihrer Bewährung"[1]: Sie hat sich allmählich etabliert; war Stilbrüchen unterworfen[2], hat neue Phasen[3] durchlaufen, Verfallserscheinungen[4] gezeigt und ist mit Erwekkungsbewegungen, mit Fortschreibungen und Fortentwicklungen konfrontiert worden. Nahezu jeder Beschreibung der Sozialen Marktwirtschaft mangelt es an Verbindlichkeit; zumeist handelt es sich um Darlegungen von Werthaltungen und Normen, die die einzelnen Beschreiber für wichtig ansehen. Wie läßt sich bei dieser Sachlage die Soziale Marktwirtschaft als Erkenntnisobjekt fassen?

Unbestreitbar dürfte sein: Die erforderliche Analyse darf keinesfalls beim herrschenden System der Sozialen Marktwirtschaft ihren Ausgang nehmen. Auch wenn dieses System sich fortentwickelt und zu irgendeiner „optimalen" Kombination von freiheitlichen und sozialpolitischen Postulaten gefunden hätte, die man nicht ungern mit dem Begriff „Soziale Marktwirtschaft" verbinden mag, würde doch die Gefahr bestehen, daß diese moderne Interpretation der Sozialen Marktwirtschaft im Zuge ihrer Entwicklung gerade von den Aspekten abgewichen ist, die ursprünglich für das Wesen der Sozialen Marktwirtschaft und damit für die Politik Ludwig Erhards und dann auch für die eingetretenen Erfolge entscheidend und wichtig waren. – Zur Verdeutlichung, wie kraß der Fehler einzuschätzen wäre, der aus der Betrachtung des falschen Analyseobjektes „Soziale Marktwirtschaft" folgt, möchte ich an dieser Stelle ein wichtiges Ergebnis meiner Arbeit vorwegnehmen: Ich versuche, den Nachweis zu erbringen, daß Ludwig Erhard unter der Sozialen Marktwirtschaft etwas gründlich anderes verstanden hat, als man heute darunter versteht. Der zentrale Aspekt ist der: Das „Soziale" bestimmt bei Erhard, was alles zusätzlich erforderlich ist, um die marktwirtschaftliche Vorstellung in der Gesellschaft

---

1 Das aus Anlaß des 80. Geburtstages von Alfred Müller-Armack veranstaltete Symposion der Ludwig-Erhard-Stiftung trug im Juni 1981 diesen Titel. Vgl. Ludwig-Erhard-Stiftung (Hg.), Soziale Marktwirtschaft.

2 Vgl. etwa Egon Tuchtfeldt, Globalsteuerung, Seite 89f.; Dieter Cassel, Konzertierte Aktion, Seite 251, oder Hans Jörg Thieme/Reinhard Steinbring, Konzeptionen, Seite 61.

3 Vgl. Ludwig Erhards Beschreibung der „neuen Lage", der die Politik gerecht zu werden habe, in seiner Regierungserklärung vom 10. November 1965 (Abgedruckt in: Ludwig Erhard, Bundestagsreden, Seiten 221ff.) sowie Alfred Müller-Armack, Die zweite Phase.

4 Vgl. Egon Tuchtfeldt, Globalsteuerung, Seite 88f.

für jeden akzeptabel zu verankern. Soziale Marktwirtschaft bedeutete für Erhard das politische Bemühen, das Wirtschaftliche dauerhaft, umfassend und zentral in die gesellschaftliche Lebensordnung einzubinden, die Modellvorstellung „Marktwirtschaft" in eine Politische Ökonomie zu überführen. Heute wird unter Sozialer Marktwirtschaft demgegenüber in der Hauptsache eine Wettbewerbsordnung verstanden, die durch eine „marktkonforme" Sozialpolitik ergänzt worden ist. Das ist ein immenser – ein kaum überbrückbarer – Gegensatz[1].

Gerade in umfassenderen Versuchen, die in der Moderne dominanten Aspekte der Sozialen Marktwirtschaft mit „Ludwig Erhards Lehre von der Sozialen Marktwirtschaft"[2] zu vereinbaren, wird die Problematik einer unkritisch unterstellten „Modernität" Ludwig Erhards besonders deutlich. Man begegnet hierbei einem zwiespältigen Phänomen: Manchen liberalen Positionen, auch solchen mit ehrwürdigen Traditionen, die bis in die liberale Klassik zurückreichen und die im Neoliberalismus fortwirken, steht Erhard skeptisch gegenüber, andere wiederum vertritt er nachdrücklich und gelegentlich gar kompromißloser als es jene Wissenschaftler tun, deren Zugehörigkeit zum Neoliberalismus nicht umstritten ist und die darum weithin als normbestimmend für den modernen Liberalismus gelten. Manche Autoren[3], die über Erhard urteilen, haben sich entschlossen, die Rolle dieses als widersprüchlich empfundenen Wirtschaftspolitikers herunterzuspielen, andere gewichten Erhards Aussagen nach ihrem Gutdünken[4].

---

1 Kurt H. Biedenkopf, Ludwig Erhard, Seite 78, hat diese Einschätzung kürzlich bestätigt: „Im Grunde gibt es zwischen der Entwicklung der letzten fünfzehn Jahre und Ludwig Erhards Zielvorstellungen keinen wirklichen Kompromiß. Was Ludwig Erhard wollte und was nach seiner Zeit tatsächlich entstanden ist, sind alternative Konzepte".

2 Vgl. Christoph Heusgen, Ludwig Erhards Lehre.

3 Vgl. etwa Karl-Hans Hartwig, Wirtschaftspolitik, Seiten 180 und 183. Ähnlich: Artur Woll, Wirtschaftspolitik. Artur Woll hat dieser weit verbreiteten Neigung einen nahezu klassisch knappen Ausdruck gegeben: „Alfred Müller-Armack (1901–1978) hat das Konzept ebenso wie den Ausdruck geprägt, Ludwig Erhard (1897–1977) unter diesem Zeichen in die Tat umgesetzt... Bei der marktwirtschaftlichen Ausrichtung des Konzeptes stützt sich Müller-Armack auf die Arbeiten von Friedrich August von Hayek, Walter Eucken und anderen Vertretern einer freiheitlichen Wirtschaftsordnung (oder Wettbewerbsordnung)... Die oft betonte Besonderheit ist die soziale Komponente. Wörtlich genommen ist der Begriff ‚Soziale Marktwirtschaft' ein Pleonasmus..." (Seite 84f.).

4 Dabei wird häufig die Frage: „Was sagt uns Ludwig Erhard heute?" von der Gegenwart her beantwortet – nicht im Sinne: „Was lehrte Ludwig Erhard?" sondern im Sinne: „Was wurde von Ludwig Erhard tatsächlich gelernt?" Eine solche Fragestellung führt nicht zur Klärung, welchen Beitrag Erhards Politik zur Lösung von Problemen leistet; sie ist brauchbar entweder für eine Erhard-Apologie (zur

Sicher ist: Man kann aus Erhards Schriften und Äußerungen allerlei beibringen, das Erhard in der Tradition des Neoliberalismus verankern kann. Das ist natürlich umso leichter, je weniger konkret die neoliberale Tradition definiert wird[1]: In eine Tradition in der Form allgemein anerkannter Grundwerte – „Wirtschaftliche Freiheit, Soziale Sicherheit und Gerechtigkeit"[2] – lassen sich die Ansichten Ludwig Erhards selbstverständlich bestens einfügen. Aber in eine solche Tradition passen doch sehr unterschiedliche Grundüberlegungen – liberale wie sozialistische. Es wäre

---

Beschreibung der Weitsicht Erhards: „Bis zum heutigen Tage orientiert sich die Wirtschaftspolitik an Erhard") oder zur Rechtfertigung gegenwärtiger wirtschaftspolitischer Maßnahmen (zur Beschreibung der Tradition: „Noch immer werden die Normen Erhards beachtet"). Den Rechtfertigungsversuchen der aktuellen Wirtschaftspolitik Anfang der achtziger Jahre ist wohl insbesondere die Arbeit von Christoph Heusgen zuzurechnen. Ein charakteristisches Ergebnis dieser Arbeit ist etwa, „daß man... auf einigen Gebieten den Ideen und Vorstellungen Erhards treu geblieben ist, auf anderen dagegen neue Wege eingeschlagen hat" (Seite 313f.). Heusgen nimmt die aktuelle Wirtschaftspolitik zum gültigen Maßstab, um die Bedeutung Erhards abzuschätzen. Nun ist jedoch klar: Für das Abweichen von der Konzeption Erhards gibt es selbstverständlich Gründe – welche immer das sein mögen –, und für das Festhalten an Erhards Konzeption gibt es, ebenso selbstverständlich, andere Gründe. Die Frage wäre vor allem, wie die jeweiligen Gründe zu beurteilen sind. Vgl. zur Kritik des Ansatzes von Christoph Heusgen auch Fritz Holzwarth, Ludwig Erhards Lehre, Seiten 332f.

1 Für manche Rezeption der „neoliberalen" Schule, bei der die „Anpassungsfähigkeit der Ordnungspolitik der Sozialen Marktwirtschaft an neue wirtschaftliche Konstellationen" (Wolfgang Schmitz, Soziale Marktwirtschaft, Seite 162) gerühmt wird, wäre es naheliegend, in Analogie zu einem Verdikt, das Friedrich A. von Hayek der Sozialen Marktwirtschaft gegenüber aussprach (Vgl. Friedrich A. von Hayek, Wissenschaft und Sozialismus, Seite 16.), festzustellen: Was dieser „Neo"-Liberalismus ist, weiß man nicht, man weiß nur, daß er Wirtschaftsfreiheit mit irgendwelchen sozialen Bindungen anstrebt und die wirkliche (naturrechtlich begründete) Freiheit des „Laissez faire et laissez passer, le monde va de lui même" ablehnt. – Es ist übrigens unberechtigt, Professor von Hayek wegen seiner Vorbehalte der „sozialen Gerechtigkeit" gegenüber eines „Manchester-Liberalismus à la Chicago" zu verdächtigen. Von Hayek lehnt „soziale Gerechtigkeit" als politisches Prinzip ab, weil es kein Kriterium für die Unterscheidung von zulässigen und unzulässigen Maßnahmen in einem freiheitlichen System bietet. Das rechtfertigt nicht, Hayeks System mit „laissez faire" oder einem „Minimalstaatskonzept" zu identifizieren. Wenn von Hayek gegen „soziale Gerechtigkeit" argumentiert, so allein darum, weil er in diesem Konzept keine rechtsstaatliche Begrenzung der Kompetenzen der Mehrheit sieht. Das besagt aber nicht, daß von Hayek auch das „Soziale", das in rechtsstaatlich adäquater Weise angestrebt wird, gering achten würde. Vgl. insbesondere Friedrich A. von Hayek, Verfassung der Freiheit, Seite 296f.

2 Vgl. Christoph Heusgen, Ludwig Erhards Lehre, Seite 151.

darum – im Sinne des Kritischen Rationalismus von Karl Popper – zu fordern, daß alle Versuche, die Soziale Marktwirtschaft Erhards zu interpretieren, als falsifiziert zu gelten haben, sobald der Umfang der Äußerungen, die nicht in das jeweilige Schema passen und die daraufhin als nicht oder als weniger relevant beiseitegeschoben und tabuisiert werden, zum Beträchtlichen angewachsen ist. Im Falle der Sozialen Marktwirtschaft Ludwig Erhards würde sich auf diese Weise zeigen, daß die meisten der gewählten Interpretationen noch höchst unzureichend sind.

Die auf jüngeren Erfahrungen mit einer marktwirtschaftlichen Wirtschaftspolitik beruhenden Erkenntnisse bieten also keinen Ansatz zur Analyse der Konzeption der Sozialen Marktwirtschaft Ludwig Erhards. Die Tatsache, daß der Begriff „Soziale Marktwirtschaft" in der aktuellen wirtschaftspolitischen Debatte noch vielfach verwendet wird, spiegelt zwar eine ungebrochene Tradition, aber es ist nicht klar, worin diese Tradition besteht. Die Tatsache, daß ein Begriff weiterverwendet wird, bedeutet nicht eben viel: Hierin wird eine Kontinuität sichtbar, die ebensogut bloß im Plakativen bestehen oder nur auf dem Zauber beruhen kann, der vom Begrifflichen oder vom wirtschaftspolitischen Erfolg ausgeht, den man bei Erhard vermutet. Die Frage, inwiefern die Inhalte der Konzeption aufrechterhalten worden sind, ist auf diese Weise nicht zu beantworten.

Als Beurteilungsmaßstab für die Kontinuität der Sozialen Marktwirtschaft beziehungsweise für den Grad ihrer Fortentwicklung oder Destruktion ist die Kenntnis der ursprünglichen Konzeption Erhards unabdingbar. Um diese Kenntnis zu gewinnen, ist eine vertiefte, von der gegenwärtigen Politik und dem durch sie geprägten Denken isolierte Analyse der Konzeption Erhards nötig. Die erforderlichen wirtschaftstheoretischen und soziologischen Deutungsversuche müßten ihren Ausgang bei historischen, nicht bei aktuellen Sachverhalten nehmen. Aber auch diese „Erkenntnis" führt nicht weiter: Wo immer bislang versucht wurde, die Bedeutung Ludwig Erhards als Wirtschaftspolitiker darzutun, ist man ja von gut belegten, oft gar herausragenden historischen Sachverhalten ausgegangen. Doch den Interpretationen, die auf diese Weise gefunden worden sind, steht manches entgegen; sie können bei kritischer Betrachtung allenfalls als „teilrichtig" anerkannt werden. Um historische Entscheidungen angemessen einordnen und würdigen zu können, muß nun einmal feststehen, welchen Beitrag sie zu einem voll ausgebildeten Zielsystem geleistet haben, welche Hauptziele mit ihnen angestrebt, welche Nebenziele dabei vernachlässigt wurden. Man muß also wissen, welche Gesamtvorstellungen Erhard geleitet haben, welches Zielbündel erreicht werden sollte. Gerade das, das Bild der Sozialen Marktwirtschaft, auf dessen Realisierung sich die Politik Ludwig Erhards richtete, ist unbekannt, steht in Frage und konnte durch keine der bisher üblichen Betrachtungen so zweifelsfrei erschlossen werden, wie es nötig wäre.

Man hat sich – um ein Beispiel anzuführen, auf das ich gleich noch ausführlicher zu sprechen komme – bisher kaum noch Rechenschaft darüber gegeben, wie problematisch es ist, in die Wirtschaftsreform Ludwig Erhards vom 20. Juni 1948 hinein einfach die Geburtsstunde der Sozialen Marktwirtschaft zu definieren und in den seinerzeitigen Maßnahmen Erhards die Manifestation einer liberalen Haltung zu sehen. Schwierigkeiten ergeben sich dabei aus zwei Gründen. Nach den vorausgegangenen Debatten und der Verabschiedung des Leitsätzegesetzes im Wirtschaftsrat hatte Erhard für seine Maßnahmen zwar eine demokratische Unterstützung, aber längst noch keine legale Ermächtigung. Sollte man wirklich – wie es oft geschieht – annehmen, daß Ludwig Erhard seiner privaten Einsicht vor administrativem Recht den Vorzug gab?

Darüberhinaus ist es alles andere als plausibel, anzunehmen, daß Erhard diese Reform tatsächlich oder in der Hauptsache mit der Intention durchführte, hinfort der puren Wirtschaftsfreiheit Geltung zu verschaffen, um – wie es den optimistischen Annahmen des klassischen Liberalismus entspricht – die Wirtschaftskräfte freizusetzen, die den Aufschwung initiieren, indem sie sich aus ihrem Engagement privaten Vorteil erhoffen[1]. Sollte nichts als eine solch krude liberale Haltung die „Soziale" Marktwirtschaft konstituiert haben?

Hinzu kommt – hiermit greife ich einem weiteren Ergebnis meiner Darlegung vor –, daß bei einer solchen Erklärung höchst wichtige kreislauftheoretische Argumente für die Maßnahmen Ludwig Erhards zum Zeitpunkt der Währungsreform außer acht gelassen werden. Gewiß ist es nicht falsch, die starke Mitwirkung liberaler Motivationen bei Erhards Entschei-

---

1 Schon am 3. November 1941 sagte Walter Eucken über die hier beschriebene, seinerzeit immerhin weit vertretene Ansicht: „Freie Wirtschaft. Weg mit dem Papierkrieg! Fallenlassen der Bindungen, die heute bestehen; fort mit den Rationierungen, Kennziffern und dergleichen. Man lasse den Unternehmern freie Hand... Wer so ‚freie Wirtschaft' fordert, übersieht oder verkennt in der Regel verschiedene Dinge, die von entscheidender Wichtigkeit sind. Er übersieht meist den Problemkomplex, der mit der Schaffung einer großen überschüssigen Geldmenge gegeben ist. Erst wenn währungspolitisch eine neue, vom heutigen Zustand wesentlich abweichende Ordnung geschaffen sein wird, können die Bindungen fallen. Nicht eher." (Walter Eucken, Wettbewerb, Seiten 34f.) – Eucken hat damit sicher nicht gemeint, daß diese Ordnungsaufgabe durch die Ausgabe neu gedruckten Geldes erfüllt sein wird, und Ludwig Erhard hat über das Problem der „Schuldenkonsolidierung" eine Studie verfaßt, die durchaus nicht zum Ergebnis kommt, daß Währungs- und Wirtschaftsreform notwendigerweise unmittelbar verbunden werden müßten. Vgl. Ludwig Erhard, Kriegsfinanzierung.

dung im Juni 1948 anzunehmen. Man muß in keiner Weise an Erhards liberaler Überzeugung zweifeln; man sollte nur nicht so weit gehen, Erhard einen blinden oder übereifrigen, fast an anarchische Konzepte reichenden Liberalismus zu unterstellen, wie man es tut, wenn angenommen wird, er habe die Wirtschaftsreform ausschließlich oder vorwiegend wegen seiner liberalen Haltung ohne legale Kompetenz durchgeführt. Es wird sich zeigen, daß diese heute typische Betrachtungsweise die Erkenntnis höchst bedeutsamer theoretischer Grundlagen der Erhardschen Politik außer Betracht läßt und dem Rang Erhards als einem bedeutenden Wirtschaftstheoretiker, der in der praktischen Politik Entscheidendes bewirkt hat, nicht gerecht wird.

4. Die Aufgaben

Die Frage: „Was würde Erhard heute tun?" führt zur Frage: „War es Erhard, der das ‚Wirtschaftswunder' schuf?" Diese Frage ist als berechtigt anzuerkennen. In kritischer Betrachtung ist der einzig klare und unbestreitbare Sachverhalt nur der historische: Die Wirtschaft in der Bundesrepublik hat sich in der Zeit, in der Ludwig Erhard die Verantwortung als Bundeswirtschaftsminister trug, beispielgebend günstig entwickelt. Aber eine solche Feststellung ist nicht eben viel: Sie ist nichts weiter als die Feststellung einer zeitlichen Koinzidenz. Laufend treffen Phänomene im selben Zeitraum ein; höchst selten sind zwei solcher Phänomene auch ursächlich miteinander verknüpft. Wer annimmt, Ludwig Erhard habe das „Wirtschaftswunder" verursacht, müßte auch in der Lage sein, das in umfassender Weise zu begründen.

Erstens reicht es hierzu nicht aus, politische Willensbekundungen und die in der wirtschaftspolitischen Debatte genannten Ziele zu zitieren. Zu allen Zeiten war Wirtschaftspolitik auf hehre Ziele verpflichtet und vom guten Willen geprägt. Aber das besagt nichts. Es ist vorstellbar, und es gab Zeiten, in denen die Wirtschaftspolitik wirtschaftliche Entwicklungen gerade auch dann ungewollt gedämpft oder doch zumindest nicht begünstigt hat, wenn eine besondere Förderung wirtschaftlicher Vorgänge beabsichtigt war. So muß auch die Analyse des Wirkens Ludwig Erhards davon ausgehen, daß es keinerlei Berechtigung gibt, von vornherein auszuschließen, daß auch zur Zeit des Wirtschaftsministers Ludwig Erhard aus sich heraus höchst vitale wirtschaftliche Kräfte möglicherweise wirtschaftspolitisch eher gehemmt als gefördert worden sind.

Das Problem besteht darin: Die eingetretenen Erfolge können nicht einfach der Wirtschaftspolitik zugerechnet werden, die nur zeitgleich stattfand, auch nicht, wenn diese Erfolge von der Wirtschaftspolitik als angestrebt ausgegeben wurden. Es muß vielmehr geklärt werden, ob die erreichten Ziele auch die erwünschten waren, ob sie tatsächlich auch aufgrund der ergriffenen Maßnahmen eingetreten sind, ob also die Wirkungen auch dem konsequenten Verfolgen einer wirtschaftspolitischen Linie in der tatsächlich betriebenen Wirtschaftspolitik zu danken sind. Dabei ist insbesondere zu beachten: Man könnte sich eine Wirtschaftspolitik vorstellen, der es im entscheidenden Moment jeweils gelingt, durchzusetzen, was zum Erreichen erwünschter Ziele beiträgt. Eine solche – zwar erfolgreiche, aber an zeitbedingten Umständen statt an generellen Wirkungszusammenhängen orientierte –, eine in der Regel opportunistische, im besten Falle pragmatische Wirtschaftspolitik käme von vornherein nicht als wiederbelebbares Leitbild einer zukünftigen Wirtschaftspolitik in Betracht.

II. Die Problematik der Einvernahme der Wirtschaftspolitik Ludwig Erhards durch Theorie und Praxis

Mit der Annahme, daß Erhards Politik auch für Gegenwart und Zukunft Bedeutung haben könnte, muß unterstellt werden, daß Ludwig Erhard eine langfristig konzipierte Politik auf der Grundlage eines feststehenden wirtschaftspolitischen Leitbildes betrieben hat. Die von Erhard ergriffenen Maßnahmen müssen dann – über ihre Zieladäquanz hinaus – auch als ordnungskonform darstellbar sein, das heißt, sie müssen sich in den Rahmen einer spezifischen, für die Soziale Marktwirtschaft Ludwig Erhards gültigen Gestaltungsidee nahtlos einfügen lassen. Ich habe oben dargestellt, daß sich diese Betrachtung nicht umkehren läßt. Man kann nicht von den Maßnahmen auf die Konzeption schließen. Man kann Maßnahmen nur anhand der ihnen zugrundeliegenden Konzeption beurteilen.

Nun gibt es jedoch gut dokumentierte Konzeptionen, die auf den ersten Blick hin auch recht gut zur Politik Ludwig Erhards oder doch jedenfalls zu den meisten seiner grundsätzlichen Selbsteinschätzungen zu passen scheinen. So hat es immer nahe gelegen, von diesen Aussagen auszugehen und die Erhardsche Konzeption als praktische Ausprägung oder als Modifikation dieser bekannteren Konzeptionen zu beschreiben. Leider ist gerade dies eine besonders unbefriedigende Lösung, bei der nicht nur gar nichts über die Grundlagen der Erhardschen Politik gelernt werden kann, sondern bei der auch jedes Interesse für die Grundlagen der spezifischen Erhardschen Politik gebrochen wird.

Wenn Erhard mit der Sozialen Marktwirtschaft eine Gestaltungsidee entworfen, beschrieben und vor allem realisiert hat, dann handelt es sich offensichtlich um einen höchst komplexen Ordnungsentwurf. Wenn beispielsweise daran gedacht wird, daß Erhard im System der Sozialen Marktwirtschaft bereits den Ansatz der „Formierten Gesellschaft" sah[1], oder wenn bedacht wird, daß sich einige Elemente der Politik Erhards in der politischen Programmatik bis zum heutigen Tage so erhalten haben, daß die Berufung auf die Soziale Marktwirtschaft noch immer Assoziationen weckt, vor allem aber Auseinandersetzungen darüber provoziert, ob die Berufung auf Erhard gerechtfertigt ist, dann wird man dem ohne weiteres zustimmen.

1 Vgl. Ludwig Erhard, Formierte Gesellschaft, Seite 9.

Wenn Erhards Gestaltungsidee äußerst komplexer Natur ist, dann ist zu befürchten, daß die Einordnung der Vorstellungen Erhards in ein anderes, klareres, das heißt weniger komplexes Leitbild auf Kosten einiger Verkürzungen der Erhardschen Sicht geht.

An der Komplexität der Gestaltungsidee Erhards kann es liegen, daß es Erhard nicht gelungen ist, seine Vorstellungen so darzustellen, daß sie jedermann als widerspruchsfrei und plausibel einsichtig war. Aber Erhards Vorstellungen werden nun sicher nicht einsehbarer dadurch, daß man sie um die Elemente reduziert, die bislang nicht verstanden worden sind und die in den etablierten Konzeptionen nicht vorkommen. Eine Einordnung des Erhardschen Leitbildes in ein weniger komplexes Ideengebäude trägt folglich nicht dazu bei, Erhards Ideen besser zu verstehen, sondern nur dazu, vom schwerer Verständlichen in Erhards Konzeption abzulenken.

Als Theoretiker, der in der wirtschaftspolitischen Praxis einen komplexen Ordnungsentwurf vertrat, hat Erhard vor einer besonderen Schwierigkeit gestanden: Es kann Erhard als einem in besonderer öffentlicher Beachtung stehenden, auf Ausgleich und breite Zustimmung bedachten Wirtschaftspolitiker keinesfalls einfach gewesen sein, seine Ordnungsvorstellungen in jenem Nachkriegsdeutschland zu formulieren, in dem viele Traditionen, darunter auch viele in Erhards Sicht politisch gebotene Kontinuitäten, mannigfachen Belastungen, Verdächtigungen und Vorbehalten ausgesetzt waren. Dies, die Komplexität der Idee Erhards und die für Erhard als „Politiker der Mitte“ gebotene werbende Ausgleichshaltung[1], dürften viel

---

1 Ich möchte hier – ohne diese Ideen jetzt und womöglich undifferenziert für Erhard zu beanspruchen – nur beispielhaft das Problem der „ständischen Ordnung“ anführen. Heute wird weithin angenommen, daß die nationalsozialistische Programmatik eine ständische Gliederung der Wirtschaft beabsichtigt und der nationalsozialistische Staat eine solche angestrebt habe. Damit sind die Gedanken der ständischen Ordnung gründlich disqualifiziert und müssen – solange diese Seite der nationalsozialistischen Vergangenheit in Deutschland nicht „bewältigt“ ist – außer Betracht bleiben – gleich, ob es sich hierbei um universalistische Überzeugungen oder um Ursprünge in der katholischen Soziallehre handelt. Daran ändert auch nichts, daß die zugrundeliegende Annahme unzutreffend ist: Zum ständestaatlichen Leitbild in der Zeit des Nationalsozialismus in Deutschland (Punkt 25 des Parteiprogrammes der NSDAP von 1926) stellt Ingeborg Esenwein-Rothe, Wirtschaftsverbände, Seite 43, fest: Schon in der Phase der Machtergreifung (1933–1935) sei dieses Leitbild vollends verblaßt. Vgl. auch Franz Neumann, Nationalsozialismus, Seite 281. Dort heißt es: „Viele Beobachter sind der irrtümlichen Ansicht, daß die ökonomische Organisation Deutschlands vor allem durch ständische oder korporative Ideen bestimmt werde“. Das herrschende Urteil belastet jedwede Darstellung einer Wirtschaftspolitik, die gesellschaftlichen Kräften Funktionen zuweist und neben wirtschaftspolitischen auch gesellschaftspolitische Ziele verfolgt. Ein Politi-

dazu beigetragen haben, daß es in zu weitem Umfange möglich ist, zur Beschreibung der Konzeption der Sozialen Marktwirtschaft Ludwig Erhards verschiedene andere, meist eindeutigere, jedoch nicht von Erhard ausgehende und darum dessen Konzeption nur unvollständig umfassende Darstellungen heranzuziehen.

Besonders häufig wird davon gesprochen, daß Ludwig Erhard versucht habe, eine Politik zu realisieren, die von anderen liberalen Wissenschaftlern konzeptionell erdacht worden sei. In der Regel werden die „Freiburger Schule" um Walter Eucken sowie Alfred Müller-Armack, Wilhelm Röpke und Alexander Rüstow als die geistigen Begründer der Politik Ludwig Erhards genannt[1]. Diese Annahme ist schon deshalb problematisch, weil Erhard seine Politik mit einer Vehemenz betrieben hat, die auf einen hohen Grad innerer Überzeugung schließen läßt[2].

Die Feststellung einer Affinität zwischen der Politik Erhards und theoretischen Ansichten anderer Wissenschaftler wäre selbstverständlich nicht zu beanstanden. Wenn es jedoch darum geht, die der Politik Erhards zugrundeliegende Konzeption zu erkennen, müssen die Fragen von Erhards Ansichten aus gestellt werden. Gerade dies ist aber in diesem Falle nicht bezweckt, und es ist auch nicht möglich, eine Konzeption ausschließlich im Vergleich mit einer anderen darzustellen: Wenn die unzureichend bekannte Konzeption Erhards im Lichte neoliberaler Ordnungstheorien betrachtet wird, werden notwendigerweise nur bestimmte Aspekte der Erhardschen Konzeption erkennbar. Dabei geschieht es zusätzlich noch häufig, daß die beigezogenen Forscher, die den Maßstab für die Soziale Marktwirtschaft angeben sollen – besonders für Wilhelm Röpke und Alexander Rüstow ist dies der Fall –, nur mit bestimmten, ausgewählten Aussagen herangezogen werden. Auf diese Weise wird wiederum nur ein Bild der Sozialen Marktwirtschaft erstellt, das mit der zugrundeliegenden

---

ker, der derartige Gestaltungen öffentlich vertreten wollte, müßte auf die öffentliche Meinung Rücksicht nehmen und könnte sich gegebenenfalls nur zurückhaltend, vorsichtig und mit Bedacht auf mögliche Rückzugspositionen, also insgesamt nur unklar, äußern.

1 Hierfür können zahllose Belege angeführt werden. Vgl. etwa Reinhard Blum, Soziale Marktwirtschaft. Je mehr man sich zur unterstellten angeblich eklektizistischen Tradition der Sozialen Marktwirtschaft bekennt, desto größer ist das Spektrum der anzuführenden Vorläufer. Umfangreichere Listen mit Namen der Vorläufer und Begründer der „Sozialen Marktwirtschaft" finden sich etwa bei Hans Jörg Thieme/ Reinhard Steinbring, Konzeptionen, Seiten 50ff., bei Reinhard Behlke, Neoliberalismus, Seiten 38ff., sowie bei Christian Watrin, Principles, Seiten 405f.

2 Armin Gutowski hat hieran erst kürzlich wieder erinnert. Vgl. Armin Gutowski, Ludwig Erhard, Seite 32.

Überzeugung des jeweiligen Betrachters übereinstimmt. Weder wird nach der Sozialen Marktwirtschaft selbst, noch wird nach unabhängigen Urteilen über sie geforscht; es wird vielmehr rechtfertigt und quasi notifiziert, was die Soziale Marktwirtschaft nach irgendeiner vorgegebenen Ansicht sein soll. Selbst die bedeutendsten Grundlagen der Sozialen Marktwirtschaft Ludwig Erhards können nicht sicher sein, auf diese Weise außer Kurs zu geraten.

Nichts anderes ist in der Regel geschehen, wo man in der Politik Erhards ein Handeln nach Erhards eigener Überzeugung gesehen hat. Auch dort wurden nahezu immer nur ausgewählte Sachverhalte betrachtet; andere wurden aus der Betrachtung ausgeschlossen. Der Mißgriff besteht auch hier darin, daß man Erhard von vornherein einer Idee zugeordnet hat, statt nach seiner eigenen Idee zu fragen. Freilich hat man für eine Zuordnung von Erhard zum Liberalismus auf gewiß überaus plausible, kräftige und naheliegende Sachverhalte verweisen können, wenn man die wirtschaftspolitischen Entscheidungen Erhards zur und unmittelbar nach der Währungsreform, die sich aus einer relativ einfachen wirtschaftspolitischen Idee heraus begründen lassen, zum Grundcharakteristikum des Handelns Ludwig Erhards erklärt hat.

Man sagt: Erhard habe zum Zeitpunkt der Währungsreform mit einer aufsehenerregenden Entscheidung die Gestaltung der Wirtschaft dem freien Wirken der Marktkräfte anvertraut und zu diesem Zwecke – in fester Überzeugung oder auch bedenken- und skrupellos[1]– die bürokratischen

---

1 Gerold Ambrosius, Durchsetzung der Sozialen Marktwirtschaft, Seite 180, spricht von „autoritär-diktatorischen" Ansprüchen, die in der Wirtschaftsreform 1948 anklangen und die dem Selbstverständnis Erhards und anderer liberaler Wirtschaftswissenschaftler und -politiker entsprungen seien. Es ist gewiß schwer, sich die Einführung einer wettbewerblichen Ordnung aus einem Konsens der zukünftigen Wettbewerber – auf den Güter- und den Faktormärkten – vorzustellen: Der Wettbewerb ist eine Kampfordnung, die Gewinn- und Verlustchancen beinhaltet. Die Extreme in beiden Richtungen sind jedoch ungleichgewichtig, denn sie bedeuten einerseits Ausscheiden aus dem Markt und Arbeitslosigkeit, auf der anderen Seite nur größerer Gewinn oder größeres Einkommen. Es ist darum verständlich, daß das Verlustrisiko in der Regel höher eingeschätzt wird als die Gewinnchance. Mit anderen Worten: Es entspricht dem rationalen ökonomischen Verhalten, wenn versucht wird, das Verlustrisiko durch Hingabe der Gewinnchance zu mindern. Das heißt: Der Versuch, zu Kartellvereinbarungen zu gelangen, entspricht der ökonomischen Vernunft. Werden zudem die Wirtschaftsstrukturen in Betracht gezogen, die bei Kriegsende herrschten, muß die Annahme vollends unrealistisch genannt werden, eine Wettbewerbsordnung hätte sich als spontane Ordnung selbst organisieren oder aus der Übereinkunft potentieller Wettbewerber zustandekommen können: Auf Seiten der Nachfrager gab es keine Marktmacht; die

Fesseln der Bewirtschaftung zerrissen; er habe seinen Entschluß im Wirtschaftsrat, vor der deutschen Öffentlichkeit und den alliierten Kontrollbehörden mit großem Nachdruck verteidigt[1]. Für jede weitere Maßnahme Erhards war es dann wichtig, das Fortwirken der gleichen wirtschaftspolitischen Einstellung – wenigstens dem Grundsatz nach – nachzuweisen. Auch in einer hinsichtlich des „Sozialen" modifizierten Marktwirtschaft wird man jederzeit genügend Belege hierfür finden. Erhard ist auf diese Weise zu einem der überzeugtesten Liberalen stilisiert worden[2]. Damit hat man jedoch bloß das Vorurteil bestätigt, das als leitetendes Motiv vor die Untersuchung der Erhardschen Politik gestellt worden ist. Mit diesem Vorgehen wurde keineswegs die Politik Erhards aus seiner Konzeption heraus zu bestimmen versucht; man hat vielmehr Erhard jene Haltung unterstellt, die schon bei oberflächlicher Betrachtung gut zu den getroffenen Maßnahmen zu passen schien[3]. Die Plausibilität des Ergebnisses, Erhard habe sich als überzeugter Liberaler an der modernsten liberalen Konzeption seiner Wirkungszeit, an der Konzeption der Freiburger Schule, orientiert, diese aber dann nicht vollständig realisieren können, erklärt sich

---

seit langem bestehenden oder die latenten Kartelle, die sich auf der Angebotsseite entwickelt und in der Kriegszeit gefestigt hatten, hätten – wäre der Wiederaufbau von ihnen initiiert worden – nur einseitige Monopolstellungen, aber keine wettbewerbliche Ordnung begründet. Aufgrund solcher Überzeugungen könnte man gewiß für *Absichten* Verständnis aufbringen, die als „autoritär" erscheinen. Mit „diktatorischen" *Maßnahmen* steht es anders: Die Aufgabe eines auf die Demokratie verpflichteten Wirtschaftspolitikers besteht darin, für Mehrheiten zu sorgen, um sich strikt im legalen Rahmen bewegen zu können.

1 Erhard mußte sich vor dem hierfür zuständigen Militärgouverneur, General Lucius D. Clay, verantworten. Vgl. Lucius D. Clay, Glückwunschadresse, Seiten 40f., und Willi Schickling, Entscheidung.

2 In der Kabinettsliste, die Ministerpräsident Hoegner dem Bayerischen Landtag vorlegte, war Erhard jedoch als „Linksdemokrat" aufgeführt. Über den Hintergrund seiner Berufung auf den Posten des Direktors der Verwaltung für Wirtschaft berichtete jüngst Victor-Emanuel Preusker aufschlußreich: Der Berufung habe vor allem die Absicht zugrunde gelegen, die amerikanische Zonenverwaltung zu provozieren. Man habe über Erhard eigentlich nichts anderes gewußt, als daß er schon einmal, in Bayern, den Amerikanern recht unbeliebt geworden war. Man habe deshalb den von den Amerikanern entlassenen Ludwig Erhard an die Stelle des von den Amerikanern „gefeuerten" Johannes Semler empfohlen. Vgl. Ludwig-Erhard-Stiftung (Hg.), Ludwig Erhard, Seiten 115f. Möglicherweise ist diese Aussage etwas übertrieben: Der Bayerische Wirtschaftsminister Ludwig Erhard war in Deutschland und vor allem auch in der Frankfurter Zonenverwaltung nicht unbekannt.

3 Auf diese Weise könnte man jedermann, insbesondere auch jenen zum „Liberalen" ernennen, der Vorschriften nur deswegen verwirft, weil er ihren Sinn nicht einsieht, möglicherweise, weil er sie nicht zu verstehen, vielleicht gar, weil er sie nicht zu lesen vermag.

auf einfache Weise in erster Linie daraus, daß man zu Beginn der Untersuchung entsprechende Festlegungen getroffen hat.

Dieses Vorgehen hatte auch in der praktischen Wirtschaftspolitik ungünstige Folgen. Erhard hat sich oft und vehement dagegen verwahrt, im Begriff „Soziale Marktwirtschaft" nur eine leere Worthülse oder ein politisches Schlagwort zu sehen. Doch das auf dem Hintergrund der Wirtschaftsreform gezeichnete Bild Erhards führt unweigerlich zu diesem Eindruck: Je strikter die liberale Überzeugung empfunden wird, desto größere Schwierigkeiten bestehen, diese Haltung mit irgendwelchen weitergehenden sozialen Postulaten zu vereinbaren. Der Ausweg, die Marktwirtschaft an sich als sozial auszugeben[1], läßt den Begriff „Soziale Marktwirtschaft" zur Tautologie werden[2]. Wo man diesen Weg nicht beschreitet und beispielsweise „ein tragfähiges Fundament für eine staatliche Einkommensumleitung"[3] zu installieren trachtet, sieht man alsbald, daß „die Soziale Marktwirtschaft umzukippen droht in ein System, in dem die Einkommen weitgehend sozialisiert und die von Erhard eingeführten Wahlfreiheiten zunehmend wieder beschränkt sind"[4].

Auch wo zugestanden wird, daß sich in den wirtschaftspolitischen Maßnahmen Erhards zum Zeitpunkt der Währungsreform noch nicht der gesamte Horizont seiner Konzeption ausprägen konnte, werden doch zumeist jene Reformentscheidungen Erhards als die prägenden Markierungen seiner Haltung angesehen. Manche Maßnahme der fünfziger und sechziger Jahre erscheint unter dem Gesichtswinkel der Erhardschen Wirtschaftsreform vom Juni 1948 dann unvermeidlicherweise enttäuschend, halbherzig oder gar inkonsequent. Die wettbewerblichen Ausnahmebereiche und die Maßnahmen, die mit reinen marktwirtschaftlichen Prinzipien schlecht vereinbar sind, müssen – so betrachtet – entweder einer schwin-

---

1 Vgl. Alfred Müller-Armack, Soziale Marktwirtschaft, Seite 245. Dort heißt es: Die „Orientierung am Verbrauch bedeutet bereits eine soziale Leistung der Marktwirtschaft". J. Heinz Müller betont demgegenüber, daß die Stellung des Verbrauchers in der Wirtschaft der Gegenwart, also der Marktwirtschaft, nicht unerhebliche Schwächen aufweise und das soziale Anliegen in erster Linie dahin gehen müsse, diese Stellung zu stärken. Vgl. J. Heinz Müller, Konsumentenstellung, Seite 98.

2 Vgl. etwa die oben, Seite 13, Fußnote 3 zitierte Passage; Bruno Molitor weist unter Bezug auf Friedrich A. von Hayek auf die Gefahr hin, die „soziale" Gesinnung schlechthin mit moralischem Verhalten zu identifizieren. Vgl. Bruno Molitor, Sozialstaat, sowie Friedrich A. von Hayek, „Sozial", Seite 73.

3 Alfred Müller-Armack, Soziale Marktwirtschaft, Seite 246.

4 Armin Gutowski, Ludwig Erhard, Seite 42. Von einem ähnlichen Eindruck ist Wolfgang Stützel ausgegangen, um die Notwendigkeit einer „Fundamentalkorrektur" der Sozialen Marktwirtschaft zu verlangen. Vgl. Wolfgang Stützel, Ordnungspolitik, Seite 25, sowie Wolfgang Stützel, Ohne Konzeption, Seite 7.

denden Durchsetzungskraft Erhards zugeschrieben werden – was Erhard unter Umständen wenigstens subjektiv exkulpieren würde – oder zur Vermutung führen, daß Erhards Handeln möglicherweise doch gar nicht an einem so klaren Konzept und einer so festen Überzeugung ausgerichtet gewesen sei, wie es das anfängliche Vorgehen vermuten ließ. Auf diese Weise kommt es dann – nicht unverständlich – gelegentlich zur Frage, ob denn das Konzept der Freiburger Schule für die Praxis wirklich tauge oder nicht vielleicht doch nur „reine" Theorie sei.

Erhards sicherlich mutige und gewiß rühmenswerte Wirtschaftsreform war jedoch nur eine Einzelmaßnahme. Sie war spektakulär. Sie hat vieles bewegt. Sie ist aufgrund der Umstände, die diese Maßnahme begleitet haben, und der Folgen, die ihr weithin zugeschrieben werden, in ein besonders nachhaltiges Licht der Öffentlichkeit getreten. Doch Erhard hat nicht nur am 20. Juni 1948 gewirkt. Selbst wenn es nur darum ginge, die Verdienste Erhards zu erfassen, wäre es verfehlt, Erhards langjähriges Wirken durch das Hervorheben einmalig großartiger Taten, die im Lichte der Öffentlichkeit stattgefunden haben und für die leicht erneute Anerkennung zu gewinnen ist, krönen zu wollen. Ist es denn nicht auch möglich, daß ein von seiner Konzeption überzeugter Theoretiker, ein mehr an der Sachrichtigkeit als am öffentlichen Zuspruch orientierter Politiker, manches im Stillen auf den Weg zu bringen versuchte? Wenn nun aber gar nicht über die Verdienste Ludwig Erhards debattiert, sondern über die Bedeutung seiner Konzeption für die Gegenwart gesprochen werden soll, dann muß um so mehr auf den Gesamtbereich des Wirkens Erhards, auf seine Haltungen, seine Äußerungen und seine Maßnahmen abgestellt werden. Es geht um die Grundhaltung Erhards, die für die Politik, die er durchführen wollte und die er – auf welche Weise auch immer – durchgeführt hat, aber auch für die Politik, die er abgelehnt, bekämpft oder reformiert hat, eine zureichende Begründung gibt.

Im folgenden werden – insbesondere unter Rückgriff auf die intellektuelle Entwicklung Erhards zwischen dem Ende des Ersten und dem Ende des Zweiten Weltkrieges – einige Gedankenlinien ausgeführt, die gerade auch für heute noch wenig verständliche Maßnahmen und Äußerungen Erhards plausible Motive liefern. Es ist noch kaum beachtet worden, daß mit Erhard ein Wirtschaftswissenschaftler in die politische Praxis gelangt ist. Das Verhältnis zwischen Wirtschaftswissenschaft und wirtschaftspolitischer Praxis wird im allgemeinen mit dem Bild eines Staffellaufes beschrieben: Es gelte vor allem, einen Stab weiterzureichen. Nicht immer gelingt das problemlos; gelegentlich sind Theorie und Praxis weit voneinander entfernt, zumeist, so scheint es, weiß der Theoretiker besser als der Praktiker, was zu tun ist. Bei Erhard, der Theoretiker und Politiker in einer Person war, konnten derartige Probleme nicht auftreten. Das Besondere aber, in dem sich Erhard auch von allen seinen Nachfolgern im Amt des Bundeswirtschaftsministers unterscheidet, ist das: Erhard hat sich die politische Basis zur Durchsetzung seiner Ideen gesucht. Erhard war kein Parteimann, sondern er ist in die politische Partei eingetreten, die ihm Gewähr bot, seine Vorstellungen durchzusetzen. Für Erhard ist somit die unbedingte Prädominanz einer Idee festzustellen.

Erhard hat seine Politik aufgrund einer vorausbedachten Konzeption betrieben. Beim Versuch, Erhards Soziale Marktwirtschaft unter Beachtung dieses Sachverhaltes zu rekonstruieren, wird man an einer besonderen Pointe nicht vorbeisehen können: Erhard ist bei der Entwicklung seiner Programmatik keineswegs von Erkenntnissen geleitet worden, die sich in der Nationalökonomie etabliert hatten. Der ideale Politiker ist einmal als ein „Genie der Gestaltung und der Tat" beschrieben worden, und über dessen Handlungsgrundsätze wurde gesagt: „Lebenswissen ist dabei, aber keine Wissenschaft ist es, auf so vielerlei echte und große Wissenschaft es sich auch stützen mag"[1]. Wie immer man den „Vater des Wirtschaftswunders" beurteilen mag, fest steht: Kein anderer deutscher Politiker stützte sich jemals so unabhängig von der Wissenschaft auf so viele wissenschaftliche Erkenntnisse und kein anderer Wissenschaftler hat jemals so viele seiner Erkenntnisse zu einem so erfolgreichen politischen Programm vereinen und in der Praxis realisieren können.

1 Vgl. Gustav Landauer, Sozialismus, Seite 83.

III. Auswertung neuer Quellen

Für die Beschreibung der konzeptionellen Vorstellungen Ludwig Erhards können trotz der vorgenannten Einschränkungen und bei Beachtung der Notwendigkeit, die Analyse vom herrschenden Denken über die Soziale Marktwirtschaft zu isolieren, noch vielerlei Quellen verwendet werden.

Erhard hat sich schon vor 1945 publizistisch betätigt. In der Zeit bis Oktober 1945 hatte Erhard kein öffentliches Amt inne und war für ein solches nicht im Gespräch. Seine Aussagen bis 1945 sind darum frei von Rücksichten auf tagespolitische Erfordernisse und mithin eine erstklassige Quelle zur Bestimmung seiner konzeptionellen Vorstellungen.

Bei den Schriften, die Erhard vor 1945 veröffentlicht hat, handelt es sich um seine Dissertation, um etwa ein Dutzend längere Aufsätze aus der Zeit, in der Erhard wissenschaftlicher Mitarbeiter, dann geschäftsführender Leiter am „Institut für Wirtschaftsbeobachtung" in Nürnberg war, um einige kleinere Schriften, schließlich um die 1943/44 entstandene, 1977 erstmals veröffentlichte Denkschrift „Kriegsfinanzierung und Schuldenkonsolidierung"[1] sowie um ein unveröffentlichtes, nicht datiertes Typoskript aus Erhards Nachlaß[2].

Seine ersten beiden Aufsätze hat Erhard 1931 und 1932 im „Tagebuch" publiziert; ein weiterer ist im „Wirtschaftsdienst" 1933 erschienen, zehn andere hat Ludwig Erhard als Schriftleiter der Monatszeitschrift „Wirtschaftspolitische Blätter der deutschen Fertigindustrie" zwischen 1933 und 1937 veröffentlicht[3]. In diesen Jahren hat Erhard auch Artikel in verschiedenen Branchenzeitschriften und -zeitungen außerhalb des Bereichs der „Konsumfertigware", etwa in der Zeitung der Deutschen Metall-Industrie[4],

---

1 Vgl. Ludwig Erhard, Kriegsfinanzierung.

2 Über diese Schrift siehe Näheres oben, Seiten 157ff.

3 Die „Wirtschaftspolitischen Blätter" waren einer von zwei Teilen der Hefte „Die Deutsche Fertigware". Mit „Fertigindustrie" ist die Herstellung von Konsumfertigware in einem sehr breiten Sinne gemeint. In den Statistiken des Instituts für Wirtschaftsbeobachtung in Nürnberg werden als wichtigste Produktionszweige regelmäßig aufgeführt: Textilien, Schuhe, Holzwaren, Bürsten und Pinsel, Geschirr- und Zierporzellan, Zimmer- und weiße Möbel sowie Wohnungsbau.

4 Ich habe nicht alle „Frühschriften" Ludwig Erhards, auf die ich Hinweise in der Literatur gefunden habe, beschaffen können. Der Leiter des Archivs der Ludwig-

publiziert. 1939 ist eine längere Abhandlung Ludwig Erhards unter dem Titel „Einfluß der Preisbildung und Preisbindung auf die Qualität und die Quantität des Angebots und der Nachfrage" in der Festschrift zum 60. Geburtstag für Wilhelm Vershofen erschienen. Dieser Artikel ist im gleichen Jahr in einem großen Auszug unter dem Titel „Der gerechte Preis" in der Zeitschrift „Der praktische Betriebswirt" wieder abgedruckt worden. „Der praktische Betriebswirt" hatte bereits im Jahre 1937 einen Artikel von Ludwig Erhard gebracht. Einen weiteren Beitrag hat Erhard 1939 in einer Festschrift für Conrad Herrmann[1] veröffentlicht. 1940 schließlich sind zwei Beiträge Erhards in der neuen, von Wilhelm Vershofen herausgegebenen Zeitschrift „Markt und Verbrauch" erschienen. Der gesamte Umfang der in den dreißiger Jahren veröffentlichten originalen Beiträge Ludwig Erhards umfaßt insgesamt etwa 200 großformatige Druckseiten.

Zur grundsätzlichen inhaltlichen Gewichtung dieser Schriften ist zunächst festzustellen: Bemerkenswert häufig – auch in zunächst rein „technisch" erscheinenden Beiträgen – nimmt Erhard Gelegenheit, in grundsätzlichere Fragen der Wirtschaftsordnung einzuführen und diese abzuhandeln. Erhard ist dabei der Meinung, daß der Interessenstandpunkt der Fertigwarenindustrie durchaus identisch ist mit einem weit breiteren Interesse der Bevölkerung an der Wirtschaft. So erklärt er für die Zeitschrift, deren Schriftleitung er innehat und in der die meisten seiner Beiträge erschienen sind, im Januar 1933 programmatisch: „In dieser Zeitschrift soll... eine Plattform geschaffen werden, von der aus die gemeinsamen ideellen und materiellen Interessen zu entwickeln, zu verbreiten und zu vertreten sind. Die Fertigindustrie ist mehr als jede andere Industrie in der Lage, die in so vielen Köpfen spukende Illusion einer Planwirtschaft zu zerstören, denn gerade sie schafft ja für den letzten Konsumenten, der jeder Mode und jeder Laune untertan, eine überspitzte Normierung der Produktion so wenig zuläßt, wie die seiner eigenen, vielgestaltigen psychischen und physischen Bedürfnisse. In der Fertigindustrie und den dort geltenden wirtschaftlichen Grundsätzen hat schließlich auch die gesamte deutsche Industrie die beste Waffe und die wirksamsten Argumente gegen eine ihr feindliche, im Wachsen begriffene Weltanschauung"[2]. In späteren Ausgaben nennt sich die Publikation in einem akquisitorischen Untertitel „die einzige Zeitschrift, die unabhängig von einem besonderen Wirtschafts-

---

Erhard-Stiftung, Volkhard Laitenberger, wird in einer demnächst erscheinenden Erhard-Biographie einige neu gefundene Schriften Erhards erstmals vorstellen.

1 Conrad Herrmann, geb. 10. Februar 1889, Textilindustrieller in Wuppertal (Wuppertaler Glanzstoffe, später Enka-Werke).

2 Ludwig Erhard, Fertigindustrie, Seite 10.

zweig die allgemeinen Interessen der deutschen Fertigwarenindustrie vertritt".

Daß die frühen Schriften Ludwig Erhards bisher kaum beachtet, vielleicht gar „verdrängt" worden sind, hat gewiß auch den Grund, daß die in ihnen vorkommenden Aussagen zum herrschenden Bild des unbedingt und unbeirrt liberalen Erhard teilweise in Widerspruch zu stehen scheinen. Erhard verwendet in ihnen Begriffe und Formulierungen, die auf den ersten Blick hin kaum zu dem Portrait eines überzeugten liberalen Wirtschaftspolitikers zu passen scheinen. Erhard spricht ebenso abfällig über liberalistische, wie er über sozialistische Absichten und Gestaltungen der Wirtschaftspolitik spricht. Erhard drückt seine Hochachtung vor der „verantwortungsvollen Tätigkeit" des Preiskommissars aus, er empfiehlt mancherlei gestaltende Eingriffe in die Wirtschaft, und seine Haltung gegenüber Verbänden und Kartellen scheint durchaus nicht unfreundlich. All dies bedarf einer sorgfältigen Analyse und einer darauf beruhenden Interpretation. Erhard äußert sich in diesen Schriften in erster Linie als Wissenschaftler, das heißt vor allem mit geringer Rücksicht auf die politische Öffentlichkeit und deren Erwartungen. Es wäre kaum angemessen, diese Schriften nunmehr eben aufgrund der Erwartungen einer politischen Öffentlichkeit, der Öffentlichkeit der Gegenwart, zu beurteilen.

Erhards Bekenntnis zur wettbewerblichen Ordnung ist klar und eindeutig. Doch für Erhard ist die Marktwirtschaft kein Dogma. Insbesondere meint er, daß die Wirtschaft kein dominantes Eigenleben führen dürfe, sondern sich im Rahmen einer Gesamtordnung staatspolitischen Zielen unterzuordnen habe[1]. Da in der Literatur der zwanziger, dreißiger und der ersten vierziger Jahre mancher Grundsatz, den Erhard in seinen „Frühschriften" vertritt, eine durchaus breite Resonanz genoß und auch bei Autoren erscheint, deren Bedeutung für den geistesgeschichtlichen Horizont des Neoliberalismus unumstritten ist, scheinen die Aussagen Erhards vornehm-

1 Ludolf Herbst sieht in dieser Grundposition Erhards, „in der Forderung nach dem Primat der Politik", den deutlichsten Berührungspunkt Erhards mit einer Position auch der nationalsozialistischen Wirtschaftspolitik. Vgl. Ludolf Herbst, Nachkriegsplanungen, Seite 315. Diese Folgerung scheint etwas voreilig zu sein: Erstens ist das Primat der Politik keine spezifisch nationalsozialistische Forderung, sondern eine „allgemeine Übereinstimmung, daß die Entscheidungen im sozialen und wirtschaftlichen Bereich sowohl auf nationaler wie auf internationaler Ebene der politischen Autorität zustehen" (Papst Paul VI. in „Octogesima adveniens", Ziffer 46). Zweitens kann auch ein Primat der Politik als konstitutives Erfordernis der Wettbewerbsordnung vertreten werden. Hierzu wäre etwa auf das erste von Walter Eucken genannte konstitutive Prinzip der Wettbewerbsordnung zu verweisen, das Eucken ausdrücklich „Primat der Währungspolitik" genannt hat.

lich wohl auch darum befremdlich, weil zwischenzeitlich die Sensibilität für Problemstellungen, wie die von Ludwig Erhard behandelten, in der breiten Öffentlichkeit verloren gegangen ist[1].

Es ist ein bemerkenswerter Umstand, daß Erhard meint, seine wirtschaftspolitischen Grundsätze hätten im Laufe der Zeit immer klarere Konturen angenommen[2]. Wenn das zutrifft, so müßte festgestellt werden, daß sich Erhard mit der immer klareren Strukturierung der Sozialen Marktwirtschaft im Laufe der Zeit ganz offensichtlich der breiten Öffentlichkeit entfremdet hat. Es müßte dann gefolgert werden, daß Erhards Politik von Anbeginn an nur geringe Chancen hatte, ein breites Verständnis zu finden, daß dies aber in der Öffentlichkeit erst richtig bemerkt werden konnte, als sich Erhards Politik voll entfaltet hatte. Es müßte dann auch festgestellt werden, daß sich Erhard einem solchen Entfremdungsprozeß nicht entziehen konnte: Er lag begründet in dem Konzept, das er vertrat, und in der durchgängigen Divergenz zwischen diesem Konzept und den Vorstellungen der Öffentlichkeit hierüber und ist nicht durch Entwicklungen eingetreten, die Erhard hätte gestalten oder steuern können.

Es ist gewiß ein Unterschied, ob ein aktiver Politiker auf der Grundlage seiner Überzeugungen spricht und handelt oder ob ein Wissenschaftler seine Ansichten kundtut. Erhard mußte seine Haltung, insoweit sie die Grundlage seiner Politik war, immer wieder öffentlich darzulegen versuchen. Die nicht in der Politik aktiven liberalen Wissenschaftler konnten darauf verzichten. Erhard wurde folglich mit der eintretenden „Entfremdung“ unmittelbar konfrontiert. Als Wissenschaftler hätte er sich diesem Prozeß entziehen und sich „zeitgemäßen“ wissenschaftlichen Problemen zuwenden können. Als Politiker, dem zudem jede opportunistische Haltung zuwider war, hatte er diese Möglichkeit nicht. Allerdings hätte es in sachlicher Hinsicht ja auch nichts genutzt, wenn sich Erhard in eine wissenschaftliche Emigration begeben hätte. Es ist ein bemerkenswerter Sachverhalt, daß auch jene Wissenschaftler, die ihr Forschungsgebiet in den gesellschaftspolitisch relevanten „Ortsbestimmungen“ beibehielten –

---

1 Über die Folgen dieses Umstandes wird noch manches auszuführen sein. Beim probeweisen Vortragen dieser Interpretationen der Sozialen Marktwirtschaft Ludwig Erhards und in einschlägigen Diskussionen war die Erfahrung zu machen, daß das Publikum kraß gespalten reagiert: Meine Interpretationen wurden ebenso vehement als Möglichkeit unterstützt, die Wettbewerbsordnung in breite gesellschaftliche Akzeptanz zu bringen, wie sie scharfe Ablehnung als Aussagen fanden, mit denen jede Art Interventionismus schon von vornherein gerechtfertigt wird. Vgl. etwa die Diskussion auf dem XIII. Symposion der Ludwig-Erhard-Stiftung. In: Ludwig-Erhard-Stiftung (Hg.), Ludwig Erhard, Seiten 92ff.

2 Vgl. Ludwig Erhard, Deutsche Wirtschaftspolitik, Seite 7.

wie Alexander Rüstow, wie aber auch Wilhelm Röpke – mit diesen Teilen ihrer Aussagen ebenfalls einem nahezu völligen Vergessen anheim gefallen sind[1] und mit ihren Schriften genau so wenig Resonanz erzielen konnten wie Erhard mit seinen gesellschaftspolitisch motivierten Aussagen.

All diese Sachverhalte zusamenn genommen, erscheint es nicht nur unrichtig, die Schriften Erhards aus der Zeit vor 1945 als weniger relevante, vielleicht gar als noch unausgegorene „Frühschriften" anzusehen. Vielmehr liegt in diesen Aussagen Erhards ein zentraler Schlüssel zum Verständnis seiner Konzeption – einer Werthaltung, die weit umfassender ist, als es wirtschaftsliberale Ordnungsvorstellungen in der Regel sind. Wer diese „Frühschriften" nur deswegen dubios nennt, weil sie in einer Zeit entstanden sind, in der in Deutschland das nationalsozialistische Regime herrschte, schiebt sie aufgrund von Vorurteilen beiseite, die nicht zu rechtfertigen sind: Erhard hat seine wissenschaftliche Laufbahn im Dritten Reich durch persönliche Entscheidungen abgebrochen und blieb über viele Jahre hinweg in vergleichsweise bescheidenen und unauffälligen Positionen. Als Erhard im November 1947 – fast 51 Jahre alt – zum Honorarprofessor an der Rechts- und Staatswissenschaftlichen Fakultät der Maximilians-Universität München ernannt wurde, war er zuvor immerhin ein rundes Vierteljahrhundert durchgängig und ausschließlich wissenschaftlich tätig gewesen und hatte zu wichtigen wirtschaftspolitischen Fragen Stellung genommen. Sollte man wirklich von vornherein annehmen, in Erhards wissenschaftlichen Schriften jener Jahre habe sich das, was man jetzt unter dem nationalsozialistischen Zeitgeist versteht, als dichter Nebel über Erhards eigene Überzeugungen gelegt und diese in das Unerkennbare getrübt?

Erhard hat im Dritten Reich publiziert – weitgehend ohne der nationalsozialistischen Wirtschaftspolitik Reverenz zu erweisen. Daß er dies tun konnte, lag zum einen natürlich daran, daß es längere Zeit hindurch keine

---

1 Auch wenn man etwas „differenzierter" urteilt und feststellt, daß wenigstens die Bücher von Röpke sich doch noch immer großer Beliebtheit erfreuen, kann man schnell feststellen, daß es bloß die Titel sind, die zitiert werden – „Maß und Mitte"; „Jenseits von Angebot und Nachfrage"; „Civitas humana". Das Zitieren von Passagen aus diesen Werken bewirkt oft höchste Verwunderung. Man braucht nur an Röpkes Leitbild einer „freien und wohlgeordneten Gesellschaft" zu erinnern (vor allem: Civitas humana, Seiten 80ff.), an seine Beschreibung des „unheilvollen Fehlers" des liberalen Individualismus, der „die Gesellschaft für einen einfachen Verband von Individuen hält" (Maß und Mitte, Seite 28), oder an seine zentrale These, daß der „Wettbewerb, den wir zur Regulierung einer freien Wirtschaftsordnung voraussetzen, nach allen Seiten an einen Rand stößt, dessen Überschreitung wir nicht wünschen können" (Jenseits von Angebot und Nachfrage, Seite 189).

konsequente Linie nationalsozialistischer Wirtschaftspolitik gab; die relativ große Autonomie Erhards ist aber auch darin begründet, daß Erhard während des Zweiten Weltkrieges wegen seiner Verwundungen aus dem Ersten Weltkrieg zu keinerlei Arbeitsverpflichtungen in der Produktion und zu keinem Wehrdienst herangezogen worden ist und politisch nach jeder Richtung hin völlig inaktiv blieb[1].

Meines Erachtens ist den „Frühschriften" Erhards größte Bedeutung beizumessen: Wenn Erhard seit 1948 aufgrund wirtschafts- und gesellschaftspolitischer Vorstellungen und Leitideen gehandelt hat, dann muß es Quellen dieser Vorstellungen geben. Die „Frühschriften" Erhards belegen, daß er bestimmte Gedanken – einige seit Ende des Ersten Weltkrieges durchaus weiter verbreitete Ansichten, vor allem aber auch die Ansichten einiger Außenseiter in der Nationalökonomie, wie etwa die seines akademischen Lehrers, Franz Oppenheimers, und der „Nürnberger Schule" um Wilhelm Vershofen – aufgenommen und zu einem – zu seinem System der Sozialen Marktwirtschaft zusammengefügt hat. Ohne den Nachweis einer solchen Entwicklung konzeptioneller Grundlagen könnte man tatsächlich annehmen, daß Ludwig Erhard 1948 und danach entweder gehandelt hat, wie es Umstände und Konstellationen nahezulegen schienen, oder so, wie zu handeln ihm angeblich von Dritten empfohlen worden ist. Erst Erhards „Frühschriften" zeigen das Eigenständige seiner politischen Konzeption.

Wenn es keine solche eigenständige Erhardsche Konzeption der Sozialen Marktwirtschaft gäbe, wäre es natürlich töricht, die aktuelle Politik wieder an einer – dann willkürlich so genannten – Konzeption Ludwig Erhards orientieren zu wollen, denn entweder wären die geistigen Ansätze der Wirtschaftspolitik Ludwig Erhards anderswo zu suchen, oder diese Wirtschaftspolitik war eben tatsächlich nicht bis in eine einheitliche und widerspruchsfreie Konzeption ausreichend vorbedacht. Diese letzte Annahme läge besonders nahe, denn wenn sich mehrere gleichberechtigte und unabhängige geistige Quellen in der Sozialen Marktwirtschaft nachweisen lassen, die in permanenter Auseinandersetzung um den Einfluß auf die praktische Wirtschaftspolitik lagen, und wenn keine zentrale Person nach eigenständigen Prinzipien für die Koordination und die schließliche Gestaltung Sorge trug, dann wäre es ja schwierig, irgendwelche einheitli-

---

1 Inwieweit hierzu auch der Umstand beigetragen hat, daß Erhard mit Karl Guth, dem Hauptgeschäftsführer der Reichsgruppe Industrie, verschwägert war und in seiner wissenschaftlichen Tätigkeit von der Reichsgruppe Industrie gefördert wurde, ist schwer zu beurteilen. Roland Risse, Alltag, Seite 592, erwähnt als hierfür „maßgebende Männer der deutschen Industrie... Wilhelm Zangen von den Mannesmann-Werken, Dr. Hans Stahl von Salzdetfurth und Herrn von Siemens".

chen sachlichen Motive hinter der Wirtschaftspolitik zu finden: Wenn sich in offenen und nicht nach unabhängigen Regeln geschlichteten Auseinandersetzungen einzelne Richtungen behaupten, dann wäre dies wohl in erster Linie der unterschiedlichen rhetorischen Aufbereitung der Argumente zuzuschreiben. In der Tat scheint diese Annahme oft mitzuwirken, wenn man auf dem einen politischen Flügel Ludwig Erhards Talent als Redner oder die Überzeugungskraft der Vorträge Walter Euckens oder den einflußreichen Schreibstil von Friedrich von Hayek, Franz Böhm und Wilhelm Röpke lobend hervorhebt und auf der anderen Seite die öffentlichen Auftritte und Stellungnahmen von Wilhelm Röpke, Friedrich von Hayek, Walter Eucken, Franz Böhm, Ludwig Erhard und vielen anderen in Zahl und Art als störend empfindet.

Gewiß: Auch ein Teil der späteren Aussagen Erhards – seiner Reden vor parlamentarischen Gremien, auf den Parteitagen der CDU und im deutschen Rundfunk sowie einige seiner Aufsätze – scheinen recht eindeutig von programmatischem Charakter. Doch die grundsätzliche Problematik dieser Quellen als originärer Aussagen zur Bestimmung einer Konzeption kann nicht ignoriert werden. Erhard hat zwar häufig gänzlich unabhängig von seinem eigentlichen politischen Handeln die seiner Politik zugrundeliegenden Gedanken idealtypisch formuliert oder bestimmte Wesenszüge seiner Maßnahmen in der Reflexion auf die Idee der Sozialen Marktwirtschaft vorgetragen. Es ist richtig, daß das Bemühen, für die Grundsätze seiner Politik statt bloß für die jeweils durchgeführten oder geplanten Maßnahmen eine breite Zustimmung in der Bevölkerung zu finden, ein besonders bemerkenswertes Charakteristikum des politischen Wirkens Erhards war[1]. Dennoch kann der Charakter solcher Aussagen erst dann wirklich erkannt und zutreffend beurteilt werden, wenn aus anderen, nämlich den älteren Quellen der Maßstab hierfür gefunden worden ist. Darüberhinaus muß die Gefahr gesehen werden, daß Äußerungen eines Politikers – einerlei, ob sie sich an eine breite Öffentlichkeit oder vornehmlich an bestimmte Gruppen richten – gegenüber den zugrundeliegenden konzeptionellen Vorstellungen doch etwas modifiziert, einseitig verschoben oder verzerrt sein können.

Wichtigen Aufschluß darüber, mit welchen Wirtschaftsproblemen und welchen Wirtschaftstheorien sich Erhard beschäftigt hat und welche Positionen er vertrat, gibt außer Erhards eigenen Schriften auch die Literatur, die sich im Besitze Erhards befindet, namentlich die Notizen und Randbemerkungen, die Erhard in seine Bücher eingetragen hat.

---

1 Vgl. etwa Kurt H. Biedenkopf, Ludwig Erhard, Seite 64.

Überlieferungen aus dem Munde Erhards und einige biographische Sachverhalte weisen schließlich auf das geistige Umfeld, in dem Erhard zu betrachten ist. Die Kenntnis von Hintergründen und parallelen Anschauungen ist eine der wichtigsten Ergänzungen, ja oftmals überhaupt der Zugang zum Verstehen der verfügbaren Primärquellen: Einige seiner Grundpositionen hat Erhard aus dem intensiven Durchdenken zeitgenössischer wirtschaftlicher und soziologischer Fragestellungen gewonnen, andere spiegeln Ansichten wider, mit denen Erhard konfrontiert wurde und auf die er in seinen Erörterungen reagiert hat.

Bevor ich versuche, aus diesen Quellen Erhards Konzeption der Sozialen Marktwirtschaft darzustellen, möchte ich zunächst im allgemeinen die Mindesterfordernisse wirtschaftspolitischer Konzeptionen beschreiben und auf einige Sachverhalte eingehen, die in problematische Beschreibungen marktwirtschaftlicher Konzeptionen geführt haben. Solche Überlegungen gehören zu den unerläßlichen Voraussetzungen meiner Analyse. Erstens muß Klarheit darüber bestehen, wonach im einzelnen geforscht wird, wenn eine „wirtschaftspolitische Konzeption" beschrieben werden soll. Zum anderen muß sich dieses Unterfangen auch an der bereits geleisteten Arbeit orientieren: Wenn es beispielsweise zuträfe, daß in Walter Euckens Beschreibung der konstituierenden und regulierenden Prinzipien der Wettbewerbsordnung[1] oder in anderen Darstellungen, etwa der „Genealogie" Alfred Müller-Armacks[2], eine verbindliche Darstellung für alle Arten freiheitlicher Wirtschaftspolitik vorläge, so wären natürlicherweise auch die Vorstellungen und die Politik Ludwig Erhards daran zu messen.

---

1 Vgl. Walter Eucken, Grundsätze.

2 Vgl. Alfred Müller-Armack, Genealogie.

IV. Grundelemente einer freiheitlichen wirtschaftspolitischen Konzeption im allgemeinen

Eine Beschreibung der Sozialen Marktwirtschaft als der wirtschaftspolitischen Konzeption Ludwig Erhards erfordert Klarheit darüber, was unter einer wirtschaftspolitischen Konzeption überhaupt zu verstehen ist. Mit anderen Worten: Vor der Darstellung der spezifischen Konzeption Erhards müssen die Normen erörtert werden, an denen die Aussagen Erhards schließlich zu messen sind.

In jüngster Zeit hört man die Ansicht, Konzeptionen seien als solche mit einer „freiheitlichen Wirtschaftspolitik" unverträglich. Jede Festlegung durch eine Konzeption führe zu einer Einschränkung der Möglichkeiten der Politik, und dies widerspreche dem Freiheitspostulat. Hierbei liegt ein grundsätzliches Mißverständnis vor: Mit einer „freiheitlichen Politik" soll nicht Freiheit *für* die Politik angestrebt, sondern Freiheit *durch* Politik erwirkt oder gesichert werden. Eine Politik, die sich nicht an Regeln gebunden fühlt, wäre gerade wegen ihrer unbeschränkten Willkürlichkeit freiheitsbedrohend.

In Einklang mit dem älteren Schrifttum nennt Dieter Cassel[1] eine wirtschaftspolitische Konzeption „einen Orientierungsrahmen, von dem sich die wirtschaftspolitischen Entscheidungsträger im laufenden Entscheidungsprozeß leiten lassen"[2]. Ein solcher Orientierungsrahmen besteht aus Aussagen über wirtschaftspolitische Ziele, über die Methoden, mit deren

---

1 Dieter Cassel bezieht sich auf Gertrud Neuhauser, Konzeption, auf Theodor Pütz, Konzeption, und auf Hans Georg Schachtschabel, Konzeptionen. Im Verhältnis zum Schrifttum, das sich auf der Grundlage bestimmter Konzeptionen mit wirtschaftspolitischen Strategien befaßt und das von Adam Smith, Wohlstand, über Friedrich List, Das nationale System, bis in die Gegenwart sehr reichhaltig ist und hervorragende Werke enthält, sind Darstellungen der grundsätzlichen Erfordernisse wirtschaftspolitischer Konzeptionen im Rahmen der allgemeinen Wirtschaftspolitik selten. Das hängt damit zusammen, daß die Lehre von der Allgemeinen Wirtschaftspolitik noch relativ jung ist. Als Begründer gilt Eugen von Philippovich, Grundriß. Als erste geschlossene Darstellung ist Martha Stefanie Braun, Wirtschaftspolitik, anzusehen. Erst in den dreißiger Jahren hat sich ein breiteres Schrifttum mit Beiträgen von Alfred Amonn, Constantin von Dietze, Franz Eulenburg, Sven Helander, Jens Jessen entwickelt.

2 Dieter Cassel, Wirtschaftspolitik, Seiten 11f.

Hilfe diese Ziele erreicht, und gegebenenfalls auch über die Träger, in deren Handlungsbereich die entsprechenden Instrumente gelegt werden sollen. Jedes dieser drei Grundelemente hat in einer freiheitlichen Konzeption einen bestimmten Charakter.

1. Das Zielsystem

Unabdingbar für eine wirtschaftspolitische Konzeption ist zunächst ein „Katalog grundsätzlich und dauerhaft angestrebter Ziele"[1]. Für eine konzeptionelle Vorgabe wäre es dabei unzureichend, wenn die aufgeführten Ziele nur aus abstrakten Oberzielen oder aus allgemein akzeptierten Grundwerten bestünden. In einer wirtschaftspolitischen Konzeption müssen vielmehr wirtschaftspolitische Einzelziele genannt und einander in einer Zielhierarchie so zugeordnet werden, daß gegebenenfalls der Mittelcharakter bestimmter Ziele erkennbar wird.

Diese Operationalisierung darf nicht so weit gehen, daß die Tagespolitik ihren Spielraum verliert. Die operativen Ziele der laufenden Wirtschaftspolitik können erst in konkreten Problemlagen beziehungsweise im Rahmen der tagespolitischen Maßnahmeplanung gefunden werden. Die Konzeption dient somit nicht dazu, operative Ziele von vornherein festzulegen, sondern dazu, bei der Auswahl der Maßnahmen die Beachtung der konzeptionellen Normen zu sichern[2]. Das heißt, auch im Rahmen einer feststehenden wirtschaftspolitischen Konzeption sind unterschiedliche wirtschaftspolitische Maßnahmen denkbar[3].

---

1 Dieter Cassel, Wirtschaftspolitik, Seite 11.

2 Dieser Sachverhalt ist in der theoretischen Wirtschaftspolitik seit langem akzeptiert. So schreibt Ernst Wagemann, Wirtschaftspolitische Strategie, Seite 37: „Was wirtschaftspolitisch erstrebenswert ist, ergibt sich immer von Fall zu Fall... Sobald wir also versuchen, theoretisch an die Frage heranzutreten, welches Ziel die Wirtschaftspolitik im einzelnen zu verfolgen habe, werden wir scheitern". Wagemann entwickelt diese Ansicht aus der Feststellung, nur die „allgemeinen Grundsätze der Wirtschaftspolitik" beanspruchen als oberste Regeln der Wirtschaftspolitik „eine absolute Beachtung, bleiben sie doch gültig in jedem Wandel der Zeiten und bei aller Verschiedenheit der Länder".

3 In Widerspruch zu einer gängigen Annahme, daß Walter Euckens wirtschaftspolitische Konzeption „theoretisch" und damit realitätsfern sei, wäre darauf hinzuweisen, daß die Unterscheidung zwischen allgemeinen Zielen, die die Politik

Eine weitere Einschränkung betrifft die Ziele selbst. Staatliche Zielsetzungen lassen sich nicht per se rechtfertigen und damit willkürlich setzen. Hinter Zielsetzungen, die mit dem Anspruch auftreten, Konzeptionen darzustellen, müssen vielmehr bestimmte Staatsauffassungen, also Wertentscheidungen stehen, aus denen sich die Ziele begründen lassen. Eine individualistische Staatsauffassung, bei der angenommen wird, daß sich die staatliche Existenz aus der Übereinkunft der Individuen ableitet, zieht den Möglichkeiten der staatlichen Zielsetzung engere Grenzen als eine kollektivistische Staatsauffassung, bei der dem Staat eine genuine Existenz zuerkannt wird[1]. Für eine wirtschaftspolitische Konzeption ist es darum wichtig, die jeweilige grundsätzliche staatsphilosophische Orientierung erkennen zu lassen, darüberhinaus aber auch festzulegen, inwieweit gegebenenfalls Extreme abgemildert werden sollen, das heißt beispielsweise, inwieweit das Solidarprinzip im Rahmen einer individualistischen Orientierung oder das Subsidiaritätsprinzip in einer kollektivistischen Orientierung Anwendung finden sollen, wenn nicht in einer anderen, „dritten" Grundauffassung die notwendigen Prinzipien undogmatisch und lebensnah verankert werden können oder eine Konvergenz erzielt werden kann.

Dieter Cassel verweist darauf, daß die Maßnahmeplanung „nicht immer so ziel- und konzeptionsgerecht sein kann, wie es die Theorie der Wirtschaftspolitik fordert; denn in einer pluralistischen Gesellschaft... stößt jedes wirtschaftspolitische Programm auf Realisierungswiderstände und -hemmnisse, die zu Kompromissen zwingen"[2]. Dieser Sachverhalt darf weder im vorhinein Anlaß sein, die Formulierung der Konzeption lasch zu betreiben, noch darf er im nachhinein jede Abweichung vom konzeptionell Angestrebten rechtfertigen. Der Umstand, daß zwischen Maßnahmen und Absichten zwangsläufig Differenzen auftreten werden, hat nur die

---

grundsätzlich verfolgen soll, und konkreten Zielen, die sich in der jeweiligen Lage aus den grundsätzlichen Zielen ergeben, gerade auch von Walter Eucken als sehr bedeutend akzeptiert worden ist. Eucken unterscheidet beispielsweise in seinem bekanntesten Werk, „Grundsätze der Wirtschaftspolitik", Seiten 250ff., die ordnungspolitische Grundentscheidung von den einzelnen wirtschaftspolitischen Handlungen – „das Prinzip von seiner Anwendung im historischen Moment". Er schreibt: „Jeder einzelne wirtschaftspolitische Akt... sollte in Ansehung der Wirtschaftsordnung stattfinden, die gewollt ist" und: „Die Verwirklichung und Erhaltung der Wettbewerbsordnung verlangt... je nach dem historischen ‚Moment' verschieden geartete wirtschaftspolitische Maßnahmen".

1 Vgl. Frank E. Münnich, Gesellschaftliche Ziele, Seite 180.

2 Dieter Cassel, Wirtschaftspolitik, Seite 16. Auch Ludwig von Mises, der wohl strengste Kritiker aller „Mittelwege", hat das akzeptiert. Vgl. den Faksimile-Abdruck seines Briefes an Alfred Müller-Armack vom 11. November 1961 in: Ludwig von Mises, Kollektivismus, Seiten 16f.

Konsequenz, daß eine der Wirtschaftspolitik zugrundeliegende Konzeption niemals in eindeutiger Weise aus der Betrachtung der praktischen Wirtschaftspolitik gewonnen werden kann. Die eingegangenen Kompromisse können nur anhand einer unabhängig von der Politik klar beschriebenen Konzeption erkannt und beurteilt werden[1].

Weder die Tatsache, daß die Konzeption für die praktische Wirtschaftspolitik Gestaltungsmöglichkeiten offen läßt, noch der unvermeidliche Kompromißcharakter des politischen Entscheidungsprozesses schmälert die Bedeutung von Konzeptionen. Ganz im Gegenteil: Die laufende Politik soll die gewählten Ziele auch dann anstreben, wenn ihre unmittelbare oder strikte Realisierung nicht möglich ist oder wenn zeitweilig Abweichungen von einer direkteren Zielverfolgung hingenommen werden müssen. Ohne eine langfristig gültige wirtschaftspolitische Konzeption würde sich die Wirtschaftspolitik von vornherein als Politik eines ad-hoc-Interventionismus gestalten.

Nun ist in der Bundesrepublik Deutschland seit fast zwei Jahrzehnten im Gesetz zur Förderung der Stabilität und des Wachstums der Wirtschaft[2] eine Zielfestlegung getroffen worden, die Bund und Länder verbindlich darauf verpflichten, bei ihren wirtschafts- und finanzpolitischen Maßnahmen die Erfordernisse des gesamtwirtschaftlichen Gleichgewichts zu beachten und die Maßnahmen so zu treffen, daß sie gleichzeitig zur Stabilität des Preisniveaus, zu einem hohen Beschäftigungsstand und außenwirtschaftlichen Gleichgewicht bei stetigem und angemessenem Wirtschaftswachstum beitragen. Ist mit diesem Gesetz eine gesonderte ordnungspolitische Zielentscheidung obsolet geworden? Oder hat sich gar das Bemühen um die konzeptionellen Erfordernisse einer Wirtschaftspolitik im Rahmen der marktwirtschaftlichen Ordnung im sogenannten „magischen Viereck" des Stabilitätsgesetzes niedergeschlagen?

Sowohl die Vorgeschichte dieses Gesetzes als auch die unterschiedlichen Kommentare zeigen, daß es nicht möglich ist, in den Zielen des Stabilitätsgesetzes das Ergebnis eines Diskussions- und Klärungsprozesses zu sehen. Vor allem hinsichtlich des Wachstumszieles gibt es bis zum

---

1 Vgl. auch Walter Eucken, Grundsätze, Seite 250.

2 Das Gesetz zur Förderung der Stabilität und des Wachstums der Wirtschaft (Stabilitätsgesetz) wurde am 8. Juni 1967, also nicht mehr in der Amtszeit Ludwig Erhards, verkündet. Das Gesetz wurde aufgrund eines Beschlusses des Bundeskabinetts im Jahre 1964, „gesetzliche Maßnahmen zur Beeinflussung der konjunkturellen Entwicklung" vorzubereiten, konzipiert und vom Bundeskabinett unter Vorsitz von Ludwig Erhard Mitte 1966 ohne den Wachstumsaspekt als „Entwurf eines Gesetzes zur Förderung der wirtschaftlichen Stablität" verabschiedet.

heutigen Tage keine Übereinstimmung[1]. Häufig wurden die Zielsetzungen des Stabilitätsgesetzes bloß als die Darlegung der Implikationen eines gesamtwirtschaftlichen Kreislaufgleichgewichtes angesehen[2], und es wurde demgemäß auf die weit umfassendere Aufgabe der Wirtschaftspolitik verwiesen, gesellschaftliche Prozesse zu gestalten[3]. Der umfassende Ansatz dieser Kritik wurde jedoch in der Regel dadurch erheblich eingeschränkt, daß die kritischen Anmerkungen im wesentlichen auf die rein wirtschaftspolitischen Gestaltungsmöglichkeiten einer „globalsteuernden" Politik konzentriert wurden. Es wurde insbesondere geltend gemacht, daß im Rahmen marktwirtschaftlicher Systeme das „Anordnungsprinzip", also der „Befehl an Unternehmen, sei es in Form von Einzel- oder Funktionszuweisungen"[4], ausgeschlossen sei. Die Argumentation hat damit den Bereich der Zielsetzungen verlassen und sich in einen nachgelagerten Bereich, in den Bereich der Maßnahmen begeben, die zulässig sind, um die gewählten Ziele zu erreichen. Doch schon die Zielbeschreibung des Stabilitätsgesetzes ist als solche ordnungspolitisch problematisch. Denn das Postulat, gesellschaftliche Prozesse durch Wirtschaftspolitik zu gestalten, schließt – ernst genommen – aus, die im Stabilitätsgesetz genannten Ziele als konzeptionell hinreichende Festlegungen zu akzeptieren – vor allem aus drei Gründen:

□ Konzeptionelle Festlegungen binden die Wirtschaftspolitik, aber wegen der herrschenden Interdependenz wirtschaftlicher mit anderen Sachverhalten nicht nur diese. Im Stabilitätsgesetz werden jedoch die wirtschaftspolitischen Zielsetzungen so formuliert und operationalisiert, daß sie nur Bund und Länder und diese nur in finanz- und wirtschaftspolitischer Hinsicht zu binden vermögen. Das ist unzureichend. Eine wirtschaftspolitische Konzeption soll durch eine politische Grundentscheidung eine Art verfassungsmäßigen Rang erhalten. Das bedeutet beispielsweise, daß eine Regierung, die ihre Wirtschaftspolitik an einer wirtschaftspolitischen Konzeption aus-

---

1 Dem in Erhards Amtszeit als Bundeskanzler im Bundeskabinett verabschiedeten Entwurf des Stabilitätsgesetzes fehlte das Wachstumsziel. Erst das explizite Verfolgen dieses Ziels führte in die Problematik, die Wolfgang Stützel, Marktwirtschaft, Seite 156, ein „beständig drohendes Mißverständnis" genannt hat: Zwar sei der wachsende Wohlstand in den fünfziger Jahren anspornendes Ziel für politisches Engagement gewesen, man habe dabei aber „vielfach verabsäumt, der Öffentlichkeit ausreichend klar zu machen, wo die eigentlichen, die tieferen Gründe liegen, die uns veranlassen, uns für die ordnungspolitische Konzeption der Sozialen Marktwirtschaft einzusetzen".

2 Ernst Heuß, Stabilitätsgesetz, Seiten 110ff.

3 Erich Hoppmann, Konzertierte Aktion, Seite 287.

4 Erich Hoppmann, Konzertierte Aktion, Seite 291.

richten möchte, darauf bedacht sein muß, daß alle Aspekte beachtet werden, die im Rahmen dieser Konzeption auf irgendeine Art wirtschaftspolitisch relevant sind. Dieses Erfordernis bindet auch Institutionen, die nicht in direkter Weise mit wirtschaftspolitischen Instrumentarien ausgestattet sind[1].

□ Die Zielbeschreibung des Stabilitätsgesetzes, die sich nur auf wirtschafts- und finanzpolitische Ziele im engeren technischen Rahmen der Konjunkturpolitik richtet, läßt sich nicht als Konzeption in der erforderlichen umfassenden Weise interpretieren. Vor allem fehlen dem Stabilitätsgesetz sozialpolitische Zielsetzungen; es enthält keine Aussagen über den wirtschaftspolitisch besonders wichtigen Bereich der Einkommensverteilung. Selbst die bekannte, aber äußerst knappe Formel Ludwig Erhards, „Wohlstand für alle", war diesbezüglich noch weitergehend.

□ Schließlich bezeichnet das Stabilitätsgesetz die vier genannten Ziele als gleichrangig und verpflichtet dementsprechend die Träger der Wirtschaftspolitik, sie „gleichzeitig" zu realisieren. Da das in der Regel nicht möglich sein wird, ist hiermit der Wirtschaftspolitik ein Weg geöffnet, einzelne verfehlte Ziele in Ansehung anderer, besser oder perfekt erreichter, zu relativieren. Mit der fehlenden klaren Zielhierarchie wird somit die Gefahr geschaffen, daß die wirtschaftspolitischen Verantwortungsträger die nicht erreichten Ziele mit den erreichten rechtfertigen. Hierdurch wird es weder erforderlich, Rechenschaft zu geben über Erfolge der Politik, noch wird der Versuch unternommen, Mißerfolge zu erklären, um daraufhin neue wirt-

---

1 Dieser Gedanke läßt sich an einem derzeit aktuellen Beispiel erläutern. Angenommen, die Bundesregierung würde ihrer Wirtschaftspolitik eine wirtschaftspolitische Konzeption zugrundelegen, in der das Ziel „soziale Gerechtigkeit" in der Form enthalten ist, daß eine gerechte Entlohnung nach der Leistung stattfinden soll, die der einzelne für die Gesellschaft erbringt. Wenn nun beispielsweise der Fall eintritt, daß ein Teil der Beamten einer Bundesbehörde Stellen blockiert und darum leistungsfähigere Beamte in diese Positionen nicht einrücken können, so wäre der nächstliegende Lösungsweg – weil er mit der gewählten Konzeption kollidieren würde, in der das Ziel der sozialen Gerechtigkeit einen bedeutenden Stellenwert innehat – von vornherein ausgeschlossen, nämlich diese Beamten durch Vergütungen aus dem aktiven Dienst in Pensionierungen „fortzulocken". Die Bundesregierung hält eine „Neubesinnung auf die Grundsätze der Sozialen Marktwirtschaft" für erforderlich. Vgl. etwa die Broschüre mit diesem Titel des Presse- und Informationsamtes der Bundesregierung sowie den Jahreswirtschaftsbericht 1984. Übereinstimmend heißt es in diesen Veröffentlichungen, daß mit der Sozialen Marktwirtschaft ein Höchstmaß an sozialer Gerechtigkeit gesichert werden soll. Im Gegensatz zu dieser Absicht hat das Bundeskabinett Ende November 1984 entschieden, 1500 Offizieren im Alter von 40 bis 49 Jahren die Pensionierung anzubieten, um deren Stellen durch jüngere Offiziere besetzen zu können.

schaftspolitische Strategien zu entwickeln, um Fehler und Schwächen zu beseitigen. Das heißt: Mit dem Stabilitätsgesetz ist der Wirtschaftspolitik eine leicht erreichbare Möglichkeit geschaffen worden, sich von einer rationalen Durchführung der Politik abzuwenden und die Wirtschaftspolitik unter die Erfordernisse der „Öffentlichkeitsarbeit" der Regierung zu stellen. Hierbei wird das Erreichte als das Erstrebte ausgewiesen, wo immer positive Aspekte zu erkennen sind. Da nicht vorauszusehen ist, was erreicht wird, werden bei einer solchen politischen Orientierung die Ziele zuvor möglichst abstrakt und unverbindlich formuliert.

2. Die Interventionsregeln

Ein weiteres Merkmal einer wirtschaftspolitischen Konzeption sind zielkonforme Ordnungsprinzipien zur Bestimmung einzelwirtschaftlicher Entscheidungs- und Handlungsspielräume. Eine konzeptionelle Zielvorgabe ist nur sinnvoll, wenn zugleich begründetes Vertrauen besteht, daß die gesetzten Ziele auch erreicht werden können. Das heißt zunächst, daß eine wirtschaftspolitische Konzeption nicht auf eine Theorie verzichten kann, in der die Wirkungszusammenhänge zwischen Instrumenten und Zielen klargestellt werden. Doch nicht jede Maßnahme rechtfertigt sich aus dem Erfolg, der mit ihr – theoretisch – erzielt werden kann. Eine nicht totalitäre wirtschaftspolitische Konzeption muß darum – als ein weiteres unentbehrliches Element – Aussagen enthalten, die den Rahmen der zulässigen Interventionen der wirtschaftspolitischen Entscheidungsträger abgrenzen. Das Erfordernis derartiger Eingrenzungen kann nicht in Frage gestellt werden – aber auch hierbei sollten die Möglichkeiten der Tagespolitik nicht von vornherein, beispielsweise aus bloß dogmatischen Gründen, eingeschränkt werden.

Von der wirtschaftspolitischen Rationalität aus gesehen ist es nicht erforderlich, die Politik auf die Anwendung bestimmter Maßnahmen festzulegen; es reicht vielmehr aus, den Bereich unzulässiger Maßnahmen zu kennzeichnen, so daß es gleichgültig ist, ob sich die konzeptionellen Aussagen auf den wirtschaftspolitischen Akteur, den Staat, beziehen, der bestimmte Maßnahmen ergreifen soll, oder ob sie bei den Objekten der Wirtschaftspolitik, den wirtschaftenden einzelnen, ansetzen, denen ein bestimmter autonomer Handlungsbereich garantiert wird. Beide Verfahren sind in sozialtechnischer Hinsicht zur Bestimmung der Handlungs- und Entscheidungsspielräume gleichermaßen geeignet[1] und könnten sich – von hier aus betrachtet – somit ergänzen.

Für freiheitliche Konzeptionen kommt jedoch ausschließlich eine „negative" Definition der wirtschaftspolitischen Interventionsprinzipien in Frage. Insbesondere Friedrich A. von Hayek hat darauf hingewiesen, daß es unmöglich ist, freiheitliche Methoden durch bestimmte Maßnahmen und Organisationsregeln positiv zu kennzeichnen. Es komme vielmehr auf die Regeln an, mit denen Willkür und Zwang ausgeschlossen werden[2].

Diese Feststellung hat weitreichende Konsequenzen. Es wird nämlich – ganz im Gegensatz zur heute vorherrschenden Ansicht – hiermit unter anderem festgestellt, daß ein konkreter Katalog von Grundrechten keineswegs als geeignet empfunden werden kann, Freiheit zu sichern, und daß ein solcher Katalog mit einer freiheitlichen Konzeption nur unter der Bedingung seiner Offenheit, das heißt als eine unvollständige, lediglich Mindesterfordernisse bezeichnende Liste, vereinbar ist[3]. Es ist hiernach ein

---

1 Dieter Cassel, Wirtschaftspolitik, Seite 11, unterscheidet diese beiden Verfahren als zwei unabhängige Erfordernisse einer konzeptionellen Beschreibung der Wirtschaftspolitik, indem er unabhängig von der Bestimmung der einzelwirtschaftlichen Planungs-, Koordinations- und Eigentumsform noch eine Beschreibung der ziel- und ordnungskonformen Prinzipien und der Methoden des wirtschaftlichen und des wirtschaftspolitischen Handelns des Staates verlangt.

2 Vgl. Friedrich A. von Hayek, Verfassung der Freiheit.

3 Eine solche Feststellung besagt nichts weniger, als daß – und auch das hat Friedrich A. von Hayek mit Nachdruck ausgeführt – die gewöhnliche Berufung auf die Tradition des demokratischen Liberalismus problematisch ist, da innerhalb dieser Tradition des Liberalismus, die ihren Ausgangspunkt bei den „freiheitlichen Errungenschaften" der großen Französischen Revolution genommen hat, ein „Handlungsrahmen" positiv bestimmt wird, anstatt daß jene nicht dem individuellen Belieben offenstehenden Bereiche markiert werden. Trotz aller oft dargelegten Hochschätzung für die sozialphilosophischen Schriften Friedrich A. von Hayeks, der diese Unterscheidung zwischen dem „wahren und dem falschen Individualismus" (Friedrich A. von Hayek) scharf herausgearbeitet hat, ist ein zentraler Punkt nicht erkannt worden, daß nämlich Hayek damit gerade auch die jetzt herrschenden demokratischen Ansichten als die problematische „kontinentale" Tradition der Freiheit bezeichnet hat, die – kommen sie politisch zum Tragen – auf den „Weg zur Knechtschaft" (Friedrich A. von Hayek), konkreter: auf den Weg in die „totalitäre Demokratie" (Jakob L. Talmon) führen. Das klassisch-liberale Gedankengut, das die Idee des Rechtsstaates begründet hat und das für jede kohärent durchgeführte Rechtsstaatsidee konstitutiv bleibt, beruht nicht auf einem Katalog bestimmter Grundrechte, sondern auf einem Katalog gekennzeichneter Ausnahmen von einer grundsätzlich gewährten Freiheit. Selbstverständlich wäre der Versuch einer Revitalisierung des Rechtsstaates in diesem klassischen Sinne eine sehr komplexe gesellschaftspolitische Aufgabe. Friedrich A. von Hayek hat in der „Verfassung der

wesentlicher Unterschied, der eine freiheitliche Konzeption von einer totalitären abgrenzt, ob die Wirtschaftssubjekte bestimmte Rechte ausschließlich eingeräumt bekommen oder ob sie die Möglichkeit erhalten, bis auf bestimmte ausgeschlossene Handlungen alles tun zu dürfen, was ihnen beliebt[1].

Eine konsequent freiheitliche Konzeption muß diesen Sachverhalt in allen Gestaltungsbereichen, damit auch im Bereich der Wirtschaft, berücksichtigen. Im Bereich der Wirtschaft liegt es ganz besonders nahe, mit der auf Grundrechten statt auf einem allgemeinen, abstrakten Freiheitsbegriff basierenden Tradition des Liberalismus die falsche Rechtsstaatsidee als Leitbild zu etablieren: Wirtschaftliche Auseinandersetzungen werden meist unter Verteilungsgesichtspunkten geführt. Insbesondere wenn die umstrittenen wirtschaftlichen Aggregate als vorgegebene Bestandsgrößen aufgefaßt werden, korrespondiert das den Verteilungsauseinandersetzungen zugrundeliegende Denken mit der problematischen Definition des Begriffes „Freiheit", dem ja ebenfalls ein gesellschaftlich insgesamt vorgebener Handlungsspielraum zugrundeliegt. Man sagt – wie bei physischen Beständen, die nur einmal und dann endgültig verteilt werden können: Der Ausdeh-

---

Freiheit" die Entwicklung dieser klassischen Tradition in verschiedenen, immer wieder blockierten Ansätzen in England, den Vereinigten Staaten und Preußen dargestellt. Möglicherweise läßt sich diese liberale Tradition – die Auswirkung der Aristotelischen politischen und moralischen Ansichten – weniger eklektizistisch aus den Ursprüngen der Renaissance darstellen. Vor allem Franz Eulenburg, Volkswirtschaftspolitik, Seiten 351f., hat darauf hingewiesen, daß im Rechtsstaat des 18. Jahrhunderts ein jahrhundertealtes Verpflichtetsein der einzelnen fortwirkte, daß zwar das Recht des einzelnen Ausgangspunkt und Richtschnur des staatlichen Handelns gewesen sei: „Aber er setzte dafür Gemeinsinn der freien Bürger, freiwillige Mitarbeit am Gemeinwesen, ebenso wie genossenschaftlichen Geist als selbstverständlich voraus, auch wenn das nicht ausdrücklich gesagt wurde". Diese Grundbedingungen des Rechtsstaates sind mit den Klassenkämpfen im Industriezeitalter geschwunden: Der liberale Rechtsstaat benötigt im Industriezeitalter somit eine neue Fundierung in einer neuen Sozialidee. Die Soziale Marktwirtschaft nach der Konzeption Ludwig Erhards bietet eine solche Sozialidee.

1 Die Problematik des „Freiheitsraum"-Konzeptes läßt sich an vielerlei Alltagserfahrungen mit dem Bürokratismus verdeutlichen, bei denen eine Gesetzesanwendung „nicht allein gewisse unliebsame, unzweckmäßige Konsequenzen hat, sondern geradezu das Gemeinwohl gefährdet oder die höchsten Prinzipien der Gerechtigkeit verletzt oder gegen das ‚Naturrecht' bzw. das ‚Sittengesetz' verstößt". Vgl. Karl Engisch, Einführung, Seite 169. Dort wird als Beispiel der Fall eines Konditors angeführt, der das Verbot der Sonntagsarbeit verletzt, um schwere wirtschaftliche Schäden zu vermeiden. Der von Engisch vorgetragene Vorschlag, in besonderen Fällen „contra legem" zu judizieren, ist natürlich keine aus Grundsätzen befriedigende Lösung des Problems.

nung der Freiheit des einen entspräche notwendigerweise stets zugleich die Einschränkung der Freiheit anderer. Freiheit ist jedoch kein gesellschaftliches Nullsummenspiel[1], sondern hat ihren gesellschaftlichen Sinn gerade darin, jedem einzelnen Chancen zu bieten, in Bereichen zu handeln und handelnd zu experimentieren, die von anderen nicht belegt sind[2].

Diese Überlegungen haben große Bedeutung für die inhaltliche Bestimmung des häufig leichthin verwendeten Begriffs „ordnungspolitische Rahmenbedingungen". Jeder Wirtschaftspolitik geht es um das Verfolgen und Erreichen von Zielen. Einer freiheitlichen Wirtschaftspolitik geht es aber auch um das Konstituieren und Sichern eines Handlungsraumes für die einzelnen Wirtschaftssubjekte. Dieser Handlungsraum darf weder durch die Ziele, die sich die Wirtschaftspolitik setzt, noch durch die angewendeten Mittel willkürlich eingeschränkt werden. Das Problem ist insbesondere, inwieweit in einer freiheitlichen Konzeption auch jene staatlichen Interventionen ausgeschlossen werden müssen, die nur indirekt, etwa über Anreize und Privilegien, auf das einzelwirtschaftliche Handeln einzuwirken versuchen. Mit „angemessenen ordnungspolitischen Rahmenbedingungen" wird oft die Ausgestaltung nur indirekt wirkender Interventionsweisen und -bedingungen gefordert.

Solange ein einzelner nicht aufgrund eines direkten Befehls zum Handeln gezwungen wird, steht es ihm natürlich stets frei, sich – gegebenenfalls unter Hinnahme entsprechender Nachteile – anders zu verhalten, als es für die staatliche Zielverwirklichung erwünscht sein kann. Wenn aber Freiheit nicht als die Summe vorherbestimmter Rechte verstanden wird, müßte geklärt werden, inwieweit der Staat, der Freiheit im nicht vorherbestimmten Sinne achten soll, von den einzelnen erwarten darf, daß sie die staatlichen Ziele durch ihr Handeln begünstigen und inwieweit der Staat

---

1 Erich Streißler, Liberalismus, Seite 1426. Die Begründung der persönlichen Freiheitsrechte in Artikel 2, Absatz 1 des Grundgesetzes für die Bundesrepublik Deutschland deckt beide Versionen. Es heißt: „Jeder hat das Recht auf die freie Entfaltung seiner Persönlichkeit, soweit er nicht die Rechte anderer verletzt..." Das Problem besteht darin, daß der „soziale Rechtsstaat" es als seine Aufgabe ansieht, die Möglichkeiten einer Verletzung von Rechten Dritter von vornherein auszuschließen. Das gelingt natürlich nur, wenn die zu schützenden Rechte ex ante definiert sind.

2 Bei Othmar Spann, Gesellschaftslehre, Seite 196f., ist diese hier aus individualistischer Sicht vorgetragene Auffassung ein zentraler Aspekt seines universalistischen Ansatzes: Erst über die Kommunikation zwischen den einzelnen wird es möglich, daß die Freiheit des einen die Möglichkeiten anderer und damit die der Gesellschaft insgesamt erweitert. Dies müßte eigentlich die universalistische Sicht von Othmar Spann für die Vertreter des „wahren Individualismus" recht sympathisch machen.

dieser Erwartung durch „Anreize“ Nachdruck verleihen darf. Offensichtlich müssen in einer vollständigen Konzeption freiheitlicher Wirtschaftspolitik Aussagen enthalten sein, wie zu verfahren ist, wenn es aufgrund der gewählten Ziele zu Kollisionen oder zu einer minderen Gewichtung der gemeinschaftlichen Ziele durch die Privaten kommt. Für eine totalitäre Konzeption ist dieses Problem von vorherein geklärt. Für eine freiheitliche Konzeption ist es unausweichlich, genau zu bestimmen, bis zu welchem Grad der Staat Einfluß auf individuelles Verhalten nehmen darf, ja ob überhaupt ein „Gemeinwille“ das Setzen von Zielen rechtfertigt, die nur nach dem Überwinden individueller Widerstände oder dem Überwinden individueller Gleichgültigkeit, die die staatlichen Bemühungen unbeabsichtigt konterkariert, erreichbar sind. Die Aufgabe, Art und Inhalt „marktwirtschaftlicher Rahmenbedingungen“ zu beschreiben, ist also weder durch das Zielsystem noch durch die Interventionsregeln allein schon gelöst. Es ist vielmehr nötig, die staatlichen Zielsetzungen angesichts der Möglichkeit zu begründen, daß mit ihnen Einschränkungen der wirtschaftlichen Freiheit verbunden sind. Das erfordert vor allem sozialtechnische Kenntnis über die Grunderfordernisse der Sicherung wirtschaftlicher Freiheit in der Marktwirtschaft und über die Wirkungen staatlicher Maßnahmen auf die Bedingungen des freiheitlichen Wirtschaftens.

3. Die Interdependenz zwischen Zielsystem und Interventionsregeln

Wirtschaftspolitische Konzeptionen werden gelegentlich ausschließlich durch Lenkungsbegriffe – etwa „freiheitlich“ oder „marktwirtschaftlich“ – gekennzeichnet. Nach dem bisher Gesagten kann aber eine Konzeption nicht bloß durch eine bestimmte Lenkungsmethode beschrieben werden. Wirtschaftspolitische Konzeptionen bestehen aus Aussagen über das zu wählende Lenkungssystem und aus Aussagen über die angestrebten wirtschaftspolitischen Ziele. Das Lenkungssystem ist sicher ein wichtiges Kennzeichen einer wirtschaftspolitischen Konzeption, aber es ist nicht deren ausschließliches. In einem zureichend beschriebenen wirtschaftspolitischen Zielsystem und in den Interventions- beziehungsweise Lenkungsregeln dokumentiert sich gleichermaßen die wirtschaftspolitische Konzeption[1]. Da das Verfolgen staatlicher Ziele die individuelle Freiheit im Bereich der Wirtschaft tangiert, können wirtschaftspolitische Ziele und wirtschaftspolitische Interventionsregeln nicht als voneinander unabhängige Elemente einer Konzeption behandelt werden.

Aus diesem Sachverhalt heraus liegt es nahe zu folgern, daß die bekannte und ungemein häufig als ausschließliche Richtschnur[2] jeder marktwirtschaftlich orientierten Wirtschaftspolitik zitierte Beschreibung der konstituierenden und regulierenden Prinzipien der Wettbewerbsordnung, die Walter Eucken in seinen „Grundsätzen der Wirtschaftspolitik"[3] gibt, keine vollständige Beschreibung einer wirtschaftspolitischen Konzeption ist. Eucken beschreibt mit diesen Prinzipien die Bedingungen, die erforderlich sind, um eine wettbewerbliche Ordnung zu konstituieren und zu erhalten. Man könnte meinen, diese Beschreibung bezöge sich nur auf einen Teilaspekt einer wirtschaftspolitischen Konzeption, zumal Eucken das Lenkungssystem einer wettbewerblichen Ordnung im Gegensatz zu dem einer Zentralplanwirtschaft darstellt und alle Versuche, Mittelwege zu gehen, scharf kritisiert.

Eucken ist überzeugt, daß eine eindeutige Lösung der Lenkungsfrage über alle Maßen wichtig ist und Lenkungsfehler häufig die Ursache für Zielverfehlungen sind[4]. Diese Erkenntnis kann nicht als Beleg interpretiert werden, daß – nach Eucken – im Rahmen einer wirtschaftspolitischen Konzeption die Beschreibung eines wirtschaftspolitischen Zielsystems weniger wichtig wäre oder daß auf sie gar verzichtet werden könnte[5].

---

1 Wie leicht die einseitige Beachtung nur eines der beiden Merkmale in die Irre führen kann, zeigt sich etwa daran, daß der Wettbewerb gerade auch im Rahmen der nationalsozialistischen Kriegswirtschaft eine bedeutende Aufgabe hatte: Man erwartete über die Herstellung wettbewerbsfähiger Wirtschaftsstrukturen, durch Ausmerzen aller Ineffizienzen (etwa die Überführung aller selbständigen Kleinhandwerker in den industriellen Produktionsprozeß) die optimale Deckung des Bedarfs. Die Wettbewerbsordnung nach dem gängigen liberalen Leitbild soll demgegenüber die Koordination unterschiedlicher individueller Ziele durch Wettbewerb ermöglichen. In beiden Systemen ist Wettbewerb ein Mittel, Ziele zu erreichen; beide Wirtschaftssysteme könnten „wettbewerblich" genannt werden. Es sind in der Hauptsache die mit dem Wettbewerb verbundenen staatlichen Zielsetzungen, die Systemunterscheidung ermöglichen.

2 Vgl. Otto Graf Lambsdorff, Ansprache am 20. Juni 1978, Seiten 39ff.

3 Walter Eucken, Grundsätze, XVI. und XVII. Kapitel.

4 Beispielsweise sagt Walter Eucken, Grundsätze, Seite 141: „Wenn Millionen unverschuldet arbeitslos sind, ist das ein deutliches Zeichen dafür, daß der Wirtschaftsprozeß unzureichend gelenkt ist."

5 Man kann in einer ersten Annäherung an das Problem sagen: Eucken wendet sich als Theoretiker der Aufgabe zu, die er für die wichtigste hält. Er beschreibt die

Wenn dem gewählten Lenkungssystem instrumentale Bedeutung beigemessen wird, ist es unumgänglich zu bestimmen, wozu das Lenkungssystem genutzt werden soll, das heißt, das wirtschaftspolitische Zielsystem ist ein unentbehrliches Element der Konzeption[1].

Euckens „Grundsätze" mit ihrem Schwergewicht auf der Konstituierung einer wettbewerblichen Ordnung sind in zweierlei Weise und mit gravierenden Folgen für die Wirtschaftsordnungspolitik mißverstanden worden. Man hat – ausschließlich unter Bezug auf die „Grundsätze" – behauptet, Walter Eucken sei „der Mann, der tatsächlich annahm, die Wirtschaftspolitik sei in der Lage, vollständige Konkurrenz, eine abstrakte Modellvorstellung der Theoretiker, zu verwirklichen und sie sei zu dieser Unmöglichkeit auch noch moralisch verpflichtet"[2]. Mit diesem Urteil ist nicht nur auf die Aussagen des „Hauptes der ‚Freiburger Schule'" ein ungünstiges Licht gefallen; oft werden mit dieser Begründung sämtliche Befunde aus Euckens

---

Erfordernisse des Lenkungssystems. Damit relativiert er jedoch in keiner Weise andere Aufgaben. Wenn Eucken sagt, daß zumeist Lenkungsfehler für Zielverfehlungen verantwortlich sind, unterstellt er für seine Analyse, daß die wirtschaftspolitischen Ziele festliegen. Eucken selbst schreibt: „Erfahrung und wissenschaftliche Analyse zeigen, daß die Lenkung der Wirtschaftsprozesse durch vollständige Konkurrenz – trotz ihrer großen Leistung – an gewissen Stellen Schwächen und Unvollständigkeiten zur Folge hat" (Grundsätze, Seite 253). Aus dieser Aussage geht klar hervor, daß Eucken in der Funktion der Wettbewerbsordnung, Wirtschaftsprozesse zu lenken, grundsätzliche und unüberwindbare „Schwächen" sieht. Die „Unvollständigkeiten", die Eucken als Folge der „Schwächen" anführt, kann man nur anhand vorgegebener Ziele erkennen und beurteilen. Das heißt: Man kann in den Aussagen Euckens leicht Belege dafür finden, daß er seine Analyse nur als einem Teilaspekt gewidmet betrachtet hat.

1 Es ist somit verfehlt, Euckens Beschreibung der Lenkungsmethode in den „Grundsätzen der Wirtschaftspolitik" mit Alfred Müller-Armacks sozialpolitischem Zielsystem zu vergleichen, das eine als statisch, das andere als dynamisch zu befinden, wie es Joachim Starbatty tut. Vgl Ludwig-Erhard-Stiftung (Hg.), Soziale Marktwirtschaft, Seite 38. Es ist vielmehr so, daß beide Beschreibungen auf Unterschiedliches zielen, sich gegebenenfalls ergänzen können, für sich allein jedoch konzeptionell unvollständig sind. Während die „Grundsätze" einem bestimmten ausgrenzbaren Forschungsgegenstand gewidmet sind, aus dem sich – wie sich gleich zeigen wird – wichtige Rückschlüsse für die staatlichen Zielfestlegungen ergeben, scheint Alfred Müller-Armacks Unterschätzung der Lenkungsproblematik und seine Betonung „sozial" begründeter wirtschaftspolitischer Zielsetzungen zu keiner in gleicher Weise umfassenden Konzeption zu führen. Es ist darum richtig, wenn für die Soziale Marktwirtschaft, die sich an Alfred Müller-Armacks Vorstellungen orientiert, behauptet wird, der Lehre, wie man Sozialem in der Marktwirtschaft Rechnung zu tragen hat, fehle es an prägnanter Artikulation. Vgl. Wolfgang Stützel, Ordnungspolitik, Seite 25.

2 Erich Streißler, Liberalismus, Seite 1399.

Analyse wettbewerblicher Prozesse als in der Praxis nicht voll gültig angesehen. Andererseits hat man vielfach die angeblich von Eucken dargelegte Aufgabe doch ernst genommen und gefordert oder versucht, eine Ordnung des vollständigen Wettbewerbs herzustellen, und man hat in der Lösung dieser Aufgabe eine notwendige und hinreichende Lösung der wirtschaftspolitischen Gesamtaufgabe gesehen[1]. So kam es, daß der Begriff „marktwirtschaftliche Rahmenbedingungen" zu einem Ideal wurde, das mit Euckens „konstituierenden Prinzipien" der Wettbewerbsordnung nahezu perfekt übereinzustimmen schien.

Doch die Prinzipien, die Eucken beschreibt, sind zum größten Teil – freier Marktzutritt, Privateigentum, Vertragsfreiheit, individuelle Haftung, Konstanz der Wirtschaftspolitik – weder „Rahmenbedingungen", die das Handelnspotential der Träger der Wirtschaftspolitik abgrenzen, noch Bedingungen, die der Staat im Rahmen wirtschaftspolitischer Maßnahmen setzen könnte; es handelt sich schlicht um logische Voraussetzungen dafür, daß jedes Individuum nach eigenen Zielen wirtschaften kann, und mithin um Sachverhalte, die nicht wirtschaftspolitisch disponibel sein dürfen, sondern für die der Staat in den Bereichen unbedingt sorgen muß, in denen eine marktwirtschaftliche Ordnung realisiert werden soll. Wo beispielsweise kein freier Marktzutritt gewährleistet ist, ist der Wettbewerb auf jene Wirtschaftssubjekte begrenzt, denen der Marktzugang gewährt wird. Gleiches gilt für die anderen Prinzipien: Wo kein Privateigentum existiert, wo die Vertragsfreiheit beschränkt ist, wo für wirtschaftliche Handlungen Dritte haften oder wo die Wirtschaftspolitik wichtige Grunddaten des individuellen wirtschaftlichen Handelns kurzfristig ändert, sind die Wirtschaftssubjekte nicht zu eigenem wirtschaftlichen Handeln befähigt, sondern auf Dritte angewiesen. Dabei geht es keineswegs nur um die Abhängigkeit von anderen Marktparteien, nicht um das Abhängigsein im wirtschaftlichen Rahmen eines „do ut des", sondern um das viel grundsätzlichere Problem von Vorbehalten über nötige Mittel der individuellen wirtschaftlichen Disposition.

Eucken legt in den „Grundsätzen" die notwendigen Bedingungen wettbewerblichen Wirtschaftens dar. Dabei behauptet er, daß in einer Wettbewerbsordnung die Marktform der „vollständigen Konkurrenz" dominiert[2]. Damit definiert er die Wettbewerbsordnung nicht mit dieser Marktform und ihren Strukturdaten. Er beschreibt die logischen Voraussetzungen dieser

---

1 Es wird sich zeigen, daß man damit auch eine Grundeinsicht Erhards übersehen hat, daß nämlich die Herstellung einer solchen Wettbewerbsordnung nicht bloß illusorisch ist, sondern vor allem auch unzureichend wäre.

2 Walter Eucken, Grundsätze, Seite 245.

Ordnung aus ihrer Haupterscheinungsform und gibt der Wirtschaftspolitik Hinweise auf den Rahmen der wettbewerblichen Ordnung, der unversehrt gehalten werden muß, der aber insbesondere auch durch staatliche Zielsetzungen leicht gestört werden kann. Zudem nennt Eucken einige Faustregeln, wie am Verhalten der Wirtschaftssubjekte erkannt werden kann, ob Wettbewerb herrscht. Er sagt etwa, man könne annehmen, daß „vollständige Konkurrenz" dort existiert, wo die Preise vom Markt genommen und das Angebot entsprechend gestaltet werde, nicht aber dort, wo Lieferbindungen, Treuerabatte, Kampfpreise, Dumping, Vernichtung von Vorräten und anderes vorkämen[1].

Daß Eucken keinen „Marktstrukturinterventionismus" zur Herstellung einer wettbewerblichen Ordnung, der „vollständigen Konkurrenz", vorschlägt, geht auch klar aus einem Vergleich der „Grundsätze" mit anderen seiner Schriften hervor. So hat Eucken 1941 vor der Akademie für Deutsches Recht einen Vortrag gehalten[2], in dem er für die Zeit nach der Beseitigung der Zentralverwaltungswirtschaft mehrere Wirtschaftssektoren unterscheidet. Er sagt, daß im „Sektor der vollständigen Konkurrenz... die wirtschaftsverfassungspolitische Aufgabe des Staates eine nicht sehr schwierige" sei. Aber der starke Konzentrationsprozeß der zurückliegenden Jahre habe die Zahl der Produktionszweige, die in vollständiger Konkurrenz geordnet werden könnten, verringert: „Deshalb ist der industrielle Sektor dieser Art nicht sehr groß. Wenigstens vorläufig. Später kann er sich wieder erheblich ausdehnen..."[3].

Offensichtlich hält Eucken die Marktstruktur für einen der Wirtschaftspolitik weitgehend vorgegebenen Sachverhalt. Der widersprüchliche Umstand, daß Eucken in seinem Vortrag mit einer ausführlichen Beschreibung der wirtschaftsordnungspolitischen Erfordernisse fortfährt, die sich in den Sektoren stellen, die nicht nach der „vollständigen Konkurrenz" geordnet sind, während in den „Grundsätzen" dergleichen kaum erörtert wird, würde sich dann so erklären: Die „Grundsätze" sollen die Argumentation Euckens in einer anderen Richtung fortführen; sie sollen nicht zeigen, was der Staat zu tun hat, um private Macht zu domestizieren und die notwen-

1 Walter Eucken, Grundsätze, Seite 249.

2 Gegenüber der Annahme, daß sich Eucken 1941 mit irgendwelchen speziellen Sachverhalten der nationalsozialistischen Wirtschaftspolitik auseinandersetzt und daß seine Aussagen für den Aufbau der Wirtschaftsordnung in der Bundesrepublik Deutschland ohne Bedeutung seien, wäre anzuführen: Eucken hat eine überarbeitete Fassung, die mit den Passagen übereinstimmt, auf die ich mich hier beziehe, auch im zweiten Ordo-Band, 1949, veröffentlicht. Vgl. Walter Eucken, Wettbewerbsordnung.

3 Walter Eucken, Wettbewerb, Seiten 38f.

dige Kontrolle des „Sektors der privaten Machtkörper, der teilweisen Marktstarre und der teilweisen Unstabilität" wirksam durchzuführen[1]; sie sollen vielmehr zeigen, unter welchen Bedingungen sich überhaupt ein Sektor der „vollständigen Konkurrenz" konstituieren und intakt halten lassen würde, in dem die ordnungspolitische Aufgabe des Schutzes dieses Sektors – vor allem vor staatlichen Maßnahmen, die ihn zerstören würden –, dauerhaft weiter besteht. Bei laufender Beachtung der konstitutiven Erfordernisse wären noch einige, dann nicht mehr allzu schwierige regulative Aufgaben zu lösen[2].

Nach dieser Interpretation wäre es verfehlt, in einem Werk, das der Analyse der Frage gewidmet ist, wie staatliche Interventionen den Wettbewerb stören, eine Darlegung des gesamten Komplexes wirtschaftspolitischer Aufgaben zu erwarten. Eucken beschreibt in den „Grundsätzen" weder die Aufgaben, die sich in den Wirtschaftsbereichen stellen, die nicht nach der „vollständigen Konkurrenz" geordnet sind oder geordnet sein können, noch äußert sich Eucken explizit über staatliche Zielsetzungen. Allerdings verweist er gelegentlich darauf, daß die wettbewerbliche Ordnung die wichtigsten Ziele, die man üblicherweise als Ziele der staatlichen Wirtschaftspolitik ansähe – etwa das Ziel der Vollbeschäftigung –, erreichen würde, wenn keine Interventionen unternommen werden, die die Wettbewerbsordnung stören. In dieser Hinsicht ist Euckens Beschreibung in den „Grundsätzen" mißverständlich. Die Annahme harmonistischer Prinzipien und einer automatischen Zielerfüllung vermengt die Darlegung der Grundlagen wettbewerblicher Prozesse mit Aussagen über Ziele und Maßnahmen der Wirtschaftspolitik. Insofern erscheinen die „Grundsätze" als vollständige Darlegung der „Politik der Wettbewerbsordnung". Das muß zugegeben werden.

Ansonsten jedoch – und nahezu durchgängig – hat Euckens Analyse der konstitutiven Erfordernisse im Bereich der Wettbewerbsordnung immense Bedeutung für die Festlegung ordnungs-, nicht wirtschaftspolitischer Ziele. Das beginnt damit, daß Eucken feststellt: In einem Sektor, in dem die wirtschaftlichen Lenkungsfunktionen durch den Wettbewerb erfüllt werden sollen, kann über das Ziel der Geldwertstabilität nicht disponiert werden. Eine wettbewerbliche Ordnung ist nach Eucken ohne Geldwertstabilität nicht funktionsfähig. Die Stabilisierung des Geldwertes muß darum als ein besonders ausgezeichnetes, nämlich unentbehrliches Ziel angesehen werden, wo immer der Wirtschaftsprozeß durch Wettbewerb gelenkt werden

---

1 Vgl. Walter Eucken, Wettbewerb, Seite 39.
2 Walter Eucken, Grundsätze, Kapitel XVII.

soll. Eucken schreibt: „Alle Bemühungen, eine Wettbewerbsordnung zu verwirklichen sind umsonst, solange eine gewisse Stabilität des Geldwertes nicht gesichert ist“[1].

Die Darlegungen Euckens setzen darüberhinaus einen klaren Rahmen für das staatliche Handeln in der Marktwirtschaft. Es kann nach Eucken keinen Zweifel daran geben, daß Ziele, die der Staat anstrebt, in den allermeisten Fällen die Möglichkeiten der Individuen einschränken, selbständig wirtschaftlich zu disponieren: Wenn der Staat Monopole errichtet, mindert er die Möglichkeiten des Marktzutritts; beschafft sich der Staat zwangsweise Mittel zur Erfüllung von Aufgaben, mindert er das Privateigentum; erklärt der Staat bestimmte Institutionen zu „sozialpflichtigen“ Einrichtungen, mindert er die Vertragsfreiheit; übernimmt der Staat Garantien für wirtschaftliche Verhaltensweisen oder subventioniert er Wirtschaftssubjekte, mindert er deren Risiko und den Umfang der privatwirtschaftlichen Haftung. Die Produktion „öffentlicher“ Güter und die Anreize, die der Staat gibt, um die Individuen zu einem bestimmten Verhalten zu veranlassen, beschränken in irgendeiner dieser Weisen den Umfang der marktwirtschaftlichen Wirtschaftens. Wo immer der Staat wirtschaftspolitische Ziele verfolgt, ist es nicht möglich, von *der* marktwirtschaftlichen Ordnung zu sprechen. Eine perfekte marktwirtschaftliche Ordnung gibt es nur in einem System des „laissez faire“.

Da zwischen den genannten einzelnen Voraussetzungen einer marktwirtschaftlichen Ordnung komplizierte, noch wenig geklärte Interdependenzen herrschen, ist die quantitative Wirkung einer einzelnen staatlichen Maßnahme, die den Wettbewerb einschränkt, nicht leicht vorhersehbar. Grundsätzlich aber besteht zwischen staatlichen Zielen und marktwirtschaftlichen Interventionsregeln ein enger Zusammenhang: Fast jeder Versuch, staatliche Zielsetzungen im Bereich der Wirtschaft zu erreichen, geht auf Kosten des wettbewerblichen Wirtschaftens. „Marktkonforme“ Staatsinterventionen in dem Sinne, daß die Intervention den Markt nicht tangiert, sind kaum möglich. Selbst in den Fällen, in denen mit der Intervention eine

---

1 Walter Eucken, Grundsätze, Seite 256. Die Bedeutung der anderen von Eucken genannten zusammengehörigen Grundsätze – offene Märkte, Privateigentum, Vertragsfreiheit, Haftung und Konstanz der Wirtschaftspolitik – wird durch neuere theoretische Ansätze wie die Neue Ökonomische Theorie des Eigentums und die Wettbewerbstheorie der „contestable markets“ nachhaltig bestätigt. Doch der Schwerpunkt der modernen theoretischen Analysen liegt in Sachverhalten, bei denen die größere Effizienz der gewählten Steuerung ausschlaggebend ist. Dabei können – unter entsprechendem Effizienzverlust – Relativierungen auch der Geldwertstabilität vorgenommen werden. Nach Eucken jedoch ist Geldwertstabilität ein absolut notwendiges Grundprinzip.

bloße Umverteilung beabsichtigt ist und man darum eine Saldierung der einschränkenden und der expansiven Momente erwarten sollte, verweisen die Ausführungen Euckens unabweisbar auf einen fatalen Umstand: Eine Umverteilung stört die marktwirtschaftliche Ordnung gleich mehrfach – durch den Entzug, mit dem eine Einschränkung des Privateigentums verbunden ist, und durch die Zuwendung, die in der Regel an weniger effiziente Verhaltensweisen gebunden ist und Risiko wie Haftung mindert.

4. Die Träger der Wirtschaftspolitik

Nach einer klaren Festlegung der angestrebten Ziele in einer Zielhierarchie und der Beschreibung von Interventionsregeln könnte im Rahmen einer Konzeption auf Aussagen über die Verantwortlichkeiten und Kompetenzen der Instanzen, die zum Erreichen der gesetzten Ziele beitragen sollen, verzichtet werden, wenn es der Wirtschaftspolitik um die blanke Zielrationalität, also um eine möglichst effiziente Zielverwirklichung geht. In dieser Orientierung kann beispielsweise die in der Bundesrepublik Deutschland eingetretene Zentralisierung nicht kritisiert werden, die bewirkt hat, daß „trotz des föderativen Staatsaufbaus die für den Gesamtstaat zuständigen Einrichtungen auch die Wirtschaftspolitik so maßgeblich bestimmen, daß der Einfluß einzelner Bundesländer wie der der Gemeinden vernachlässigt werden kann“[1].

Es kann jedoch sein, daß der Aktivität und dem Engagement bestimmter Instanzen ein eigener, von einer streng zielrationalen Wirtschaftspolitik aus gesehen exogener Wert zugemessen wird[2]. In diesem Falle müßte die Konzeption noch durch eine Bezeichnung der in Frage kommenden Träger der Wirtschaftspolitik ergänzt werden. Gleiches gilt, wenn innovative Kräfte zur Lösung von Problemen und zum Erreichen gesetzter Ziele aktiviert werden sollen. Auch hierfür müßten die potentiellen Trä-

---

1 Artur Woll, Wirtschaftspolitik, Seite 106.

2 Otto Schlecht, Genesis, Seite 22, hat ein „Erfolgsgeheimnis“ der Sozialen Marktwirtschaft in der „mit Föderalismus, autonomer Bundesbank und Tarifautonomie verbundenen Dezentralisierung der wirtschaftspolitischen Entscheidungsträger“ gesehen.

ger wirtschaftspolitischer Aufgaben oder die Wege bezeichnet werden, auf denen neue Kräfte wirtschaftspolitisch zum Tragen kommen können.

Häufig wird zur Zuordnung wirtschaftspolitischer Aufgaben zu Trägern der Wirtschaftspolitik ausschließlich auf das Subsidiaritätsprinzip verwiesen. Doch das Subsidiaritätsprinzip kann die hier erforderliche Klarstellung nicht allein leisten. Es beschreibt jene Pflicht zur Hilfe, die das Gemeinwesen seinen Gliedern schuldet[1] und verlangt Vorrang für die Selbsthilfe, und dies auch dort, wo Selbsthilfe nicht unmittelbar aktiviert werden kann, sondern erst angestrebt, entwickelt und gefördert werden muß. So verstanden ist das Subsidiaritätsprinzip eine Leerformel und als Regel für Kompetenzzuweisungen unbrauchbar. Eine Kompetenzzuweisung erfordert ein abschließendes Urteil über die Fähigkeiten desjenigen, der Aufgaben lösen soll; das Subsidiaritätsprinzip fordert demgegenüber, diese Fähigkeiten zu entwickeln, wo sie nicht vorhanden sind. Wenn das Subsidiaritätsprinzip die Kompetenzzuweisung steuern soll, würde das unweigerlich dazu führen, daß keine übergeordnete Instanz eine Aufgabe selbst zu erfüllen, sondern ausschließlich darauf zu achten hätte, daß die nachgeordneten Instanzen die notwendigen Mittel zur Erfüllung der Aufgaben erhalten. Die wirtschaftspolitische Aufgabenerfüllung würde in die untergeordneten Instanzen diffundieren und sich atomisieren[2]. Oder, wie es Erich Streißler – zwar nicht offensichtlich, doch vermutlich sarkastisch – ausgedrückt hat: Laissez faire, richtig verstanden, sei nichts anderes als das Subsidiaritätsprinzip[3].

Das Subsidiaritätsprinzip kann mithin als Regel der Kompetenzzuweisung nur in einem eingeschränkten Sinne, nämlich auf eine vorgegebene gesellschaftliche Struktur angewendet werden[4]. Eine wirtschaftspolitische

---

1 In der maßgeblichen Textstelle, Ziffern 79 und 80 der Enzyklika „Quadragesimo anno", wird das Subsidiaritätsprinzip als „subsidiarium officium" interpretiert: „Jedwede Gesellschaftstätigkeit ist ja ihrem Wesen und Begriff nach subsidiär; sie soll die Glieder des Sozialkörpers unterstützen, darf sie aber niemals zerschlagen oder aufsaugen".

2 Der Ausweg, der mit dem Text der „Quadragesimo anno" nahegelegt wird, heißt: „Angelegenheiten von untergeordneter Bedeutung, die nur zur Abhaltung von wichtigeren Aufgaben führen müßten, soll die Staatsgewalt also den kleineren Gemeinwesen überlassen". Aber: Was sind Angelegenheiten von untergeordneter Bedeutung? Und: Der moderne Staat ist ja jederzeit in der Lage, sich zusätzliche Mittel zu beschaffen, um neue Aufgaben zu lösen. Zusätzliche Aufgaben halten ihn also niemals von der Erfüllung von wichtigeren Aufgaben ab.

3 Erich Streißler, Liberalismus, Seite 1400.

4 Es ist darum nicht zutreffend, wenn Walter Eucken, Grundsätze, Seite 348, schreibt: Das Subsidiaritätsprinzip sei mit der Wettbewerbsordnung vereinbar, aber Ständestaat und Wettbewerbsordnung seien unvereinbar, so daß der katholischen

Konzeption, die sich nicht allein darauf richtet, Ziele in möglichst effizienter Weise zu erreichen, sondern für die die Art der Zielverfolgung und die Breite der Beteiligung an diesem Prozeß wichtig sind, muß darum auch die gesellschaftlichen Strukturen bezeichnen, deren Schutz, deren Förderung und deren Einbezug in die wirtschaftspolitische Aufgabenerfüllung für erforderlich gehalten wird.

Soziallehre eine klare Entscheidung zwischen dem Subsidiaritätsprinzip und dem Ständestaat empfohlen werde müsse, die dann zugleich eine Entscheidung zwischen Marktwirtschaft und Kollektivismus sei.

V. Die Grundzüge der wirtschaftspolitischen Konzeption Ludwig Erhards

Nach dem Ausgeführten muß eine wirtschaftspolitische Konzeption erstens ein klares, in sich gegliedertes und geordnetes Zielsystem beschreiben. Die Ziele dürfen nicht bloß abstrakte Grundziele sein; sie müssen den wirtschaftspolitischen Handlungsbereich vollständig umfassen und als verbindliche Normen für die tagespolitischen Entscheidungen aller Instanzen taugen, die entweder Träger der Wirtschaftspolitik oder zur Durchführung irgendwelcher Maßnahmen autorisiert sind, die im Rahmen des Zielsystems Bedeutung haben.

Da Ziele nur sinnvoll verfolgt werden können, wenn die Zusammenhänge zwischen Maßnahmen und Wirkungen geklärt sind, muß sich jede wirtschaftspolitische Konzeption auf eine Wirtschaftstheorie stützen, die für das jeweilige Zielsystem die Wirkungszusammenhänge beschreibt. Eine freiheitliche Konzeption muß darüberhinaus für den Staat die Berechtigung und die Grenzen bezeichnen, im Rahmen der Verfolgung von Zielen auf das wirtschaftliche Verhalten von einzelnen und Gruppen Einfluß zu nehmen[1]. Es ist nicht zureichend, eine Konzeption einfach als „wettbewerblich" oder „marktwirtschaftlich" zu kennzeichnen, denn hierdurch werden keine Interventionsregeln beschrieben, sondern es wird jede Intervention ausgeschlossen. Andererseits ist es auch nicht ausreichend, einen Vorrang der Zielverfolgung vor der Beachtung von Interventionsregeln abstrakt, mit Interessen der Allgemeinheit oder „sozialen" Motiven, zu begründen. Die Interdependenz zwischen den Zielen, die in einer Konzeption genannt, und den Interventionsregeln, die in einer freiheitlichen Konzeption festgelegt

---

1 Aufgrund der hier genannten Norm ist etwa festzustellen: Die Globalsteuerung und die Konzertierte Aktion haben in anderer Weise auf das wirtschaftliche Verhalten Einfluß genommen, als es bis Mitte der sechziger Jahre geschah. Damit ist seinerzeit eine neue wirtschaftspolitische Konzeption – und seit die Konzertierte Aktion außer Funktion gesetzt worden ist, wiederum eine andere – aktiviert worden. Alle diese unterschiedlichen Konzeptionen werden bisher unter dem Titel „Soziale Marktwirtschaft" geführt. Wo eine Distanzierung von der Sozialen Marktwirtschaft erfolgte, hatte dies in der Regel andere Gründe und war nicht Ergebnis des Bemühens um begriffliche Klarheit.

werden müssen, geht weit und kann das Erreichen bestimmter Ziele durch Interventionen ausschließen.

Sofern eine wirtschaftspolitische Konzeption sich nicht allein „technokratisch" auf das Erreichen von Zielen oder das Erreichen ausschließlich engerer wirtschaftspolitischer Ziele richtet, ist es erforderlich, die wirtschaftspolitische Konzeption durch ein Leitbild zu ergänzen, in dem die gesellschaftlichen Strukturen beschrieben werden, die für die Durchführung der Wirtschaftspolitik im Rahmen des Subsidiaritätsprinzips aktiviert werden sollen.

Die Frage ist nun, ob die Vorstellungen Ludwig Erhards diese anspruchsvollen Normen hinreichend erfüllen, das heißt, ob die Soziale Marktwirtschaft Ludwig Erhards eine wirtschaftspolitische Konzeption nach der beschriebenen Art ist.

Diese Frage soll nunmehr anhand der Quellen, die ich oben beschrieben und als wertvoll für das Erkennen der Erhardschen Konzeption bezeichnet habe, geklärt werden. Dabei werde ich die Umfelder – zusammen mit den entsprechenden Reflexionen durch Erhard – beschreiben, die auf Erhard jahrelang und nachhaltig gewirkt haben. Dies ist einmal der „liberale Sozialismus" Franz Oppenheimers, zum anderen die „Gestaltlehre", die in der „Nürnberger Schule" von Wilhelm Vershofen vertreten worden ist. Zum Abschluß meiner Arbeit werde ich – noch etwas weiter in der Ausbildung Ludwig Erhards zurückgreifend – Aspekte der Knapp-Simmelschen Geldwesenslehren und einige Grundlagen kapital- und produktionsorientierter Kreislauftheorien anführen und damit neben dem gesellschafts- und wirtschaftspolitischen Leitbild auch die wichtigsten Elemente der theoretischen Ansichten Erhards über industrielle Wirtschaftsprozesse und deren Lenkungsmöglichkeiten darstellen. Derlei theoretisch fundierte Vorstellungen gehören unabdingbar zu einer seriösen wirtschaftspolitischen Konzeption: Es dürfen nicht nur Ziele genannt, es muß auch der Weg gewiesen werden, sie zu erreichen. Andernfalls wäre eine wirtschaftspolitische Konzeption nicht viel mehr als eine Illusion oder ein impotenter politischer Gestaltungsversuch – vollständig der wirtschaftstheoretischen Politikberatung und gegebenenfalls deren Uneinigkeiten und Widersprüchen ausgeliefert.

Natürlich: Die intellektuelle Entwicklung eines Menschen verläuft nicht wie die eines Stromes, bei dem man eine Quelle und allerlei Zuflüsse bezeichnen kann. Erhard hat – wie jeder andere Mensch auch – die neuen „Zuflüsse" modifiziert, während er sie in seine Ansichten integriert hat. Andererseits haben auch seine ursprünglicheren Ansichten durch neue Überlegungen und Erkenntnisse Veränderungen erfahren. Zwei Umstände scheinen Erhards Denken besonders nachdrücklich geprägt zu haben: die

Jahre seines Studiums bei Oppenheimer und die vierzehn Jahre, die Erhard in Nürnberg mit Vershofen zusammengearbeitet hat.

1. Das Leitbild einer freien Gesellschaft und die „freie Konkurrenz"

„Vieles, was Ludwig Erhard nach dem Zweiten Weltkrieg als Wirtschaftspolitiker zu verwirklichen suchte – Wettbewerb, soziale Verantwortung, Kampf gegen Kartelle und Monopole, Abbau der Handelshemmnisse zwischen den Staaten, freier Geld- und Kapitalverkehr und seine Vorstellung von einem geeinten Europa, bei dem er oft die Wendung vom ‚Europa der Freien und Gleichen' gebrauchte – läßt sich aus den Einflüssen seiner Lehrer, insbesondere Franz Oppenheimers, ableiten", schrieb Karl Hohmann, ein langjähriger Mitarbeiter und enger Vertrauter Ludwig Erhards, im Rückblick – fünf Jahre nach dem Tode Erhards[1]. Diese Aussage soll keineswegs ausdrücken, daß Ludwig Erhard in den bezeichneten Politikbereichen geneigt war, ein detailliertes wirtschaftspolitisches Programm Franz Oppenheimers zu realisieren. Die Betrachtung der wirtschaftspolitischen Folgerungen, die Franz Oppenheimer aus seiner Analyse der soziologischen und politischen Bedingungen wirtschaftlicher Prozesse zog, wird zeigen, daß diese Interpretation nicht zutreffen kann. Die Aussage Karl Hohmanns zielt weit eher darauf, die Aufmerksamkeit auf gewisse Übereinstimmungen zwischen den wirtschaftspolitischen Leitbildern von Franz Oppenheimer und Ludwig Erhard zu lenken. Auf diese Übereinstimmung hat auch ein anderer Erhard-Biograph hingewiesen, der 1965, während der Kanzlerschaft Ludwig Erhards, schrieb: „Erhard ist noch heute überzeugt, daß ihm diese Studienjahre bei Franz Oppenheimer die entscheidenden Anregungen für seine spätere Wirtschaftspolitik gaben"[2]. Ludwig Erhard selbst hat dies mehrfach, besonders klar bei einer akademischen Gedenkfeier zum 100. Geburtstag von Franz Oppenheimer am 30. April 1964, bestätigt. Er hat darauf hingewiesen, daß gewisse Ursprünge seiner Konzeption der Sozialen Marktwirtschaft bei Franz Oppenheimer liegen: „Ich

1 Karl Hohmann, Aus dem Leben Ludwig Erhards, Seite 54. Ähnlich: Karl Hohmann, Ludwig Erhard, Seite 215.

2 Michael K. Caro, Ludwig Erhard, Seite 26.

werde glücklich sein, wenn die Soziale Marktwirtschaft – so vollkommen oder so unvollkommen sie auch sein mag – weiter zeugen wird auch für das Werk, für den geistigen Ansatz der Gedanken und die Lehre Franz Oppenheimers"[1].

Warum hat Erhard seine „geistige Verwandtschaft mit Franz Oppenheimer" so häufig und so nachdrücklich betont[2]? – Es liegt nahe, anzunehmen, daß er durch den Bezug auf Franz Oppenheimer einen seiner zentralen, aber für eine Ausführung im einzelnen doch in der Regel weitaus zu komplexen Gedanken als klar beschrieben empfand. Ohne Frage: Damit dürfte Erhard die allermeisten seiner Zeitgenossen überfordert, vielleicht gar irritiert haben. Erhard kannte Oppenheimer und war mit dessen Ideen vertraut. Er hatte ein enges, zeitweise ein freundschaftliches Verhältnis zu Oppenheimer. Vor allem hatte Erhard sich Oppenheimer, von dem Schumpeter schreibt, „daß er mehr als irgend jemand dazu getan hat, in Deutschland wieder Interesse für theoretisches Arbeiten zu erwecken"[3], als akademischen Lehrer gewählt und bei ihm gefunden, wonach er gesucht hatte: „Wissenschaftlich denken... in strenger innerer Zucht"[4].

Aber das Bild, das Erhard von Oppenheimer gewonnen und sich bewahrt hatte, und die Hochschätzung, die auch bei Schumpeter anklingt, teilten offensichtlich nur wenige andere. Wenn auf Erich Preiser – einen der wohl bekanntesten der Schüler Oppenheimers – verwiesen wird, ist festzustellen: Preiser hat zwar Aussagen Oppenheimers in seine Verteilungstheorie integriert[5], aber er hat damit nur einen Teilaspekt der Oppenheimerschen Theorie aktiviert. Hans Peter, ein anderer bekannter Schüler Franz Oppenheimers, hat weit umfassender dessen gesellschaftspolitischen Grundpostulate rezipiert[6]; nur: Hans Peter selbst ist in seinem Bezug auf Oppenheimer höchst zurückhaltend. Von Alexander Rüstow wird gesagt, er verdanke Oppenheimer viel[7], aber der soziologische Ansatz einer Geschichtstheorie, die Rüstow vor allem mit Oppenheimer teilt, die Theorie der Überlagerung

---

1 Ludwig Erhard, Franz Oppenheimer, Seite 372.

2 Zuletzt 1977 im Vorwort zu: Ludwig Erhard, Kriegsfinanzierung, Seite VIII.

3 Joseph A. Schumpeter, Franz Oppenheimers Theorie, Seite 107. Gegenteilig äußert sich Wilhelm Vleugels, Gegenwartslage, Seite 109. Er nennt Oppenheimer „das gewandte, mit wissenschaftlichen Mitteln politisierende Schriftstellertalent" und wirft ihm insbesondere vor, wesentlich zu einer „bis dahin nach Ton und Inhalt in der deutschen Volkswirtschaftslehre kaum erhörten Verächtlichmachung der deutschen Volkswirtschaftslehre und ihrer Lehrbücher" beigetragen zu haben.

4 Ludwig Erhard, Franz Oppenheimer, Seite 366.

5 Näheres siehe unten, Seiten 84f. und 111f.

6 Vgl. Gerhard Weisser, Hans Peter, Seite 281.

7 Erich Preiser, Franz Oppenheimer, Seite 103.

von Kulturen durch Eroberer, wird schon seit dem 14. Jahrhundert in Europa diskutiert[1] und ist sicher kein originärer Verknüpfungspunkt. Wilhelm Röpke wiederum schreibt recht distanziert über Oppenheimers „archimedischen Punkt", nämlich seine zentrale Kritik am Kapitalismus: Er könne diesen Weg, wie manche andere auch, „eine Weile mitgehen"[2]. Eduard Heimann schließlich, auch er Schüler Oppenheimers, stellt die „Theorie des liberalen Sozialismus" in seiner Dogmengeschichte ausführlich dar[3], aber auch dabei überwiegt die Kritik an einzelnen Aspekten und an bestimmten Details der Folgerungen Oppenheimers[4].

Einer der Schüler Oppenheimers, Bruno Schultz, hat Mitte der fünfziger Jahre treffend festgestellt, „daß ‚totgeschwiegen' vielleicht etwas übertrieben ist. Richtig bleibt, daß eine Auseinandersetzung auf breiter Front und bis ins einzelne jedoch nicht stattgefunden hat"[5]. Nirgendwo bei seinen Schülern ist ein Kanon Oppenheimerscher Lehren auszumachen. So ist nicht daran vorbeizukommen: Es muß versucht werden, die Wesensmerkmale des „Oppenheimerschen Geistes", der Erhard gefesselt

---

1 Vgl. Richard F. Behrendt, Seite 361 in: Franz Oppenheimer, Lebenserinnerungen. Die angeführte Theorie hat der arabische Geschichtsschreiber Ibn Chaldun (1332–1406) in der geschichtsphilosophischen Einleitung seiner Weltgeschichte zuerst dargestellt. Alexander Rüstow hat daraus die beachtenswerte Folgerung gezogen, daß durch die Überlagerung eine Deformation der ursprünglichen genossenschaftlichen Moral einträte: Das „Sozialgift der Außenmoral" infiziere und zerstöre allmählich den Sozialkörper. Die Folgerung Rüstows ist: Der Staat muß zur Überwindung der „Überlagerungsgesinnung" eine aktive Rolle spielen; es bedürfe hierzu eines starken, neutralen Staates als Instanz moralischer Intervention. Vgl. Alexander Rüstow, Ortsbestimmung, Band I, insbesondere Seite 98.

2 Wilhelm Röpke, Franz Oppenheimer, Seite 346.

3 Eduard Heimann, Lehrmeinungen, Seiten 191ff.

4 Bestimmte Aspekte und Einzelprobleme der Oppenheimerschen Theorie erörtern neben den angeführten Autoren vor allem Alfred Amonn, Siegfried Budge, Karl Diehl, Heinrich Köppe, Robert Liefmann, Conrad Schmidt, Paul Sander, Joseph A. Schumpeter, Wilhelm Vleugels und Kurt Werner.

5 Bruno Schultz, Franz Oppenheimer, Seite 486. Bruno Schultz, Seiten 473f., stellt auch fest, daß Oppenheimer keine Schule gebildet habe. Es könne „nicht von Jüngerschaft, aber auch kaum von Schülerschaft... die Rede sein". Neben Ludwig Erhard, Eduard Heimann, Hans Peter, Erich Preiser und Bruno Schultz sind vor allem auch Adolf Löwe, Erik Nölting und Joachim Tiberius den „Schülern" Oppenheimers zuzurechnen. Rezeptionen der Ansichten von Oppenheimer finden sich außer bei Wilhelm Röpke und Alexander Rüstow auch bei Carl Brinkmann, Gottfried Eisermann, Karl Mannheim, Wilhelm Vershofen und Robert Wilbrandt. Vgl. hierzu auch die entsprechenden Beiträge in der von Robert Wilbrandt herausgegebenen Festschrift für Franz Oppenheimer.

und den Erhard in die Soziale Marktwirtschaft meinte einbezogen oder übertragen zu haben, aus dem Original zu erfassen.

a. Der „soziale Liberalismus"

Im einheitlichen Bild der Grundansichten Franz Oppenheimers, das alle enzyklopädischen Artikel enthalten, ist das „Gewalteigentum an Grund und Boden" das entscheidende Datum[1]. Dieses Bild paßt – in offenkundigster Weise – nicht auf Erhards wirtschaftspolitische Haltungen: Erhard hat niemals eine Bodenreform für erforderlich gehalten[2]. Die Schwierigkeit, seine Ansichten in der Nähe Oppenheimers zu sehen, ist Erhard nicht verborgen geblieben; aber er hat nichts Wesentliches zur Aufhellung beigetragen, sondern hat nur die Feststellung getroffen, er bekenne sich zur Lehre Franz Oppenheimers, zum „liberalen Sozialismus", indem er Adjektiv und Substantiv umgelagert und sich gesagt habe, „daß ein ‚sozialer Liberalismus' die Akzente gewiß etwas verlagert, aber dem Prinzip, um das es geht, dennoch treu bleibt"[3].

Nun kann es wohl darüber keinen Zweifel geben, daß eine sozialistische Ansicht möglicherweise durch nichts mehr pervertiert werden kann, als durch ihre Verkehrung in eine liberale Haltung. Doch Erhard hat den Sachverhalt so ernst gemeint, wie er ihn ausgeführt hat: Er sah im gedanklichen Ansatz und im Weg, auf dem Oppenheimer zu seinen Ergebnissen gelangte, ein für die Soziale Marktwirtschaft beachtenswertes Prinzip. Welches war dieses Prinzip, das Erhard aus dem „liberalen Sozialismus" in sein Denken transponiert hat?

Für Franz Oppenheimer wird die Bezeichnung „liberaler Sozialist" verwendet, eine Bezeichnung, die sich Oppenheimer selbst zugelegt hat. Diese Zuordnung zum Sozialismus ist weitgehend akzeptiert worden. Aber die Motive, die im einzelnen hierfür festgestellt werden können, sind doch aufschlußreich, und aufschlußreich ist auch, daß diese Zuordnung stets

---

1 Erich Preiser, Franz Oppenheimer, Seite 103.

2 Ich habe 1973/74 viel mit Professor Erhard über Fragen der Bodenordnung diskutiert und zusammen mit ihm wirtschaftspolitische Vorschläge verfaßt, die Erhard „eine geschlossene Konzeption zur Lösung der Mißstände auf und in Verbindung mit dem Baubodenmarkt" nannte. Ausdrücklich verwirft Erhard dort „alle Ideen, die eine Sozialisierung des Bodens – unter welchem Etikett auch immer – zum Ziele haben". Vgl. Ludwig-Erhard-Stiftung (Hg.), Bodenordnung.

3 Ludwig Erhard, Franz Oppenheimer, Seite 5.

höchst peripher geschieht[1]. Tatsache ist: Als Sozialist wird Oppenheimer „vielleicht nur wegen seiner unerbittlichen Frontstellung gegen das Großgrundeigentum" akzeptiert, mitunter wird er den „utopischen Sozialisten" zugeordnet[2]. Oppenheimer selbst bemerkte – und seine Feststellung übertreibt den Sachverhalt in nahezu grandioser Weise –, seine „Richtung" habe nicht allzu viele Vertreter gefunden[3].

Heute erinnert der Begriff „liberaler Sozialismus" sogleich an die jüngere Bezeichnung „freiheitlicher Sozialismus". Grundsätzlich zielte und zielt der Sozialismus, jedenfalls aus der Sicht der Vertreter sozialistischer Gesellschaftslehren, stets und zuvörderst auf „Freiheit". Dieser Umstand war und ist allbekannt[4], und Oppenheimer hätte mit einer freiheitlichen Zielsetzung dem Sozialismus gewiß nichts Neues beigefügt. Immerhin wäre dies ein Aspekt, auf den sich Erhard möglicherweise hätte beziehen können: War Erhard also „freiheitlicher" – und das heißt: „utopischer Sozialist"? War es Oppenheimer? Und wenn es Oppenheimer nicht war und Erhard sein wollte: Wie wäre es zu erklären, daß Erhard in seinem Vorbild einer Täuschung erlegen ist?

---

1 Vgl. etwa: Carl Landauer, Sozialismus, Seite 497. Carl Landauer nennt den „liberalen Sozialismus" Oppenheimers „einen Grenzfall des Gruppensozialismus nach der individualistischen Seite hin". Erich Preiser vermeidet jede Zuordnung.

2 Bruno Schultz, Franz Oppenheimer, Seite 486. Für Oppenheimers Zuordnung zur Bodenreformbewegung ist das höchst distanzierende Urteil von Adolf Damaschke, Geschichte, Band 1, Seiten 352 und 435, aufschlußreich.

3 Franz Oppenheimer, Wissenschaftlicher Sozialismus, Seite 166.

4 Umstritten war nur, ob ein „freiheitlicher Sozialismus" auch möglich sei, das heißt praktisch realisiert werden könne. Vgl. Walter Adolf Jöhr, Sozialismus. Inzwischen ist diese Frage, insbesondere durch erdrückende empirische Fakten, entschieden: „Freiheitlicher Sozialismus" ist nicht möglich. Der Sozialismus ist dennoch als Problem der Gegenwart, in der das Freiheitsstreben gemindert scheint, virulent geblieben: Es ist jetzt der „demokratische Sozialismus" dominant – die Relativierung der Freiheit und des Rechts, sofern es nur Minderheiten beanspruchen. Es dürfte nicht uninteressant sein, daß ein Schüler Oppenheimers, Hans Peter, gestützt auf die Rechtsphilosophie von Leonard Nelson schreibt: Die Beweislast für jede Freiheitsbeschränkung trage stets der, der Freiheit beschränken zu dürfen behauptet; das sei auch der Sinn des Gedankens, daß die Freiheit ein Grundrecht eines jeden ist. Dieser klaren Regel widerspräche die vielvertretene Position: „Wenn schon immer moralisch der Satz galt, daß Eigentum verpflichtet, so gilt jetzt rechtlich, daß der Eigentümer in mehr oder weniger großem Umfang den Nachweis führen muß, daß er die ihm gewissermaßen nur zu treuen Händen überlassenen Güter in einer Weise benutzt, die staatlich zugelassen ist." Hans Peter kritisiert: „Es genügt nicht mehr, daß man sich davor hütet, etwas Verbotenes zu tun, man muß für das, was man tun will, die Berechtigung nachweisen können". Vgl. Hans Peter, Wettbewerbsbeschränkungen, Seite 12, und Wandlungen des Geldes, Seiten 68f.

Freiheit wird heute üblicherweise nur unter rein existentiellen Gesichtspunkten betrachtet. Damit wurde verdrängt, daß Freiheit durchaus Unterschiedliches bedeuten kann und daß vor allem nicht – oder nicht allein – der Weg, Freiheit zu sichern, sondern auch das Ziel selbst Beachtung verdient. Im Bereich der Nationalökonomie findet sich kaum Kritik an der Verengung der Betrachtungsweise nur auf die Existenz oder Nichtexistenz von Freiheit, statt auf deren Essenz. Gerade auch dort, wo Oppenheimers Freiheitsbegriff analysiert wird, wird der Unterschied zwischen einer Betrachtung, die sich auf die Definition des Leitbildes richtet, und einer, die das Leitbild als schon gegeben annimmt und nur nach dessen Sicherung fragt, nicht beachtet. So hat Walter Adolf Jöhr im Jahre 1948[1], die These „Sozialismus bringt Freiheit" – dies unzutreffend die These Oppenheimers nennend – der Mises-Lippmann-Hayekschen Antithese, „Sozialismus zerstört Freiheit" in eine das Problem nicht akzeptabel verkürzende Gegenüberstellung gebracht. Jöhr hat eingangs seiner Darstellung – mit so großer Selbstverständlichkeit, als gäbe es kein anderes – das Ziel „Freiheit" aus liberaler Sicht definiert und gefolgert, man müsse der liberalen These zustimmen: „Sozialismus zerstört Freiheit". Jöhr hat sich damit eines Verfahrens bemächtigt, das von sozialistischer Position aus immer dann angewendet wurde, wenn es darum ging, den Liberalismus anzugreifen: Auch hierbei wurde Freiheit als ein Ziel – ein sozialistisches – definiert und „nachgewiesen", daß der von liberaler Seite vorgeschlagene Weg, dieses Ziel zu erreichen, nämlich der Schutz „bürgerlicher" Freiheiten, etwas Gegenteiliges bewirke, als der Sozialist erstrebe.

Wie zwischen zwei Mühlsteine geraten, ist hier die mittlere Position zerstäubt, nämlich die Ansicht, daß beide „Freiheiten" – sowohl jene, die mit liberalen, wie jene, die mit sozialistischen Systemen erreicht werden soll und auf dem jeweils anderen Weg nicht erreichbar ist – gar nicht als wertvolle Ziele gelten können. „Wir wissen", schreibt Erhard[2], „daß der klassenkämpferische Sozialismus den ökonomischen Liberalismus nicht überwinden konnte, weil er ein Schößling aus der gleichen Wurzel ist; weil er die Bewegungsgesetze des Liberalismus anerkennt und seinem Ziele dienstbar machen wollte. So verstanden ist es richtig, daß der Sozialismus auf den Grundfesten des Liberalismus baute"[3]. Zwischen diesen beiden

1 Vgl. Walter Adolf Jöhr, Sozialismus.

2 Ludwig Erhard, Nationalwirtschaft, Seite 17.

3 Aufgrund dieser Aussage wird man feststellen müssen, daß Ludwig Erhard auch das Bemühen Alfred Müller-Armacks um eine „soziale Irenik" nicht bloß für nicht aussichtsreich, sondern schlicht für verfehlt halten mußte. Bekanntlich fordert Alfred Müller-Armack Sozialisten, Vertreter christlicher Soziallehren und Liberale

Positionen, zwischen dem klassenkämpferischen, also dem marxistischen Sozialismus, und dem wirtschaftlichen, also dem Manchester-Liberalismus, schreibt Erhard, seien andere Positionen außer acht gelassen worden: Die Entwicklung habe diese Positionen auch in der Praxis verdrängt: „... übrig blieb eine Wirtschaft, in der häufig unter der oft nur seichten Tünche des freien Wettbewerbs in Wahrheit das Diktat der straff organisierten Wirtschaftsmächte und -gruppen regierte, ohne klare Linie und ohne größere Zielsetzung, nur geleitet von dem Jagen nach dem Augenblickserfolg".

So drängt sich bei Erhards Wortspiel mit den Begriffen „liberaler Sozialismus" und „sozialer Liberalismus" die Frage auf: Kam es Erhard gar nicht im allgemeinen auf die Sicherung von „Freiheit", sondern vielmehr auf ein spezielles freiheitliches Ziel an: Hat er im Wettbewerb, der nicht bloß „seichte Tünche", und in einer Wirtschaft, die nicht dem Diktat von Gruppen unterworfen ist, dieses freiheitliche Ideal erkannt? War es seine Vorstellung, daß es eine „andere Freiheit" geben könne und geben müsse, als jene individualistische Freiheit, die der Liberalismus, und jene kollektivistische Freiheit, die der Sozialismus anstreben – eine Freiheit, die er in Oppenheimers System enthalten sah? Hat Erhard aus dem „liberalen Sozialismus" Oppenheimers seinem „sozialen Liberalismus" eine solche spezifische Freiheitsidee aufprägen wollen?

Wenn Erhard abfällig schreibt, Liberalismus und Sozialismus seien „Schößlinge aus der gleichen Wurzel", und feststellt, daß deshalb der „Sozialismus den ökonomischen Liberalismus nicht überwinden konnte", so kann dies offensichtlich nicht heißen, daß Erhard Freiheit über den Sozialismus – und schon gar nicht über den ökonomischen Liberalismus anstreben wollte. Erhard war also kein „freiheitlicher Sozialist". Die Aus-

---

auf, zu einer Versöhnung zu gelangen, ohne ihre jeweiligen Ziele aufzugeben. Vgl. Alfred Müller-Armack, Soziale Irenik. Natürlich hätte Erhard zugestimmt, daß eine solche Versöhnung möglich ist. Sie bedarf ja bloß der Bereitschaft, des guten Willens, der Verständigung. Die bedenkenswerte Pointe aber wäre, daß Erhard eine Versöhnung zwischen Liberalismus und Sozialismus aus seinem Standpunkt heraus nicht für erstrebenswert halten konnte, wenn schon die beidseitig verfolgten Ziele ihm nicht erstrebenswert schienen. – Wenn das Godesberger Programm der SPD als Beispiel einer „sozialen Irenik" angeführt wird, so ist es gerade jener von Erhard begrüßte, wenn nicht von ihm bewirkte Umstand, daß Sozialisten darin von ihren Zielen Abstand nehmen. Vgl. auch Franz Böhm, Marktwirtschaft, Seiten 437f. Kürzlich hat Lothar Bossle, Ordoliberalismus, in bewegenden Worten von der Notwendigkeit einer Versöhnung zwischen christlichen Soziallehren und dem Ordoliberalismus gesprochen. Dies ist anders einzuschätzen als die „soziale Irenik" Alfred Müller-Armacks, denn Lothar Bossle betont zu Recht, daß das „Bündnis" hier auf dem gleichen Ziel, einer „verantworteten Freiheit", beruht.

sage deutet vielmehr darauf, daß er genau jenen Freiheiten gegenüber skeptisch war, die entweder der Liberalismus oder der Sozialismus versprechen oder bringen. Erhards Kritik richtete sich mithin offensichtlich auf völlig gleichartige Unzulänglichkeiten beider Systementwürfe, des sozialistischen wie des liberalen. Auch von anderen Wissenschaftlern war dies seinerzeit erkannt und diskutiert worden.

Eine klare Kennzeichnung dieser Position findet sich etwa bei Johannes Messner. Er schreibt: „Indessen hat die Freiheitsidee des Sozialismus mit der liberalistischen die Abwehr außer- und überpersönlicher Bindungen gemein; während sich aber jene gegen die staatliche Bevormundung der einzelnen wendet, wendet sich diese gegen die in wirtschaftlichen Verhältnissen begründete Herrschaft des Menschen über den Menschen... Der Zwang zur Freiheit, die Summe von Freiheiten, die Freiheit als Einsicht in unabänderliche Notwendigkeiten, alle diese Elemente einer Freiheitsidee zeigen, daß die Freiheit vom Sozialismus genau so mechanistisch als bloß äußeres Nebeneinander der freien einzelnen ohne innere Hinordnung auf das Ganze verstanden wird, wie wir es beim Individualismus fanden. Auch hier erweist sich der Kollektivismus als das bloße Kehrbild des Individualismus"[1].

Nun liegt es nahe, bei einem Wirtschaftstheoretiker aus dem Bereich der katholischen Soziallehre sogleich eine Affinität zu ständestaatlichen Ansichten anzunehmen. Doch die Folgerung, „Kollektivismus ist gleichbedeutend mit Individualismus"[2] war in den zwanziger und dreißiger Jahren vor allem Ausdruck einer weit verbreiteten Kritik an der Wirtschaftspolitik der Zwischenkriegszeit, die in populären Schriften dann oft undifferenziert als „Politik der liberalistisch-marxistischen Nachkriegszeit"[3] referiert wurde. Die Kritik stützte sich auf ein vielfach übereinstimmendes Urteil; die Folgerungen, die daraus im einzelnen gezogen wurden, und die

---

1 Johannes Messner, Die soziale Frage, Seiten 298f.

2 Paul Karrenbrock, Recht und Wirtschaft, Seite 9. Das angeführte Zitat von Johannes Messner wurde im Jahre 1934, die Aussage von Ludwig Erhard im Februar 1933, also während der nationalsozialistischen Herrschaft, gedruckt. Mit Paul Karrenbrock zitiere ich aus einem Vortrag, der schon zuvor, im Winter 1931/32, am Sozialpolitischen Seminar der Universität Münster gehalten worden ist. Man kann die Belege jederzeit erweitern. Sie bezeichnen eine Problematik liberalistischer Gestaltungen, die in den zwanziger und dreißiger Jahren deutlich gesehen wurde. Paul Karrenbrock wurde übrigens aufgrund einer Veröffentlichung über die nationalsozialistische Programmatik 1936 verhaftet und aus der NSDAP, der er seit 1931 angehörte, ausgeschlossen.

3 So etwa Reichswirtschaftsminister Walter Funk im Vorwort zu der volksnahen Schrift von Ernst Wagemann, Geldschöpfung.

Lösungsvorschläge, die unterbreitet worden sind, waren freilich recht unterschiedlich.

Auch in Betrachtungen von Autoren, die – wie etwa Jens Jessen – in Verbindung zu den „Freiburger Kreisen“ und damit in gewisser Nähe zu so ganz unverdächtigen Liberalen wie Walter Eucken und Franz Böhm standen, spiegelt sich diese Kritik. Jens Jessen schreibt, zunächst wie Erhard und Messner einschränkend, daß trotz der gemeinsamen Grundlage Liberalismus und Marxismus in ihren ursprünglichen Folgerungen und Forderungen voneinander abwichen: Der Liberalismus erblicke im einzelnen Menschen – es hätte auch eine Gruppe sein können –, in der beziehungslosen Einzelheit den Sinngehalt der Wirklichkeit. Der Marxismus würde diese Einzelheit in der formlosen Masse untergehen lassen, die von der Diktatur geleitet werde. Und auch Jessen nimmt von *beiden* Systemen klar Abstand: „Wir betonen die Bedeutung der Einzelheit und der übergeordneten Gruppe als konstitutive Bestandteile einer richtig erfaßten Wirklichkeit“[1].

Der Rückzug der Individuen in das Private, die mit der Individualisierung verbundene Atomisierung der Gesellschaft auf der einen Seite, die Gefahren, die auf der anderen Seite durch Kollektivierungsideologien für den Staat entstehen – denn nichts, keine gewachsenen Gemeinschaften, keine sozialen Bindungen sind in einer atomisierten Gesellschaft vorhanden, um den Kräften zu widerstehen, die die Gesellschaft spalten und polarisieren – darauf scheint sich das Augenmerk damals gerichtet zu haben[2]. Es ist dies eine Problemstellung, von der Alexander Rüstow bekennt, er suche „mit

1 Vgl. Jens Jessen, Der gerechte Preis, Seite 8.

2 Daß der Gegensatz zwischen Liberalismus und Sozialismus eine höchst unzureichende Symbolik für die geistige Situation der zwanziger Jahre ist, geht unter anderem deutlich daraus hervor, daß in dem weit verbreiteten Grundriß von Johannes Conrad, Seiten 498ff., von den „individualistischen Gegnern der Smithschen Schule“ gesprochen und ausführlich eine Richtung dargestellt wird, die „zwischen dem Liberalismus der klassische Nationalökonomie und dem Sozialismus“ die „Berücksichtigung des ethischen Moments“ fordert. Zu den bemerkenswertesten, weil bedenklichsten Umständen der Gegenwart gehört, daß der Bereich der Ethik in den sozialen Beziehungen wiederum von zwei Seiten eingeengt worden ist: Auf der einen Seite ist es zu einer bloßen funktionalen „Mechanisierung“ der sozialen Beziehungen gekommen. Goetz Briefs, Interessenverbände, Seite 27, hat diesen Umstand neben der Privatisierung und Kommerzialisierung der zwischenmenschlichen Beziehungen im Liberalismus besonders deutlich gebrandmarkt: „Erwerben, Verwerten, Besitzen, Kosten und Preise, kurz: das Marktverhalten und der soziale Nexus werden säkularisiert, aus dem metaphysischen und ethischen Bezugssystem herausgenommen und als bloße Funktionen verstanden“. Auf der anderen Seite ist die Sozialethik fast vollständig durch die Religion vereinnahmt worden.

dem Mut der Verzweiflung" nach der Lösung, die zwischen dem zusammengebrochenen historischen Liberalismus und dem drohenden Kollektivismus die Menschheit zu einer neuen Möglichkeit führe, menschlich und menschenwürdig zu leben[1].

Freilich: Die Situation der dreißiger Jahre war diesbezüglich nicht sehr anders als jene, die dem Aufkommen und dem Durchsetzen des „Kathedersozialismus" zum Ende des 19. Jahrhunderts günstig war – in zweierlei Weise: Wieder ging es um eine „soziale Frage". Bei dieser „neuen sozialen Frage" war nicht mehr die Fürsorge für einzelne existenzgefährdete Bevölkerungsgruppen, sondern die Sorge um das richtige Maß der Integration aller einzelnen und aller Bevölkerungsgruppen in den Staat das beherrschende Motiv. Aber wie zur Jahrhundertwende wurde zur Lösung dieser Frage im allgemeinen keine Begrenzung der Staatstätigkeit, keine Einschränkung auf eine prinzipiengelenkte Politik erwogen: „Fast allgemein herrscht die Auffassung, als ob die Erscheinung, die Carl Schmitt im Anschluß an Ernst Jünger den ‚totalen Staat' genannt hat, dieses Ausgreifen des Staates über seine bisherigen Grenzen, dieses Einbeziehen aller möglichen Lebensgebiete in die staatliche Betätigung, als ob dies ein Zeichen übermäßiger Stärke des Staates wäre – eine Hybris, ein Nicht-mehr-seine-Grenzen-kennen", beklagt Alexander Rüstow die Situation[2].

Auch Erhard dachte skeptisch über die Fähigkeiten des Staates, die notwendige Integration der einzelnen in den Staat zu bewerkstelligen. Er hat freilich diese Ansicht während der nationalsozialistischen Herrschaft in keiner seiner Publikationen schriftlich fixiert. Hier hat sich Erhard wohl der Rücksicht auf andere und vor allem wohl auch der Loyalität Vershofen gegenüber gebeugt. Doch es gibt sicherlich keinen deutlicheren Beleg für Erhards Haltung als die Tatsache, daß er im Winter 1942/43 lieber arbeitslos geworden ist, als daß er seinen Beitritt zur Deutschen Arbeitsfront vollzogen hätte[3].

Erhards Argumentation richtete sich gegen die kollektivistische Zielsetzung des Sozialismus. Diese Zielsetzung wird besonders gefördert, wenn es dem Sozialismus gelingt, sein Ziel unter ein mächtiges Erfordernis der Zeit zu stellen und es unter diesem Erfordernis zu verfolgen. Das nationale Motiv, die Verbindung des Nationalen mit dem Sozialismus, war ja keineswegs geeignet, den Sozialismus zu domestizieren. So waren für Erhard nicht irgendwelche Erfahrungen, nicht die Kenntnis von Extremen – von Übersteigerungen des Nationalsozialismus zur Hybris, wie etwa in der

1 Vgl. Alexander Rüstow, Wirtschaftsliberalismus, Seite 90.
2 Alexander Rüstow, Interventionen, Seite 224.
3 Vgl. Ludwig Erhard, Kriegsfinanzierung, Seite XI.

Rassenideologie – ausschlaggebend für seine Haltung: Er schildert nirgendwo einen besonderen Anlaß, der ihn zum Gegner des Nationalsozialismus werden ließ. Er war Systemgegner schon wegen seiner „normalen" Einstellung dem Sozialismus gegenüber, und er hat sich – entsprechend seiner Aversion, eine Erkenntnis in Furcht vor unliebsamen Konsequenzen zu verleugnen – auch persönlich nicht in kollektivistische Systeme eingeordnet[1].

Natürlich würde sich Erhard in seiner Ablehnung des Kollektivismus in der Front des Liberalismus befinden. Es ist naheliegend, jeden entschiedenen und aufrechten Gegner des Sozialismus schnell für den Liberalismus zu vereinnahmen und ohne weitere Qualifikation als Liberalen anzusehen. Aber eben dies ist für Erhard nicht so ohne weiteres gerechtfertigt: Es darf nicht außer acht gelassen werden, daß Erhard den Sozialismus keineswegs weniger abgelehnt hat als den „ökonomischen Liberalismus". Seine Position war die des „sozialen Liberalismus" – weder Sozialismus noch Liberalismus –, eine Position, die darin jener des „liberalen Sozialismus" Oppenheimers – weder Liberalismus noch Sozialismus – völlig entsprach.

Die Begriffe, die Oppenheimer verwendet hat, bezeichnen diese „dritte" Position klar: Oppenheimer hat unter Kollektivismus Kommunismus verstanden[2]. Er schreibt: „Sozialismus, das bedeutet ein Ziel; Kommunismus aber bedeutet einen angeblichen Weg zu diesem Ziel, den Weg, den seine Vertreter für den einzig möglichen halten und deshalb zu gehen entschlossen sind, gehe darüber die Welt auch in Trümmer"[3]. Es geht Oppenheimer

---

1 Nach seinem Ausscheiden aus dem Nürnberger Institut wurde Erhard der staatsfeindlichen Hetze angeklagt und verurteilt. Erhard schreibt, daß man ihn vor allem für „verrückt" gehalten habe. Vgl. Ludwig Erhard, Kriegsfinanzierung, Seite XI. Zur Beurteilung der Haltung Erhards und zum Verständnis für das „Kopfschütteln", das sie hervorrief, ist viel aus den soziologischen Schriften von Fritz Karl Mann zu erfahren: Es geht um das im Alltäglichen Verpflichtende der Gedanken. Zu bedenken ist auch, daß über Wilhelm Vershofen, den Leiter des Instituts, an dem Erhard geschäftsführend tätig war, berichtet wird, er habe unaufhörlich von dieser Art „Wahrhaftigkeit" des Wissenschaftlers gesprochen, von der „Erkenntnis, die in die Tiefe des Seins" drängt. Vgl. Ernst Lippold, Vershofen, Seite 26.

2 Oppenheimer unterscheidet zwischen dem „utopischen Kommunismus" und dem „Marxschen Kollektivismus". Das Gemeinsame aller kommunistischen Konzeptionen sei das Streben nach einer Gesellschaftswirtschaft ohne Markt und Konkurrenz. Vgl. Franz Oppenheimer, Kapitalismus, Seiten 26ff. und 97ff.

3 Franz Oppenheimer, Lebenserinnerungen, Seite 136. – Die Unterscheidung zwischen Sozialismus und Kommunismus ist erst in der bolschewistischen Ideologie, in der der Kommunismus das auf den Sozialismus folgende gesellschaftliche Entwicklungsstadium ist, vollständig klar dargelegt worden. Im allgemeinen gelten als Kommunismus jedoch die extrem revolutionären Formen des Sozialismus. Für

um ein spezielles Ziel, das er sozialistisch heißt, und um eine rationale, nicht dogmatische Begründung der Mittel, dieses Ziel zu erreichen.

„Ziel" und „Weg zum Ziel" werden häufig verwirrt, und es ist klar: Wo nur die eine Art „Freiheit" – Freiheit, die existiert oder nicht existiert – von Belang zu sein scheint, ist eine Debatte über die Inhalte des Ziels überflüssig. So scheint es, als ginge die Diskussion stets nur um den Weg zum selben Ziel. Auch Erich Preiser ist diesem Irrtum erlegen. Er hat in seinem Handwörterbuchartikel über Franz Oppenheimer zum Ausdruck gebracht, daß es diesem um einen „dritten Weg" gegangen sei: „Er suchte einen dritten Weg zwischen marxistischem Sozialismus und liberalem Kapitalismus, und er warb für ihn, als er ihn gefunden zu haben glaubte, literarisch und in praktischen Versuchen"[1]. Der Interpretation von Erich Preiser stehen die zuvor zitierten Aussagen von Franz Oppenheimer selbst entgegen. Oppenheimer sagt nachdrücklich, daß es ihm nicht um einen „Weg", nicht um Mittel, sondern vor allem um Ziele, Ideale und Werte gehe: Um eine „Gesellschaft der Freien und Gleichen"[2].

Die Konzentration auf ein Ziel hat Oppenheimers Lösungsvorstellungen gewiß stark geprägt: Oppenheimer hielt sein Ziel für realisierbar, und er hatte demgemäß auch Vorstellungen darüber, wie es zu erreichen sei: Er glaubte, daß es „durch Entfesselung der Konkurrenz" möglich wäre, sein „sozialistisch" genanntes Ziel mit den Mitteln des Liberalismus zu verwirklichen[3]. Doch diese Vorstellungen waren Oppenheimer sekundär; daß er – wie oft hervorgehoben wird – hierüber „praktische Versuche" anstellte, spricht ohnehin für sich. Wenn die Gewichtung zwischen „Ziel" und „Weg zum Ziel" beachtet wird, ist leicht zu verstehen, daß Erhard einen anderen Weg wählen konnte, als ihn Oppenheimer vorgeschlagen hatte, und dennoch meinen konnte, daß er dem „Prinzip", um das es gehe, treu geblieben sei; die Abweichung ist nur technischer Art.

Oppenheimer hat sich mit seinen Zielsetzungen als Sozialist „definiert",

---

diese Begriffsverwendung ist die Bestätigung im Kommunistischen Manifest, Abschnitt II, zu finden: „Die Kommunisten sind also praktisch der entschiedenste, immer weiter treibende Teil der Arbeiterparteien aller Länder". Andererseits gibt Karl Marx in „Die Deutsche Ideologie" – Vgl. Karl Marx, Ideologie, Seite 361 – eine Definition, die mit der zitierten Aussage von Franz Oppenheimer deutlich übereinstimmt: „Der Kommunismus ist für uns nicht ein Zustand, der hergestellt werden soll, ein Ideal, wonach die Wirklichkeit sich zu richten habe. Wir nennen Kommunismus die wirkliche Bewegung, welche den jetzigen Zustand aufhebt".

1 Erich Preiser, Franz Oppenheimer, Seite 103.

2 Allerdings trägt eine Schrift Oppenheimers aus dem Jahre 1933 den verwirrenden Titel: „Weder so – noch so. Der dritte Weg".

3 Franz Oppenheimer, Kapitalismus, Seite 184.

indem er Sozialismus den Zustand einer „von allem Mehrwert erlösten, damit klassenlosen Gesellschaft der Freien und Gleichen“ nennt[1]. Das macht es vordergründig schwer, sein Ziel als ein freiheitliches Ideal außerhalb des Sozialismus zu akzeptieren, auch wenn es im Sozialismus selbst nicht verankert werden konnte. Oppenheimer glaubte im Gegensatz zu Karl Marx, daß ein Teil der Institutionen der kapitalistischen Gesellschaft „ewig“ sei und daß zu diesem Teil „natürlicher“ Institutionen der Markt gehöre, „nämlich alles das, was aus dem ökonomischen Mittel, dem Tausch zwischen Gleichen und Freien, hervorgeht“[2]. Oppenheimer bekennt dabei seine Schwierigkeit, nach dem gängigen Verständnis als Sozialist Anerkennung zu finden, aber er schätzt diese Schwierigkeit nicht allzu hoch ein: „Ein Wort steht im Wege. Nichts als ein Wort. Das Wort ‚Sozialismus‘. Unter Sozialismus verstehen die Führer derjenigen, an die ich mich vor allem wende, den Kollektivismus, das heißt das Streben auf die Gesellschaft ohne Markt, Preis und Konkurrenz, die ‚Produktion für und durch die Gesellschaft‘“[3].

Oppenheimer geißelt, daß Sozialisten in aller Regel bekämpfen, was ihr Ziel – Freiheit und Gleichheit – näher rücken würde: die freie Konkurrenz. Statt auf ihr Ziel würden sie ihre Anstrengungen auf einen, und noch dazu einen falschen Weg[4] richten: auf eine sozialistische Wirtschaftsweise. Er beruft sich auf Karl Kautsky: „Genau genommen ist nicht der Sozialismus unser Endziel, sondern dies besteht in der Aufhebung jeder Art der Ausbeutung und Unterdrückung, richte sie sich gegen eine Klasse, eine Partei, eine Gesellschaft, eine Rasse... Die sozialistische Produktionsweise setzen wir uns in diesem Kampf deshalb als Ziel, weil sie bei heute gegebenen technischen und ökonomischen Bedingungen als das einzige Mittel erscheint, unser Ziel zu erreichen. Würde uns nachgewiesen, daß wir darin irren, daß etwa die Befreiung des Proletariats und der Menschheit überhaupt auf der Grundlage des Privateigentums an Produktionsmitteln allein oder am zweckmäßigsten zu erreichen sei,... dann müßten wir den Sozialismus über Bord werfen, ohne unser Endziel im geringsten aufzugeben, ja, wir müßten es tun, gerade im Interesse dieses Endziels“[5].

---

1 Vgl. etwa Franz Oppenheimer, Die soziale Forderung, Seite 100.

2 Franz Oppenheimer, Kapitalismus, Seite 184.

3 Franz Oppenheimer, Die soziale Forderung, Seite 35.

4 Oppenheimer, Lebenserinnerungen, Seite 151, schreibt: „Bisher hat nur der Sporn des Wettbewerbs die Menschen zum vollen Einsatz ihrer Kraft bewegen können; *alle* kommunistischen Versuche der Vergangenheit sind an der unzureichenden Arbeitsleistung gescheitert“.

5 Karl Kautsky, Diktatur des Proletariats. Seite 4.

Franz Oppenheimers Anschauungen von den „Freien und Gleichen" sind „sozialistisch" allenfalls in dem höchst abstrakten Sinne einer marktwirtschaftlichen Ordnung als einer „Gleichheitsordnung", in der jeder ohne Machtanwendung – das heißt frei – handelt und auf die Kooperation aller anderen – das heißt gleichermaßen – angewiesen ist. Wegen des Gleichheitspostulates sind diese Ansichten aber nicht mit einer zentralplanwirtschaftlichen Organisation vereinbar: In einer solchen sozialistischen Wirtschaft entscheiden einige über andere, und selbst wenn die Entscheidungsträger sich demokratisch legitimieren können, gibt es Minderheiten, Unfreie und Ungleiche, und den Planungsautoritäten und deren Entscheidungen unterworfene einzelne. Die „Gesellschaft der Freien und Gleichen" kann sich Oppenheimer nur als eine um den Markt zentrierte Gesellschaft denken: Nach Durchführung der Oppenheimerschen Bodenreform hätte jedermann auf dem Markt gleich große Chancen, und das heißt – wegen der Einebnung der bisher bestehenden sehr ungleich verteilten Chancen und der Aktivierung des „Sporns des Wettbewerbs" – im Verhältnis zur Gegenwart im Durchschnitt wesentlich größere Chancen.

In diesem entscheidenden Punkt – Marktwirtschaft als gesellschaftspolitische Zielsetzung – mußte Franz Oppenheimer unnachgiebig auf den Ergebnissen seiner theoretischen Analyse beharren. Aus seiner Betrachtung folgt als das einzig mögliche wirtschaftliche Ordnungsmodell die „freie Konkurrenz". Folgt man den in der Literatur angegebenen Wesensmerkmalen des Sozialismus als einer „Gegenideologie" zum Liberalismus[1], so ist festzustellen: Oppenheimer vertritt mit seinen Vorstellungen ein typisch „liberales" Leitbild. Andererseits jedoch liegt die Vermutung nahe, daß eine „Gesellschaft der Freien und Gleichen" – wenn die darin implizierte Gleichheit betrachtet wird – sozialistische Züge haben müßte. Doch wenn man Oppenheimer folgt, geht es bei der Gleichheit um Chancengleichheit, nicht um Kollektivierungen. Ein solches Ziel – Chancengleichheit – kann man nicht grundsätzlich und ausschließlich dem Sozialismus zurechnen, denn damit wären ja von vornherein zahlreiche liberale Verteilungs- und Gerechtigkeitsziele, namentlich auch Erhards Zielsetzung „Wohlstand für alle", diffamiert.

Oppenheimer selbst hat sein gesellschaftspolitisches Leitbild, das mit völlig gleichem Recht „liberal" wie auch „sozialistisch" genannt werden kann, nicht im Sozialismus zu verankern vermocht; eine Verankerung im Liberalismus seiner Zeit hat er nicht angestrebt. Erhard hat sich an diesem Leitbild orientiert, und er hat versucht, es sowohl im Liberalismus wie auch

---

1 Etwa Heinz-Dietrich Ortlieb/Dieter Lösch, Sozialismus, Seite 29.

im Sozialismus zu verankern[1]. Erhard war der Meinung, daß er dieses Leitbild mit der Sozialen Marktwirtschaft verwirklicht hat – daß die Soziale Marktwirtschaft „für den geistigen Ansatz der Gedanken und die Lehre Franz Oppenheimers zeugt". So hilft Oppenheimers entschiedenes Bekenntnis zur „freien Konkurrenz", den liberalen Standpunkt Erhards klarer zu beschreiben. Der Ansatzpunkt hierfür liegt einfach darin, daß es Oppenheimer um eine Reform der altliberalen Grundinstitution, des Marktes, gegangen ist – um eine Reform, die den Markt erstmalig in der Geschichte in den Stand einer „wirklich freien Konkurrenz" erheben und damit Wirtschaft und Gesellschaft von drückenden sozialen Fragen und Konflikten befreien würde. Wer am Sinn einer solchen Reform zweifelt und sie, von marktwirtschaftlicher Dogmatik her kommend, ablehnt, sollte bedenken, daß über Oppenheimer bemerkt worden ist: Es hätten wenige und vielleicht keiner seiner Vorgänger „so genau gewußt wie Oppenheimer, um was es sich bei der Beibehaltung des Marktes handelt: nämlich um eine wichtige Freiheitsgarantie"[2].

Es geht Oppenheimer darum, eine Gesellschaft zu errichten, in der nichts anderes als die „freie Konkurrenz" gesellschaftliche Prozesse steuert. Bei der Betrachtung dieses Sachverhaltes darf nicht der Fehler begangen werden, vom heute üblichen liberalen Selbstverständnis auszugehen und Oppenheimer ohne weiteres einer liberalen Grundposition zuzurechnen. Oppenheimer hat schließlich aus seinen Überlegungen Folgerungen gezogen und nahezu unaufhörlich wiederholt, weil die von ihm betonten Sachverhalte im Liberalismus seiner Zeit ignoriert worden sind. Es müßte mithin gefragt werden, inwiefern Oppenheimers Überlegungen inzwischen im Liberalismus Beachtung gefunden haben. Auch wenn sich Liberale heute vielfach vom „Altliberalismus" distanzieren, kann nicht von vornherein angenommen werden, daß der Liberalismus sich gerade in jenen Punkten geläutert hat, auf die Oppenheimers Kritik zielte.

Fest steht vorerst nur, daß sich Franz Oppenheimer und mit ihm Ludwig Erhard in jene Kategorie – ob nun liberaler oder sozialistischer – Denker einordnen, denen das Bekenntnis zur marktwirtschaftlichen Ordnung weit-

1 Die wohl bemerkenswerteste Bestätigung hierfür hat Helmut Schmidt als Bundeskanzler beim Staatsakt für Ludwig Erhard am 11. Mai 1977 in Bonn abgegeben – Vgl. Karl Hohmann (Hg.), Erbe, Seite 39: „Professor Erhard hat sich immer als ein Mann verstanden, der dem Ganzen dient. Und darin hat er gewiß recht gehabt. Wenn er schon über weite Jahre seiner Amtszeit – in den Bundesregierungen fast zweier Jahrzehnte – nie ein enger Parteimann gewesen war..., so ist er schließlich im letzten Jahrzehnt seines Lebens mit seinen politischen Interessen... weit über den Rahmen seiner Partei hinausgegangen".

2 Carl Landauer, Sozialismus, Seite 497.

aus mehr ist als ein Bekenntnis zu einem ökonomisch effizienten Mittel. Wenn sie von Markt und Wettbewerb sprechen, geht es ihnen in allererster und wichtigster Linie um die Realisierung eines gesellschaftspolitischen Leitbildes[1]; erst danach – in zweiter Linie – um die „Entfesselung von Marktkräften". Es geht ihnen – mit anderen Worten – um eine Sozialordnung, in der jeder gleiche Chancen hat; um eine gesellschaftspolitische Reform, denn mit der ehrwürdigen Tradition der Marktwirtschaft steht es nach ihrer Ansicht vor allem so: „Daß es neben mächtigen Marktorganisationen wirtschaftliche und soziale Schichten und Gruppen gab, die ihre Wünsche und Interessen nicht mit dem gleichen Nachdruck zur Geltung bringen konnten, kann uns mit dieser Form der Wirtschaft nicht versöhnen"[2]. Deutlich spricht aus diesem Satz eine soziale Zielsetzung, jedoch keine, die auf Umverteilung, sondern eine, die auf gleiche Teilhabe am Marktgeschehen zielt. Für den „liberalen Sozialismus" verdient somit Beachtung: „Der Sozialismus hat seine Kraft seit jeher aus ethischen Motiven geschöpft; aus dem Bestreben, an die Stelle des Konkurrenzkampfes die Gemeinschaft der Produzenten treten zu lassen, den Egoismus als treibende Kraft des Wirtschaftslebens zu ersetzen durch Altruismus und Opferbereitschaft, die Scheidung der Gesellschaft in Klassen zu überwinden durch Zuerkennung der gleichen vollen Menschenwürde an jedermann"[3]. Oppenheimer hat dargestellt, daß die hier genannten ethischen Ziele und Bestrebungen des Sozialismus, ohne Menschen zu einem neuen Wesen erziehen zu müssen, durch eine besondere Ausgestaltung eines marktwirtschaftlichen Systems realisiert werden können. Es heißt, damit habe er „den militanten, rationalistischen Liberalismus zu neuem Leben" erweckt[4]. – In welcher Form hat sich nun aber dieser neubelebte „mili-

1 Wird die Marktwirtschaft als Leitbild der Gesellschaftsordnung, nicht als effizientes Mittel betrachtet, so ist klar, daß der größere Marktraum stets dem kleineren vorzuziehen ist. „Deutschlands Rückkehr zum Weltmarkt" (Ludwig Erhard) hat dann weniger mit den wirtschaftlichen Vorzügen des Freihandels, mit komparativen Kostenvorteilen, zu tun, als vielmehr mit dem Bemühen um eine weltweit ausgreifende friedvolle Ordnung wirtschaftlicher Zusammenhänge. In Erhards Schriften der dreißiger Jahre wird diese Vorstellung allerdings nicht explizit erörtert: In einer Zeit, in der zahllose Anstrengungen darauf gerichtet waren, Autarkie zu erlangen, wären derartige Bekenntnisse recht weltfremd erschienen. Für die Beurteilung der späteren Haltung Erhards dürfte dies jedoch ein wichtiger Aspekt sein.

2 Ludwig Erhard, Nationalwirtschaft, Seiten 17f.

3 Walter Adolf Jöhr, Sozialismus, Seite 12.

4 Eduard Heimann, Lehrmeinungen, Seite 192. – Bei dieser Aussage ist vor allem daran zu denken, daß die liberale Nationalökonomie in der Zwischenkriegszeit nahezu völlig ausgelöscht war. Ferdinand Tönnies etwa schreibt 1931 in der

tante, rationalistische Liberalismus" in der Sozialen Marktwirtschaft Erhards niedergeschlagen?

b. Das Problem der „Leistungsgerechtigkeit" in der Marktwirtschaft

Mit der „freien Konkurrenz" soll nach den soeben dargestellten Vorstellungen eine bestimmte Gesellschaftsordnung konstituiert werden. Für Oppenheimer stand bis Anfang der vierziger Jahre fest: „Noch nie in aller Weltgeschichte hat freie Konkurrenz existiert"[1].

Es ist durchaus zutreffend, wenn Ernst-Wolfram Dürr schreibt: „Die Kritik des Ordoliberalismus an der gegenwärtigen Wirtschafts- und Gesellschaftsordnung (ordre positif) geht von der Auffassung aus, die auch schon Oppenheimer vertrat, daß das Versagen des ‚Kapitalismus' auf eine unvollkommene Verwirklichung der marktwirtschaftlichen Ordnung zurückzuführen ist"[2]. Aber andererseits kann das ordoliberale Anliegen auch von Oppenheimers Zielsetzung entfernt interpretiert werden: Die „vollkommene Verwirklichung der marktwirtschaftlichen Ordnung" im Sinne des Ordoliberalismus kann anderes sein als die Herstellung einer „wirklich freien Konkurrenz" im Sinne Oppenheimers:

☐ Beim Ordoliberalismus der „Freiburger Schule" geht es um die „zentrale Erkenntnis, daß nur die Veranstaltung von Wettbewerb in einem möglichst umfassenden Bereich der Wirtschaft eine volle Lösung des Problems der Wirtschafts- und Sozialordnung zu erbringen vermag. Und zwar – das sei ausdrücklich hervorgehoben – auch eine volle Lösung der wichtigsten sozialen Fragen"[3]. Die Wettbewerbsordnung, die der Ordoliberalismus anstrebt – gleich weit entfernt von Wirtschaftsordnungen zentralverwaltungswirtschaftlicher Art wie von der sogenannten freien Wirtschaft, in der der Staat weder die Wirtschaftsordnung noch den Wirtschaftsprozeß

Kritik an einem Manifest der Spitzenverbände der deutschen Wirtschaft und der darin enthaltenen Forderung, eine eindeutige Entscheidung zugunsten der freien Wirtschaft zu fällen: „Diese Denkungsart hat längst jede Autorität verloren. Sie ist geächtet und vernichtet, und kein von ausschließlich kapitalistischen Interessen diktiertes Programm vermag sie je wieder aufzurichten".

1 Franz Oppenheimer, Lebenserinnerungen, Seite 150. Franz Oppenheimer hat mit dieser Aussage kein Urteil über die Soziale Marktwirtschaft gefällt. Oppenheimer ist am 30. Oktober 1943 im achtzigsten Lebensjahr verstorben.

2 Ernst-Wolfram Dürr, Ordoliberalismus, Seite 19.

3 Seite IX in: Ordo, Band 1 (1948).

bestimmt[1] –, kann im Kern als eine reine Wirtschaftslehre verstanden werden[2]. Die Betrachtung kann im wesentlichen auf Märkte gerichtet sein, auf denen Güter und Leistungen angeboten und nachgefragt werden. Ausgehend von den freien „Entscheidungen der Haushalte und Betriebe“[3], also den subjektiven Wertschätzungen der Marktteilnehmer, können dann die Höhe der Preise, die Umsätze und die Einkommen bestimmt werden; schließlich können aus der Diskrepanz zwischen – natürlicherweise wiederum subjektiven – Erwartungen und den Erfolgen oder Mißerfolgen auf den Märkten die Anreize und damit die dynamischen Elemente des Systems quantifiziert werden. Wie immer das Wirken und die Ergebnisse des Marktmechanismus in der tatsächlichen Wirtschaft eingeschätzt werden – ob harmonisch oder voller Friktionen, ob angemessen und richtig oder korrekturbedürftig –, die Grundüberzeugung tangiert keine gesellschaftspolitischen Aspekte; sie kann im rein Ökonomischen verbleiben und darauf verweisen, daß die „soziale Frage“ durch rationale wirtschaftliche Entscheidungen gelöst wäre: „‚Frei‘ und ‚unbeschränkt‘ ist der Markt seiner Idee nach. Beruht er doch auf der freien Verfügung über Sachgüter wie über Personen und Arbeitskräfte, wobei Privateigentum und Selbstverantwortlichkeit Voraussetzungen sind. Dieser Markt ist von außen nicht geregelt, sondern bedient sich des Preismechanismus, um seine Funktionen als Regulator der Produktion, als Bildner des Einkommens wie als Lenker der Konsumtion zu erfüllen. Der Warencharakter der Güter ist diesem freien Markte eigentümlich“[4].

□ Oppenheimer betrachtet demgegenüber den Markt nicht unter einem ausschließlich ökonomischen Blickwinkel. Oppenheimer kann nicht, wie es Ordoliberale möglicherweise tun, sagen: Der Wettbewerb ist Mittel, aber ist nicht letzter Zweck[5]. Für Oppenheimer ist der Markt in erster Linie

1 Franz Eulenburg, Marktpolitik, Seite 443f., weist darauf hin, daß es den manchesterliberalen Staat, auf den sich diese Kritik richtet, niemals gegeben habe, vielmehr sei es die helfende und zum Teil auch vorangehende Tätigkeit des Staates gewesen, die überall erst die Bedingungen für das Funktionieren des Marktverkehrs geschaffen habe.

2 Bemerkenswerterweise ist diese Zentrierung des Ordoliberalismus im rein Wirtschaftlichen in den Schriften der juristischen Mitglieder der „Freiburger Schule“ deutlicher zu bemerken als in den Schriften der nationalökonomischen Mitglieder. Darauf wird häufig hingewiesen. Vgl. etwa Hans Peter, Freiheit, Seite 133.

3 Seite X in: Ordo, Band 1 (1948).

4 Franz Eulenburg, Marktpolitik, Seite 441.

5 Seite XI in: Ordo, Band 1 (1948). Nach Erörterung dieser Passage aus dem Geleitwort der Schriftleiter Fritz W. Meyer und Hans-Otto Lenel mit Professor Lenel bin ich nicht mehr sicher, ob diese Position je so vertreten worden ist, wie man sie an der zitierten Stelle liest. Kein Zweifel besteht aber daran, daß Alfred Müller-

Leitbild der Gesellschaftsordnung: Der Markt ist für ihn also tatsächlich und vor allem „letzter Zweck". Oppenheimer sieht den Markt soziologisch. Das hat Konsequenzen: „Die Bloßlegung fundamentaler Tatsachen der soziologischen Organisation des Wirtschaftslebens beeinflußt zwangsläufig die Ergebnisse nationalökonomischen Denkens"[1].

Erhard hat Oppenheimers Denkweise in beträchtlichem Ausmaß rezipiert[2]. Um Erhards Ansicht gegenüber denen anderer liberaler Wissenschaftler abgrenzen und werten zu können, ist es nötig, seinen theoretischen Ausgangspunkt, seine Vorstellung von den Funktionen und der Funktionsweise des Marktes, genau zu analysieren.

Hierzu ist eine Vorbemerkung erforderlich. Es kann keinen Zweifel geben: Oppenheimers Theorie baut auf der Arbeitswertlehre statt auf der subjektiven Wertlehre, der heute einzig akzeptierten theoretischen Grundlage der Marktwirtschaft, auf. Über die Arbeitswertlehre herrschen in der modernen Nationalökonomie eindeutige Urteile: Auch wenn sie von Adam Smith einst vertreten wurde[3] – für die Erklärung im Rahmen einer arbeitsteiligen Wirtschaft gilt die Arbeitswertlehre als völlig obsolet. Es heißt, sie könnte allenfalls ein Erklärungsansatz für die „ökonomische Steinzeit" sein[4] und sie habe in der modernen Nationalökonomie keinen Platz.

Bei Oppenheimer ist die Arbeitswertlehre zentraler Bestandteil seiner ökonomischen Theorie. Dieser Ausgangspunkt muß akzeptiert werden, wenn das spezielle Bild des Marktes und die Konsequenzen beschrieben werden sollen, die sich für Oppenheimer, dann für Erhard aus diesem Analyseansatz ergeben haben. Auf diesem Weg kommt nicht weiter, wer die Arbeitswertlehre grundsätzlich ablehnt und Oppenheimer aus diesem Grunde als Nationalökonomen nicht ernstzunehmen vermag oder wer ohne weiteres analytische Bemühen einen Widerspruch darin sieht, wenn Erhard einerseits ganz im Sinne Oppenheimers schreibt: „Die Güter selbst werden sich von ihrem wirklichen Arbeitswerte nicht zu sehr und nur selten

---

Armack in dieser Weise dachte. Alfred Müller-Armack, Soziale Irenik, Seite 574, sagt, der Liberalismus wolle seiner Intention nach nur eine vertiefte Analyse der instrumentalen Mittel sein, die zur Bewältigung sozialer Aufgaben zu Gebote stehen.

1 Eduard Heimann, Lehrmeinungen, Seite 196.

2 Erhard hat sich während seines Studiums sowohl für die Nationalökonomie wie auch für die Soziologie interessiert. Vgl. Michael Caro, Ludwig Erhard, Seite 19. Daß dies zutrifft, beweisen auch die von ihm gelesenen, teilweise mit Randbemerkungen versehenen Schriften, vor allem von Leopold von Wiese, in seiner Bibliothek.

3 Vgl. Adam Smith, Wohlstand, Seiten 28ff.

4 Vgl. Horst Claus Recktenwald, Lexikon, Seite 45.

entfernen können, die Nominaleinkommen dagegen, die in der reinen Ökonomie auch im einzelnen die genauen Gegengrößen zum einzelnen Arbeitsaufwand darstellen, sind in der kapitalistischen Wirtschaft aufgrund eines gesellschaftlichen Monopols zu Gunsten der Kapitalbesitzer verkürzt"[1], aber andererseits von der subjektiven Wertlehre ausgeht und feststellt: „Preise können... unmöglich etwas den Dingen Anhaftendes sein, wenn sie durch ein Vergleichen und Bewerten der Menschen zustandekommen"[2]?

Oppenheimer entwirft seine Werttheorie aufgrund seiner Kritik an der Arbeitswertlehre von Karl Marx. Damit scheint die Situation für Interpretationsversuche nur noch komplizierter: Es war insbesondere Karl Marx, der durch eine „Verabsolutierung" die Arbeitswertlehre in den Augen liberaler Ökonomen disqualifiziert zu haben scheint. Doch Oppenheimers Wertlehre bleibt trotz aller Kritik an der Marxschen Wertlehre unstrittig eine Arbeitswertlehre.

Nach Oppenheimer beruht die Marxsche Wertlehre „auf unvollständiger Induktion der Tatsachen, gibt daher nur eine Teilerklärung der Werterscheinung und versagt demzufolge gegenüber der Prüfung an den übrigen Tatsachen"[3]. Marx habe zwar als erster erkannt, daß der Wert einer Ware eine gesellschaftliche Erscheinung sei. Aber Marx sähe bereits in der zur Herstellung einer Ware erforderlichen Arbeitszeit den Wert der Ware; damit ginge er von der Fiktion gleicher Qualifikationen aus und unterstelle einen Tausch der Waren unter Bedingungen frei wirkender Konkurrenz. Damit verkenne Marx – überraschenderweise – den offenkundigen Sachverhalt, daß für den Wert von Waren nicht bloß wirtschaftliche Beziehungen, also Marktgesichtspunkte, sondern auch Vermögenspositionen in Betracht gezogen werden müssen: Waren sind auch „Rechtsobjekte, Eigentumsobjekte. Und auch diese gesellschaftlichen Beziehungen finden ihren Ausdruck in Werterscheinungen. Das hat Marx übersehen"[4]. Marx habe mithin auch den Mehrwert nicht richtig ableiten können. Der Mehrwert entstehe nicht in der Produktion, sondern erst im Zirkulationsprozeß; Ursache des Mehrwertes seien die Verzerrungen der „natürlichen" Werte durch „Monopole".

---

1 Ludwig Erhard, Werteinheit, Seite 158.

2 Ludwig Erhard, Preisbildung, Seite 50.

3 Franz Oppenheimer, Die soziale Frage, Seiten V f. und 106 f. Die folgend dargestellte Ableitung hat Oppenheimer in verschiedenen Werken ausführlich wiederholt. Sie ist vor allem zu finden in: Franz Oppenheimer, Die soziale Frage, Seiten 106 ff., und Franz Oppenheimer, Theorie, Seiten 711 ff.

4 Franz Oppenheimer, Die soziale Forderung, Seite 114.

Der Monopolbegriff Oppenheimers hat viel Verwirrung gestiftet und muß noch ausführlich untersucht werden. Zunächst aber ist festzustellen: Oppenheimer spaltet den Preisbildungsprozeß – wie es, rein formal, auch in der Grenznutzenbetrachtung üblich ist –, aber er geht, dem Inhalt nach, in eigentümlicher Weise von der Produktion aus. Einmal angenommen – wie dies zustandekommt, muß sogleich noch genauer betrachtet werden –, der Wert von Waren sei ausschließlich durch den Arbeitswert bestimmt. In Marktakten, bei denen jeder Marktteilnehmer nicht anders auftritt, denn als Tauschpartner solcher aus kapital- und bodenloser Produktion stammender Waren, müßten dann die Preise in einem Marktgleichgewicht den Arbeitswerten entsprechen. Erhard sagt vorsichtiger: Sie können sich „nicht zu sehr" von den Arbeitswerten entfernen, denn jeder Marktpartner hat ja nur einen aus der Produktion stammenden Tauschwert, annahmegemäß seinen Arbeitswert. Wenn nach Erhards Aussage die Preise, also – in Böhm-Bawerks Terminologie – die getauschten Güterquanten, den Arbeitswerten nicht im einzelnen entsprechen, so berücksichtigt Erhard offensichtlich, daß sich subjektive Wertschätzungen auf die Preise, also die Austauschquanten auswirken[1] und dementsprechend temporär individuelle Ungleichgewichte entstehen. Für die tendenzielle Entwicklung zu einem Gesamtgleichgewicht bleiben jedoch die Arbeitswerte in einer solchen Wirtschaft ganz unbezweifelbar das Entscheidende.

Nur: Eine solche „reine Ökonomie" existiert nicht, und darum ist eine Bewertung der Güter unter rein ökonomischen Aspekten und nur vom Blickwinkel des Produktionsfaktors Arbeit aus, also unter strengsten Leistungsgesichtpunkten, auch nicht möglich. Oppenheimer sieht das. Er nennt darum die herrschende Wirtschaftsordnung eine „politische Ökonomie", die in Richtung auf die Marktverhältnisse einer „freien Ökonomie" reformiert werden müsse. Er meint, daß die Bewertungen auf den Märkten der „politischen Ökonomie" gegenüber den Marktbedingungen der „reinen

---

1 Das Problem unterschiedlicher Qualifikationen und damit unterschiedlicher Arbeitsproduktivitäten, das für das „ungelöste Grundproblem jeder Arbeitswertlehre gehalten" wird – Vgl. Eduard Heimann, Lehrmeinungen, Seite 196 –, kann hineinspielen, wenn Erhard vom „wirklichen" Arbeitswert spricht. In der Betrachtung Oppenheimers kann – wie sich zeigen wird – auch der Zins aus dem Arbeitswert abgeleitet werden, wodurch dieses Problem gelöst wäre. Ich neige darum eher dazu, anzunehmen, daß Erhard das aus der Arbeitsteilung entstehende Zurechnungsproblem als das ungelöste Problem der Oppenheimerschen Darstellung ansehen mußte. Vgl. hierzu etwa Ludwig Erhard, Werteinheit, Seite 24. Zu dieser Problematik, die aus einer für Erhard naheliegenden Betrachtungsweise heraus, der Betrachtung der „Tiefe des Produktionsprozesses", besonders deutlich erkennbar wird, siehe Näheres unten, Seiten 162ff.

Ökonomie" verzerrt seien. In der „politischen Ökonomie" müssen für Boden und für Kapital über den in ihm steckenden Arbeitswert hinaus Preise gezahlt werden. Erst nachdem die „Bodensperre" beseitigt wäre, sei eine „rationale Gleichheit der Entlohnung nach der Leistung für die Gesellschaft"[1] verbürgt.

Sicherlich steht diese Aussage – wie manch anderes bei Oppenheimer auch – in großer Gefahr, mißverstanden zu werden, insbesondere weil ihr die marxistische Lösung allzu nahe liegt[2]. Doch Oppenheimer zielt nicht auf „Enteignungen". Er meint, die weitaus bedeutendste Grundlage des „Mehrwertes" seien „politische" Gestaltungen; die letzte, tiefste Wurzel des Mehrwertes, der sich – durchaus „marktmäßig" – auf den Märkten einer „politischen Ökonomie" bilde und die Bewertung durch Leistungsmerkmale verdränge, sei die Existenz des „Bodenmonopols". Oppenheimer schlägt darum vor, Reformen durchzuführen, die bewirken, daß der Boden in seiner wichtigsten und unmittelbarsten Nutzungsart, der landwirtschaftlichen Siedlung, die jedermann eine subsistentielle Existenz garantieren kann, zu einem „freien Gut" wird.

Hierbei kann leicht ein weiteres Mißverständnis auftreten. Es ist zu beachten, daß ein „freies Gut" nicht dadurch entsteht, daß die Güterkategorie enteignet, das heißt aus dem privaten in Gemeineigentum überführt wird. Ein „freies Gut" ist kein „öffentliches Gut". Ein Gut, das in Gemeineigentum gebracht wird, wird zu einem „öffentlichen Gut". An seiner ökonomischen Wertschätzung ändert sich durch eine solche Eigentumsübertragung grundsätzlich nichts. Der Wert des Gutes realisiert sich weiterhin in Preisen – nur an anderer Stelle: Statt eines einzelnen Nachfragers zahlen für das „öffentliche Gut" mehrere, in der Regel die Allgemeinheit, meist die Steuerzahler. Das ist bei einem „freien Gut" völlig anders. Ein

---

1 Franz Oppenheimer, Lebenserinnerungen, Seiten 150f.

2 Die Vehemenz und Sprache Oppenheimers erinnert stark an die bekannte Passage bei Jean-Jacques Rousseau: „Der erste, der ein Stück Land umzäunte und auf den Einfall kam, zu sagen, dies gehört mir, und einfältige Leute antraf, die es ihm glaubten, war der eigentliche Begründer der bürgerlichen Gesellschaft. Welche Verbrechen, wie viele Kriege, Morde und Greuel, wieviel Elend hätten dem menschlichen Geschlecht erspart bleiben können, wenn einer die Pfähle herausgerissen, den Graben zugeschüttet und seinen Mitmenschen zugerufen hätte: Glaubt diesem Betrüger nicht! Ihr seid verloren, wenn ihr vergeßt, daß die Früchte euch allen, der Boden aber niemandem gehört!" – Jede Kritik an den Eigentumsverhältnissen an Grund und Boden wird mit einigem Recht als im Grunde marxistisch angesehen: Der erste Abschnitt des Kapitels über den ursprünglichen Akkumulationsprozeß des Kapitals – Vgl. Karl Marx, Das Kapital, 24. Kapitel – endet mit dem Fazit: „Die Expropriation der Arbeiter von Grund und Boden bildet die Grundlage des gesamten Prozesses".

„freies Gut“ definiert sich dadurch, daß es in einem Umfange verfügbar ist, der auch durch die letzte ökonomisch mögliche Nutzung nicht erschöpft wird. Oppenheimer hat nachgewiesen, daß der landwirtschaftlich genutzte Boden überall – auch in den dichtestbesiedelten Gebieten Mitteleuropas – in einem solchen Umfange verfügbar ist. Aber die hierdurch mögliche freie Nutzung des Bodens für landwirtschaftliche Kleinsiedlungen kann nicht stattfinden; sie wird durch „politische“ Umstände vereitelt, vor allem dadurch, daß Eigentum an Grundstücken in unbeschränktem Umfange akkumuliert werden kann. Das Großgrundeigentum galt Oppenheimer als das eigentliche Übel. Aber durch Enteignungen und Umverteilungen wollte Oppenheimer dieses Übel nicht beseitigen. Er hielt es für ausreichend, daß die Eigentumsrechte für die Zukunft grundsätzlich reformiert werden: Es sind ordnungspolitische Reformen nötig, bei denen der nicht knappe landwirtschaftliche Boden auch tatsächlich als „freies Gut“ aus den Wirtschaftsrechnungen herausfällt.

Wenn der Boden als „freies Gut“ betrachtet werden kann, wenn die „Bodensperre“ gefallen ist, dann ist es in einer langfristigen Betrachtungsweise, bei der jedes Kapital als „geronnene Arbeit“ aufgefaßt werden kann, gerechtfertigt, den Wert der Produktion allein im Wert der hierfür jeweils geleisteten Arbeit zu sehen. Das heißt: Die Arbeitswertlehre ist im Rahmen der „reinen Ökonomie“ Oppenheimers angemessen; die oben eingeführte, recht unrealistisch scheinende Annahme einer kapital- und bodenlosen Produktion ist in der „reinen Ökonomie“ so zu verstehen: Der Boden ist freies Gut. Kapital ist bei langfristiger Betrachtung jeweils durch Arbeit in dem Umfange hergestellt, in dem es benötigt wird, und wirft deshalb keine vom Arbeitseinsatz unabhängige Rendite ab. In einer solchen Ökonomie herrscht absolute Leistungsgerechtigkeit: Jeder wird nach dem Wert seiner Arbeit und nach nichts anderem entlohnt.

Die Betrachtung hat einige bedeutende Konsequenzen auch dann, wenn die „reine Ökonomie“ nicht in der Weise hergestellt wird, wie es Oppenheimer vorschlug. Wenn die Ableitung Oppenheimers Erhard grundsätzlich in seinen wirtschaftspolitischen Zielvorstellungen beeindruckt hat, so könnte es etwa als eine mögliche praktische Folgerung Erhards angesehen werden, daß eine Marktwirtschaft einer vermögenspolitischen Ergänzung bedarf. Auch mit der Vermögenspolitik können „freie Güter“ geschaffen werden. Wenn – beispielsweise infolge einer großzügigen kommunalen Bodenpolitik – jedermann Boden günstig erwerben kann oder der Zugang zu Nebenerwerbssiedlungen erleichtert wird, sind dies Schritte, die durchaus dem Programm Oppenheimers entsprechen. In einer solchen „Ökonomie“ wäre die „Bodensperre“ zwar nicht gänzlich beseitigt, doch die kommunale Erschließung von Bauboden wirkt tendenziell in die Richtung, den Boden zu einem „freien Gut" zu machen. Wenn zur Minderung dieser Sperre noch eine Politik käme, die darauf zielt, das Produktivvermögen möglichst breit und gleichmäßig zu verteilen, dann wäre das Ziel Oppenheimers noch weitergehend erreicht, als es sich aus Oppenheimers unrealistisch langfristiger Betrachtungsweise ergibt: Alle Güter und Leistungen, die auf dem Markt abgesetzt werden, und damit jeder „Mehrwert", würden dann – direkt, als Einkommen des Produktionsfaktors Arbeit, oder indirekt, als Verzinsung des entsprechenden Anteilseigentums – Einkommen der Arbeitnehmer bilden[1].

Auch in dieser, nicht völlig „reinen Ökonomie" würde sich die Marktpreisbildung nach strengen Kriterien der Leistungsgerechtigkeit vollziehen, denn von der Verteilung aus betrachtet wären dann nahezu ausschließlicher Maßstab die Arbeitswerte. Erhard sagt hierzu: „Nicht das Gut an sich ist das Wertmaß, sondern die angewandte Beschaffungsarbeit des Gutes"[2]. Das heißt: Die Nachfrager in einer solchen Wirtschaft – Haushalte, die gleichmäßig im Besitz des Produktionsfaktors Kapital sind und die leichten Zugang zu Boden haben – partizipieren gleichmäßig am Zins und an den Renten, und sie erhalten Lohn gemäß dem Wert *ihrer* Arbeit, denn sie vergleichen die Kosten des Gütererwerbs auf dem Markt mit den Kosten der Eigenproduktion des jeweiligen Gutes. Den subjektiven Bewertungen auf dem Markt liegen damit die Arbeitswerte zugrunde, die – nach subjektiver Schätzung – in den Gütern stecken. Erhard weist ausdrücklich darauf hin, daß der Betrachtung nicht Arbeits*mengen,* sondern Arbeits*werte* zugrundeliegen, wodurch unterschiedliche Qualifikationen des Faktors Arbeit berücksichtigt worden sind[3].

Gegenüber anderen Konzepten der Vermögenspolitik, die in der Regel auf der Erkenntnis ruhen, daß „die moderne arbeitsteilige Marktwirtschaft durch eine allzu einseitige Vermögensverteilung sowohl politisch als auch ökonomisch gefährdet werden kann"[4] oder die sich auf sozialpolitische

---

1 Ich möchte noch einmal darauf hinweisen, daß hiermit – gegenüber einem sozialistischen Programm – keine Enteignungen und Sozialisierungen, sondern eine eigentumsrechtliche Beteiligung am Produktivvermögen erwogen werden.

2 Ludwig Erhard, Werteinheit, Seite 82. Diese Aussage entspricht völlig der von Adam Smith, Wohlstand, Seite 28: „Was Dinge wirklich für jemanden wert sind, der sie erworben hat und der über sie verfügen oder gegen etwas anderes tauschen möchte, sind die Anstrengungen und Mühe, die er sich damit ersparen und die er anderen aufbürden kann. Was jemand gegen Geld kauft oder gegen andere Güter eintauscht, erwirbt er mit ebensoviel Arbeit wie etwas, zu dem er durch eigene Mühe gelangt."

3 Ludwig Erhard, Werteinheit, Seite 189.

4 Hans Willgerodt, Vermögen für alle, Seite 119.

Motive stützen und Vermögensumverteilungen anstreben, ist festzustellen: Die hier entwickelte Sicht Erhards führt dazu, die Vermögenspolitik als einen integralen Bestandteil einer marktwirtschaftlichen Ordnung anzusehen, denn in dieser Sicht wird der Umfang der Leistungsgerechtigkeit einer Marktwirtschaft danach beurteilt, wie gleichmäßig die Kapitalerträge gestreut werden, und das heißt, wie stark sich die Kapitalerträge im Einkommen eines jeden dem gesamtwirtschaftlichen Verhältnis zwischen Arbeitseinkommen und Kapitalertrag angenähert haben.

Neben dieser Konsequenz können möglicherweise auch zwei andere Folgerungen Erhard beeindruckt haben. Einmal lassen sich auf der Grundlage der Arbeitswerttheorie die Beschäftigungswirkungen wirtschaftlicher Entwicklungen unmittelbar abschätzen, weil die Kosten jeder Investition ja nichts anders darstellen als den Gegenwert von Arbeitseinsätzen. Das heißt: Mit dieser Betrachtung ist es beispielsweise von vornherein ausgeschlossen, dem heute weit verbreiteten Irrtum zu verfallen, Rationalisierungen im Produktionsbereich würden im Ausmaß der Investition Arbeitsplätze vernichten[1]. Zum anderen bietet die Oppenheimersche Sicht einen direkten Zugang zu sozialen Problemen, die bei freier Marktpreisbildung entstehen.

c. Die soziale Problematik der Marktpreisbildung

Zu Ende des letzten Jahrhunderts gab es eine heute nahezu völlig vergessene Erörterung der Schwächen der subjektiven Wertlehre. Es ist bemerkenswert, daß die Arbeitswertlehre Oppenheimers gerade jene sozialen Folgen der Preisbildung nach Angebot und Nachfrage in das Zentrum ihrer Betrachtung stellt, deren unberechtigte Vernachlässigung seinerzeit der subjektiven Wertlehre vorgehalten worden ist.

Für die subjektive Wertlehre ist charakteristisch, daß sie das Wirken von Angebot und Nachfrage, den unbehinderten Preismechanismus, unter recht strengen theoretischen Annahmen als einen Mechanismus ableitet, der zum größtmöglichen Gesamtnutzen aller beteiligten Marktpartner führt. Die theoretischen Annahmen, die hierbei getroffen werden müssen, sind in der Praxis äußerst weitreichend. Beispielsweise wird den Ableitungen eine Art tâtonnement-Prozeß sowie ein gleicher Geldnutzen aller Marktteilnehmer unterstellt. Das bedeutet: Einerseits finden nur aus der

1 Näheres siehe unten, Seiten 163ff.

Produktion stammende Einkommen und Güter, also keine Vermögensbestände, auch keine Veränderungen der Besitzpositionen während der Marktperiode, Beachtung, andererseits werden die Erklärungen nur für Tausch-, nicht für Geldwirtschaften gegeben. Nur in Tauschwirtschaften schätzen und vergleichen die Tauschpartner lediglich den Nutzen der Güter. In Geldwirtschaften sind die Verhältnisse bedeutend anders. Hier ist es üblich, daß akkumulierte Geldbestände aus zurückliegenden Perioden die Intensität der aktuellen Nachfrage beeinflussen. In einer Geldwirtschaft kann es geschehen – um ein Beispiel von Eugen von Böhm-Bawerk anzuführen –, daß die Arbeiterfrau einen Sonntagsbraten für ihre schlecht genährten Kinder weitaus dringender benötigt als die Bürgerfrau, die zur gleichen Zeit auf den Markt geht und einen höheren Preis bezahlt[1]. Ebenso kann es geschehen, daß gleiche Wertschätzungen der Güter durch unterschiedliche Wertschätzungen des zwischen den Handel tretenden Geldes verändert werden[2].

Die dargestellte, in der Nationalökonomie allgemein vorherrschende Neigung, die subjektive Wertlehre als die einzig gültige Wertlehre zu akzeptieren, sowie der nicht unverständliche Hang mancher liberaler Nationalökonomen, statt der „nachteiligen Wirkungen des freien Wettbewerbs"[3] eher dessen Vorzüge zu betrachten, führt zu einem bedeutsamen und grundsätzlichen Unterschied zwischen der Betrachtungsweise Oppenheimers sowie der daran anknüpfenden Erhards und der Betrachtungsweise sehr vieler anderer nationalökonomisch geschulter Zeitgenossen Erhards: Die Mißachtung der unterschiedlichen Intensität der Nachfrage – die definitorische Ausgliederung eines wichtigen Tatbestandes des Wirtschaftslebens aus dem Analysebereich der Nationalökonomie durch die Grenznutzenlehre ist ein wichtiger Kritikpunkt Oppenheimers an der zeitgenössischen nationalökonomischen Sichtweise.

Zur angemessenen Würdigung des Sachverhaltes kann gewiß nicht gehören, daß die subjektive Wertlehre, auch dort, wo sie sich der Grenzen ihrer Betrachtung bewußt ist, verdammt wird: Selbst Eugen von Böhm-Bawerk, der 1886 die von Carl Menger begründete und von Friedrich Wieser ergänzte subjektive Wertlehre in seinen „Grundzügen der Theorie der wirtschaftlichen Güterwerte" „in klassischer Form und unübertrefflicher

1 Vgl. Eugen von Böhm-Bawerk, Wahres und Falsches, Seite 485.

2 Vgl. Georg Simmel, Philosophie des Geldes, Seiten 238, 254ff. und 267ff.

3 Vgl. Eugen von Böhm-Bawerk, Nachteilige Wirkungen; Eugen von Böhm-Bawerk, Wahres und Falsches, sowie zur dogmengeschichtlichen Würdigung Wilhelm Vleugels, Idee des gerechten Preises, Seite 49.

Klarheit" dargestellt hat[1], hat nicht verschwiegen, daß die „egoistische Tauschkonkurrenz" in zahllosen Fällen nicht zu der „gesellschaftlich fruchtbarsten, mit dem größten reinen Nutzen für die Lebenserhaltung und -entfaltung des Volkes verbundenen"[2] Verteilung führt. Alfred Marshall hat diesen Gedanken erst in die 1925 erschienene achte Auflage der „Principles of Economics" aufgenommen. Er sagt dort, daß es nicht zutreffend sei, ein Gleichgewicht von Angebot und Nachfrage auf dem Konsumgütermarkt mit einem Maximum an Bedürfnisbefriedigung zu identifizieren[3], sofern die Vermögensunterschiede und die darauf beruhenden subjektiven Wertschätzungen des Geldes beträchtlich seien; schon der Kauf bestimmter Güter erschwert dem Nachbarn, diese Güter zu erwerben und mindert dessen Kaufkraft. Man muß aber feststellen, daß gemeinhin bei der marktwirtschaftlichen Theorie – die auf der Grenznutzenlehre ruht – die doch beträchtlichen Einschränkungen, die aus dieser Feststellung folgen, kaum beachtet werden: Oft wird nur „der liberale Kernirrtum" wiederholt, „daß der bei ‚normaler wirtschaftlicher Konkurrenz' sich bildende Preis Angebot und Nachfrage in das ‚gesellschaftlich fruchtbarste' Verhältnis setze und... dadurch die ‚gesellschaftlich' mögliche größte Menge reinen Nutzens stifte"[4].

Oppenheimer erklärt, daß sich Verfälschungen der „reinen Ökonomie" besonders katastrophal am Arbeitsmarkt auswirken, und wendet die Ergebnisse seiner Werttheorie auf die Entlohnung an[5]. Zur Kennzeichnung der kritisierten Sachverhalte dient Oppenheimer vor allem sein schon oben erwähnter Monopolbegriff. In der „politischen Ökonomie" könne der Wettbewerbsprozeß sich insbesondere dadurch nicht als gesamtgesellschaftlich optimal erweisen, weil naturgegebene „einseitige Dringlichkeiten des Austauschbedürfnisses" monopolistische Positionen – häufig

---

1 Franz Xaver Weiß, Seite IV in: Eugen von Böhm-Bawerk, Gesammelte Schriften. Die angeführte Schrift von Böhm-Bawerk war weit bekannt und ist in erweiterter Form als drittes Buch in die späteren Auflagen des Hauptwerkes von Böhm-Bawerk, „Positive Theorie des Kapitals", aufgenommen worden. Sie enthält die zwei später auch separat veröffentlichten Abschnitte, aus denen hier zitiert wird.

2 Eugen von Böhm-Bawerk, Nachteilige Wirkungen, Seite 480.

3 Alfred Marshall, Principles, Seite 390.

4 Wilhelm Vleugels, Liberalismus, Seite 30. Vleugels paraphrasiert im angeführten Zitat Aussagen von Albert Schäffle und kommt nach seiner Kritik an der „Wiener Nutzwertschule" unter besonderer Berücksichtigung der angeführten Aussagen von Eugen von Böhm-Bawerk zum Ergebnis, daß die subjektive Wertlehre dennoch ein unentbehrliches Werkzeug der Nationalökonomie bleibe.

5 Oppenheimers grundsätzliche Kritik an der Grenznutzenlehre mündet erwartungsgemäß in eine Kritik der Grenzproduktivitätslehre.

spricht Oppenheimer klarer von Klassen-Monopolverhältnissen – begründen[1]. Er stellt fest, daß die nationalökonomische Theorie diesen Sachverhalt in der Regel konstatiere, jedoch dessen weitreichende soziale Konsequenzen unbeachtet lasse.

Erich Preiser hat diese Ausführungen Oppenheimers eingehend analysiert[2]. Er schreibt, Franz Oppenheimer habe hierbei die Analyse der Marktlage „ins Zentrum seiner Theorie" gestellt[3], und auch er bemerkt, daß die von Franz Oppenheimer beschriebene Marktlage besonders für den Arbeitsmarkt kennzeichnend sei: „Der Arbeiter kann nicht ‚warten', die Dringlichkeit seines Angebots ist groß, und deshalb ist seine Lage notwendig schlechter als die seiner Kontrahenten. Die Theorie erwähnt das alles zwar als eine Besonderheit des Arbeitsmarktes, aber irgendwelche Bedeutung für die funktionelle Einkommensverteilung mißt sie dem nicht bei..., und man muß sich zunächst wundern, mit welchem Selbstvertrauen die Theorie diesen Gedanken beiseite schiebt und an der Grenzproduktivitätsthese festhält"[4]. Bemerkenswerterweise schreibt auch Alfred Marshall in einer Marginalie mit warnendem Unterton: Wenn man die Gleichgewichtsanalyse nicht in ihrer begrenzten Aussage über die Position zweier Marktparteien hinnehme, dann sei sie für beträchtliche Ausnahmen geöffnet.

Aus der Gegenüberstellung von elastischem und starrem Arbeitsangebot und der Untersuchung der soziologischen Faktoren, die die unelastischen Angebotsverhältnisse am Arbeitsmarkt konstituieren, kommt auch Erich Preiser zur Feststellung: „Wenn Bodenbesitz und Arbeit völlig getrennt sind, ist das Angebot starr; wenn der Arbeiter selbst in gewissem Umfange Boden besitzt, ist es elastisch, und es ergibt sich ein höherer Lohnsatz, ohne daß die Marktform dabei irgendeine Rolle spielte." Und – ausdrücklich hervorgehoben – schreibt Erich Preiser weiter: „Hinter der Elastizität

---

1 Franz Oppenheimer, Die soziale Forderung, Seite 79. In Anlehnung an die Terminologie, die auch Eugen von Böhm-Bawerk verwendet, wäre hier von „Intensitäten" zu sprechen.

2 Ohne auf Oppenheimer Bezug zu nehmen – was vor allem wohl aus den Zeitbedingungen zu erklären ist – hat auch Franz Hermann das Problem der „Dringlichkeit des Arbeitsangebotes" untersucht. Vgl. Franz Hermann, Lohnproblem, insbesondere Seiten 66ff.

3 Erich Preiser, Besitz und Macht, Seiten 233 f.

4 Erich Preiser, Besitz und Macht, Seite 233. Wilfried Schultz, Machtproblem, Seite 118, weist darauf hin, daß auch Walter Eucken dieses Phänomen nicht berücksichtige, obzwar er in den Grundlagen, Seite 308, schreibt, daß sich durch Anwendung der Morphologie die jeweilige Machtposition bezeichnen und durch Anwendung der Theorie ihr Umfang und ihre ökonomischen Auswirkungen bestimmen lassen würden.

des Angebots steht die Macht, die der Besitz verkörpert und dieses Fundament ist weitaus stabiler als etwa ein Kollektivmonopol der Arbeiter, das das Angebot der Arbeit nur künstlich und der Natur der Sache nach nur vorübergehend einschränken kann"[1].

Die Aussagen Oppenheimers sind vielfach mißverstanden und daraufhin angegriffen worden. Die Hauptkritik an Oppenheimer stützte sich auf die Annahme, Oppenheimer unterstelle für den Monopolfall die völlige Autonomie des monopolistischen Anbieters hinsichtlich seiner Preis- und Mengenentscheidungen. So hat etwa Joseph Schumpeter Franz Oppenheimers Theorie ausschließlich unter preistheoretischen Gesichtpunkten kritisiert und „zum Kern der Sache also: ‚Einseitige Dringlichkeit des Austauschbedürfnisses'" über „das Wesen und Charakteristikon der Monopolpreisbildung" belehrt und auf das von Oppenheimer angeblich verkannte Betriebsoptimum des monopolistischen Angebotes – recht süffisant – unter anderem mit den Worten hingewiesen: „Der Laie greift freilich in solchen Fällen zum Monopolgedanken, weil die ausreichende Erklärung hohen Grenznutzens nicht in seinen Gesichtskreis fällt"[2]. Franz Oppenheimer hat diese Kritik vergeblich zurückgewiesen[3] und immer wieder betont: „Daß der Monopolist auf seinen Vertragsgegner angewiesen ist, um seinen Gewinn zu realisieren, ist selbstverständlich. Aber beim Monopol besteht die Tatsache, daß der Vertragsgegner mehr auf den Monopolisten angewiesen ist, als dieser auf ihn"[4].

Die synonyme Verwendung der Begriffe „Monopol" und „Klassenmonopol" enthält einen deutlichen Hinweis zur Erfassung der für Oppenheimer entscheidenden Kategorien: Ein „Klassenmonopol" kann nur als das Monopol einer Gruppe verstanden werden, deren einzelne Mitglieder aber durchaus Konkurrenten sein können. Ein solches Verhältnis bedarf einer differenzierenden Betrachtungsweise. Der Wettbewerb innerhalb der

---

1 Erich Preiser, Besitz und Macht, Seite 237. Sofern diese Darstellung Erich Preisers so interpretiert wird, als habe Oppenheimer den tatsächlichen individuellen Bodenbesitz für notwendig erachtet, eine Autonomie des Arbeitsangebotes herzustellen, wäre zu wiederholen: Oppenheimer hat zwar nachgerechnet, daß der Boden in so ausreichendem Umfange existiert, daß ihn jeder Haushalt zur Deckung seines eigenen Bedarfs bewirtschaften könnte. Es geht Oppenheimer jedoch darum, die ökonomische Qualität des Bodens zu verändern: Boden soll „freies Gut" sein. Das bedeutet nicht, daß ihn jedermann auch besitzen und bestellen müßte, sondern nur, daß ihn jedermann okkupieren und gegebenenfalls bestellen könnte. Vgl. hierzu oben, Seiten 78f.

2 Joseph A. Schumpeter, Franz Oppenheimers Theorie, Seite 103.

3 Vgl. etwa Franz Oppenheimer, Bodenmonopol.

4 Franz Oppenheimer, Theorie, Seite 537.

Gruppe braucht durch keinerlei Einschränkungen behindert zu sein. Tatsächlich aber ist der Zutritt zur Gruppe und im vorliegenden Fall – da es sich um eine Monopolisierung des Produktionsfaktors Boden handelt – die Verwendung des komplementären Produktionsfaktors Arbeit eingeschränkt. Diese Einschränkung schildert Oppenheimer zu recht als schwer erkennbar, denn der Umstand, der diese Behinderung konstituiert, die „Bodensperre", ist ein selbstverständliches Element der herrschenden Eigentumsordnung. Die Behinderung ist also weder Ergebnis wettbewerblicher Verhaltensweisen und aktueller Handlungen der Wirtschaftssubjekte noch Ergebnis bestimmter Marktstrukturen. Die Behinderung wird nicht von Wirtschaftssubjekten gestaltet, und sie kann deshalb nicht durch eine Verhaltenskontrolle vermindert werden. Die Behinderung ist nicht die Folge wettbewerblicher Marktstrukturen, und sie kann darum auch nicht durch die Wettbewerbspolitik beseitigt oder eingeschränkt werden. Aus dieser Art von in den aktuellen Situationen nicht gestalteten, aber dennoch eminent wirksamen Behinderungen[1] folgen Marktverhältnisse, die Arbeitnehmer in einer „politischen Ökonomie" in doppelter Weise benachteiligen: Wegen der oben angeführten Verzerrungen der leistungsgerechten Entlohnung als Nachfrager auf Gütermärkten und wegen der Dringlichkeit ihres Arbeitsangebotes auf den Arbeitsmärkten.

Selbst wenn nicht behauptet werden kann, daß der Weg, den Oppenheimer zur Lösung der aufgeworfenen Problematik vorschlug – die Beseitigung der „Bodensperre" –, für Erhard von Verbindlichkeit gewesen wäre, so wäre doch zu bedenken, daß das bloße Wissen um diese Sachverhalte den Lösungsweg Erhards beeinflußt haben könnte. Den Zielvorstellungen Oppenheimers käme es sehr nahe, wenn die Wirtschaftspolitik erreichen würde, daß durch Vollbeschäftigung die Arbeitsmarktlage zugunsten der Anbieter von Arbeit verbessert wird, denn die Situation, die Oppenheimer kritisiert, besteht ja in einer Einschränkung des freien Marktzutritts für Arbeitnehmer – einerseits auf dem Arbeitsmarkt selbst, andererseits beim Zugang zum selbständigen Produzieren. In einer Vollbeschäftigungssituation kann sich die Zugangsbeschränkung zum Arbeitsmarkt naturgemäß nicht auswirken, während die Vollbeschäftigungssituation vom Gütermarkt her gesehen den Neubeginn selbständiger Produktionen durch bisherige Arbeitnehmer zumindest begünstigt.

Eine Politik, die eine solche Vollbeschäftigungssituation anstrebt, hätte allerdings die Polarität der Lage der Arbeitnehmer zu beachten, die der

---

1 Oppenheimer hat der Unterscheidung zwischen Ursache und Grund große Bedeutung beigemessen. Vgl. Franz Oppenheimer, Kapitalismus, Seite 230.

Sicht Oppenheimers zugrundeliegt: So könnte die Vollbeschäftigungssituation nicht einfach im Wege von Maßnahmen zur Lohnsenkung relativ zu den Kapitalkosten herbeigeführt werden, denn dadurch würde in der Regel zwar ein höheres Arbeitsangebot Beschäftigung finden, aber das Problem würde sich hierdurch bloß verlagern: Die Dringlichkeit des Arbeitsangebotes würde in einer auf diese Weise herbeigeführten Vollbeschäftigung eine Lösung gefunden haben, aber die nicht leistungsgerechte Entlohnung aufgrund der „Bodensperre" würde damit stärker zum Tragen kommen.

Insofern dies geschieht, könnte zwar versucht werden, die von Oppenheimer festgestellten grundsätzlichen Benachteiligungen der Nachfrager auf den Gütermärkten durch eine Intensivierung des Wettbewerbs in den Bereichen auszugleichen, in denen die „Marktlagenvorteile" nicht unmittelbar und gleichmäßig den Arbeitnehmern zugute kommen. Das wäre etwa der Fall im Bereich eigentumsmäßig stark konzentrierter Produktionszweige. Doch eine solche Politik wäre nur eine Hilfslösung; sie würde einige Probleme mit sich bringen und könnte nur begrenzt Anwendung finden. Es ist insbesondere daran zu denken, daß – wegen des Charakters der angebotenen Waren oder wegen bestimmter Finanzierungsusancen – in manchen Wirtschaftsbereichen auf den Gütermärkten eine besondere Dringlichkeit nicht für die Nachfrage, sondern für das Angebot herrscht. Es gibt Märkte mit leicht verderblichen, etwa landwirtschaftlichen oder der Mode unterworfenen Produkten. Eine Intensivierung des Wettbewerbs könnte hier leicht in ruinöse Formen der Konkurrenz führen. Auch die Bedienung von Verbindlichkeiten, die aus längerfristigen und darum besonderen Risiken unterworfenen Engagements, etwa im Wohnungsbau, folgen, ist durch wirtschaftspolitische Maßnahmen, die die Intensität der Nachfrage mindern, leicht zu stören. Die Lage der Nachfrager mit hoher realer, aber geringer monetärer Nachfrageintensität könnte zwar durch solche oder andere einkommens- oder sozialpolitische Maßnahmen oder durch gesonderte „Jedermann-Programme" verbessert werden, aber gegenüber dieser Politik, die bloß am Arbeitsmarkt entstehende Nachteile auszugleichen versucht, wäre ein enger am Oppenheimerschen Leitbild orientiertes Bemühen, bei dem die sozialen Nachteile unmittelbar am Arbeitsmarkt gemindert würden, nicht nur klarer, sondern vor allem auch wirkungsvoller.

2. Über die Gestalt der Wirtschaft und die Aufgaben der Wirtschaftspolitik

Bislang habe ich das starke und grundsätzliche Bekenntnis des „liberalen Sozialisten" Franz Oppenheimer zur „freien Konkurrenz" beschrieben: Die „freie Konkurrenz" gilt vor allem als gesellschaftspolitisches Leitbild. Darüberhinaus – aber dies ist ein weit in den Hintergrund tretendes Motiv zugunsten der Marktwirtschaft – ist die „freie Konkurrenz" auch unentbehrliches Mittel der Leistungssteigerung im Bereich der Wirtschaft. Auch wenn Oppenheimer in manchen seiner Aussagen realitätsnäher als andere Nationalökonomen argumentiert: Sein Bekenntnis bezieht sich auf ein Modell – auf die Folgen aus dem Wirken der „völlig freien Konkurrenz". Sobald man entweder nicht daran glaubt, eine „reine Ökonomie" im Sinne Oppenheimers verwirklichen zu können, oder dies – aus welchen Gründen immer – nicht tun kann oder nicht zu tun beabsichtigt, müßte die Modellvorstellung als Leitbild dienen, die tatsächlich herrschende marktwirtschaftliche Ordnung, die „politische Ökonomie", zu reformieren. Wegen der großen sozialen Nachteile dieser „politischen Ökonomie" gibt es mit ihr – wie Erhard sagt – keine Versöhnung.

Ich habe verschiedene Sachverhalte, Aussagen und Zitate angeführt, die zeigen, daß sich Erhard recht deutlich an den Vorstellungen Oppenheimers orientiert hat, vor allem, daß er an dessen Zielsetzung grundsätzlich festhielt: Die im Bild der „politischen Ökonomie" auftretenden sozialen Probleme können in entschiedener und radikaler Weise beseitigt werden, wenn man Oppenheimer folgt. Aber der einzige Weg ist das nicht. In ersten Umrissen eines konstruktiven Programms Erhards konnte gezeigt werden, daß die auftretenden sozialen Fragen auch im Rahmen herkömmlicher wettbewerblicher Ordnungen, ohne Aufhebung der „Bodensperre", durch Vollbeschäftigung und durch eine breite Vermögensverteilung befriedigend gelöst werden können.

Nach dem bisher Gesagten wäre Erhard als ein entschiedener Befürworter des Wettbewerbs anzusehen: Erhard ist sich vor allem auch des gesellschaftspolitischen Nutzens des Wettbewerbs sicher, aber er ist sich auch über verschiedene Mängel des Wettbewerbs im klaren. Wenn Erhard Wettbewerb für erforderlich hält, aber dessen Mangelhaftigkeit in der sogenannten „vollständigen" Form des theoretischen Modells sieht, dann muß er unweigerlich auch eine Politik unzureichend finden, die sich allein oder überwiegend auf die Herstellung eines solchen Ideals des Wettbewerbs richtet. Als Befürworter der wettbewerblichen Wirtschaft muß er sich vielmehr fragen: Was ist zu tun, um mit der Einführung der gesellschaftspolitisch erwünschten und ökonomisch unentbehrlichen marktwirtschaftlichen Ordnung zugleich auch eine insgesamt erträgliche Situation zu erreichen? Mit dieser Fragestellung grenzt sich Erhard gegen Standpunkte ab, die – ob von der Vorteilhaftigkeit oder von den Nachteilen des Wettbewerbes ausgehend – eine Lösung allein im engeren Bereich der Wettbewerbspolitik suchen. Von Erhards Standpunkt aus ist festzustellen:

□ Es reicht nicht aus, den Wettbewerb „ordnen" zu wollen. Nach der dargestellten Sicht kann der Wettbewerb die sozialen Mängel, die in der wirtschaftlichen Realität, in einer „politischen Ökonomie", auftreten, nicht beseitigen. An diesem Umstand würde auch eine spezielle Ausgestaltung des Wettbewerbs nichts ändern[1].

□ Völlig absurd wären Absichten, den Wettbewerb wegen der erkannten sozialen Problematik „beschränken" zu wollen – dies aus zwei Gründen: Der Wettbewerb selbst ist Leitbild der Gesellschaftsordnung, also gesellschaftspolitisches Ziel. Wollte man den Wettbewerb einschränken, würde das bedeuten, daß die Politik vor der gestellten Aufgabe kapituliert. Zum anderen aber ist es ja nicht der Wettbewerb, der die beschriebenen sozialen Probleme verursacht. Die Ursachen dieser Probleme liegen tiefer; Oppenheimer sagt, mit dem freien Wettbewerb würde das völlig unschuldige Instrument angeklagt.

Zu welchen konkreten wirtschaftspolitischen Folgerungen hat Erhard diese Ausgangsidee geführt? – Bisher wurde nur eine Phase aus der intellektuellen Entwicklung Erhards betrachtet und analysiert, wie man es zu verstehen hat, wenn Erhard seine „geistige Verwandtschaft" mit Franz Oppenheimer betont und damit auf seine Verbundenheit mit dem spezifisch Oppenheimerschen „liberalen Sozialismus" verweist.

Die Jahre, die Erhard bei Oppenheimer studierte, waren eine verhältnismäßig kurze Zeit in der wissenschaftlichen Laufbahn Ludwig Erhards. Über den Einfluß der nachfolgenden, weitaus längeren Zeitspanne hat Erhard selbst weniger eindeutige Urteile gesprochen; dafür hat er in dieser Zeit verschiedenes publiziert und darin seine Haltung zu Sachfragen klar zum Ausdruck gebracht. Über die geistigen Wurzeln, die seinen schriftlichen Ausführungen zugrundeliegen, wäre ohne Erhards Hinweis auf Oppenheimer wenig in Erfahrung zu bringen. Die Jahre nach seinem Studium in

dha

1 Zu dieser Aussage analog ist Oppenheimers These, daß ein wirklicher Wettbewerb nicht durch eine Wettbewerbspolitik, sondern durch eine darüberhinausgehende Politik konstituiert werden muß, die die „Störung der Selbststeuerung" beseitigt: durch eine „soziale Ordnungspolitik" – nach Oppenheimers Vorstellungen durch eine Politik zur Beseitigung der „Bodensperre". Vgl. etwa Franz Oppenheimer, Gesellschaftswirtschaft, Seiten 945ff.

Frankfurt am Main brachten Erhard in unmittelbare Nähe zur wirtschaftlichen Praxis und stellten ihn unausweichlich vor die Aufgabe, die Probleme, mit denen er konfrontiert wurde, auch theoretisch zu bewältigen. Wenn man nichts über die geistigen Grundhaltungen wüßte, aus denen heraus Erhard die praktischen Fragen, die sich ihm stellten, betrachtet hat, wäre es schwer, Erhards Aussagen in ein System einzufügen. Aus der Darlegung der Oppenheimerschen Sicht ist nun jedoch eine Grundlinie für die Beurteilung der Einzelaussagen Erhards gefunden. Erhards Vorstellungen über die wirtschaftspolitischen Aufgaben in einer modernen Industriegesellschaft haben sich vor allem während seiner Tätigkeit in einem Institut ausgebildet, das zu Verbänden und Wirtschaft systematisch und laufend enge Kontakte unterhielt[1]. Gerade das, die Spiegelung praktischer Probleme des Wirtschaftens in Erhards Schriften, könnte ohne eine grundsätzliche Wegweisung für Interpretationsversuche höchst verhängnisvoll sein: Betrachtet man sie isoliert, so erscheint auch eine unveränderlich feste Haltung im Streit der Meinungen schwankend – einmal dieser, einmal der gegenteiligen Ansicht näher.

a. Die wirtschaftspolitischen Teilaufgaben

Alle theoretischen Betrachtungen der Wirtschaftspolitik ruhen auf der Makroökonomie. Wo die Makroökonomie nicht zu einem durch Abstraktion isolierten, vollständig autonomen Erkenntnisobjekt geworden ist, wird als Verbindung zu den einzelwirtschaftlichen Entscheidungs- und Handlungsträgern meist ein individualistischer Ansatz gewählt und von einer Analyse der Einzelwirtschaft zur Theorie der Gesamtwirtschaft vorangeschritten[2].

---

1 Erich Schäfer, Institutszeit, Seite 607, schreibt, daß Ludwig Erhard die Kontaktpflege des Instituts zur Wirtschaft besonders zugefallen sei, weil diese Dinge weder Vershofen noch ihm – als den beiden Geschäftsführern neben Ludwig Erhard – gelegen haben.

2 Die Verteidigung des methodischen Individualismus wird in der Regel auf die Kritik an der „blinden Anwendung makroökonomischer Entitäten" (Ludwig M. Lachmann) gestützt. Friedrich A. von Hayek, Wettbewerb als Entdeckungsverfahren, Seite 253, macht darauf aufmerksam, daß diese Kritik schon von Schumpeter, Nationalökonomie, Seite 97, vorgetragen worden sei. Walter E. Grinder, Paradigma, Seite 14, stellt fest, daß der methodische Individualismus das eigentliche Erbe der Österreichischen Schule der Nationalökonomie sei, aber sich – entgegen einer weitverbreiteten Ansicht – niemals in der Nationalökonomie durchgesetzt habe, sondern vielmehr subtile Verschmelzungen eingegangen sei.

Mit dieser Methode wird „nach der Art eines Mechanismus, in welchem alle Einzelteile selbständige Existenzen, eigene Wirklichkeiten (Realitäten) bilden"[1], vorgegangen.

Schon in den zwanziger Jahren ist diese Verfahrensweise scharf angegriffen worden, und auch in Erhards Schriften finden sich zahlreiche Vorbehalte gegen eine solche mechanistische Betrachtung des Wirtschaftsgeschehens. Insbesondere Othmar Spann hat versucht, der individualistischen Methode einen alternativen Ansatz gegenüberzustellen, dessen wesentliches Merkmal darin besteht, daß das Ganze, die Gesellschaft, die eigentliche Wirklichkeit und das Primäre ist[2]; der einzelne sei demgegenüber „gleichsam nur als Bestandteil, als Glied desselben wirklich vorhanden; er ist daher das Abgeleitete"[3]. Spann hielt seinen Standpunkt nicht bloß für eine sittlich oder politisch geprägte Position und schon gar nicht für eine „subjektive Weltanschauung", sondern für eine neue theoretische Verfahrensweise[4]. Die Auseinandersetzungen um den Universalismus Othmar Spanns haben bis in die ersten dreißiger Jahre angehalten[5]. Es ist durchaus möglich, daß Erhards Denken von dieser Diskussion beeinflußt worden ist, denn sie entspricht im Grundsätzlichen seinen Vorbehalten gegenüber dem individualistischen Liberalismus und dem kollektivistischen Sozialismus und weist den Weg zu einer alternativen Betrachtungsweise.

---

1 Othmar Spann, Gesellschaftslehre, Seite 83; ähnlich: Othmar Spann, Der wahre Staat, Seite 45.

2 Othmar Spann, Haupttheorien, Seite 226, hat eine umfangreiche Liste der „jüngsten Vertreter des ganzheitlichen Gedankens" sowie einiger Gelehrter gegeben, die der universalistischen Schule teilweise hinzugerechnet werden können oder ihr nahestehen. Insbesondere ist auf Wilhelm Andreae hinzuweisen, dessen Schriften zusammen mit denen seines Sohnes, Clemens-August Andreae, unter anderem auch für die Erörterung der wettbewerbspolitischen Position Ludwig Erhards in den fünfziger Jahren wertvoll sind; auf Walter Heinrich, in dessen 1953 erstmals erschienener „Wirtschaftspolitik" ein spezieller Teil „Verbandspolitik" enthalten ist; auf Friedrich A. Westphalen, dessen Schriften vor allem die Stellung der universalistischen Schule zur sozialen Frage spiegeln – auch bei Walter Heinrich ist über die Vielschichtigkeit der sozialen Frage und die notwendige Komplexität einer Politik, die sie lösen möchte, Grundlegendes ausgeführt; auf Werner Sombart und Theo Surànyi-Unger, der besonders durch seine „Philosophie in der Volkswirtschaftslehre" bekannt geworden ist, muß nicht gesondert verwiesen werden.

3 Othmar Spann, Gesellschaftslehre, Seite 128.

4 Othmar Spann, Kategorienlehre, Seite 7.

5 Über die frühen Spannungen und das schnelle Ende der universalistischen Schule im Nationalsozialismus berichtet Avraham Barkai, Nationalsozialismus, Seiten 93ff.

Im Ergebnis dieses in der Nationalökonomie bisher noch wenig beachteten jüngsten „Methodenstreites" ist keineswegs der methodische Individualismus bestätigt worden. Georg Weippert beschreibt das Ergebnis der Diskussion so: „Es kann nämlich der Mensch zum Ausgangspunkt genommen werden, ohne daß deshalb die Untersuchung in ‚Atomismus', in spezifischen ‚Individualismus', umschlägt. Es kann der Einzelmensch zum zentralen Problem der Gesellschaftswissenschaft erhoben werden, ohne daß nun das ‚Selbstinteresse', das ‚absolute Individuum', das ‚autonome Ich' zum Ausgangspunkt gemacht wird. Vom Einzelmenschen ausgehen, heißt ja nicht, den beziehungslosen, isolierten einzelnen, das unverbundene, selbstherrliche, willkürliche Ich zu alleiniger menschlicher Wirklichkeit machen"[1]. Dieser Individualismus, bei dem der Mensch als „autarker einzelner" und die Gesellschaft als Summe angesehen werde, sei abzulehnen[2]. Doch ebenso abzulehnen sei der Universalismus, der zwar nicht kollektivistisch sei, aber sich – gleich dem Individualismus – einen Menschen konstruiere und nur das kontradiktorische Gegenteil, den logischen Gegensatz zum Individualismus, gelten lasse[3]. Diesen Sachverhalt hat Carl Brinkmann schließlich in ein Postulat gekleidet, das die Tragweite dieser – weder individualistischen noch universalistischen – theoretischen Orientierung für die Wirtschaftspolitik deutlich erkennen läßt: „Das Verhältnis der modernen Wirtschaftstheorie zum Staat kann eben nicht rein logisch und ideell, es muß vielmehr aus ihren Grundlagen in der geschichtlichen Wirklichkeit begriffen werden"[4].

Erhard könnte schon früh, schon während seines wirtschaftswissenschaftlichen Studiums an der Handelshochschule Nürnberg, mit dieser Grundproblematik der gesellschaftswissenschaftlichen Betrachtungsweise erstmals konfrontiert worden sein. Jedenfalls hat Erhard darüber berichtet, daß der damalige erste Rektor dieser Hochschule, Wilhelm Rieger, sein

---

1 Georg Weippert, Hierarchie, Seite 7. Oppenheimer, Gesellschaftswirtschaft, Seite 945, schreibt ähnlich über seine Methode: „Wir haben immer wieder darauf hingewiesen, daß die Ökonomik nur als soziologische Teildisziplin betrieben und verstanden werden kann. So hat denn in ihr auch die soziologische Methode zu gelten".

2 Georg Weippert, Hierarchie, Seite 137.

3 Georg Weippert, Hierarchie, Seite 139. Ähnlich äußert sich Wilhelm Vershofen, Sozietät, Seite 500: Er stünde zwar dem Ausgangspunkt und der Methode des Universalismus näher als dem analytisch-induktiven Vorgehen. Jedoch: „Aus dem Ganzen aber die Idee der ‚Ganzheit' zu entwickeln und diese dann als Postulat zu setzen, ist ein Verfahren, das... der Kritik nicht standzuhalten vermag".

4 Carl Brinkmann, Kapitalismus, Seite 51.

„Lieblingslehrer" gewesen sei[1]. Wilhelm Rieger hat – worin sich seine 1928[2] veröffentlichte „Privatwirtschaftslehre" vor nahezu allen anderen Werken der Betriebswirtschaftslehre auszeichnet – sich in besonderer Weise um die Integration der Einzel- in die Gesamtwirtschaftslehre bemüht. Erich Preiser hat Riegers Buch seinerzeit als „einen Wendepunkt in den Beziehungen zwischen Einzelwirtschaftschaftslehre und Sozialökonomik" charakterisiert[3].

Ein anderer möglicher Umstand, der Erhard auf eine intensive Beschäftigung mit Grundfragen der Gesellschaftsform und einer angemessenen theoretischen Erklärung und Betrachtung gesellschaftlicher Beziehungen und Prozesse hingeführt haben könnte, mag darin liegen, daß sich Erhard allgemein mit Aussagen und Schriften oder speziell mit der Kritik des bekannten Natur- und Sozialphilosophen Friedrich Dessauer[4] an Oppenheimers Leitbild der Gesellschaftsordnung, der „freien Konkurrenz", befaßt hat. Dessauer hatte seit 1921 einen Lehrstuhl an der Universität in Frankfurt am Main inne, an der auch Oppenheimer lehrte[5]. Während sich Oppenheimer erfolglos an die Sozialdemokratie wandte, war Dessauer als Mitglied des Zentrum und seit 1924 als Abgeordneter im Deutschen Reichstag politisch höchst erfolgreich aktiv. Auch Dessauer hat den methodischen

---

1 Vgl. Michael Caro, Ludwig Erhard, Seite 22. Dort, Seite 19, wird auch berichtet, daß Wilhelm Rieger die Eltern Erhards aufgesucht habe, um sie zu veranlassen, das Studium ihres Sohnes zu finanzieren.

2 Erhard hat sein Examen als Diplom-Kaufmann allerdings schon 1923 in Nürnberg abgelegt. Nicht das Werk, aber die Ansichten Riegers konnte er kennen.

3 Erich Preiser, Privatwirtschaftslehre, Seite 86. Die zitierte Aussage ist darum besonders bemerkenswert, weil Erich Preiser – wie Ludwig Erhard – zu den Schülern Oppenheimers gehört. Mit Preisers Einschätzung kann heute nur auf die mögliche Bedeutung des Werkes von Wilhelm Rieger hingewiesen werden. Es kann nicht behauptet werden, daß es zu einer Wende in den Beziehungen zwischen der „Privatwirtschaftslehre", die sich inzwischen als Betriebswirtschaftslehre etabliert hat, und der Volkswirtschaftslehre gekommen wäre. Möglicherweise hatten jedoch gerade die mit Oppenheimers Gedanken Vertrauten für die Notwendigkeit dieser Entwicklung ein besonderes Gespür.

4 Friedrich Bülow, Volkswirtschaftslehre, Seiten 170f., weist auf die gemeinsame Wurzel hin, auf die der „Kampf um den Ganzheitsbegriff" zurückzuführen sei, und den großen Einfluß, nicht nur auf die soziologische und volkswirtschaftliche Forschung, sondern auch auf die Naturphilosophie und die Psychologie. Bülow nennt als Wurzel die phänomenologische Methode von Edmund Husserl; als „Bahnbrecher dieser neuen Wesensschau" Max Scheler und als herausragende Vertreter Werner Sombart und Othmar Spann. Über Spann schreibt von Bülow: „In seinem System der Wirtschaft ist... das nationalökonomische Denken am tiefsten eingesponnen in soziologische Begriffe".

5 Erhard promovierte als Doktorand Oppenheimers am 12. Dezember 1925.

Individualismus kritisiert und dabei gegen Oppenheimer ausgeführt: Oppenheimer nenne das Ineinandergreifen der Einzelwirtschaften eine „Kooperation“. Die Glieder einer Volkswirtschaft seien natürlicherweise voneinander abhängig und unausweichlich miteinander verbunden. Doch um dieses bloße Verflochtensein, um das Abhängigsein voneinander, um eine „blinde Kausalität“ ginge es nicht: Es ginge vielmehr um ein sinnvoll geplantes Zusammenwirken menschlicher Faktoren[1]. Unter den fünf Faktoren, die Dessauer beschreibt, ist bemerkenswerterweise einer, das „menschliche Gesamtbewußtsein von der Gesellschaftsform“, den Dessauer mit jenem Mitte der sechziger Jahre von Ludwig Erhard verwendeten Begriff „Formierte Gesellschaft“ beschreibt[2].

Würde nur eine der beiden angeführten Möglichkeiten zutreffen, ließe sich ein wichtiger Grund anführen, warum sich Erhard seit etwa 1925 bemüht hat, eine Stelle am Institut von Wilhelm Vershofen zu erhalten. Vershofen war seit 1921 Lehrbeauftragter an der Handelshochschule in Nürnberg, wirkte „wie kein anderer“[3] auf deren Umgestaltung zur Hochschule für Wirtschafts- und Sozialwissenschaft und wurde 1923 als Ordinarius für Wirtschaftswissenschaften an diese Hochschule berufen. 1925 hat Vershofen die 1919 von ihm gegründete statistische Abteilung zweier Verbände der deutschen Porzellanindustrie, deren Geschäftsführungen er bis 1923 innehatte, verselbständigt und als „Institut für Wirtschaftsbeobachtung“ der Universität eingliedern können[4].

Wird nur die Zielsetzung des Instituts, Marktbeobachtung, das heißt

---

1 Vgl. Friedrich Dessauer, Kooperative Wirtschaft, Seite 15.

2 Friedrich Dessauer, Kooperative Wirtschaft, Seite 10. Rüdiger Altmann weist auf eine ältere Tradition dieses Begriffes hin. Er führt ihn auf Friedrich von Schiller zurück. In Schillers Vorlesung von 1790 „Etwas über die erste Menschengesellschaft nach dem Leitfaden der mosaischen Urkunde“ heißt es: „Als die Meder den Dejoces zu ihrem König machten, so waren sie schon ein Volk, schon eine formierte Gesellschaft“. Es ist jedoch problematisch, Erhards Aussage auf diesen Passus zu beziehen. Schiller führt aus, daß die „Formierung“ der Meder darin bestanden habe, daß diese schon vor der Inthronisierung des Dejoces das Joch assyrischer Monarchen getragen hätten: „Eine schon ehemals geduldete Gewalt läßt sich sehr gut auf diesem ruhigen Weg wieder herstellen“. Während Schiller also von einer „Formierung“ durch eine Obrigkeit spricht, betont Dessauer die Bedeutung einer von „innen“, aus dem Bewußtsein der Gesellschaft von sich selbst, kommenden „Formierung“. Mit Erhards Konzept der „Formierten Gesellschaft“ stimmt Dessauers Aussage gut überein, nicht aber jene von Schiller.

3 Erich Schäfer, Wilhelm Vershofen, Seite 682.

4 Die bei diesem Institut 1935 gegründete „Gesellschaft für Konsumforschung“ hat sich bis zum heutigen Tage als ein führendes Marktforschungsinstitut in der Bundesrepublik Deutschland erhalten.

vorwiegend: Durchführen und Auswerten von statistischen Erhebungen, und der anfängliche Aufgaben- und Arbeitsbereich Erhards betrachtet, muß es einigermaßen erstaunlich sein, daß Erhard etliches unternommen hat, um an diesem Institut eine Anstellung zu erhalten. Erhard selbst hat sich über seine Motive nie geäußert. Auch Erich Schäfer schreibt, es sei nicht bekannt, wie Erhard auf Vershofen aufmerksam wurde, aber Erich Schäfer bestätigt, Erhard habe längere Zeit hindurch und wiederholt Kontakt mit Vershofen gesucht, der ihn schließlich als einen der wissenschaftlichen Mitarbeiter bei bescheidenster Vergütung eingestellt habe[1]. Es ist kaum anzunehmen, daß Erhards langjähriges Bemühen um eine Stelle am Institut Vershofens in dieser „bescheidensten" Vergütung ihre Erklärung findet. Näherliegend ist, daß Erhard über und von Vershofen einiges wußte und daß er – der Art gemäß, wie er ein paar Jahre vorher zu Oppenheimer gegangen war – die Nähe Vershofens suchte. Vershofen war immerhin schon in Nürnberg Lehrbeauftragter gewesen, als Erhard dort studierte. Zudem war Vershofen schon zu Beginn der zwanziger Jahre nicht unbekannt: Er hatte 1914 mit großem Erfolg eine Finanznovelle – „Ein Epos aus dem Leben des Kapitals" – veröffentlicht[2], und 1919 fand sein Aufsatz „Erlösung" als Flugschrift des „Tat-Kreises" weite Verbreitung[3]. Vershofen mahnt darin, daß es die „fluchbeladene Betriebsamkeit unserer Zeit" sei, das Dasein der Menschen lebenswürdiger machen zu wollen, ohne sagen zu können, was menschenwürdig sei[4].

Die allgemeine Frage nach dem Sinn des menschlichen Daseins und die spezielle Frage nach der Einordnung der Wirtschaft in einen allgemeinen Lebenszusammenhang haben Vershofen zeit seines Lebens beschäftigt. Er hat seine Ansichten vor allem 1930 in den Schriften „Wirtschaft als Schicksal und Aufgabe" und „Licht im Spiegel" sowie 1931 in „Die Stufen zur Sozietät" niedergelegt. Daneben hat Vershofen auch einige Aufsätze zu

aha!

---

1 Erich Schäfer, Institutszeit, Seite 605. Erich Schäfer datiert das Eintrittsdatum Erhards fälschlich auf 1930 statt auf 1928.

2 Vgl. Wilhelm Vershofen, Der Fenriswolf.

3 Kurt Sontheimer, Der Tatkreis, Seite 230, hat die Jahrgänge der Zeitschrift „Die Tat" in zwei Epochen gegliedert. Über die zwanzig bis 1929 von Eugen Diederichs redigierten Jahrgänge der „alten Tat", in denen auch Vershofens Beitrag veröffentlicht ist, fällt er recht pauschal ein negatives Urteil: „... die Mitarbeiter seiner Zeitschrift gehörten meist zu jenen, die sich im Halbdunkel der Mystik und in der Umgebung mythologischer Gestalten wohler fühlten als in der Helle der Vernunft". Gerechter wäre es wohl zu sagen, daß nicht alle der Autoren der „alten Tat" einzusehen vermochten, daß „die" oder auch „jede" Vernunft selbstbewußt von sich sagen dürfe, sie stehe „in der Helle".

4 Wiedergegeben nach Wilhelm Vershofen, Philosophische Schriften, Seite 9.

grundsätzlichen und aktuellen Fragen in der von Erhard redigierten Zeitschrift „Wirtschaftspolitische Blätter der Deutschen Fertigindustrie" veröffentlicht. Für die Beurteilung der Wirkung der Grundanschauungen Vershofens auf das Denken Erhards ist es erforderlich, einige Gedankenlinien Vershofens etwas ausführlicher zu skizzieren.

Anknüpfend an die von Rodbertus[1] analysierten Auswirkungen der Arbeitsteilung, beschreibt Vershofen die „gesellschaftliche Kategorie des Marktes, in dem der Austausch der Leistungen nach Maßgabe von Preisen, die durch Geld ausgedrückt werden, ermöglicht wird"[2]. Vershofen betont insbesondere die Notwendigkeit der Sicherung des Marktfriedens durch den Staat – eine Formel und ein Postulat, die sich auch bei Ludwig Erhard finden[3] –, wobei er hervorhebt, daß es sich hierbei um eine außergewöhnlich umfangreiche Aufgabe handelt.

Vershofens Gedankengänge beginnen mit dem Auflisten von völlig Offenkundigem und Selbstverständlichem[4] und führen schrittweise zu bemerkenswerten Konsequenzen und wichtigen politischen Folgerungen. Vershofen erklärt: Vom wirtschaftlichen Standpunkt aus gesehen ist jeder Staat eine Tausch- oder Marktgesellschaft. Für das Wirtschaftliche gelten deshalb eben die Gesetze, unter denen alle Gesellschaften von Menschen stehen[5]. Vershofens Beschreibung der gesellschaftlichen Wirklichkeit ist

---

1 Schon dieser Ausgangspunkt mußte für Erhard, der von Oppenheimer kam und Marx intensiv studiert hatte, interessant sein. Eine Schrift von Carl von Rodbertus-Jagetzow war 1852 unter dem Titel „Das Kapital", fünfzehn Jahre vor dem ersten Buch von Karl Marx' „Das Kapital" erschienen. Rodbertus vertritt – wie Oppenheimer – eine strenge Arbeitswertlehre: „Die Güter kosten den Menschen Arbeit, nichts als Arbeit"; bekämpft die „übertriebene individualistische Neigung der Zeit"; betrachtet die Arbeit als ein „unauflösliches Ganzes", die Gesellschaft als ein „soziales Ganzes" und die Wirtschaft als eine „organische Gesamtwirtschaft".

2 Wilhelm Vershofen, Licht im Spiegel, Seite 85. Zur Bedeutung der Apposition „die durch Geld ausgedrückt werden" siehe Näheres unten, Seite 149.

3 Vgl. Ludwig Erhard, Preisbildung, Seite 53.

4 Leopold von Wiese, Wilhelm Vershofen, Seiten 179f., hat sich voller Unverständnis über Schriften Vershofens geäußert: „In einer Art edlem Dilettantismus wird manches Fesselnde darin mitgeteilt, worüber sich gern Leute von Geschmack und Bildung unterhalten; aber daß irgend jemand einen Einblick in den ‚komplizierten Organismus der modernen Wirtschaft' bekomme, ja, überhaupt nur etwas praktisch Verwertbares oder wirtschaftswissenschaftlich Förderliches daraus lernen könne, läßt sich nicht erhoffen". Dieses Urteil ist wohl vor allem darauf zurückzuführen, daß Leopold von Wiese mit seiner „Beziehungssoziologie" eine Richtung in der Soziologie vertritt, aus der er über Vershofens Ansatz nur sagen kann, es handele sich dabei um etwas anderes als um „Beziehungssoziologie", das heißt dann bei von Wiese: um eine „vorgebliche Soziologie".

5 Vgl. Wilhelm Vershofen, Licht im Spiegel, Seite 86.

weiter zu entnehmen, daß jeder Mensch in einer „Hierarchie von Sozietäten“ lebt[1]. Hierbei sei der Mensch in jede seiner Sozietäten in eigentümlicher Weise eingebunden; er stehe in jeder Sozietät als Mensch und als Glied dieser Sozietät in dauernder Spannung, in einer Spannung zwischen Freiheit und Zwang, und er kann sich dieser Spannung nicht entziehen: „Robinson ist kein Anfang, sondern ein Ende“.

So weit dürfte nichts anzumerken sein. Doch nun sagt Vershofen: Der Konflikt zwischen Freiheit und Zwang entstehe nicht aus der Beziehung zwischen Menschen, sondern sei im Charakter jedes einzelnen angelegt: „Die Person hat nämlich das Bestreben, ihre Einmaligkeit, damit ihren Eigenwert, auf das höchste zu werten und dieser Wertung entsprechend zu handeln. Sie kann aber zu einer solchen Wertung nur kommen durch den Vergleich mit anderen Personen“. Folglich fühlt sich jeder einzelne zu anderen hingezogen, sucht in anderen sowohl eine Ergänzung seiner selbst wie auch eine Widerspiegelung seines Wertes[2]. So entstehe eine typische Polarität.

Von der Gesellschaft her gesehen zeige sich die Polarität darin: Die Gesellschaft habe das Bewußtsein von sich nur in ihren Gliedern. Sie wisse in ihren Gliedern, daß der einzelne vergehe, während sie beständig sei. Sie neige deshalb zur Verabsolutierung: Von ihr aus gesehen komme es auf den einzelnen nicht an; er habe sich widerspruchslos dem Ganzen unterzuordnen. Andererseits wisse die Gesellschaft in ihren Gliedern jedoch zugleich auch, daß es dennoch auf jeden ankomme. Aufgrund dieser Erkenntnis neige sie zur Relativierung ihrer selbst und komme zur Ansicht, sie müsse sich dem widerspenstigen Glied anpassen[3].

Über die Entwicklung derart strukturierter Gebilde lassen sich schwerlich allgemeingültige Vorhersagen machen. Vershofen weist darauf hin, daß

---

1 Vershofen diskutiert eine Vielzahl unterschiedlicher Gesellschaftsgestalten. Es handelt sich um die Elemente „Glieder“ (Organe, Einzelwesen) oder „Teile“ (Bestandstücke, Gelenkstücke), die zu „Gebilden“ (Organismen, Sozietäten) oder zu „Gefügen“ (Aggregate, Mechanismen) gemäß unterschiedlicher Prinzipien geordnet werden können.

2 Wilhelm Vershofen, Sozietät, Seite 530. Diese Aussage stimmt mit den beiden von Adam Smith in der „Theorie der ethischen Gefühle“, Seiten 171ff., entwickelten Prinzipien, Verlangen nach Lob und Verlangen nach Lobenswürdigkeit, in frappanter Weise überein.

3 Wilhelm Vershofen, Sozietät, Seite 540. Eine Folgerung dieser Polarität ist hier natürlich auch, daß es keine „Gemeinschaft schlechthin und ausschließlich“ geben kann. Vgl. Wilhelm Vershofen, Es ist merkwürdig..., These 97. Auf diese Folgerung hat sich Ludwig Erhard später in einer wissenschaftlichen Kontroverse mit Vershofen bezogen. Näheres siehe unten, Seite 128, Fußnote 4.

Kausalerklärungen grundsätzlich versagen müssen: Es komme auf die Personen an, die mehr oder weniger zufällig Gesellschaften bilden, auf den Charakter dieser Personen, auf deren Zusammenwirken, auf die Rückwirkungen von all diesem auf die einzelnen, denn das Ganze und alle einzelnen werden unablässig beeinflußt und formen sich ohne Unterlaß gegenseitig. „Die polare Spannung zwischen Personalität und Sozietät entzieht sich der Rechenhaftigkeit", schreibt Vershofen[1]. – Seine Aversion gegen jede Annahme einer „Rechenhaftigkeit" in menschlichen, gesellschaftlichen und sozialen, damit oft auch in wirtschaftlichen Dingen bekundet Erhard nicht weniger nachdrücklich als Vershofen.

Vershofen stellt fest: Wie alle Sozietäten stehe auch die Wirtschaftsgesellschaft unter der beschriebenen Spannung: Wirtschaft sei keine rein oder auch nur überwiegend zweckrationale Veranstaltung; der Geltungsdrang der Person suche sich – gelegentlich sogar ausschließlich – durch wirtschaftliche Mittel zu befriedigen. Differenzen in der wirtschaftlichen Machtstellung und Differenzierungen im Verbrauchsverhalten hätten hier ihren Urgrund[2].

Speziell in der arbeitsteiligen Wirtschaft – wie viele Vorzüge sie auch sonst haben möge – äußere sich der Geltungsdrang des Menschen in höchst problematischer Weise: Der Abtausch von Spezialitäten, mit denen die einzelnen versuchen, sich gegeneinander abzugrenzen, gelänge nie vollständig; nicht selten nur höchst unvollkommen. „Es entstehen Tausch-

---

1 Wilhelm Vershofen, Sozietät, Seite 544. Ohne Zweifel handelt es sich hierbei um die Beschreibung eines kybernetischen Systems. Nur führt diese Feststellung nicht weiter. Auch kybernetische Systeme sind darauf angewiesen, daß die Modellstrukturen spezifiziert werden können. Bei Organisationen und im Bereich der Naturwissenschaften (Biokinetik etc.) ist das, auch wenn die Strukturen komplex sind, grundsätzlich möglich. Vershofen führt jedoch aus, daß die Strukturen von Sozietäten nicht spezifizierbar sind, weil die Elemente – selbst in ihren Dimensionen unbekannt – eine Vielzahl von „Freiheitsgraden" im System haben. Es steht dahin, wo sie sich einordnen, ob und wie sie zusammen- und aufeinander wirken, und selbst die Wirkungsmechanismen zwischen den Elementen der Sozietäten sind nicht determiniert und zum Beispiel „Launen" unterworfen.

2 Wilhelm Vershofen, Sozietät, Seite 549. Erhards spätere Maßhalteappelle und seine Ansicht, eine kluge Politik sollte Gefahren bannen, nicht Krisen „managen", könnten auf diesen Gedanken zurückgeführt werden. Nur: Dieser Ansatz darf nicht überstrapaziert werden. Sicherlich ließen sich für solche „Interventionen" leicht ethische Rechtfertigungen beibringen – es geht um die Einschränkung eines funktionslosen, bloßen individuellen Geltungsdranges. Unten, Seiten 123ff., wird belegt, wie kompromißlos Erhard jede Art von „Verbraucherlenkung" ablehnt. Als Alfred Müller-Armack, Soziale Marktwirtschaft, Seite 245, die Orientierung am Verbraucher als eine besondere soziale Leistung der Marktwirtschaft darstellte, so hätten ihm wohl Vershofen und in gewisser Weise auch Erhard, widersprochen.

reste, und diese Tauschreste – zu ihnen gehören auch sich anbietende, aber nicht verwendbare Dienste (Arbeit) – nehmen denjenigen, bei denen sie entstanden sind, mehr oder weniger die Möglichkeit, weitere Verrichtungen zu leisten. Damit aber scheiden sie aus der Tauschgesellschaft aus und werden zu einer Gefahr der Gesellschaft, des Staates, überhaupt"[1].

Erhard nennt diesen Umstand „wirtschaftlich ungerecht", aber er stellt – wie Vershofen – fest, daß die daraus entstehende Gefahr mit einer wirtschaftlichen Betrachtungsweise gar nicht erfaßt werden könne. Wirtschaften werde in der Regel nur unter ökonomischen Gesichtspunkten analysiert Das sei unzureichend: „Was wirtschaftlich gerecht ist oder nicht, läßt sich nicht aus einem Kräftespiel ökonomischer Größen ableiten, wenn nicht die Wirtschaft zum Selbstzweck werden, sondern ihrer eigentlichen Aufgabe genügen soll, einer Nation, das heißt dem Volke, die materielle Basis zur Erreichung und Erfüllung ihrer höheren Ziele und Aufgaben sicherzustellen"[2]. In dieser Aussage sind zwei grundlegende Aspekte jedes Wirtschaftens miteinander verwoben. Der unstrittige Gesichtspunkt ist der: Wirtschaften hat seinen Zweck nicht in sich; man wirtschaftet nicht, um zu wirtschaften; man wirtschaftet auch nicht bloß, um sich ernähren und kleiden zu können; man wirtschaftet, um jenes Leben führen zu können, das man führen möchte. Wirtschaften dient „höheren" individuellen Zwekken. Darüberhinaus aber liege auch das Ziel einer Wirtschaftsordnung jenseits des Wirtschaftlichen; es müsse darin gesehen werden, „in viel höherem Maße den Marktfrieden und die gesellschaftliche Harmonie" zu verbürgen und dabei jene wirkliche Gerechtigkeit herzustellen, die nur an sittlichen Werten ausgerichtet sein kann und deshalb aus dem Bereich des Wirtschaftlichen überhaupt nicht zu fassen ist[3]. In sozialer Hinsicht ist Wirtschaften eine Brücke zwischen den einzelnen. Wirtschaften erfordert die Kooperation der einzelnen – dies aber nicht erst im eigentlichen Wirtschaftsprozeß, sondern als eine Haltung, die dem Wirtschaften zugrundegelegt wird. Diese Kooperation steht unter dauernder Gefahr, sich in Konflikte zwischen den einzelnen zu wandeln. So ergibt sich die Frage, welche ordnungspolitischen Maßnahmen nötig sind, um das Wirtschaften als einen friedvollen, den Verteilungs- und und Klassenkampfkonflikten entzogenen sozialen Prozeß zu konstituieren, um gesellschaftliche Stabilität zu wahren und wirtschaftliche Krisen, die aus den beschriebenen sozialen Verhaltensweisen folgen, zu vermeiden.

1 Wilhelm Vershofen, Licht im Spiegel, Seite 86.
2 Ludwig Erhard, Preisbildung, Seite 53.
3 Vgl. Ludwig Erhard, Preisbildung, Seite 53.

(1) Personalisierung der Wirtschaftsgesellschaft

Wenn Erhard von „wirklicher Gerechtigkeit" spricht und eine Ordnung fordert, die den in der Wirtschaft so störenden Geltungsdrang der einzelnen wirksam eindämmt, so erscheint es als Mittel hierzu grundsätzlich angemessen, die Wirtschaft in ihrer Bedeutung vor „höheren Werten" zu relativieren[1]: Je nichtiger wirtschaftliche Lebensgüter erscheinen, desto weniger ist ihr Besitz geeignet, eine soziale Differenzierungssucht zu stillen und hierdurch gesellschaftliche Instabilitäten und wirtschaftliche Krisen zu provozieren. Doch die Begriffe können auf anderes weisen: Während der Jahre der nationalsozialistischen Herrschaft verbargen sich hinter „Gerechtigkeit", „höheren Zielen" und „sittlichen Werten" vor allem preispolitische Zielsetzungen. In allen Wirtschaftsbereichen – mit Ausnahme des landwirtschaftlichen, in dem der Reichsnährstand „Marktordnungen" errichtete und Preise und Produktionskontingente festsetzte, um „die Landwirtschaft als bevorzugten und krisenfesten Wirtschaftssektor dem marktwirtschaftlichen Kräftespiel zu entziehen"[2] – war die Preisbildung den Organisationen der Wirtschaft entzogen und entweder der Kontrolle des Preiskommissars oder den direkt vom Reichswirtschaftsminister beaufsichtigten Kartellen unterstellt. Das Motto, unter dem die nationalsozialistische Preispolitik stand, war die „Suche nach dem gerechten Preis". Der Marktpreis wurde als „nicht gerecht" empfunden; der Hinweis auf die Ehre, die am Markt nichts gelte, wurde als deutlichster Aufweis dafür genommen, daß eine freie Preisbildung tatsächlich keinen „gerechten Preis" herbeiführe. Könnten Erhards Aussagen nicht auch in dieser Weise verstanden werden – nur als Rechtfertigung bestimmter Aspekte der nationalsozialistischen Wirtschaftsideologie?

Träfe dies zu, würde Erhard seine Position, in der wirtschaftspolitischen Aufgabe mehr zu sehen als nur das Bemühen, ökonomische Bedürfnisse zu decken, mit zahlreichen anderen Nationalökonomen seiner Zeit teilen, und es gäbe keinen Grund, Erhards Position aus dem Rahmen der seinerzeitigen Diskussion als etwas Besonderes hervorzuheben. Bei genauerer Betrachtung zeigt sich jedoch, daß der Ausgangspunkt, die Wirtschaft in ihrer Bedeutung einerseits für das individuelle, andererseits für das soziale Leben ernst zu nehmen und eine beidem gerecht werdende Wirtschaftsordnung zu gestalten, kaum jemals so im Grundsätzlichen und Allgemeinen

---

1 Das führt auf die Frage, wie weit und wie verbindlich eine solche Normierung sein sollte – auf das Problem der „Verbraucherlenkung". Näheres hierzu siehe unten, insbesondere Seiten 127ff.

2 Avraham Barkai, Nationalsozialismus, Seite 114.

der menschlichen Natur verwurzelt ist wie bei der Vershofen folgenden Betrachtungsweise Erhards. Zumeist werden die sozialen Probleme nicht im Rahmen der Wirtschaftsordnung selbst zu lösen versucht, sondern einem Bereich der engeren Sozialpolitik zugewiesen, der als Korrekturbereich nach anderen Prinzipien als die eigentliche Wirtschaftsordnung aufgebaut ist. Unter den führenden Nationalökonomen der dreißiger Jahre betont etwa Wilhelm Vleugels die traditionellen Aufgaben der Sozialpolitik und der Volksfürsorge: Die Gemeinschaftsbedeutung der Wirtschaft müsse der maßgebende Gesichtspunkt vor allem für Maßnahmen zugunsten der Kaufkraftschwachen sein[1]. Franz Eulenburg weist auf die notwendigen Obliegenheiten des Staates hin, zugunsten der Interessen zukünftiger Generationen fürsorglich tätig zu werden. Der Staat müsse dafür sorgen, daß der Erwerbstrieb über sich hinauswachse und sich in Sorge um künftige Sicherung wandle[2]. Jens Jessen bezieht die Staatsaufgabe nur auf den engen Bereich der wirtschaftlichen Leistungsfähigkeit und meint, die zentrale Aufgabe bestehe vor allem darin, der wirtschaftlichen Arbeit einen Gemeinschaftssinn zu geben; die Wirtschaftspolitik dürfe nicht nur Höchstleistungen veranlassen, sie müsse diese Höchstleistungen auch in Beziehung zur Gemeinschaft stellen: Leistung dürfe kein beziehungsloses Maximum, sondern müsse als Gemeinschaftsleistung empfunden werden können[3].

Da das Mittel zum Erreichen all dieser Ziele in der Preispolitik gesehen wurde, ist der Ausgangspunkt dieser Positionen in der Regel eine Kritik an der „ungebundenen Wirtschaft", das heißt an der freien Marktwirtschaft und insbesondere an den Auswirkungen der freien Preisbildung: „Der Preis ist ein schlechter Lenker der Wirtschaft gewesen. Nicht einmal die Aufgaben, die ihm zugewiesen waren, hat er einigermaßen befriedigend zu lösen vermocht. Es ist ihm nicht gelungen zu verhindern, daß Güter zu Preisen angeboten wurden, die nicht die Kosten deckten... Der Preis hat auch das Kapital nicht von unrentablen Anlagen ferngehalten... Gar nicht davon gesprochen zu werden braucht..., daß selbst wenn der Preis in dieser Hinsicht nicht versagt hätte, die Belange des Gemeinwohls außer acht geblieben wären"[4].

Der Kritik an der freien Marktpreisbildung folgen oft Argumente, mit denen die staatliche Preisbindung oder sogar staatliche Eingriffe in die Preisbildung befürwortet werden. Man begründet das unter anderem

---

1 Wilhelm Vleugels, Idee des gerechten Preises, , Seite 52.
2 Franz Eulenburg, Volkswirtschaftspolitik, Seite 192f.
3 Jens Jessen, Der gerechte Preis, Seite 9.
4 Theodor Beste, Kartellpreis, Seite 72.

damit, daß sich auch in einer freien Wirtschaft die Preise keineswegs allein im „Spiel von Angebot und Nachfrage" bilden würden. Sie würden vielmehr in beträchtlichem Umfange durch Unternehmer und durch Vereinigungen von Unternehmern festgesetzt[1]. Warum sollte dann nicht der Staat, analog zu dieser Preisbindung durch Private, die – trotz Marktwirtschaft – nicht nach den Regeln des Marktes erfolge und keine vertretbaren Auswirkungen habe, eine „rationalere" Preisbindung durchzuführen versuchen? Eine systematische staatliche Preispolitik sei schon darum geboten, ja geradezu notwendig, weil die Zahl staatlicher Maßnahmen, die Einfluß auf den Markt und die Preise gewinnen, doch zu jeder Zeit überraschend groß gewesen wären und groß bleiben würden: „Es gibt eben keinen staatlichen Akt irgendwelcher Art, der nicht in the long run irgendwie in Angebot und Kosten, in Bedarf und Nachfrage, damit aber letzthin im Preise der Produkte sich äußert"[2].

Die Empfehlungen der Nationalökonomie für die Preispolitik verfolgen zwei Ziele: Einerseits geht die Diskussion – mehr sozialtechnisch – um die Formen der staatlichen Preisbindung, die sich systematisch in das nationalsozialistische System der „Wirtschaftslenkung in einer durch Wettbewerb organisierten Verkehrswirtschaft"[3] einfügen lassen würden. Deutlich spricht das etwa Theodor Beste aus: „Nach der heute geltenden Wirtschaftsordnung wird die Wirtschaft vom Staat gelenkt. Der Preis ist nur eines von vielen Mitteln der Wirtschaftslenkung. Die Preisbildung muß daher so erfolgen, daß die Wirtschaft in der von ihrem Lenker gewollten Weise abläuft"[4]. Andererseits wird die grundsätzliche Problematik der nationalsozialistischen Wirtschaftsauffassung dargelegt, zu welcher die staatliche Festsetzung „gerechter Preise" gehört und bei der „das wirtschaftliche Problem des gerechten Preises mit dem politischen Problem des Lebens der Volksgemeinschaft in Zusammenhang gebracht" worden ist[5].

---

1 Theodor Beste, Kartellpreis, nennt jeden „gebundenen" Preis „Monopolpreis".

2 Franz Eulenburg, Marktpolitik, Seite 461. Eulenburg untersucht die Wirkungen direkter (Taxen, Tarife; Einfuhrverbote; Antimonopolpolitik; Produktionsverbote; Währungspolitik; Konjunkturpolitik; öffentliche Unternehmen) und indirekter Maßnahmen des Staates (Besteuerung; soziale Gesetzgebung, Sozialpolitik; Wohnungspolitik, Konsumsubventionierung; Bevölkerungspolitik; öffentliche Aufträge; Prämien, Rückvergütungen und Exportförderung).

3 Franz Böhm, Wirtschaftslenkung, Seite 55.

4 Theodor Beste, Kartellpreis, Seite 73. Franz Böhm, Wirtschaftslenkung, Seite 54, kann in ähnlicher Weise interpretiert werden. Er sagt: „Es handelt sich hier um eine jener Fragen, die von der Wissenschaft gestellt werden müssen, weil sie vom Leben selbst gestellt werden".

5 Sven Helander, Der gerechte Preis, Seite 41.

Die entschieden liberale Lösung, jede Preisbindung durch Private zu ahnden, weil sie ungünstige Auswirkungen hat, und statt staatlicher Preisbindungen die Herstellung einer freien Marktpreisbildung durch ordnungspolitische Maßnahmen des Staates zu empfehlen, wird kaum erörtert, und sie kann nicht sinnvoll erörtert werden, weil es im Ausgangspunkt der Kritik an der Marktpreisbildung beschlossen liegt, daß die freie Preisbildung selber – und nicht die Einschränkung, die Private vornehmen – von Übel ist. Gelegentlich wird angedeutet, daß Private erst durch die Fehler der freien Marktpreisbildung – sozusagen im Wege des Selbstschutzes gegen die Märktkräfte – veranlaßt würden, Preisabsprachen zu treffen.

Die fast einzige Ausnahme von dieser seinerzeit herrschenden Ansicht vertritt Franz Böhm. Er sagt, den Vorzügen der Wettbewerbswirtschaft, bei der der Staat lediglich die Währung in Ordnung zu halten, Handelsverträge abzuschließen und die Einhaltung der Spielregeln zu überwachen habe, stehe nur ein einziger Nachteil gegenüber: „Die Staatsführung muß... das Einspielungsergebnis im großen ganzen hinnehmen wie es ist“[1]. Selbst Walter Eucken äußert sich differenzierter: Durch Leistungswettbewerb sei nur jener Sektor der Wirtschaft, in dem vollständige Konkurrenz herrsche, und nur „im wesentlichen“ zureichend geordnet, wobei er bei dieser Aussage ausdrücklich „von den besonderen Problemen, die verteilungspolitisch in einer Wettbewerbswirtschaft gegeben sind und die große Bedeutung besitzen“, absieht[2].

Erhard sagt – und hierbei schlägt zusätzlich zu seiner entschieden wettbewerblichen Sicht ein von Vershofen dargestellter Aspekt durch[3] –, daß es in der Geschichte stets so gewesen sei und in der Zukunft so bleiben werde, daß unter Menschen, wo sie den Markt persönlich erleben und Preise – in unmittelbarer Beziehung zueinander oder im Rahmen gemeinschaftlicher Institutionen, wie etwa der Zünfte – festsetzen, die Preisbildung zwar umstritten sei, aber niemals hätte das zu gesellschaftlichen Störungen geführt. Die „Marktentscheidung“ im Wortsinne, das heißt die persönliche Mitwirkung der einzelnen an den Marktvorgängen, sei das Wesentliche. Doch Erhard erkennt, daß diese direkte Marktbeteiligung der einzelnen in einer hochgradig arbeitsteilig organisierten Industriewirtschaft nicht mehr stattfindet und nicht mehr stattfinden kann. Er sagt: Man verwende den Begriff „Marktentscheidung“ zwar oft, man sei sich aber keineswegs darüber klar, daß es sich in der Regel dabei nicht um „Entscheidungen“, sondern um etwas anderes handle, nämlich um ein Spiel unper-

---

1 Franz Böhm, Wirtschaftslenkung, Seite 51.
2 Walter Eucken, Wettbewerb, Seite 38.
3 Vgl. Ludwig Erhard, Preisbildung, Seite 51, wo Erhard Vershofen zitiert.

sönlicher und anonymer Kräfte, also nicht um Willensbekundungen einzelner, sondern um „Entscheidungen des Verbrauchers schlechthin": „Diese Anonymität und Abstraktion des Marktes, dem das einzelne Wirtschaftsindividuum in dem dumpfen Grolle, um den gerechten Lohn seiner Arbeit betrogen worden zu sein, machtlos gegenübersteht, führt zur Bildung von Marktfronten und zuletzt zum Widerspruch gegen jene ‚ungerechte' Wirtschafts- und Gesellschaftsordnung. Der im sogenannten freien Spiel der Kräfte ‚sich bildende' Marktpreis gilt zwar nach dem Dogma als der gerechte Preis, aber wird nicht als solcher empfunden und löst deshalb soziale Spannungen aus, die im Klassenkampfgedanken politischen Willensausdruck fanden"[1].

In der Nationalökonomie jener Zeit spricht man von wirtschaftspolitischen Aufgaben, welche die Wettbewerbswirtschaft erfüllen müsse; meint damit vor allem kollektive Produktionsziele im Rahmen der allgemeinen nationalsozialistischen Politik. Man versucht, diese staatlichen Zielsetzungen unter sittliche und sozialpolitische Postulate zu bringen. Man distanziert sich deutlich von den „mechanistischen" Vorstellungen des Liberalismus, nach denen Angebot und Nachfrage jenen Preis hervorbringen könnten, der zugleich gesellschaftlichen Zielen angemessen wäre. Die von Erhard für notwendig erachteten sittlichen Normen stehen jedoch überhaupt nicht in einem solchen Zusammenhang und können nicht in Verbindung mit der Diskussion staatlicher Zielsetzungen gebracht werden. Erhard legt vielmehr grundsätzliche und zeitlos wichtige Elemente einer Wirtschaftsordnung dar – Notwendigkeiten, die allein einen friedvollen Ablauf sozialer Prozesse gewährleisten können. Die freie Wirtschaft steht in besonderer Gefahr, in einen reinen Materialismus zu verfallen, denn in einer solchen Wirtschaft sind es die einzelnen, die mit Gütern frei umgehen können – die einzelnen, die aufgrund der sozialen Bezüge, in denen sie leben, geneigt sind, Wirtschaftsgüter als Prestigeobjekte zu verwenden und durch ihre irrationale Sucht nach Verbrauchsdifferenzierungen auch noch Krisengefahren heraufbeschwören.

Erhard argumentiert nicht auf der Ebene zeitbedingter staatlicher Aufgaben; weder rechtfertigt er nationalsozialistische Wirtschaftsziele, noch sucht er nach wirtschaftspolitischen Mitteln, sie zu erreichen. Er ist in dieser Hinsicht indifferent und befaßt sich mit zeitlos wichtigen Fragen der Politischen Ökonomie. Erhard meint, daß „unter der Herrschaft eines wirklich freien Wettbewerbs alle Preise sich so einspielen, daß der Grundsatz der Gerechtigkeit, verstanden als das objektivistische Urteil aller am

---

1 Ludwig Erhard, Preisbildung, Seite 52.

Markt Beteiligten, in so vollkommener Weise verwirklicht ist, daß demgegenüber jeder Eingriff einer Person nur einer Umfälschung des Tatbestandes gleichkommen könne"[1]. Erhard geht es um den Nachweis, daß selbst eine objektiv nicht beanstandbare Gerechtigkeit, die aus Marktprozessen entsteht, soziale Spannungen nicht verhindern kann. Die objektive soziale Gerechtigkeit muß subjektiv einsehbar sein, und dies ist in modernen Wirtschaftsprozessen zu einem Problem geworden, das mit der Arbeitsteilung anwächst.

Das Problem der Marktpreisbildung liegt für Erhard nicht darin, daß der Markt nicht mit bestimmten Staatszielen korrespondieren würde, sondern im Psychologischen, in der Art, wie diese Preisbildung sich dem einzelnen darstellt: „Der Wille der Wirtschaftsgesellschaft ist zu schemenhaft, um vorstellbar zu sein". Daraus folgt eine große Gefahr: „Die Gesellschaft hat zu sich selbst nicht das Vertrauen, daß sie sich ihrem eigenen Urteilsspruch ohne innere Auflehnung fügen könnte. Sie hat vielmehr, sobald die allgemein erkennbaren Bewertungsmaßstäbe fehlen, das Bestreben, die Entscheidung in die Hände von Personen... zu legen, die ihr Bürgschaft für ‚gerechte' Entscheidungen bieten"[2].

Erhard stellt diesen Sachverhalt vor allem deshalb ausführlich dar, weil er die Neigung der Wissenschaft registriert und bemängelt, in der marktbehördlichen Preisbildung nur eine vorübergehende Not- und Kontrollmaßnahme zu erblicken[3]. Der transiente Charakter solcher Maßnahmen stehe durchaus nicht fest: Erhard zeigt in seiner Darstellung, daß er die Entwicklung zu marktbehördlichen Eingriffen – völlig unabhängig von den seinerzeitigen Lenkungsvorstellungen – für eine grundsätzliche Gefahr hält, die jeder Marktwirtschaft droht. Marktbehördliche Eingriffe bringen gegenüber dem unpersönlichen Wirken des Marktes objektiv ungerechtere, subjektiv aber als gerechter empfundene Ergebnisse. Trotz der Gefahren des Mißbrauchs werden deshalb Eingriffe in die Preisbildung häufig befürwortet. Eine solche Entwicklung tritt überall ein, wo durch eine marktwirtschaftliche Ordnung ausschließlich nur das freie Wirken des Preismechanismus gesichert, jedoch nicht einsichtig gemacht wird, daß das „freie Spiel" der Marktkräfte stets gerechter ist als jeder Eingriff.

Es liegt nahe, jede in den dreißiger Jahren geäußerte Distanz gegenüber einer freien Wirtschaft den besonderen Bedingungen während der nationalsozialistischen Herrschaft zuzuschreiben und damit die Bedeutung der

---

1 Ludwig Erhard, Preisbildung, Seite 51.

2 Ludwig Erhard, Preisbildung, Seite 52. Auch unter diesem Gesichtspunkt ist die Einstellung Erhards zu den Preiskommissaren zu betrachten.

3 Ludwig Erhard, Preisbildung, Seite 53.

Erhardschen Aussagen wie auch die festgestellten Unterschiede zwischen der Haltung Erhards und der anderer Nationalökonomen einzuebnen: Zur Ideologie des Nationalsozialismus gehörte die Feindschaft gegenüber dem Liberalismus. Es wäre für einen Wissenschaftler gewiß nicht opportun gewesen, dieser Position in seinen Publikationen nicht Rechnung zu tragen – zumindest indem er eine Anzahl möglicher Defekte einer liberalen Wirtschaftsordnung anführt. Gewiß läßt sich darüber spekulieren, ob man vielleicht annehmen könnte, daß sich der eine oder andere Wirtschaftswissenschaftler den „Erfordernissen der Zeit" in dieser Weise gebeugt haben könnte, weil er – vermeintlich oder tatsächlich – seinerzeit weniger freimütig als Erhard publizieren konnte. Hierbei wäre jeder Einzelfall zu untersuchen und insbesondere zu fragen, ob die jeweils genannten Ziele[1] sich tatsächlich nicht im freien Wirken von Angebot und Nachfrage realisieren lassen oder ob die Aversion des Wissenschaftlers gegen das freie Spiel der Marktkräfte in Vorurteilen besteht, die sich auf die nationalsozialistische Ideologie zurückführen lassen. Für Erhard läßt sich zweifelsfrei feststellen, daß er keineswegs die Marktwirtschaft zum Mittel für engere staatliche Wirtschaftsziele umfunktionieren möchte. Erhard beanstandet nicht die Ergebnisse marktwirtschaftlicher Prozesse als solche. Er stellt fest, daß mit dem freien Spiel der Marktkräfte zwar soziale Gerechtigkeit erreicht wird, aber nicht sozialer Friede, für den in einer Gesellschaft ebenfalls gesorgt werden muß.

Aus dieser Betrachtung ergibt sich: Erhard gehört zu den theoretisch, nicht historisch orientierten Ökonomen, zu Ökonomen, die ihr Bekenntnis zur Marktwirtschaft aus einem Modell – dem Modell einer „wirklich" freien Wirtschaft – entwickelt haben. In kritischer Würdigung der im Modell implizierten Voraussetzungen erkennt Erhard, daß die modellhaft beschriebenen Abläufe in der Praxis durch Zusätzliches gesichert werden müssen: nach den oben ausgeführten Ansichten Erhards durch eine Politik, die

---

1 Die oben genannten sozialen Ziele der Preispolitik sind verschieden. Sie können darum nicht aus einer einheitlich feststehenden nationalsozialistischen Programmatik abgeleitet sein. Es muß sich also um Ziele handeln, die den Überzeugungen der jeweiligen Wissenschaftler entstammen. Aus der Betrachtung der wirtschaftspolitischen Vorschläge der Nationalökonomie während der dreißiger Jahre kommt Friedrich A. von Hayek, Wiederentdeckung, Seite 12, zur Ansicht, daß es schon vor 1933 in Deutschland nur einen einzigen, sehr kleinen Theoretikerkreis um den Verein Deutscher Maschinenbau-Anstalten (VDMA) gegeben habe, der für eine freie Wirtschaft kämpfte. Hayek rechnet hierzu Alexander Rüstow, Hans Gestrich, Otto Veit, Wilhelm Lautenbach, Hans Ilau, Friedrich Lutz und Theodor Eschenburg. Über Erhards Kontakte zu diesem Kreis vgl. Theodor Eschenburg, Denkschrift, Seiten XVff.

Vollbeschäftigung erreicht und eine breite Vermögensstreuung herbeiführt; nach dem soeben Dargelegten durch eine umfassende Aufklärung. Erhard gehörte damit zu den Nationalökonomen, die keine Notwendigkeit sahen, die Marktwirtschaft sozialpolitisch zu „korrigieren", sondern sie ordnungspolitisch zu „ergänzen" und dann für sie zu werben. Erhard sagt – der Position Ludwig von Mises ähnlich –, daß jeder einzelne sozialpolitische Eingriff die Gefahr in sich birgt, in unbegrenzter Weise weitere nach sich zu ziehen: „Die Problematik liegt... im Bereich jener Waren, deren Preise die Marktbehörde im Interesse des Gemeinwohls zu schützen berufen ist, indem sie möglicherweise unter Hintanstellung betriebswirtschaftlicher Grundsätze Fest- oder Höchstpreise setzt, die auch der Größenordnung von Angebot und Nachfrage nicht entsprechen... Wenn die Nachfrage das Angebot überragt, sei es, daß der als sozialpolitisch gerecht erachtete Preis eine wirtschaftliche Erzeugung nicht zuläßt oder aus naturbedingten Gründen eine Vermehrung des Gütervorrates unmöglich erscheint, dann wird die Marktbehörde einer Qualitätsverschlechterung vorzubeugen haben"[1]. Die Marktbehörde kann „nur dann die mit der Preisbildung gewollte volle Wirkung erzielen..., wenn sie willens ist, in jenen Sektoren der Wirtschaft die Freizügigkeit weitgehend einzuschränken. Je nach der zwischen Angebot und Nachfrage bzw. Kosten und Ertrag auftretenden Spannung wird die Notwendigkeit für einen solchen Schritt mehr oder minder dringlich sein, aber konsequenterweise auch dahin führen können oder sogar führen müssen, bestimmte Waren dem freien Warenhandel zu entziehen, um sie den Verbrauchern ohne Rücksicht auf deren individuelle Kaufkraft in rationierten Mengen zu einem jeweils gleichen Preise zuzuführen"[2]. Erhard beschreibt hiermit Folgen des „punktuellen Interventionismus" und Gefahren, die der freien Wirtschaft aus gut gemeintem sozialen Wollen erwachsen.

Erhard vertritt eine liberale Position. Dabei kritisiert er die überkommene, die soziologie- und psychologieblinde Auffassung des Liberalismus. Mit dieser Position steht er in den dreißiger Jahren vollständig isoliert, denn nicht nur in der praktischen Politik, sondern auch in der Volkswirtschaftslehre war unter die Vorstellungen von der freien Wirtschaft und der freien Marktpreisbildung ein deutlicher Schlußstrich gezogen worden. Das Leitbild einer „gebundenen" Wettbewerbswirtschaft, das heißt einer Marktwirtschaft, in der Preise staatlich gesetzt werden[3], wurde nicht nur in der

---

1 Ludwig Erhard, Preisbildung, Seite 90.

2 Ludwig Erhard, Preisbildung, Seiten 90f.

3 Nach Josef Dobretsberger handelt es sich beim Begriff „gebundene Wirtschaft" um einen Sammelbegriff, der ohne strenge Abgrenzung angewendet wird. Dobrets-

Anpassung an die nationalsozialistische Ideologie oder in der Beugung unter ein System vertreten, das diese Vorstellung bevorzugte. Eine Morphologie zur Unterscheidung verschiedener Formen des freien Wirtschaftens war noch nicht entwickelt; das auf dem „ungebundenen" Wirtschaften ruhende Urteil wurde nicht differenziert. Selbst in Überlegungen für die Nachkriegswirtschaft wurde im allgemeinen festgestellt: „Die Wettbewerbswirtschaft... ist nur sinnvoll, wenn die Aufgaben, die sie zu lösen hat, diese Wirtschaftsform als die relativ beste erscheinen lassen"[1]. Eine grundsätzliche Kritik am „soziologieblinden Wirtschaftsliberalismus" hat erst Alexander Rüstow 1945 – und dies mit geringem Publikumserfolg – aufgenommen[2]. Von Franz Böhm, der die liberale Position am entschiedensten vertrat, unterscheidet sich Erhard mit seiner Überzeugung, daß es

---

berger selbst hält beide Formen – freie und gebundene Wirtschaft – je nach Konjunkturlage für angemessene Wirtschaftsformen. Vgl. Josef Dobretsberger, Freie oder gebundene Wirtschaft, Seiten 91 und 163. Das Leitbild der „gebundenen Wirtschaft" war noch längere Zeit nach dem Kriege prägend. Als Franz Böhm Anfang der fünfziger Jahre bemerkt: „Es besteht in der Theorie Übereinstimmung, daß nur Preise, die unter den Bedingungen vollständigen liberalen Wettbewerbs zustande kommen, ihre volkswirtschaftliche Steuerungsfunktion voll erfüllen", antwortet Wilhelm Andreae, es sei ihm völlig unverständlich, wie Franz Böhm so etwas sagen kann: „Es ist, als ob man sagen wollte: Das Atmen könne seine biologische Funktion nur im luftleeren Raum voll erfüllen". Vgl. Wilhelm Andreae, Kartelle, Seite 16. Nicht zuletzt vor diesem Hintergrund scheint die Dichotomie Sozialismus/Liberalismus für die Auseinandersetzung um die Wirtschaftsordnung in Deutschland nach dem Ende des Zweiten Weltkrieges und in den ersten Jahren nach der Gründung der Bundesrepublik Deutschland unzureichend.

1 Theodor Wessel, Wettbewerbsprinzip, Seite 211. Vgl. auch die Dokumente bei Werner Abelshauser, Gutachtertagung. Eine bedeutende Ausnahme macht das unveröffentlichte Gutachten der Arbeitsgemeinschaft Erwin von Beckerath, Wichtigste Probleme. Nach Vergleichen mit den anderen Schriften der beteiligten Wissenschaftler aus den vierziger Jahren neige ich zur Ansicht, daß die streng an liberalen Prinzipien orientierten Aussagen dieses Gutachtens – vermutlich wie andere der bisher noch immer unveröffentlichten Stellungnahmen dieses Kreises über die wirtschaftspolitischen Aufgaben in der ersten Phase der Friedenswirtschaft – unter maßgeblichstem Einfluß von Franz Böhm, in den finanzpolitischen Aspekten vor allem ergänzt durch Beiträge von Adolf Lampe, zustandegekommen sind. Vgl. vorerst Christine Blumenberg-Lampe, „Freiburger Kreise".

2 Vgl. Alexander Rüstow, Wirtschaftsliberalismus. Aus Anlaß des hundertsten Geburtstages von Alexander Rüstow habe ich im Rahmen eines Symposions an der Universität Würzburg den Einfluß von Alexander Rüstow auf das gesellschaftspolitische Denken im allgemeinen und auf Ludwig Erhard im besonderen dargelegt. Das Protokoll dieser Tagung erscheint demnächst. Vgl. vorerst meinen Aufsatz über Alexander Rüstow in den „Orientierungen zur Wirtschafts- und Gesellschaftspolitik".

nicht genug sei, wenn der Staat Marktverhältnisse ordnet und überwacht, unter deren Herrschaft dann – „mechanistisch" – ein objektiv gerechtes Ergebnis zustandekommt[1].

Welche Mittel gibt es nun aber, die „objektive" Gerechtigkeit der Marktergebnisse jedem einzelnen Wirtschaftssubjekt deutlich zu machen? – Einmal ist dies durch allgemeine Aufklärung und durch wirtschaftskundliche Bildung der Bevölkerung möglich. Zum anderen kann dies durch das Urteil von Personen oder Institutionen bewerkstelligt werden, die öffentliches Vertrauen genießen: einen Preiskommissar, den Wirtschaftsminister, die Tarifpartner[2] und andere. Schließlich kann diese Aufgabe auch dadurch erfüllt – oder doch erleichert – werden, daß der einzelne in der Wirtschaft in größere Marktnähe gebracht wird[3].

---

1 Friedrich A. von Hayek, Weg zur Knechtschaft, Seiten 115f., schreibt: „Je mehr die Stellung des einzelnen nicht das Ergebnis anonymer Kräfte, nämlich des allgemeinen Wettbewerbs, ist, sondern durch bewußte Entscheidungen der Obrigkeit bestimmt wird, und je mehr die Menschen sich dessen bewußt werden, um so mehr wird sich zeigen, daß sie ihre Stellung in der Gesellschaftsordnung mit anderen Augen betrachten". Dies ist kein Gegensatz zum Ansatz Erhards, sondern eine andere Sicht: Von Hayek erklärt das Entstehen einer wachsenden Unzufriedenheit mit der Erkenntnis jedes einzelnen, daß wirtschaftliche Ergebnisse auf bewußten menschlichen Entscheidungen beruhen; Erhard geht von einem immer und in allen Gesellschaftsordnungen, auch in der Wettbewerbswirtschaft, währenden Mißtrauen aus.

2 Da Erhard mit seinen Vorstellungen vor allem den Klassenkampf überwinden wollte, muß der Begriff „Partnerschaft" mit Vorsicht verwendet werden. Es wäre unmöglich, von „sozialer Partnerschaft" zu sprechen, wenn der Klassenkampf durch Beseitigung der Klassen überwunden ist, denn dann ist der „sozialen Partnerschaft" die Basis entzogen: Es gibt sozialen Frieden, aber diesen nicht zwischen Klassen und Gruppen, sondern im Rahmen der integrierten Gesellschaft. Interessanterweise vermischt sich selbst in manchen Passagen bei Marx der Begriff der Klasse (Bourgeoisie, Proletariat) mit dem Begriff der sozialen Schicht (Mittelstand etc.). Die Theorie der sozialen Schichtung hat erst in allerjüngster Zeit wieder Beachtung gefunden. Vgl. Hans Leo Krämer, Soziale Schichtung. Die Bedeutung solcher Betrachtungsweisen war schon in den dreißiger Jahren geschwunden. So weist etwa Franz Eulenburg, Volkswirtschaftspolitik, Seite 160, auf eine entsprechende Darlegung Friedrich von Wiesers hin und sagt: „Der Gedanke verdient, unter wirtschaftspolitischen Gesichtspunkten weiter ausgestaltet zu werden".

3 Nach Werner Sombart und Max Scheler hat neben Alexander Rüstow und Wilhelm Röpke vor allem auch Emil Küng, Wirtschaftspolitik, Seite 19, beschrieben, welche „außerordentliche Bedeutung" für die wirtschaftliche Entwicklung das Vorherrschen kleinbetrieblicher, übersichtlicher Wirtschaftsverhältnisse im Frühkapitalismus hatte und in der Moderne haben könnte: „Damals waren auch jene Annahmen zum großen Teil Wirklichkeit, die wir heute noch unseren theoretischen Deduktionen zugrundelegen: freie Konkurrenz unter Anbietenden und Nachfragen-

Aus der Erhardschen Sicht ergeben sich Beurteilungen über die Funktion der Verbände und Gewerkschaften, die von denen anderer liberaler Nationalökonomen deutlich abweichen. Liberale Nationalökonomen sehen in Verbänden in der Regel „Interessenvertretungen". Man weiß aus dem späteren Wirken und aus Äußerungen Ludwig Erhards zwar, daß auch er der Organisation von Interessen höchst skeptisch und oft schroff ablehnend gegenüberstand. Wie andere liberale Nationalökonomen hat auch er die Dominanz einiger Interessen über nicht oder schlechter organisierbare andere für eine bedenkliche gesellschaftliche Erscheinung gehalten und sie kritisiert. Doch Erhards Haltung unterscheidet sich von der anderer liberaler Nationalökonomen dadurch, daß er im Wirken der Verbände noch eine zweite, von ihm für außerordentlich wichtig gehaltene Funktion erfüllt sieht – die Lösung einer unerläßlichen informationspolitischen Aufgabe.

Wenn Erhard meint, daß die Marktwirtschaft ohne eine aufklärende Vermittlung zwischen den privaten Ansprüchen, die an die Marktwirtschaft gestellt werden, und den gesamtwirtschaftlichen Ergebnissen, die verteilt werden können, überhaupt nicht dauerhaft existenzfähig ist, so ist klar, welch große Bedeutung er der Erfüllung der informationspolitischen Aufgabe beimessen mußte. Erhard konnte dann kaum den Beitrag gering schätzen, den namentlich die Spitzenorganisationen der Wirtschaft und die Einheitsgewerkschaft zu leisten vermögen. Erhard sah sicherlich, daß der Verteilungskampf durch Gewerkschaften und Arbeitgeberverbände in aggressiven Formen geführt werden kann; er mußte aber auch sehen, daß gerade die Tarifpartner in der Lage wären, das genaue Gegenteil sozialer Konflikte zu bewirken – eine Minderung des Verteilungskampfes dadurch, daß sie die Ergebnisse der Marktprozesse in ihren tariflichen Vereinbarungen als gerechtfertigt bestätigen. Die Lohndrift der fünfziger Jahre, die gegenüber den tariflichen Lohnvereinbarungen deutlich höheren bezahlten Löhne, waren die Erfüllung eines aus Erhards gesellschaftspolitischer Sicht der Marktwirtschaft höchst wichtigen Zieles.

Es ist nicht möglich, von vornherein irgendeiner Institution bei der Erfüllung dieser wichtigen Aufgabe einen Vorrang vor einer anderen einzuräumen. Erhard scheint in den dreißiger Jahren dem regelgebundenen, der Auseinandersetzung entzogenen Wirken eines unabhängigen Kommissars eine größere Bedeutung beizumessen als etwa der Öffentlichkeitsarbeit von Verbänden und staatlichen Instanzen zugunsten der Marktwirtschaft. Frei-

---

den, sowohl bei den Produkten wie bei Produktionsfaktoren, Selbstverantwortlichkeit der Wirtschaftssubjekte, ohne daß irgendeine Kollektivität die Verluste auf sich genommen hätte, und Handeln nach dem eigenen Interesse, ohne daß man daran gehindert worden wäre".

lich kann man dies nicht extrapolieren. Erhard konnte in seinen wissenschaftlichen Schriften jener Jahre nicht die Situation der fünfziger Jahre antizipieren, in der das öffentliche Auftreten eines vertrauenserweckenden Wirtschaftsministers und das Wirken verantwortungsbewußter Tarifpartner Verteilungsfragen obsolet werden ließ.

In einer anderen Lösungsmöglichkeit dieser Aufgabe, im Leitbild einer großen personalen Nähe jedes einzelnen zum Markt, entspricht die Position Erhards überraschend deutlich der von Wilhelm Röpke, der in den dreißiger Jahren im Exil an der Universität Ankara, später dann in Genf lehrte. Erhard weist auf seine Übereinstimmung mit Röpke selbst hin, indem er sagt, er habe während des Krieges die Bücher Röpkes, die auf illegalem Wege in seine Hände gelangt seien, „wie die Wüste das befruchtende Wasser in sich aufgesogen“[1]. Röpke schreibt über die anzustrebende Gesellschaftsverfassung: „Wirtschaftsfreiheit... ist eine notwendige Bedingung dieser Gesellschaftsverfassung, aber sie erschöpft nicht ihr Wesen. Um den wahren Gegenpol der kollektivistischen Gesellschaft zu erkennen, müssen wir vielmehr unsere Blicke über die bloße Wirtschaftsfreiheit weit hinauslenken. Wir finden ihn in einem Gesellschaftszustande, in dem eine möglichst große Zahl von Menschen ein auf Eigentum und selbstbestimmten Arbeitsbereich gegründetes Leben führt, ein Leben, das ihnen innere und möglichst viel äußere Selbständigkeit gibt und ihnen erst dadurch ermöglicht, wirklich frei zu sein und auch die Wirtschaftsfreiheit als etwas Selbstverständliches zu empfinden“[2].

(2) Leistungssteigerung durch Wettbewerb

Mit dem Problem der Preisbindung in der Marktwirtschaft beschäftigt sich Erhard in seinen Schriften der dreißiger Jahre ausgiebig. Dies könnte wiederum auf den Einfluß Oppenheimers zurückzuführen sein, denn auch ein anderer Schüler Oppenheimers, Erich Preiser, hat sich um eine systematische Verbindung zwischen staatlicher Preisbindung und Marktwirt-

1 Ludwig Erhard, Wilhelm Röpke, Seite 10.

2 Wilhelm Röpke, Gesellschaftskrisis, Seiten 286f. Auch Alexander Rüstow hat unermüdlich auf desintegrierende Effekte hingewiesen und die entsprechenden destruktiven Wirkungen des Wettbewerbs hervorgehoben, denen in einer gesellschaftlichen Gesamtordnung die Waage gehalten werden müßte. Schon 1906 hat Paul Sander, Feudalstaat, Seite 182, dies in Form einer gesellschaftspolitischen Norm für moderne arbeitsteilige Gesellschaften beschrieben, „daß jede Erweiterung des sozialen Kreises, oder – wie man es wohl auszudrücken pflegt – jeder Fortschritt der Vergesellschaftung ein Organisations- und Erziehungswerk in sich schließt, welches darauf hinausläuft, die mit der Größe der Lebenskreise wachsende Spannung zwischen Individual- und Sozialinteresse auszugleichen“.

schaft sehr intensiv bemüht. Preiser vertritt die Ansicht, daß der Preis ein „Datum" sein müsse, damit Wettbewerb Leistungswettbewerb sei. Dies sei jedoch nur der Fall entweder bei vollständiger Konkurrenz oder bei staatlicher Preisfixierung. Wo immer Preisstrategien möglich seien, habe der Wettbewerb nicht den Charakter eines Leistungskampfes[1].

Erhard sieht eine solche angebliche Analogie zwischen der Preisfixierung durch den Staat und der Unmöglichkeit einzelner Marktteilnehmer, bei vollständigem Wettbewerb den Marktpreis zu beeinflussen, nicht. Abgesehen davon, daß Erhard meint, es gäbe „den" gerechten Preis nicht – Preise sind objektiv gerecht, dann sind es Marktpreise, oder sie werden subjektiv als gerecht empfunden, dann beruht das auf Mitwirkung, Aufklärung oder Propaganda –, meint er auch, daß es stets das beste sei, wenn man die Suche nach einer „gerechten" Meßgröße „als theoretische Spielereien ohne praktischen Nutzen abtun" könnte[2]. Erhard spielt damit auf den Umstand an, daß die Diskussion von Fragen der Preiskontrolle, die in der Berufung des Preiskommissars Anfang der dreißiger Jahre ihren besonders sichtbaren Ausdruck fand, in einen Zeitpunkt der Unterbeschäftigung fiel und damit – ökonomisch gesehen – tatsächlich überflüssig war.

Andererseits scheint Erhard – ähnlich wie Erich Preiser – in der Preisbindung ein notwendiges Element wettbewerblicher Wirtschaftsprozesse zu sehen: Das Streben nach „festen" Preisen sei nicht bloß tolerabel, sondern begrüßenswert. Es objektiviere das Marktgeschehen und schließe Mißbräuche aus. Der Festpreis sei Ausfluß „einer gehobenen Geschäftsmoral"; er sei ein „Preis, der in einem Gegensatz zu dem ursprünglich bei jedem Tauschakte neu auszuhandelnden Preis steht und der in der weiteren Entwicklung bei Kauf und Verkauf das Feilschen überwunden hat"[3]. Wenn der Verbraucher am Markt im wesentlichen nur fest vorgegebenen Preisen begegnet, könne er zwar kaum unterscheiden, welcher Art die Preise sind, die er vorfindet, und wie sie zustandegekommen sind. Aber er benötige diese Einsicht auch keineswegs so sehr, wie er die Überzeugung brauche, daß alle Preise „gerecht" seien. Für den Verbraucher wichtig sei vor allem das „Wissen, daß er gegenüber anderen, die das Marktspiel besser beherrschen, nicht benachteiligt wird". Diesen Rückhalt aber gewähre ihm der „feste" Preis[4].

Zu beachten sei: „Feste" oder „gebundene" Preise müssen nicht zugleich

---

1 Vgl. Erich Preiser, Wettbewerbspreis, vor allem Seite 121. Der Aussage ist dort in Klammern zugefügt, daß es um die „richtige" staatliche Preisfixierung gehe.

2 Ludwig Erhard, Preisbildung, Seite 78.

3 Ludwig Erhard, Preisbildung, Seite 68.

4 Ludwig Erhard, Preisbildung, Seite 66.

auch „starre“ Preise sein: Die Bindung könne lediglich die Verknüpfung mit Kostenfaktoren zum Ausdruck bringen. Selbst eine starre Bindung eines Preises an einen Kostenbestandteil würde jedoch keine Starrheit der Preise bewirken, denn „so wenig eine für die Preisbemessung denkbare Bezugsgröße ihrem Wesen nach starr sein kann, so wenig kann es auch der daran gebundene Preis sein“[1]. „So wird also, wenn von gebundenen Preisen schlechthin die Rede ist, immer zu prüfen sein, welche Art von Bindung im gegebenen Falle vorliegt“[2].

In der Wirtschaftsgeschichte habe eine stetige Entwicklung zu einer Verfestigung der Marktpreise stattgefunden: „Der feste Preis wird zur Marktgewohnheit und in weiterer Folge geradezu zu einem Maßstab der Marktmoral“[3]. Für die moderne Wirtschaft gelte: „Der Preis darf nicht länger jeweils das Ergebnis des Kräfteeinsatzes von nur zwei Kontrahenten sein, sondern muß als ein objektivierter Preis für den Markt schlechthin Gültigkeit besitzen“[4]. Der zwischen zwei Partnern ausgehandelte Preis schließt die Gefahr der einseitigen Ausnutzung von augenblicklich wirksamen Marktpositionen in sich. Der für eine ganze Marktgemeinschaft geltende und in diesem Sinne „feste“ Preis beinhaltet einen Ausgleich auf breiter Grundlage[5]: „Der entfaltungsgeschichtlich gewordene feste Marktpreis kennzeichnet eine geordnete und in ihrer Dynamik sogar stabile Wirtschaft, der aber durch künstliche Maßnahmen zur Erstarrung gebrachte Festpreis verliert, abgesehen von seiner sozialwirtschaftlichen Auswirkung, auch seine symptomatische und marktregelnde Bedeutung“[6]. – „Es ist nicht der feste Preis..., der vom gemeinwirtschaftlichen Standpunkt aus zu bekämpfen ist; der Widerstand richtete sich vielmehr vornehmlich gegen jene Festpreise, die – gestützt auf künstliche Monopole – zu einer unerwünschten, weil nicht auf Leistung begründeten Verteilung des Sozialproduktes führen“[7].

Die besondere Gefahr der staatlichen Preisbindung sieht Erhard in deren negativen Auswirkungen auf die Privatinitiative: Im Marktpreis spiegelt sich die jeweils herrschende Knappheit wider. In statischer Hinsicht hat die Gesellschaft keinen Schaden aus einer vom Marktpreis abweichenden staatlichen Preisfestsetzung: Der Nachteil des Käufers ist der Vorteil des

---

1 Ludwig Erhard, Preisbildung, Seite 63.
2 Ludwig Erhard, Preisbildung, Seite 65.
3 Ludwig Erhard, Preisbildung, Seite 66.
4 Ludwig Erhard, Preisbildung, Seite 66.
5 Ludwig Erhard, Preisbildung, Seite 55.
6 Ludwig Erhard, Preisbildung, Seite 68.
7 Ludwig Erhard, Preisbildung, Seiten 67f.

Verkäufers und umgekehrt. In dynamischer Hinsicht aber ist das anders: „Sobald mittels einer aktiv gehandhabten Preisbildung eine bewußte Wirtschaftslenkung angestrebt wird, muß jedes Suchen nach der *einen* Meßgröße für den gerechten Preis zu einer Lähmung führen oder doch zu Einseitigkeiten verleiten, die nicht minder bedenklich sind"[1].

Während Erhard also für „feste" Preise im Sinne allgemeinverbindlicher und im Zeitablauf stabiler Wirtschaftsdaten plädiert, sieht er Gefahren in einer staatlichen Preispolitik und steht der staatlichen Preisbindung ablehnend gegenüber. Seine Ablehnung bedeutet jedoch nicht, daß er auch die Preisüberwachung für verfehlt halten würde. Das beruht darauf, daß Erhard Instanzen für nützlich hält, die vor der Öffentlichkeit bezeugen, daß der Marktprozeß zu gerechten Ergebnissen führt. Sicherlich hat zu Erhards Urteil über den Preiskommissar entscheidend beigetragen, daß sich Erhard in persönlichen Kontakten mit dem damaligen Reichskommissar für die Preisüberwachung, Carl Goerdeler, von dessen liberaler Haltung hatte überzeugen können[2].

Erhard war schon früh in seiner Tätigkeit im Institut für Wirtschaftsbeobachtung in Kontakt mit Carl Goerdeler gekommen. Carl Goerdeler, Oberbürgermeister von Leipzig, war in Vollzug des Gesetzes vom 5. November 1934 befristet bis 1. Juli 1935 zum Reichskommissar für die Preisüberwachung mit Dienstsitz in Berlin berufen worden. Das Amt des Reichskommissars für die Preisüberwachung war bereits mit der 4. Notverordnung vom 8. Dezember 1931 erstmals eingerichtet und auch seinerzeit Carl Goerdeler übertragen worden. Die Aufgaben und Befugnisse des Reichskommissars waren 1933/34 zwischenzeitlich – in Verbindung mit den neuen, am 15. Juli 1933 verkündeten und in Kraft getretenen Kartellgesetzen – auf das Reichswirtschafts- und das Ernährungsministerium übertragen worden.

Das Verhältnis von Erhard zu Goerdeler muß recht vertrauensvoll gewesen sein. Erhard berichtet, daß der Kontakt über Alexander Rüstow, der seinerzeit Leiter der volkswirtschaftlichen Abteilung des Vereins Deutscher Maschinenbau-Anstalten (VDMA) in Berlin war, hergestellt worden sei[3]. Es sei dann zunächst zu einigen Begegnungen, etwas später zu einer längeren persönlichen Aussprache und schließlich zu sich mehrenden Zusammenkünften mit Goerdeler, sowohl in Berlin als auch in Nürnberg, gekommen.

---

1 Ludwig Erhard, Preisbildung, Seite 78.

2 Avraham Barkai, Nationalsozialismus, Seiten 150f., belegt die „liberale Grundanschauung" Goerdelers eindrucksvoll mit Auszügen über Fragen der Preisbindung aus Verhandlungsprotokollen beim Hochverratsprozeß gegen Goerdeler.

3 Vgl. Ludwig Erhard, Kriegsfinanzierung, Seiten IXf.

In Nürnberg referierte Goerdeler während eines absatzwirtschaftlichen Kurses Anfang Juli 1935 im Institut für Wirtschaftsbeobachtung[1].

Erhards Postulat, daß im Rahmen einer marktwirtschaftlichen Politik versucht werden müsse, jeden einzelnen von der objektiven Gerechtigkeit der Marktergebnisse zu überzeugen, kann durch den Preiskommissar erfüllt werden. Natürlich ist mit dieser Aufgabe nur die Überprüfung und Kontrolle der Marktpreise, die selbstverständlich auch entsprechender Befugnisse zu Mißbräuchen beseitigenden Zwangsmaßnahmen bedarf, nicht aber eine öffentliche Preisbildung gedeckt.

Wiederum steht Erhard mit seiner günstigen Beurteilung der Tätigkeit des Preiskommissars nicht allein. Auch andere Nationalökonomen haben sich über die Instanz des Preiskommissars, dessen Zielsetzungen, Verlautbarungen und Wirken positiv geäußert und lediglich vor „Überorganisation" und vor einer Erdrosselung der freien Tätigkeit im Marktverkehr gewarnt[2]. Jedoch gehen die Vorstellungen regelmäßig weiter und zielen darauf, die staatliche Preispolitik auch für sozialpolitische Zielsetzungen zu verwenden. Wilhelm Vleugels etwa unterscheidet „auf die Innehaltung eines der volkswirtschaftlichen Gesamtlage angepaßten, ideellen Konkurrenzpreises gerichtete ‚Anpassungstaxen'", die völlig unbedenklich seien, von „sehr vorsichtig zu handhabenden ‚Änderungstaxen'" zur Umlenkung des Konsums[3]. Sicher: Vleugels verweist darauf, daß das Leitbild der Wirtschaftslenkung hierbei nicht irgendwelche beliebigen Zwecke des Staates sein dürften, sondern daß es um „Bindungen an für das Ganze gültige sittliche Werte" ginge; der Wettbewerb könne nur wirklich befreit werden, wenn

---

1 Vgl Georg Bergler, Verbrauchsforschung, Seiten 46f. Erhards vertrauensvolles Verhältnis zu Carl Goerdeler belegt auch folgender Umstand: Erhard hat Anfang 1944 ein Exemplar seiner Denkschrift „Kriegsfinanzierung und Schuldenkonsolidierung" an Goerdeler gesandt. Goerdeler hat den Empfang bestätigt. In Goerdelers zwischen dem 20. Juli und dem 11. August 1944 niedergeschriebenem Exposé, „Die Aufgaben der deutschen Zukunft", wird auf die Arbeit Erhards Bezug genommen. Es heißt dort bei der Erörterung der kriegsbedingten Finanzverhältnisse des Deutschen Reiches: „Dr. Erhard vom Forschungsinstitut der deutschen Industrie in Nürnberg hat über die Behandlung dieser Schulden eine sehr gute Arbeit geschrieben, der ich im wesentlichen beistimme. Er wird Euch gut beraten." Es gibt die Vermutung, daß dieser Hinweis Goerdelers bei der Berufung Erhards zum Minister für Wirtschaft in Bayern eine Rolle gespielt habe. Zu den Hintergründen der Ernennung Erhards zum Direktor der Verwaltung für Wirtschaft in der Nachfolge von Johannes Semler hat sich kürzlich Victor-Emanuel Preusker geäußert. Siehe hierzu oben, Seite 23, Fußnote 2.

2 Über die Kontroversen Carl Goerdelers mit der Reichsgruppe Industrie vgl. Avraham Barkai, Nationalsozialismus, Seiten 147ff.

3 Wilhelm Vleugels, Idee des gerechten Preises, Seiten 62f.

diese Bindungen von allen Volksgenossen bejaht und frei gewollt würden; der Staat habe diese bejahte Bindung zu sichern und zu erleichtern: „Dies kann nicht geschehen durch individuelle Bedürfniskontrolle und obrigkeitliche Festlegung jedes Preises". Doch an der staatlichen Aufgabe, den Konsum zu lenken, und an der Zweckmäßigkeit, die staatliche Preispolitik hierfür einzusetzen, zweifelt Vleugels nicht. Ähnlich äußert sich Erich Preiser: Um die notwendigen Leistungsanreize zu erhalten, müsse sich die Preispolitik darauf beschränken, den Wirtschaftsgruppen insgesamt einen angemessenen Lebensstandard zu sichern, dürfe aber nicht zur völligen Regulierung des Marktes übergehen. Auch hiermit wird die Notwendigkeit einer Regulierung des Marktes durch preispolitische Interventionen – wenn auch nur für einzelne Bereiche und im Hinblick auf besondere Ziele – grundsätzlich akzeptiert.

Zwar wird darauf verwiesen: „Kaum eine Maßnahme ist, vornehmlich in kritischen Zeiten, so volkstümlich wie die Einsetzung von Preisprüfungsstellen und Preiskommissaren"[1], aber von der Wissenschaft her betrachtet man die Tätigkeit der Preiskommissare durch die gesamte Zeit ihres Wirkens undifferenziert – zwar kritisch, aber auch unverhüllt mit Wohlwollen. Das ist höchst bemerkenswert, denn die staatliche Preispolitik hat im Jahre 1936 eine grundsätzliche Umorientierung erfahren. Nach dem Ausscheiden Goerdelers und einjähriger Vakanz wurde mit Josef Wagner ein neuer Preiskommissar berufen[2], und bei dieser Gelegenheit wurde – erstaunlich unbekümmert – die bisherige Amtsbezeichnung „Reichskommissar für die Preisüberwachung" in „Reichskommissar für die Preisbildung" geändert.

Erhard sieht schon vor dem Rücktritt Goerdelers, daß sich die Lage allmählich zu einem Dilemma zuspitzen muß: Mit dem zunehmenden Beschäftigungsvolumen im Deutschen Reich und aufgrund verschiedener produktionslenkender Interventionen werden die Preise steigen, sofern es nicht gelingt, die Leistungsfähigkeit der Wirtschaft in dem Ausmaß anzuheben, in dem Ansprüche an die Wirtschaft gestellt werden. Das Ziel, die Leistungsfähigkeit der Wirtschaft zu verbessern, hält Erhard für sehr wichtig, aber es ist seine Ansicht, daß dieses Ziel, vor allem unter den gegebenen Umständen, durch eine Markt-, nicht durch eine Preispolitik angestrebt werden sollte; Erhard schreibt über diese Marktpolitik: „Die Verbesserung der Lebenshaltung der breiten Massen ist, ohne die Existenz der Unternehmungen zu gefährden, auf die Dauer nur durch eine solche Leistungsverbesserung der Wirtschaft möglich... Es hat also seinen guten Grund, wenn

1 Franz Eulenburg, Volkswirtschaftspolitik, Seite 196.

2 Die Berufung von Josef Wagner, einem der einflußreichsten Gauleiter (Schlesien), kennzeichnet auch die Stärkung der Stellung dieses Kommissariats.

heute die Forderung nach Leistungsverbesserung und Leistungssteigerung zum Kernproblem der Marktordnung gestempelt wird"[1]. „Mittels der autoritär gehandhabten Preispolitik lassen sich wohl Schönheitsfehler und Ungerechtigkeiten beseitigen, nie aber kann dadurch auch nur ein Laib Brot mehr zur Verteilung kommen. Es geht aber zuletzt nur darum, das Sozialprodukt, und zwar das genußreife Sozialprodukt zu vermehren"[2].

Demgemäß interpretiert Erhard die Zielsetzungen des Zweiten Vierjahresplanes, der Preisverordnung vom 26. November 1936 und der darauf beruhenden „Verlautbarung des Reichskommissars für die Preisbildung, daß nicht unter allen Umständen und nicht in jeder Situation Angebot und Nachfrage preisbestimmend sein sollen und sein dürfen", schlicht als ökonomische Ignoranz: Die Umstände haben „wieder einmal die Übereifrigen dazu verleitet, alle volkswirtschaftlichen Regeln und Erkenntnisse außer Kurs zu setzen. Die gleichen Leute, welche die Preisbindung der Kartelle als gemeinschädlich aufs schärfste verurteilen, preisen völlig kritiklos die jetzt allgemein gültige Ordnung"[3].

Allerdings ist Erhard auf diesem Gebiet zu Zugeständnissen bereit. Während er die sozialpolitischen Zielsetzungen der Preispolitik klar ablehnt, erörtert er die marktpolitischen Möglichkeiten der Preisbehörde, die Leistungsfähigkeit der Betriebe zu verbessern – teilweise verwendet er hierbei Begriffe, die sich auf den ersten Blick hin als sozialpolitische Zielsetzungen verstehen lassen, die aber als gesamtwirtschaftliche Zielsetzung zu sehen sind, etwa „Sicherung der Lebenshaltung der breiten Masse"[4]. Man müsse schon zugeben – führt Erhard über die Verhältnisse in der stabilisierten Wirtschaft aus, die er in seinen Schriften ab Ende 1934 zugrundelegt –, daß das Streben nach Leistungsverbesserung nicht automatisch vorhanden sei. Vielfach herrsche eine Art „Schlafmützenkonkurrenz": „Solange Preise zu realisieren sind, die wirtschaftliche Erträge abwerfen, besteht... ein verhältnismäßig geringer Anreiz, besonderes Augenmerk und Gewicht auf die Aufspürung zusätzlicher Möglichkeiten der Kosteneinsparung durch Leistungsverbesserung zu legen. Eine den Betrieben gesetzte Preisschranke indessen wird automatisch alle Kräfte nach jener Richtung hin auslösen, und damit im Effekt den Gütegrad der deutschen Wirtschaft erhöhen"[5].

---

1 Ludwig Erhard, Marktordnung, Seite 17.

2 Ludwig Erhard, Marktordnung, Seite 17.

3 Ludwig Erhard, Marktordnung, Seite 9.

4 Ludwig Erhard, Marktordnung, Seite 14, sowie Ludwig Erhard, Preisbildung, Seite 99.

5 Ludwig Erhard, Preisbildung, Seite 93.

Diese These gilt jedoch nicht vorbehaltlos, und Erhard führt Beispiele an, bei denen aufgrund der Kapazitätsauslastung, der Phase der Marktentwicklung eines Produktes[1] und anderer Bedingungen, Gegenteiliges, eine Qualitätsminderung oder ein Ausweichen auf andere Produktionsprogramme, eintreten kann. „Die letzte Erkenntnis, zu der diese ganzen Betrachtungen führen müssen, kann nur dahin lauten, daß trotz der mannigfachen Möglichkeiten und Handhaben, die der Marktbehörde auf preispolitischem Gebiete für eine Überwachung und Lenkung der Wirtschaft zur Verfügung stehen, der Anwendungs- und Wirkungsbereich aller wirtschaftlichen Mittel doch nur ein begrenzter sein kann"[2].

Erhard sieht, daß Wettbewerb auch herrschen kann, wenn er sich nicht auf Preisunterbietungen richtet. Dabei betont Erhard insbesondere, daß der Wettbewerb in den einzelnen Wirtschaftssektoren einen unterschiedlichen Charakter hat: Für die Fertigwarenindustrie würde eine Einschränkung des Preiswettbewerbs eine Verlagerung des Wettbewerbs vom Preis auf die Qualität bringen[3]. Wo leistungsfähige Anbieter mit einem stark differenzierten Angebot – wie es bei Fertigwaren natürlich ist – auf den Markt kommen, wird stets ein ausgiebiger Wettbewerb stattfinden. Die Handlungsparameter des Wettbewerbs auf Märkten mit inhomogenem Angebot liegen nicht allein bei den Preisen, und der Wettbewerb kann demzufolge dort nicht ausgeschlossen werden, wenn nur der Preiskampf ausgeschlossen wird. Erhard geht sogar so weit, anzumerken, daß Situationen, in denen der Wettbewerb ausschließlich zum Preiskampf wird, im allgemeinen wettbewerbliche Entartungen darstellen.

Differenziertheit und Mannigfaltigkeit vieler Erzeugnisse, zudem die vielfachen Möglichkeiten der Substitution lassen nach Erhards Überzeugung eine wirkliche Ausschließung der Konkurrenz durch staatliche Preisbindungen nur selten befürchten. Das bedeutet aber weder, daß Erhard die staatliche Preisbindung für unbedenklich, geschweige denn, daß er sie für nötig befindet. Sie ist bereichsweise für den Wettbewerb nicht schädlich. Wird sie aber angewendet, dann muß die Preisbehörde auch dafür sorgen, die Nachfrageverhältnisse ebenso zu „ordnen", wie sie in die Produktionsverhältnisse eingreift. Die Preisbehörde muß dann versuchen, „den markt-

---

1 Eine dezidierte Marktphasentheorie, die besagt, daß jedes Gut zwangsläufig mehrere Phasen der Marktentwicklung – der Reifung und des Verfalls – durchläuft, vertritt Erhard nicht. Erhards Betrachtung geht von der Nachfrageseite aus und davon, daß es keine Stabilität der Verbraucherhaltung gäbe. Vgl. Ludwig Erhard, Preisbildung, Seite 70.

2 Ludwig Erhard, Preisbildung, Seiten 99f.

3 Ludwig Erhard, Preisbildung, Seiten 70f.

gerechten Preis aufzuspüren, der sowohl den Erfordernissen der Produktion als auch der Nachfrageseite Rechnung trägt"[1]. Erhard ist sehr skeptisch, ob dies gelingen kann, denn er meint, daß die Marktbehörde – sie heißt ja nicht mehr Kommissariat für die Preisüberwachung, sondern hat die aktivere Aufgabe der Preisbildung zugewonnen – unweigerlich eigenständige Kriterien anwenden werde und ihre Eingriffe vor allem sozialpolitisch begründet. Auch das Verständnis, das Erhard für derlei Maßnahmen ausdrückt, ist keine Billigung dieser Politik, sondern zeigt nur, daß er sich über die Zwangsläufigkeit der Entwicklung klar ist. Nachdem er die bedenklichen, bis zur Rationierung ausgreifenden Folgen preispolitischer Eingriffe darstellt, gipfeln seine Empfehlungen im Hinweis: Auf keinen Fall würde der Wettbewerb gemindert, wenn der Preiswettbewerb auf eine verbindliche gemeinsame Kalkulationsbasis für alle Wettbewerber verpflichtet würde[2].

Erhard hält preispolitische Maßnahmen durchaus für sinnvoll, die den Wettbewerb vom Preis auf die Qualität lenken, denn jeder Betriebsleiter habe in seinem Produktionsbereich weitaus größere Kenntnisse als im Absatzbereich: Wenn er einen Preis vorgegeben findet, ist es für ihn leicht, die Produktion entsprechend zu gestalten: „Soweit die technische Fertigung reicht, ist der Unternehmer Herr im Hause, und Sachen lassen sich ja auch unschwer in einen übersichtlichen mechanischen Ablauf bringen. Wesentlich komplizierter jedoch liegen die Verhältnisse auf der Absatzseite der Unternehmungen"[3]. Das heißt, ein Wettbewerb, der sich bei gegebenen Preisen auf Kosteneinsparungen richtet, ist vom betrieblichen Standpunkt aus besser einzuschätzen und weniger riskant als es Wettbewerbshandlungen sind, bei denen Produktpreisänderungen aufgrund von prognostizierten Nachfragereaktionen durchgeführt werden.

Hat sich Ludwig Erhard damit nun nicht doch zu Vorstellungen bekannt, wie sie Erich Preiser vertreten hat, daß nämlich im Modell des vollständigen Wettbewerbs der Preis ein Datum für die wirtschaftenden mikroökonomischen Einheiten sei, daß nur die staatliche Preisbindung diese Datumseigenschaft perfekt realisieren könne und daß darum der Wettbewerb nur dann Leistungswettbewerb sein könne, wenn die Preise gebunden wären?

Eine solche Annahme wäre nicht zutreffend. Erhard argumentiert nicht auf der Basis eines Modells „vollständiger Konkurrenz". Leistungswettbe-

---

1 Ludwig Erhard, Preisüberwachung, Seite 192.

2 Ludwig Erhard, Gruppen, Seite 8. Hiermit hat sich Erhard vor allem dem damaligen Propagieren betrieblicher Kontenpläne angeschlossen. Diese Kontenpläne wurden per Erlaß am 11. November 1937 im Deutschen Reich eingeführt.

3 Ludwig Erhard, Marktordnung, Seite 114.

werb ist für ihn nicht mit „vollständiger Konkurrenz“ identisch. Seine realitätsnahe Betrachtung der Wirtschaftsstruktur zeigt das deutlich. Erhard sagt zudem, daß die Preisbehörde jenen Preis überhaupt nicht finden könne, der „marktgerecht“ sei: Die Gesellschaftsauffassung seiner Zeit, so führt er aus, neige zweifellos mehr der Verwirklichung einer planvollen Wirtschaft zu. Unter den damit gegebenen Umständen müsse man etwas tun, um den marktgerechten Preis aufzuspüren. Die Preisbehörde sei mit einer großen Verantwortung belastet. In der Person des Reichskommissars Dr. Goerdeler bestehe glücklicherweise eine sichere Bürgschaft für ein verständnis-, und das heißt für ein maßvolles Vorgehen.

Diese Aussagen zeigen: Erhard rechtfertigt zwar preispolitische Maßnahmen aus wettbewerbspolitischen Gründen – wo sie den Wettbewerb nicht stören, sondern beleben –, aber er rechtfertigt nicht jene aktive Preispolitik, die um bestimmter staatlicher Ziele willen zur Beschränkung der natürlichen Entfaltungskräfte der Wirtschaft führt.

Darüberhinaus erkennt Erhard, daß es in bestimmten Grenzsituationen darauf ankommen kann, ein aus Unsicherheit und Unübersichtlichkeit erwachsendes und drohendes Chaos, das die Wirtschaft lähmt oder die Wirtschafter zu einem unvernünftigen Verschleudern wirtschaftlicher Ressourcen zwingt, auch durch Preisbindungen in eine neue Ordnung überzuleiten[1]. Erhard empfiehlt der Marktbehörde, sich hierbei dann an jenen Preisen zu orientieren und nach jenen Preisen zu suchen, die den Marktverhältnissen entsprechen und die zu suchen in einer Marktwirtschaft natürlich überflüssig wäre. Erhard hat hierbei wahrscheinlich Situationen wie zur Zeit der großen Inflation 1923 im Auge. Für die dreißiger Jahre des Preisstopps stellt er lapidar fest, daß es mit zunehmendem zeitlichen Abstand zu marktwirtschaftlichen Verhältnissen immer schwieriger wird, solche „marktgerechte“ Preise zu finden, und er lobt das „auf allen Gebieten sichtbare Bemühen seitens der Marktbehörde, sich mittels betriebswirtschaftlicher Untersuchungen, Wirtschaftsstatistik, Markt-, Absatz- und Verbrauchsforschung jene Kenntnis von der Lage der Einzelbetriebe, ganzer Wirtschaftszweige und des Marktes schlechthin zu verschaffen, die erforderlich ist, um unter richtiger Einschätzung und Gewichtung der wirtschaftlichen Realitäten und Möglichkeiten zu neuen Prinzipien einer gesamtwirtschaftlichen Ordnung zu gelangen“[2].

Aus dieser Aussage Erhards spricht mehr Kritik als ein Programm zur systematischeren Kontrolle der Betriebswirtschaften. Erhard sah vermutlich

---

1 Ludwig Erhard, Preisbildung, Seite 57.
2 Ludwig Erhard, Preisbildung, Seite 57.

schon 1939 in der Preispolitik jenen „ungeheuerlichen Spuk", von dem er nach Kriegsende sprach. Seine Aussage ist einfach die, daß die gestellte Aufgabe weitaus mehr Kenntnis erfordert, als verfügbar ist, und weitaus mehr einzel- und gesamtwirtschaftlicher Beobachtung und Statistik bedarf, als beizubringen ist – zumal es mit zunehmender zeitlicher Entfernung von marktwirtschaftlichen Verhältnissen immer schwieriger wird zu befinden, welche Ergebnisse der Markt erbracht hätte. Erhards Motto in seinen Beiträgen zur preispolitischen Diskussion ist: „Diese Darlegungen sind nicht zuletzt dazu bestimmt, der unfruchtbaren Diskussion um den gerechten Preis ein Ende zu bereiten"[1].

Doch nochmals: Geht aus den Darstellungen Erhards wirklich auch eine klare marktwirtschaftliche Position hervor? Erhards Sicht mag realitätsnah und überzeugend sein. Aber ist sie auch eine marktwirtschaftliche Sicht? Das völlig unbehinderte Wirken des Preismechanismus gilt als eine der wichtigsten Grundlagen marktwirtschaftlicher Prozesse; jede Art von Preisinterventionen scheint darum vom Standpunkt liberaler Wirtschaftsauffassungen mit einem schweren Makel behaftet. Erhard hingegen schreibt davon unbekümmert: „Bisher galt es wohl überhaupt als Regel, daß der Preis nichts anderes sei und zu sein hat als Ausdruck und Ergebnis all jener mannigfachen Kräfte, die sich in der Qualität und Quantität des Angebots und der Nachfrage manifestieren... Daß darüberhinaus dem Preis eine zusätzliche oder eine andere Funktion zuzuweisen sein könnte, war unvereinbar mit der Auffassung vom Wesen der freien Wirtschaft. Die Überzeugung, daß Angebot und Nachfrage den Preis bestimmen, das heißt also, daß Angebot und Nachfrage die primären, festen und unbeeinflußbaren Größen des Marktablaufs sein müßten, war so allgemein, daß es demgegenüber ein ketzerisches Unterfangen bedeutet, auch jene andere Möglichkeit – die nämlich, den Preis als bestimmende Größe zu setzen und durch die Preisbildung Angebot und Nachfrage zu beeinflussen und zu lenken, überhaupt ins Auge zu fassen"[2]. Ist das nun nicht die Position all jener, die die Gesamtwirtschaft planvoll lenken möchten?

Man weiß heute – wenn nicht überhaupt, so doch weit besser als in den Jahren, in denen Erhard dies niederschrieb –, daß Angebot und Nachfrage nicht in allen Bereichen der Wirtschaft unbedingt autonome Größen der marktwirtschaftlichen Lenkung sein können – man denke nur an den Bereich „öffentlicher Güter". Es muß dem Staat möglich sein, in bestimmten Wirtschaftsbereichen Preise zu setzen, um das notwendige Angebot

---

1 Ludwig Erhard, Preisbildung, Seite 78.
2 Ludwig Erhard, Preisbildung, Seite 55.

hervorbringen zu lassen. Es ist anzunehmen, daß Erhard mit seinen Ausführungen solche Preisinterventionen befürworten wollte. Von der seinerzeit betriebenen Preispolitik hat Erhard seine Meinung klar abgegrenzt: Man hat versucht, das Preisniveau per Preisstopp stabil zu halten, man hat gemäß staatlicher Anordnungen die Preise für den Grundbedarf gesenkt und für Luxusgüter erhöht. In der Folge solcher Preisdiktate haben sich Angebot und Nachfrage verändert, aber sie haben das nicht dort und so getan, wie es den Vorstellungen entsprochen hätte: Die Nachfrager haben Warteschlangen gebildet, aber die Produzenten haben ihre Produktion nicht freiwillig erhöht. Schwarzmärkte entstanden, das eigenwirtschaftliche Verhalten nahm zu, die Arbeitsteilung ab. Wo die Preise zu hoch taxiert waren, ist Überfluß und Verschwendung aufgetreten; Produkte wurden Ladenhüter und bewirkten, daß mitten im sichtbaren Überfluß auch noch Liquiditätsschwierigkeiten entstanden. Die Situation, in der Erhard schreibt, könnte noch schlimmer charakterisiert werden, denn vielfach wurde versucht, die Wirtschaft von beiden Seiten, vom Preis und von der Menge her zugleich zu lenken, und nicht bloß Erhards Meinung dürfte es sein, daß es besonders verhängnisvolle Folgen haben muß, wenn probiert wird, die vollbeschäftigte Wirtschaft an der „Produktionsfront" auf Wachstum zu trimmen und sie an der „Preisfront" auf Stabilität zu verpflichten.

Erhard verweist auf den Umstand, daß mit dieser Politik, die soziale Probleme lösen will, schwierige soziale Fragen erst aufgeworfen werden. Für die Zeit zwischen 1933 und 1936 schätzt Erhard eine Zunahme der Verbrauchsgütererzeugung um 16 Prozent, aber eine Steigerung der Produktionsgütererzeugung auf das doppelte des Ausgangsniveaus. Er sagt: „Das Produkt der in der Produktionsmittelsphäre geleisteten Arbeit gelangt ja nicht auf den Verbrauchsgütermarkt, wohl aber treten die in der Produktionsmittelindustrie erzielten Einkommen auf jenem Markte güterheischend in Erscheinung... Diese Zusammenhänge sind nicht einfach aufzulösen; in ihnen spiegeln sich die Realitäten wider, die das wirtschaftliche Geschehen gegenüber den politischen und kulturellen Wandlungen so schwerfällig erscheinen lassen. Wir haben Verständnis dafür, daß es angesichts dieser erhöhten Nachfrage sozialpolitisch nicht vertretbar erscheint, den sich aus dem Kräftespiel von Angebot und Nachfrage entwickelnden Preis als ‚gerecht' anzuerkennen"[1].

---

1 Ludwig Erhard, Marktordnung, Seite 15. Der von Ludwig Erhard hier beschriebene Zusammenhang kann auch als Darlegung des „Gesetzes der zeitlichen Einkommensfolge" von Otto von Zwiedineck-Südenhorst angesehen werden. Das Gesetz besagt, daß vor allem Lohneinkommen, die bei der Produktion entstehen, verausgabt werden, bevor das entsprechende Produkt auf den Markt gelangt ist. Mit

(3) Autonomie des Verbrauchers und Existenzsicherung leistungsfähiger Produzenten

Wenn Erhard betont, die Wirtschaft dürfe nicht Selbstzweck sein, kann das in zweierlei Weise verstanden werden: Es kann bedeuten, daß Erhard sich gegen materialistische Haltungen wendet und meint, der Verbrauch von Konsumgütern dürfe nicht verabsolutiert werden; der Verbrauch sei nicht alleiniges, das heißt „letztes" Ziel des Wirtschaftens; die Versorgung mit Wirtschaftsgütern diene nur der Sicherung eines Lebens, das in anderen als in wirtschaftlichen Sachverhalten seinen Sinn findet. Die Aussage, die Wirtschaft dürfe nicht zum Selbstzweck werden, kann aber auch auf das Wirtschaften als die Art der Erstellung von Gütern zielen. Die Aussage wäre dann: Die Produktion darf nicht zum Selbstzweck werden; die Produktion habe Bedürfnisse des Menschen zu befriedigen und sich darum an der Nachfrage zu orientieren. Die Aussage, so verstanden, wendet sich gegen eine Verabsolutierung der Produktion gegenüber dem Verbrauch, wie sie überaus häufig geschieht – in wirtschaftspolitischer Hinsicht etwa durch die Vorgabe wirtschaftspolitischer Wachstumsziele, in privatwirtschaftlicher Hinsicht durch das Bemühen, entweder Erzeugnisse, die am Markt keine Nachfrage finden, durch Absatzstrategien an den Verbraucher zu bringen, oder Produktionen unabhängig von der Nachfrage, beispielsweise aus konjunktur- oder regionalpolitischen Gründen, aufrechtzuerhalten.

Aus den Aussagen Erhards geht hervor, daß in seiner Konzeption beides einen beachtenswerten Stellenwert innehat, aber Erhard beschäftigt sich weitaus mehr mit der Autonomie des Verbrauchers gegenüber der Produktion als mit Fragen „letzter" Zwecke des Wirtschaftens. Erhard sagt: Produzieren und Wirtschaften dürfen nie Selbstzweck sein oder werden, sondern müssen immer Mittel zur Erfüllung eines Zweckes bleiben, sie müssen der menschlichen Bedarfsdeckung dienen, die die Grundlage des gesellschaftlichen und nationalen Lebens, also die Grundlage einer Gemeinschaft in höherem Sinne schaffen soll[1].

Erhard hat diese Position in seinen Frühschriften – neben verschiedenen klaren Hinweisen auf die Stellung der Produktion im Gesamtprozeß des Wirtschaftens – vor allem mit Aussagen über das „Werbe- und Reklamewesen" dargelegt. Hier lehnt er jede betriebliche Absatzpolitik, die „den Konsumenten lenken und führen, aber... häufig auch nur verführen will", ab. Er betont ausdrücklich, daß seine Aussage keinesfalls eine moralische

---

diesem Gesetz ist in der Hauptsache die Selbstverstärkung konjunktureller Rückschläge erklärt worden.

1 Ludwig Erhard, Werbung, Seite 41.

Bewertung in sich trage, sondern daß er sie „nur in bezug auf die volkswirtschaftliche Auswirkung" aufrechterhalten würde[1].

Andererseits aber weist Erhard auch darauf hin, daß es nicht allein die Funktion der Wirtschaft sein dürfe, das preisgünstigste Warenangebot hervorzubringen[2]. Das könnte als schwer verständlich empfunden werden, denn das preisgünstigste Angebot würde ja gerade dem Konsumenten nutzen, zu dessen Vorteil die Produktion in erster Linie geschehen soll.

Der widersprüchlich erscheinende Sachverhalt könnte schnell durch die Annahme ausgeräumt werden, Erhard beziehe seine Aussage auf „öffentliche" oder „meritorische" Güter. Die Produktion solcher Güter dient dem Verbraucher, auch wenn sich der Verbrauchernutzen nicht in der Nachfrage und in marktlichen Bewertungen niederschlägt. Sicher: Erhard verkennt nicht, daß es „öffentliche" Güter gibt, und er sieht auch, daß der Staat zugunsten bestimmter „meritorischer" Güter eingreifen sollte. Soll diese Güterkategorie über den Markt abgesetzt werden, ist es nicht mehr möglich, daß der Marktpreis aus den individuellen Angebots- und Nachfragefunktionen die alleinige Direktive für die Produktion und den Marktausgleich sein kann. Erhard sagt, die Funktion der Preise sei nicht bloß, „den reibungslosen Abtausch des Sozialprodukts zu gewährleisten"; er neigt dazu, in bestimmten Wirtschaftsbereichen Produktionsanreize durchaus nach staatspolitischen Erfordernissen vorzugeben: „Wenn die Aufgabe dahin lautet, daß die Preise dem Gesamtinteresse des Volkes gerecht werden sollen, dann müssen als Richtschnur auch außerwirtschaftliche Maßstäbe herangezogen werden; dann kreuzen sich in der Preisbildung gleichermaßen wirtschafts-, sozial- und nationalpolitische Erwägungen"[3]. – Dennoch: Weder mit dem Hinweis auf „öffentliche" noch mit dem auf „meritorische" Güter scheint die Position Erhards vollständig geklärt.

Aus den Aussagen Ludwig Erhards geht mehrfach hervor, daß er neben der Lenkungsfunktion der Preise auch die Funktion der Preise als Träger der Markterlöse und damit der Einkommen und der Liquidität sieht. Das heißt: In Erhards Betrachtung spielen Momente der Sicherheit des „Abtausches des Sozialproduktes" eine bedeutende Rolle. Die Aussage, mit einem bloß einmaligen reibungslosen Abtausch des Sozialproduktes habe die Wirtschaft ihre Funktion noch nicht erfüllt, zielt in diese Richtung. Wirtschaften ist nichts Statisches. Es muß dauernde Sicherheit bestehen, daß einerseits alle Einkommen – auch jene, die aus noch nicht beendeten Produktionen

---

1 Ludwig Erhard, Werbung, Seite 46.
2 Ludwig Erhard, Preisbildung, Seite 55.
3 Ludwig Erhard, Preisbildung, Seite 55.

oder aus Produktionen geflossen sind, die gar nicht für den Konsumgütermarkt bestimmt sind[1] – das „genußreife Sozialprodukt" finden, das sie nachfragen; daß andererseits auch die begonnenen Konsumgüterprodukte abgesetzt werden, wenn sie auf den Markt gelangen. Die Frage ist also: Kann darauf vertraut werden, daß eine freie Preisbildung im Zeitablauf ein Marktgleichgewicht zustandebringt, das heißt: Wird ein Marktgleichgewicht infolge des Wirkens der Marktkräfte im Zeitablauf automatisch stabil sein, oder müssen hierfür gesonderte wirtschaftspolitische Vorkehrungen getroffen werden? Die Frage richtet sich auf die wirtschaftliche Sicherheit, also auf sozialpolitische Aspekte, und damit ist die weitere Frage – sofern Erhard wirtschaftspolitische Maßnahmen für erforderlich hält: Welche Maßnahmen könnten das dann sein, nachdem Erhard doch sozialpolitisch motivierte Eingriffe in die Preisbildung ablehnt?

Nach dem oben Festgestellten verkörpern marktwirtschaftlich gebildete Preise für Erhard zweifelsfrei einen objektiv gerechten Ausgleich zwischen Angebot und Nachfrage[2]. Insofern wäre die wirtschaftspolitische Zielsetzung, einen „reibungslosen Abtausch des Sozialproduktes" zu gewährleisten, ausreichend und mit dem freien Wirken des Preismechanismus in einer marktwirtschaftlichen Ordnung perfekt erfüllt. Auch die oben ausgeführte, von Erhard betonte Notwendigkeit, über die Gestaltung der Marktwirtschaft hinaus Sorge dafür zu tragen, daß die bloß „objektive Gerechtigkeit" der Marktergebnisse subjektiv einsehbar ist, könnte keine Korrekturen der Marktergebnisse aus „sozial- und nationalpolitischen Erwägungen" rechtfertigen. Diese Aufgabe wäre durch Institutionen, die die Marktergebnisse beurteilen, nicht aber durch korrigierende Eingriffe in die Preisbildung zu erfüllen. Auch die Ergänzung, die Erhard für notwendig hält, um das marktwirtschaftliche Modell der „reinen Ökonomie" zu einer in der Praxis funktionsfähigen Marktwirtschaft auszubauen – durch breite Vermögensstreuung und Vollbeschäftigung – erfordern keine Korrekturen von Marktergebnissen, also keine Eingriffe in die Preisbildung, sondern eine Ordnungspolitik, die diese Ziele in den marktwirtschaftlichen Prozeß integriert. Was meint Erhard dann, wenn er die marktwirtschaftliche Preisbildung befür-

---

1 Bereits in seiner Dissertation unterscheidet Erhard vier Kategorien von Einkommen, die auf dem Markt Nachfrage ausüben, je nach ihrem Beitrag zur Produktion des konsumierbaren Produktes.

2 Wenn Erhard von „Preisen" spricht, versteht er darunter in der Regel „reale Austauschquanten". Das kommt daher, daß sich Erhard strikt an der Geldtheorie Georg Friedrich Knapps orientiert, die sich von Erklärungen eines „realen" Geldwertes fernhält. Erhard sagt: Preise sind Mengenverhältnisse; sie sind es in der Geldwirtschaft ebenso wie in der Tauschwirtschaft. Vgl. Ludwig Erhard, Preisbildung, Seite 48. Näheres siehe unten, Seite 149.

wortet, sogar dafür werben will, daß sie jedermann akzeptiert, auch jeder, der nicht direkt am Zustandekommen der Marktergebnisse mitwirkt, aber darüberhinaus dennoch in der Preisbildung die Beachtung von sozialpolitischen Sachverhalten fordert, die sich im allgemeinen nicht in der Marktpreisbildung niederschlagen?

Ein wichtiges Ergebnis der Marktforschungen, mit denen Erhard am Institut für Wirtschaftsbeobachtung in Nürnberg befaßt war, bestand in der Erkenntnis, daß sich das aktuelle Angebot und die aktuelle Nachfrage doch recht unabhängig voneinander bilden und der Markt regelmäßig nur einen unvollständigen Ausgleich zustandebringt. Während die Erzeugung rational, vor allem aufgrund vorgegebener Betriebsausstattungen, das bedeutet in der Regel aufgrund einer „historischen Nachfrage", geplant und durchgeführt wird, bildet sich die aktuelle Nachfrage in schlecht vorhersehbarer Weise durch die schwer einschätzbaren Mentalitäten der Verbraucher: „Der Konsument zeichnet sich nicht nur durch Launenhaftigkeit und damit durch Unberechenbarkeit aus, sondern er zeigt merkwürdigerweise auch völlig entgegengesetzte Regungen"[1]. Erhard betont, daß nicht mit dem Umfang des Sozialproduktes und auch nicht mit der Größe von Angebot und Nachfrage, also aufgrund von Überproduktionen oder Unterkonsumtionen, sondern vor allem mit der immer mannigfacher und schneller wechselnden Zusammensetzung des Sozialproduktes Absatzprobleme entstehen: Je differenzierter und vielfältiger die Bedarfsgüter werden, desto schwerer sei der Absatz des Erzeugten vorherzusehen[2].

In Übereinstimmung mit Erhard hat Vershofen im Umstand der Produktdifferenzierung und der Ausweitung des Kreises der Bedarfsgüter, die Modeströmungen unterworfen sind, eine der wesentlichsten Krisenursachen gesehen und kritisiert, daß sich die wirtschaftswissenschaftliche Forschung fast ausschließlich auf die industrielle Erzeugung und den Vertrieb dieser Erzeugnisse durch den Handel gerichtet habe, daß es damit aber fast notgedrungen dazu gekommen sei, „die bedeutsame, ja ausschlaggebende Rolle vollständig zu übersehen, die der Konsument in den wirtschaftlichen Zusammenhängen spielt"[3].

Erhard hatte während seiner Tätigkeit als Assistent und später als Geschäftsführer am Nürnberger Institut Vershofens, das sich ja mit dem gesamten Bereich der verbrauchernahen Produktion, der Marktbeobachtung der Fertigware, befaßte, vielerlei Anlaß, diese Sicht über die Rolle des Verbrauchers in der Wirtschaft bestätigt zu finden. Seine Schriften spiegeln

---

1 Wilhelm Vershofen, Konsument, Seite 143.
2 Ludwig Erhard, Werbung, Seite 43.
3 Wilhelm Vershofen, Konsument, Seite 142.

das wider, aber sie spiegeln das in erster Linie in der Form von Warnungen vor auf diesen Erkenntnissen gegründeten, allzu naheliegenden Konsequenzen: vor den Gefahren der „Verbraucherlenkung", die in zweierlei Formen möglich ist, einerseits durch privatwirtschaftliche Absatz- und andererseits duch kollektivistische Marktordnungsstrategien.

Die Position Erhards steht der Verhofens grundsätzlich nahe und kann aus den philosophischen Schriften, die Vershofen Anfang der dreißiger Jahre publiziert hat, hergeleitet werden. Auch 1942 noch schreibt Vershofen voller Respekt vor der individuellen Entscheidungsfreiheit: „Wer weiß, daß der Wille des Menschen die Quelle seiner schöpferischen Fähigkeiten ist, der kann nicht wünschen, daß dieser Wille in irgendeinem Bereiche unseres Lebens ausgeschaltet würde"[1]. Jedoch hat Vershofen diesen Standpunkt nicht immer entschieden und konsequent durchgehalten[2]. So beklagt er 1935, daß er bereits 1930 auf die „stetig sich verbreitende Kluft zwischen Erzeugung und Verbrauch" hingewiesen, daß aber erst die Not einsehen gelehrt habe, daß die Erzeugung ganz anderen Gesetzmäßigkeiten unterworfen sei als der Verbrauch, und er rühmt jüngste Aktivitäten an dem von ihm gegründeten Institut, in dessen absatzwirtschaftlichen Kursen dieses Problem stark in den Vordergrund getreten sei[3].

Vershofen empfiehlt direkte Mittel, um die Verbrauchereinstellungen zu verändern: Je niederer die Werte sind, die in einer Gesellschaft herrschen, um so niederer seien auch die Mittel, das soziale Geltungsbedürfnis zu befriedigen. Eine rein materiell eingestellte Zeit müsse „den Trieb nach sozialer Geltung in den einzelnen Menschen allein durch den unterschiedlichen Gebrauch von Sachen zu befriedigen suchen"[4]. Vershofen beschreibt, daß die Arbeiten an der neu gegründeten „Gesellschaft für Konsumforschung" wichtige Aufschlüsse über Verbrauchermotivationen erbringen könnten. Auf der Grundlage dieser Erkenntnisse könnten dann etwa „Gemeinschaftswerbungen" zur „Verbraucherlenkung"[5] durchgeführt

1 Wilhelm Vershofen, Jahr, Seite 288.

2 Es spricht einiges für die Annahme, daß es vor allem diesem Umstand – einer gewissen Enttäuschung Erhards über Vershofens Standhaftigkeit und Folgerichtigkeit – zuzuschreiben ist, daß Erhard später relativ wenig über Vershofen berichtet hat.

3 Wilhelm Vershofen, Verbraucherlenkung, Seite 105. Es geht hierbei wohl um jenen oben erwähnten Veranstaltungszyklus, zu dem Ludwig Erhard Carl Goerdeler als Referenten eingeladen hatte.

4 Wilhelm Vershofen, Verbraucherlenkung, Seite 108.

5 Vershofen, Verbraucherlenkung, Seite 107, fragt: „Warum spricht man von Verbrauch*s*lenkung und nicht von Verbrauch*er*lenkung?" Er antwortet: „Möglich, daß wir uns irren, aber uns scheint einer der wesentlichen Mängel der hergebrachten wirtschaftswissenschaftlichen Betrachtung darin zu beruhen, daß man hinter

werden, um „die Kluft zwischen dem rationalen Planen der Erzeugung einerseits und der unberechenbaren Bedarfsdeckung andererseits" zu schließen[1]. Damit hat Vershofen mit früheren Positionen gebrochen, denn mit einer solchen „Verbraucherlenkung" wird nicht der „Mensch als Ganzes" akzeptiert; er wird nicht als „mündiger" Verbraucher behandelt; es wird vielmehr eine „Lebensbewertung" durchgeführt[2]: Der Mensch soll auf den für ihn angeblich sinnvollen Bedarf, der als Produktionsergebnis vorliegt, hingelenkt werden.

Erhard hält das von Vershofen aufgezeigte Ziel der Absatzsicherung für wichtig, aber er befürwortet nicht die von Vershofen vorgeschlagenen Mittel; er sieht in Marktungleichgewichten ein Problem, das nicht durch Verbraucherlenkung, sondern durch die „Gewährleistung einer besseren Marktordnung und höheren Marktsicherheit"[3] im Rahmen der traditionellen Wirtschaftspolitik gelöst werden sollte[4]. Erhard plädiert drei Monate

---

den wirtschaftlichen Vorgängen den Menschen vergessen hat, durch den und für den sie vorgenommen werden."

1 Vershofen, Verbraucherlenkung, Seiten 105 und 109.

2 Vershofen sieht diese Konsequenz völlig klar. Er schreibt, Verbraucherlenkung, Seiten 108f.: „Verbrauchslenkung stellt zunächst einmal eine soziale Aufgabe dar, die in ihren letzten Tiefen nur aus einer Lebensbewertung heraus in Angriff genommen werden kann".

3 Ludwig Erhard, Werbung, Seite 48. – Das Problem der „Verbraucherlenkung" wurzelt in der jahrtausendalten Auseinandersetzung um „Bedarfs-" oder „Erwerbsprinzip". Für die dreißiger Jahren lassen sich folgende Ansichten als charakteristisch und grundlegend zugunsten der „Verbraucherlenkung" anführen: Wilhelm Vleugels, Liberalismus, Seite 61, sah ein ursprünglich „gesundes Volksgefühl", das der Wettbewerb zerstört habe. Emil Küng, Wirtschaftspolitik, Seiten 24f., erkannte darin eine bedauerliche, aber unausweichliche Entwicklung: „Man vergißt leicht, daß der wirtschaftliche Liberalismus die Aufgabe erfüllt hat, einer vervielfachten Menschenmenge wirtschaftliche Güter in immer reicherem Umfange zur Verfügung zu stellen". Da Erhard später Mitglied der „Volkswirtschaftlichen Arbeitsgemeinschaft", des Adolf-Weber-Kreises in München, war, ist erwähnenswert, daß Adolf Weber diese Frage ebenfalls als eine außergewöhnlich wichtige ansah. Weber schreibt, es gehe um die Frage, „wie eine ‚Sozialisierung der Geister' zu erreichen ist, ohne die schließlich menschliche Gesellschaften nichts sein können als ein Kampf aller gegen alle".

4 Hat es seinerzeit zwischen Vershofen und Erhard eine Kontroverse gegeben, die über die wissenschaftliche Begründung unterschiedlicher Standpunkte hinausging? – Hierfür gibt es eindrucksvolle Indizien. Beispielsweise diese: 1933 hat Vershofen, Kartellrecht, Seite 1, in den „Wirtschaftspolitischen Blättern der Deutschen Fertigindustrie" gleich im ersten Satz auf einen Aufsatz von Ludwig Erhard hingewiesen. 1935 aber weist er – Verbraucherlenkung, Seite 106 – statt auf Erhards erst drei Monate zurückliegenden Aufsatz zum Thema „Gemeinschaftswerbung" im gleichen Organ, den „Wirtschaftspolitischen Blättern", auf eine „beach-

nach Erscheinen des Artikels von Vershofen in der gleichen Zeitschrift einerseits für einen klassisch marktwirtschaftlichen Weg – Hebung der Markttransparenz, soweit Störungen des Austauschprozesses vorliegen –, zum anderen aber vor allem für Maßnahmen zur allgemeinen Leistungssteigerung der Wirtschaft, wobei er zubilligt, daß hierbei nicht nur auf Rationalisierungen in der Produktion, sondern auch auf Rationalisierungen im Absatzbereich geachtet werden sollte.

Soweit es gilt, die Markttransparenz zu verbessern, sieht Erhard darin auch eine Aufgabe der beim Institut für Wirtschaftsbeobachtung neu gegründeten „Gesellschaft für Konsumforschung": Sie soll nicht die privatwirtschaftlichen Interessen einzelner fördern, sondern dem Wirtschaftsganzen dienen, indem sie wirtschaftliche Fehlleistungen der Unternehmen vermeiden hilft[1]. Während Erhard also die Aufgabe der Konsumforschung darin sieht, dazu beizutragen, die Produktion mittels wissenschaftlicher Methoden der Nachfrage genauer anzupassen, und es als eine bedauerliche, durch Marktforschung verhinderbare wirtschaftliche Fehlleistungen der Unternehmen ansieht, wenn deren Produktionsprogramm keine Nachfrage findet, zielt Vershofens Vorstellung auf eine Verbraucherlenkung mittels eben dieser Konsumforschung. Vershofen will Mittel finden, mit denen es gelingt, die Nachfrage an die ihr zeitlich vorausgehende Produktion anzupassen.

Nach Erhard rechtfertigt sich Werbung nur im Umfange der Hebung der Markttransparenz: Die Werbung soll „ein ehrlicher Makler zwischen Erzeugung und Verbraucher", der Werber soll „im besten Sinne ein Freund des Verbrauchers" sein[2]. Nach Vershofen rechtfertigen schon die im Produktionsbereich realisierte technische Rationalität und die sozietätsbedingte Irrationalität der Verbrauchernachfrage eine Verbraucherlenkung.

Mit dem Ziel der Leistungssteigerung ist Erhard wiederum bei einem

---

tenswerte Darstellung zu diesem Thema" hin, die fünf Jahre vorher im „Konfektionär" erschienen ist (Dieser Passus ist im Exemplar in Erhards Bibliothek, vermutlich von Erhard selbst, angestrichen). Vershofen hebt dabei die „grundsätzliche Bedeutung" des Satzes hervor: „Ziel jeder Gemeinschaftswerbung ist eine Änderung der Verbrauchsgewohnheiten". Erhard hatte seinen Artikel mit dem Hinweis begonnen: „Gemeinschaftswerbung... setzt, wie schon im Namen zum Ausdruck kommt, eine Gemeinschaft voraus". Eine wichtige soziologische Folgerung Vershofens war: Es könne „Gemeinschaften" nicht geben. Der Einleitungssatz Erhards erscheint somit sarkastisch auf Vershofen gemünzt. In seinem Artikel bringt Erhard ausschließlich Argumente für die Werbung im allgemeinen, nicht aber für die Gemeinschaftswerbung, schon gar nicht für Verbraucherlenkung.

1 Ludwig Erhard, Werbung, Seite 48.

2 Ludwig Erhard, Werbung, Seite 48.

Plädoyer für wettbewerbliche Lösungen. Es verdient Beachtung, daß die seinerzeit – in einem System der Wirtschaftslenkung – angewandten oder in der politischen Öffentlichkeit erörterten planwirtschaftlichen und autoritär steuernden Mittel zur Leistungssteigerung von vielen Nationalökonomen, nicht nur von Erhard, für unzureichend gehalten wurden, sofern sie den Wettbewerb einschränken. Selbst der langjährige Leiter des Grundsatzreferates beim Reichskommissar für die Preisbildung, Graf Yorck von Wartenburg, beschreibt 1942, daß der Reichskommissar in der Erkenntnis der Vorteilhaftigkeit des Wettbewerbs auf einzelnen Gebieten den Versuch unternommen habe, das Wettbewerbsprinzip der Kriegswirtschaft dienstbar zu machen und „die Verhältnisse dergestalt zu ordnen, als ob freier Wettbewerb in vollständiger Konkurrenz vorhanden sei"[1].

Leistungssteigerung und Erhöhung der Markttransparenz lösen für Erhard das Problem des stets gefährdeten Marktausgleichs in der Marktwirtschaft nicht grundsätzlich. Erhard formuliert weitergehende Lösungsvorstellungen hierfür – zunächst vor allem vor dem Hintergrund der seinerzeitigen Situation, in der die Entwicklung des Investitionsgütersektors auch global keinen Marktausgleich erwarten lassen konnte. Sein Lösungsweg ist in seinen frühen Publikationen angedeutet. 1937 spricht Erhard davon, daß Arbeitskraft aus dem Verbrauchsgüterbereich abgezogen worden sei und dadurch – betrachtet man die Entwicklung seit 1933 – von einer „relativen Einschränkung der Lebenshaltung" gesprochen werden müsse[2]. Erst in seiner Denkschrift 1943/44 über „Kriegsfinanzierung und Schuldenkonsolidierung" und in einem Aufsatz über den „Einsatz langfristiger Investitionskredite" aus dem Jahre 1949 finden diese Gedanken Vollendung. Mit den wirtschaftspolitischen Möglichkeiten, Wirtschaftskrisen zu vermeiden, beschäftigt sich Erhard jedoch seit Anfang der dreißiger Jahre intensiv.

Erhard betrachtet den Produktionsprozeß realitätsnah strukturiert. Auch bei globaler Übereinstimmung von Angebot und Nachfrage kann dann nicht übersehen werden, daß in der zeitlichen Abfolge oder auf Teilmärkten – bei einer Produktion, die sich doch in der Hauptsache an der Verbraucherhaltung der Vergangenheit orientiert und oft langfristige Produktionsprozesse für eine zukünftige Nachfrage vorfinanziert – Marktungleichgewichte auftreten können, wenn die Güter marktreif geworden sind.

---

1 Yorck von Wartenburg, Leistungswettbewerb, Seite 19.

2 Ludwig Erhard, Preisbildung, Seite 82. Erhard weist öfter darauf hin, daß die „von der Kapitalgüterseite fließenden Einkommen, die ebenfalls konsumieren wollen,... kein für sie bestimmtes verzehrbares Güteräquivalent" finden. Vgl. etwa Ludwig Erhard, Preisregulierung, Seite 168, oder Ludwig Erhard, Marktordnung, Seite 15.

Solche Ungleichgewichte sind mehr als nur einzelwirtschaftlich ungünstig; auch grundsätzlich leistungsfähige Unternehmen können hierdurch in Liquiditätsschwierigkeiten geraten und in den Konkurs getrieben werden: „Wir wissen alle, daß die Zahl der Konkurse heute bestenfalls noch ein Symptom, aber nicht mehr ein Maßstab der Unwirtschaftlichkeit der Betriebe ist", schreibt Erhard 1934[1] – längst nicht mehr im Hinblick auf die Weltwirtschaftskrise.

Unabhängig von der nur situationsbedingten Notwendigkeit der Leistungssteigerung zur Hebung des gesamten Konsumgüterangebotes auf jenes Niveau, das der Leistungssteigerung im Kapitalgütersektor entspricht, das heißt zur Nivellierung der Diskrepanz, die infolge der unharmonischen, produktionsseitig nicht auf ein „genußreifes Sozialprodukt" ausgerichteten Wirtschaftsentwicklung in den dreißiger Jahren eingetreten ist, beschäftigt sich Erhard mit dem grundsätzlichen Problem der Stabilität, das heißt der Garantie von Teilmarktgleichgewichten im Zeitablauf, einem Problem, das Karl Marx und Friedrich Engels als den Tatbestand der „Anarchie der Produktion in der Gesellschaft" charakterisiert haben[2]. Auch wenn Erhard für die Wirtschaftsentwicklung nicht – wie Marx und wie auch Keynes – eine unvermeidliche allgemeine Überfüllung der Märkte durch die immense Steigerung der Effizienz der Produktivkräfte infolge des Wettbewerbs befürchtet, so sieht er doch – ganz ähnlich wie Marx – drohende Divergenzen zwischen der Produktionsweise und der Austauschform der Produkte am Markt[3]: Aufwendungen sind in Gütern geronnen. Die Aufwendungen sind total verloren, wenn die Güter nicht abgesetzt werden können. Liquiditätserfordernisse der Unternehmen führen bei Absatzstokkungen zu erhöhten Verkaufsanstrengungen – auch unter Hinnahme von Verlusten. Es geht um die Existenz der Unternehmen; der Wettbewerb ist in dieser Situation kaum anders vorstellbar, als zu „ruinösen" Formen entartet.

Wo Erhard von Marktwirtschaft und von Wettbewerb spricht, sieht er auch dieses Problem; es geht ihm nicht zuvörderst um wirtschaftliche Leistung oder um eine temporär notwendige Leistungssteigerung der Wirt-

---

1 Ludwig Erhard, Preisüberwachung, Seite 191.

2 Hierbei ist nochmals daran zu erinnern, daß sich Erhard bei Franz Oppenheimer intensiv mit Karl Marx beschäftigt hat. Erhard hat in einem Gespräch mir gegenüber einmal geäußert, er zähle sich zu den sehr wenigen Wirtschaftswissenschaftlern, die das „Kapital" wirklich studiert haben. Das Urteil über den Wissenschaftler, nicht den Demagogen, Karl Marx wäre sonst etwas anders.

3 Vgl. Friedrich Engels, Sozialismus, Seite 43. Ein in sich verdrehter Abdruck der angeführten Passage findet sich bei Eugen von Philippovich, Grundriß, Seiten 470f., einem auch von Erhard stark benutzten Standardwerk.

schaft, sondern damit verbunden zugleich auch um die langfristige Sicherung der Existenz grundsätzlich leistungsfähiger Unternehmen. Die Existenz von Unternehmen, die sich im Markt befinden, wird aber insbesondere durch die „Schmutz- und Schleuderkonkurrenz“ der „Außenseiter“ gefährdet. Folglich sucht Erhard unter anderem auch nach einer Lösung des Problems des Außenseiterwettbewerbs: „In vielen Zweigen der Fertigindustrie ist der Marktpreis einer Ware nicht mehr die Resultante der Marktfaktoren, sondern das Resultat einer von Hasardeuren und Bankrotteuren verfolgten Preispolitik... Wer die Verhältnisse in den Verbänden der Fertigindustrie kennt, weiß, daß sich dort diese vielgerühmte freie Entschlußkraft der Unternehmer mit zunehmender Verschärfung der Krise im wesentlichen darin erschöpfte, sklavisch jeder Preisunterbietung der Konkurrenz ohne Rücksicht auf die Lage des eigenen Betriebes und auf die Marktsituation nachzukommen“[1].

Mit der Behandlung dieses Problems steht Erhard nicht allein. In den dreißiger Jahren wurde der zügellose Wettbewerb vielfach diskutiert und erkannt, daß das Ausscheiden des „anständigen Unternehmers“ ein nicht weniger großes Unglück zu bedeuten brauche wie das so unkritisch gepriesene „Überleben“ der „Tüchtigsten“[2]: „Die liberale Theorie hat sich mit den Nachteilen der ‚freien‘ Konkurrenz, soweit sie sich unmittelbar auf Kosten der Anbieter sowie deren Angestellte und Arbeiter auswirken... zu einfach abzufinden gesucht“[3].

Für Erhard steht die Notwendigkeit außer Frage, die Hauptursache dieser Entwicklung, die ungehemmte Preisschleuderei, unterbinden zu müssen. Diese Aufgabe beschreibt er ausdrücklich als zeitlos wichtig: „Schon immer und heute noch gilt unsere Sorge der Frage, ob es gelingen wird, der Preisschleuderei unqualifizierter und unverantwortlicher Elemente erfolg-

---

1 Ludwig Erhard, Kartellgesetz, Seiten 58f.

2 Auf die Gefahr, daß unter kriegswirtschaftlichen Bedingungen eine vom individualistischen Gewinnstreben diktierte Wirtschaftsauffassung besonders an Boden gewinnt, weil diese Auffassung keine „natürliche Grenze“ in den Nachfragebedingungen findet, hat Yorck von Wartenburg, Leistungswettbewerb, Seite 18, hingewiesen. Doch das Phänomen des Eigennutzes ist in der gesamten ersten Hälfte dieses Jahrhunderts in bedrückender Weise dominierender sozialphilosophischer Erörterungsgegenstand gewesen. Max Scheler, Bourgeois, Seite 392, hat bewegend dargestellt, welches Menschheitsglück „das Aufatmen vom Druck des Kapitalismus“ bedeute. Seine Hoffnung spiegelt Ohnmacht: Man könne sich der „Tüchtigen“ nicht anders zu entledigen hoffen als dadurch, daß die Träger des verderblichen kapitalistischen Geistes dank ihrer Rechenhaftigkeit sich geringer vermehren und allmählich aussterben.

3 Wilhelm Vleugels, Idee des gerechten Preises, Seite 54.

reich zu begegnen"[1]. So selbstverständlich der Grundsatz sei, daß die geforderten Marktpreise auf die Dauer nicht unter den Selbstkosten liegen dürfen, so notwendig sei es, „diese Forderung nicht nur als wirtschaftspolitisches, sondern auch – so paradox es klingen mag – als wirtschaftsethisches Postulat aufzustellen"[2].

So kommt Erhard in einem Kommentar anläßlich der Verabschiedung des Gesetzes über die Bildung von Zwangskartellen zum Ergebnis, daß dieses Gesetz „vorkommendenfalls auch entschlossen und mit aller Konsequenz angewendet werden" muß[3]. Der Weg, der hier eingeschlagen worden sei, sei der richtige. In diesem Gesetz sind zwangsweise Einschränkungen von Geschäftsbetrieben vorgesehen, die von unzuverlässigen Personen geleitet werden. In § 9, Absatz 2, heißt es: „Der Unzuverlässigkeit ist es gleichzuachten, wenn in dem Geschäftsbetrieb des Betreffenden Güter oder Leistungen... zu Preisen angeboten oder verkauft werden, die unter Würdigung der Belange des Betriebes sowie der Gesamtwirtschaft und des Gemeinwohls als volkswirtschaftlich ungerechtfertigt anzusehen sind und die Fortsetzung einer solchen Preisgebarung zu besorgen ist". Auch zitiert Erhard anerkennend aus der Ansprache von Carl Goerdeler anläßlich dessen Übernahme des Amtes als Reichskommissar für Preisüberwachung am 5. November 1934: „daß Preisunterbietungen zu Lasten eines betriebsfremden Risikos als gegen die Berufsehre und den geschäftlichen Anstand verstoßend, ebenso scharf zu bekämpfen seien" wie Preiswucher[4].

Erhard möchte jenen Wettbewerb ausgeschlossen wissen, der mit nicht kostendeckenden Preisen stattfindet. Nun ist die Frage nach den richtigen Preisen – wie Erhard selbst festgestellt hat – eine der schwierigsten, die es gibt – so wenig lösbar, daß man nur hoffen könne, die Diskussion darum werde schnell versiegen. An niedrigen Preisen ist nicht erkennbar, ob sie unter den Selbstkosten liegen oder der Kalkulation eines leistungsfähigen Wettbewerbers entstammen, zumal in jeden Preis ein beträchtlicher Posten Gemeinkosten eingeht, der – wie Erhard sagt – bewirkt, daß es für das einzelne Produkt „tausend und aber tausend ‚betriebs'gerechte Preise" gibt[5]. Erhard erklärt: „Wenn in bezug auf die Preisbildung der Grundsatz der Gerechtigkeit in mannigfachen Verbindungen immer wieder in den Vordergrund gestellt wird, so handelt es sich um nicht mehr als um einen Mißbrauch der Sprache. Kosten-, branchen- oder marktgerechte Preise

1 Ludwig Erhard, Preisüberwachung, Seiten 190f.
2 Ludwig Erhard, Preisüberwachung, Seite 191.
3 Ludwig Erhard, Gruppen, Seite 8.
4 Ludwig Erhard, Betriebswirtschaft, Seite 114.
5 Ludwig Erhard, Preisüberwachung, Seite 192.

können zuletzt nur immer ausdrücken, daß ein Preis jeweils unter einem ganz bestimmten Aspekt und gemessen an dieser oder jener Komponente als ‚gerechtfertigt' angesehen werden kann; – keiner dieser Preise ist aber dem ‚gerechten' Preise gleichzusetzen, den es absolut gesehen überhaupt nicht geben kann"[1].

Der Wettbewerb soll nach Erhard also durch eine Art der Preisüberwachung oder eine Art „Unlauterkeitsrecht" in jenen Grenzen gehalten werden, innerhalb der die Existenz aller jener Unternehmen nicht gefährdet wird, die auf einem Markt grundsätzlich Absatzchancen hätten. Gegen einen marktwirtschaftlichen Ausleseprozeß hat Erhard nichts einzuwenden, „wenn in einem Wirtschaftszweig auf lange Sicht ein absolutes Überangebot besteht und deshalb eine Stillegung von Erzeugungsstätten sowohl im volkswirtschaftlichen als auch im privatwirtschaftlichen Interesse (der lebensfähigen Betriebe) liegt"[2].

Erhard sieht einen ersten Schritt auf eine Lösung der Problematik des Außenseiterwettbewerbs darin, daß gemeinsame Kalkulationsgrundlagen als verbindlich erklärt werden: „Es wird... darauf ankommen, sich in qualitativer und quantitativer Beziehung über die Bestandteile einer ordnungsgemäßen Selbstkostenrechnung zu einigen. Wenn es auch von Betrieb zu Betrieb keine gleichen Kosten geben kann, so muß doch wenigstens eine einheitliche Auffassung darüber und auf die Dauer auch die Anwendung einer einheitlichen Methode zu erzielen sein... In diesem Suchen werden wir uns aller Hilfsmittel und Verfahren bedienen müssen, die gerade in der jüngsten Zeit mit wissenschaftlicher Gründlichkeit und Exaktheit entwickelt worden sind"[3].

Die Kenntnis der jeweiligen Produktionskosten wäre die unerläßliche Voraussetzung zur Herausbildung einer entsprechenden individuellen Geschäftshaltung[4]. Darüberhinaus müßten die Betriebsleiter Regeln kennen, wie und über welche Zeiträume verteilt sie bestimmte Kosten in ihren Kalkulationen zu berücksichtigen haben, das heißt, sie müssen eine gewisse betriebswirtschaftliche Grundausbildung besitzen: „... man handelte durchaus folgerichtig, wenn man sich die Erziehung... zu kaufmännischer Betriebsgebarung, das heißt also zu geordneter Buch- und Betriebsführung besonders angelegen sein ließ. Die Berechtigung der Anschauung, daß durch Aufstellung von Branchenkalkulationen, Durchführung von Betriebsvergleichen und Verbandsstatistiken günstigere Voraussetzungen

---

1 Ludwig Erhard, Preisbildung, Seite 53.
2 Ludwig Erhard, Preisbildung, Seite 94.
3 Ludwig Erhard, Preisüberwachung, Seite 192.
4 Ludwig Erhard, Preisüberwachung, Seiten 188 f.

zur Befolgung anständiger Wettbewerbssitten geschaffen und damit wesentliche Störfaktoren des Marktgeschehens beseitigt werden können, ist sicher nicht zu bestreiten"[1].

In einem solchen System muß es natürlich Möglichkeiten geben, das „Preisgebaren" zu überwachen. Erhard schlägt hierfür Kalkulationskartelle vor. Er meint, daß sich ein von einem Kalkulationskartell angestrebter Preis dem freien Marktpreis nähern würde, „von dem er sich vor allem dadurch unterscheidet, daß er einen Schutz gegenüber Preisunterbietungen solcher Betriebe schafft, die zu dieser Art Wettbewerb auf Grund ihrer Kostenverhältnisse gar nicht in der Lage sein können. Indem auf diese Weise das Kalkulationskartell einen Mißbrauch der Preisstellung sowohl nach oben als auch nach unten ausschließt, trägt es mehr den Charakter einer Einrichtung zur Wahrung der Marktmoral oder auch der Marktordnung als den eines marktregelnden Zusammenschlusses. Deshalb erscheint es auch durchaus sinnvoll, das Kalkulationskartell in der Form der Kalkulationsgemeinschaft... der Tätigkeit der Gruppen zuzuordnen und deren Aufsicht zu unterstellen. Ein gleiches würde dann naturgemäß auch für die sogenannten Konditionenkartelle zu gelten haben, deren durchaus positiv zu beurteilendes Wirken wiederum nicht so sehr unter einem preispolitischen Gesichtspunkt als dem des Schutzes gegenüber einem unlauteren Verhalten anderer Mitanbieter zu verstehen ist"[2].

(4) Wirtschaftsordnung, nicht Fremdverwaltung der Wirtschaft durch den Staat

Mit den vorstehenden Erörterungen ist das Problem aufgeworfen, wie sich Erhard die Kontrolle wettbewerblicher Prozesse vorstellt, wenn bestimmte private Vereinbarungen – Kartelle – nicht strikt untersagt, sondern gar mit Funktionen betraut werden sollen. Erhard ist sich durchaus darüber klar, daß es so etwas wie eine „unternehmerische Plan- und Zwangswirtschaft" gibt, die mit der behördlichen Zwangswirtschaft keinen Vergleich zu scheuen braucht. Soll eine Kontrolle durch eine staatliche „Wettbewerbskommission" durchgeführt werden, oder sind für Erhard ordnungspolitische Gestaltungen denkbar, die dazu führen, daß sich der „freie Wettbewerb" in einem regulativen Prozeß selbst als solcher erhält? Oder befürwortet Erhard die aus Wirtschaftskreisen immer wieder erhobenen Forderungen nach der

---

1 Ludwig Erhard, Betriebswirtschaft, Seite 112.
2 Ludwig Erhard, Preisbildung, Seite 73.

„Selbstverwaltung des Wettbewerbs"[1] durch Kartelle und Wirtschaftsverbände?

Zu jeder Zeit und in jedem wirtschaftlichen System gab es monopolistische Verhaltensweisen. Kartelle jedoch sind eine verhältnismäßig junge Erscheinung, die in Deutschland erst zur Jahrhundertwende aufgetreten ist, sich aber dann rapid entwickelt hat[2]. Der beträchtliche Nutzen von Kartellierungen für die angeschlossenen Unternehmen zeigte sich insbesondere während des Ersten Weltkrieges, als die meisten Kartelle „einem einzigen, glänzend zahlenden Abnehmer, dem Staat"[3], gegenüberstanden. Vor allem diese Erfahrung führte 1923 zu einer staatlichen Mißbrauchsaufsicht über die Kartelle[4].

Die Frage, warum man sich seinerzeit nicht zu einem Kartellverbot entschlossen hat, läßt sich relativ leicht beantworten. Die „gebundene Wirtschaft" galt weithin als ein Fortschritt gegenüber der ungebundenen, freien Wirtschaft: „Im Zustand der früheren Konkurrenzkämpfe war der Abnehmer, der Konsument, der ihnen zusah, der tertius gaudens. Er profitierte davon, daß die Produzenten um den Absatz miteinander kämpften... Heute weiß man, daß dieser Konkurrenzkampf zwar die billigste Versorgung des Konsumenten ermöglicht, daß er aber höchst unwirtschaftlich ist, oft eine große Verschwendung von Kapital darstellt. Je mehr nun mit der Entwicklung des Großbetriebes das Kapitalerfordernis der Unternehmungen wuchs, um so mehr suchte man die Gefahren und Schäden des ‚anarchischen' Zustandes der Produktion zu vermeiden, um so mehr war eine volkswirtschaftliche Organisation, eine Beseitigung des Konkurrenzkampfes durch Vereinigungen eine Notwendigkeit"[5].

Die staatliche Politik den Kartellen gegenüber führte zehn Jahre später in zwangsweise Kartellzusammenschlüsse[6]. Diese Entwicklung wird häufig mit dem Umstand erklärt, daß das nationalsozialistische Wirtschaftssystem die Kartelle systematisch zu Mitteln der Wirtschaftslenkung ausgebaut hat. Doch die Annahme, daß sich schon im Zwangskartellgesetz vom Juli 1933 kriegswirtschaftliche Ziele niederschlagen haben, kann kaum zutreffend

1 Vgl. Ernst-Joachim Mestmäcker, Der verwaltete Wettbewerb, sowie die Dikussion hierüber in: Ludwig-Erhard-Stiftung (Hg.), Wettbewerb.

2 Robert Liefmann, Kartelle, Seite 42, spricht von einer „Epoche der Kartelle".

3 Robert Liefmann, Kartelle, Seiten 49f.

4 Vgl. Verordnung gegen den Mißbrauch wirtschaftlicher Machtstellungen vom 2. November 1923.

5 Robert Liefmann, Kartelle, Seiten 42f.

6 Vgl. Gesetz über die Errichtung von Zwangskartellen vom 15. Juli 1933.

sein[1]. Es waren die andersartigen Beurteilungen moderner Wirtschaftsweisen und die durch die Wirtschaftskrisen der zwanziger Jahre geschaffene Sensibilität für die Gefahren der großindustriellen Produktion, aus denen heraus die damalige staatliche Kartellpolitik vielfach als vernünftig und begrüßenswert erschien, und die – beispielsweise – auch Ludwig Erhard veranlaßten, das Zwangskartellgesetz „mittelstandsfreundlich und mittelstandsfördernd"[2] zu nennen.

Heute wird nur noch selten vermerkt: Aus dem Blickwinkel des relativ jungen, in England begründeten Wirtschaftsliberalismus heraus kann das Wesen deutscher Wirtschafts- und Sozialtraditionen nicht vollständig gerecht beurteilt werden. In Deutschland haben Zünfte, Einungen, Gaffeln und Gilden, das sind in der Regel zwangsweise Zusammenschlüsse selbständiger Gewerbetreibender, die liberal-rechtsstaatlichen Entwicklungen begründet und über Jahrhunderte hinweg einen eigentümlichen Dualismus zwischen wirtschaftlicher Freiheit und gesellschaftlicher Bindung geprägt[3]. Erst Mitte des 19. Jahrhunderts wurde das Zunftwesen in Deutschland im Zuge der vordringenden Gewerbefreiheit zerstört. Bereits im letzten Viertel des 19. Jahrhunderts begannen jedoch Bemühungen, die Zünfte im

---

1 In seiner Kritik der Ansicht, daß die nationalsozialistische Wirtschaft seit der Machtübernahme 1933 systematisch auf die Erfordernisse der Kriegswirtschaft ausgerichtet worden sei, beschreibt Franz Neumann, Nationalsozialismus, Seite 279f., die verschiedenen Perioden der Durchsetzung der nationalsozialistischen Wirtschaftsideologie und kommt abschließend zum Urteil: „Feders Rückgang an Bedeutung zeigt das vollständige Aufgeben der Wirtschaftsteile des Parteiprogrammes an; denn in diesem unabänderlichen Programm gibt es keinen einzigen Punkt, der verwirklicht wurde, und jede vom Programm gebrandmarkte Erscheinung ist unter dem nationalsozialistischen Regime ins Kraut geschossen". Zu beachten ist auch die Berufung der Reichskommissare für den Reichsverband der Deutschen Industrie und die übrige Wirtschaft am 3. Mai 1933 auf Betreiben von Alfred Hugenberg, um „unorganische Eingriffe in Verbände und Unternehmen" zu verhindern. Allerdings wurde einer der Reichskommissare, Otto Wagener, bereits am 12 Juli 1933 wieder entlassen. Vgl. Avraham Barkai, Nationalsozialismus, Seiten 98f. Erst für die späteren Phasen der Entwicklung des nationalsozialistischen Wirtschaftssystems kann festgestellt werden: „Es wird ganz und gar von den Bedürfnissen nach größtmöglicher für die Kriegführung benötigter Effektivität und Produktivität beherrscht".

2 Ludwig Erhard, Kartellgesetz, Seite 59.

3 Die frühe Entwicklung des Ideals der Freiheit in den deutschen Reichsstädten in Oberitalien, die ideologische Begründung der Freiheit des doch seinerzeit nichtigen einzelnen gegenüber den Ansprüchen von Papst und Kaiser und die Fortentwicklung der Quellen dieser spezifisch reichsdeutschen liberalen Tradition seit den Ursprüngen im 12. Jahrhundert beschreibt eindrucksvoll Quentin Skinner, Political Thought, Band 1.

Innungswesen zu restaurieren. Diese in der Hauptsache handwerklich orientierte Bewegung konnte zwar in einer Zeit des Fortschreitens der Industrialisierung und des Fabrikwesens kaum noch als zeitgerecht empfunden werden. Aber die Tatsache, daß es eine solche Entwicklung überhaupt gegeben hat – auch wenn sie sich nur in einem Sektor der Wirtschaft durchsetzen konnte –, zeigt, wie einflußreich diese deutsche Sozialtradition zu Beginn des 20. Jahrhunderts noch war.

Mit dem Vordringen des Wirtschaftsliberalismus wurde diese Sozialtradition in Deutschland keineswegs abgelöst, sondern nur problematisch – besonders natürlich dort, wo Liberalisierungen strikt im englischen Sinne durchgeführt wurden: Die liberale Tradition kann in Deutschland nicht allein auf dem Recht des einzelnen, auf dessen Freiheit begründet werden. Mit dem Individualismus muß sich hier der Gemeinsinn, die Pflicht (Munt), die Verantwortung, der selbstverständliche genossenschaftliche Geist verbinden[1]. Es ist nicht unverständlich, wenn bei dieser Sachlage mancherlei versucht wurde, die Lücken, die in der sozialen Bindung durch die einseitige Betonung des Rechts des einzelnen aufgetan und als schmerzliches Schwinden des Gemeinsinns empfunden wurden, aufzufüllen – teilweise hat sich hierbei der Sozialismus mit seiner Skepsis gegenüber dem erwerbswirtschaftlichen Handeln und Denken[2] neu belebt, Sozialisierungsvorschläge haben breite öffentliche Resonanz gefunden[3], aber auch Gemäßigteres, eine differenziertere Haltung den Kartellen gegenüber hat hier ihren Ursprung. Selbstverständlich ist dies alles aus einer ausschließlich wettbewerblichen Sicht unbegreiflich.

Es ist nicht bestreitbar, daß Kartelle, namentlich die zwangsweise zusammengeschlossenen, den Zünften sehr ähnlich sind und, wie die Zünfte, vor allem die Sicherung der Existenz ihrer Mitglieder zu gewährleisten suchen. Erhard sagt: „Ein Kartell ist wirklich noch nicht gemeinschädlich, wenn es seine Anstrengungen darauf richtet, im Preis den Ersatz der Kosten zuzüg-

---

1 Vgl. Franz Eulenburg, Volkswirtschaftspolitik, Seite 41.

2 Vgl. Carl Brinkmann, Idee des gerechten Preises, Seiten 232f.

3 Carl Brinkmann sieht Platon als den Urheber der „sozialistischen Kritik der Verkehrswirtschaft" an. Demgegenüber schreibt Aristoteles, Politik, 1263b/23, vom verkehrswirtschaftlichen Standpunkt aus über den Sozialismus: „Wir sehen auch, daß solche, die einen gemeinsamen Besitz haben und ihn gemeinsam benutzen, viel mehr Streit miteinander haben als die Besitzer von Privateigentum" und er fordert, nicht nur die vielen Übel zu betrachten, die bei Gütergemeinschaft wegfallen, sondern auch die vielen Vorteile. Überraschenderweise hat Olof Gigon 1979 die grundsätzliche Problemstellung (nicht die Problemlösung) Röpkes, seinen Entwurf der Civitas humana, mit der Position Platons identifiziert. Vgl. Olof Gigon, Der Staat Platons.

lich eines angemessenen Gewinnes zurückzugewinnen, und wenn es auch gleich wirtschaftliche Situationen geben kann, wo diese Forderung vorübergehend nicht zu erfüllen ist, so dürfte doch deren grundsätzliche Berechtigung nie bestritten werden"[1]. Erhard fügt dem jedoch sofort an, daß die Situation in den einzelnen Wirtschaftsbereichen sehr unterschiedlich ist und daß die Macht der Kartelle nur dort unbedenklich wäre, wo das autonome Handeln in den Marktgegebenheiten Grenzen findet. Erhard spricht von den „beiden Wesenstypen von Kartellen, desjenigen der Grundstoff- und des der Fertigindustrie" und meint: „Das entscheidende Kriterium besteht darin, ob durch eine Kartellbindung ein relatives künstliches Monopol geschaffen werden kann, oder wir können auch fragen, ob durch eine Preisbindung zugleich auch jede Freizügigkeit und jeglicher Wettbewerb automatisch ausgeschaltet ist bzw. diese Beschränkung nur für den Preiskampf gilt." Er sagt: „Die Geschichte der Kartelle der Fertigindustrie beweist, daß hier die Differenziertheit und Mannigfaltigkeit der Erzeugnisse eine Ausschließung der Konkurrenz nicht zulassen, diese vielmehr nur eine Verlagerung vom Preis auf die Qualität erfährt. Das aber ist eine Wirkung, die wir absolut positiv zu bewerten bereit sind"[2].

Erhard weist darauf hin, daß die weithin herrschende und undifferenzierte Voreingenommenheit Kartellen gegenüber eigentlich nur zu verstehen sei „als ein Kampf gegen die wirtschaftlichen Monopole und deren mißbräuchliche Ausnützung zum Schaden der Gemeinschaft. Die Gleichstellung von Monopol und Kartell aber ist durchaus unberechtigt, und darum geht es auch nicht an, die Organisationsform der Kartelle grundsätzlich und allgemein dafür verantwortlich zu machen, daß im Einzelfall diese gefährliche Wirkung ausgelöst werden kann"[3].

In Erhards Bibliothek steht die vierte, 1920 erschienene Ausgabe des Buches von Robert Liefmann, Kartelle und Trusts, in der Erhard auf der hinteren inneren Einbandseite stenographisch einige Stichworte vermerkt hat, die deutlicher noch als seine Veröffentlichungen zeigen, daß Erhard sich mit der unterschiedlichen Struktur und den unterschiedlichen Funktionen von Kartellen und Verbänden intensiv befaßt hat. Die Notizen lauten etwa: Es ist zwischen einem Monopolverein (Kartell) mit rein wirtschaftlichen Zielsetzungen und dem Fachverein zu unterscheiden. Beide können wirtschaftlich eingreifen, denn die Voraussetzungen hierfür, eine gemeinsame Vertretung und die Verfügbarkeit von Informationen über die Unternehmen, sind in beiden Fällen vorhanden. Auch einzelne Unternehmer

1 Ludwig Erhard, Gruppen, Seite 8.
2 Ludwig Erhard, Gruppen, Seite 8.
3 Ludwig Erhard, Gruppen, Seite 8.

können auf dem Verkaufs-, aber auch am Ankaufsmarkt Monopolstellungen erhalten.

Dies besagt: Erhard ist sich klar darüber, daß die Problematik in den wirtschaftlichen Zielsetzungen, eine Monopolstellung zu erreichen, liegt. Er ist sich weiterhin darüber klar, daß Monopolstellungen von einzelnen Unternehmen ebenso erreicht werden können wie von Unternehmensvereinigungen, daß es folglich nicht die Existenz der Kartelle, sondern die wirtschaftlichen Zielsetzungen sind, die – unabhängig davon, ob sie individuell oder über hierzu geschaffene Kollektive angestrebt werden – beachtet werden müssen. Schließlich ist sich Erhard auch klar darüber, daß es grundsätzliche Unterschiede zwischen wirtschaftlichen Vereinen gibt: Er unterscheidet „Monopol-" und „Fachvereine"[1].

Die Darstellung Erhards führt zu einer Erkenntnis, die in den dreißiger Jahren noch recht weit verbreitet war. Franz Eulenburg etwa weist auf das „lehrreiche Beispiel" hin, das die amerikanische Verfassung von 1789 für die Bekämpfung monopolistischer Marktbeherrschung gäbe: „Das Verbot von Zusammenschlüssen, die eine Schmälerung des Wettbewerbs herbeiführen, hat in den USA zweifellos das Entstehen von Kartellen verhindert. Auf der anderen Seite wurde dadurch die Entwicklung der Trusts gefördert"[2]. Es stellt sich damit nicht nur die Frage, was damit gewonnen wäre, wenn die Gefährdung des Wettbewerbs an der Kartellfront mit einem Kartellverbot gebannt, damit aber eine Gefährdung des Wettbewerbs durch Unternehmenskonzentrationen provoziert würde. Es ist vor allem auch zu fragen, wie die Chancen der staatlichen Kartellaufsicht gegenüber denen der Monopolaufsicht sind. Schließlich ist auch daran zu denken, daß Unternehmenskonzentrationen nicht zum oben beschriebenen Leitbild einer nach Möglichkeit personalisierten Wirtschaftsgesellschaft passen und sich schon von daher gesehen alles verbietet, was der Unternehmenskonzentration Vorschub leisten kann, während doch andererseits die personale – statt der kapitalmäßigen – Bindung einzelner Unternehmer in nicht gemeinschädlichen Kartellen gesellschaftspolitisch durchaus erwünscht sein könnte.

Wenn es einen Zusammenhang zwischen einem Kartellverbot und der unter keinen Umständen erwünschten Unternehmenskonzentration gibt, dann läßt sich Erhards Ansicht nicht einfach einer Unterschätzung der Macht der Kartelle zuschreiben. In den dreißiger Jahren kamen zwar viele wissenschaftliche Untersuchungen im Ergebnis zu einer Relativierung des

---

1 Vgl. hierzu auch Ludwig Erhard, Gruppen, Seiten 2f.
2 Franz Eulenburg, Volkswirtschaftspolitik, Seiten 196f.

in der Öffentlichkeit weithin angenommenen Einflusses der Kartelle[1], doch mit der Annahme, Erhard habe nur dies rezipiert, würde man seiner viel grundsätzlicheren Fragestellung nicht gerecht. Erhard sucht nach einem Ausweg aus einer wettbewerbspolitischen Dilemmasituation. Er fragt, welche Voraussetzungen vorherrschen müssen, damit die Wirtschaft Machtpositionen ausnutzen kann, und über welche Handhaben die Marktbehörde in diesen Fällen verfügen müßte, um „eine solche der Gemeinschaft zum Schaden gereichende Preispolitik zu verhindern bzw. in wieder vertretbare Bahnen zu zwingen“[2]. Erhard stellt fest, daß von Preiskartellen nur dort ein gemeinschädliches Verhalten zu befürchten ist, wo die Zahl der Anbieter gering, die Verbrauchsreife der Produkte fern, die Sortimentszusammensetzung der Betriebe eng ist, wo zudem die Produkte von reinem Gebrauchs-, das heißt ohne Zusatznutzen sind und keine technischen und geschmacklichen Differenzierungen vorgenommen werden, wo weiterhin keine Substitutionen durch andere Werkstoffe oder Waren möglich sind, wo außerdem – in einer bestimmten konjunkturellen oder einer besonderen wirtschaftlichen Lage – extreme Knappheiten auftreten und wo schließlich die Verbraucherhaltungen stabil sind[3].

Die von Erhard genannten Kriterien beschreiben, daß Kartelle vor allem bei homogenen Massengütern – also in der Grundstoffindustrie – und bei stark spezialisierten Produkten – etwa in einzelnen Bereichen der Produktionsmittelindustrie – zu fürchten wären: Die Gefahr von Kartellabsprachen ist also genau dort groß, wo natürliche oder künstliche Monopole herr-

---

1 Einige Beispiele solcher Ergebnisse sind: Georg Halm, Besteuerung, Seiten 35ff.: Die Kartelle dienten oft nur der Herbeiführung derjenigen Preislage, die unter normalen Konkurrenzverhältnissen gegeben wären. In vielen Fällen läge nur eine Vermeidung von Konkurrenzverlusten vor. Herbert von Beckerath, Gewerbepolitik, Seite 304: Es ist „eine dauernde preiserhöhende Wirkung mit Sicherheit wohl nur für einige Kartelle, respektive Syndikate der Rohstoffindustrie und nur sehr wenige Kartelle der Fertigindustrie mit besonders starken Monopolmomenten (zum Beispiel Patenten) nachweisbar“. In seiner eingehenden Untersuchung zur Entwicklung der Kartellpreise kommt Karl Muhs, Kartelle, Seiten 53ff., zum Ergebnis, daß im Konjunkturanstieg keine Überhöhung der Kartellpreise im Verhältnis zu den freien Preisen nachzuweisen sei, daß die freien Preise aber im Konjunkturabschwung nachgiebiger seien. Theodor Beste, Kartellpreis, Seite 85, schreibt in Widerspruch zur Behauptung von Franz Böhm, daß jedweder Monopolist sein Leistungsniveau unterhalb oder sein Preisniveau oberhalb des konkurrenzwirtschaftlichen halte, sogar: „Daß der Monopolpreis infolge der Verbesserung der Produktionsmethoden oder der Erzeugnisse, die er ermöglicht, oft niedriger festgesetzt wird als der Preis, der sich auf dem freien Markte gebildet haben würde, zeigt die Erfahrung“.

2 Ludwig Erhard, Preisbildung, Seite 69.

3 Ludwig Erhard, Preisbildung, Seiten 69f.

schen oder leicht begründet werden können. Das heißt: Werden Kartelle toleriert, so gesellen sich der Wirtschaftspolitik zur unbestritten notwendigen Prophylaxe gegen Monopole, gegebenenfalls zur Monopolkontrolle, keine zusätzlichen Aufgaben zu. Da nach dem oben ausgeführten Kriterien konstruierte Kartelle aber die erwünschte Existenzsicherung der Unternehmen gewährleisten und durch ihren Beitrag zum Unterbinden „ruinöser" Wettbewerbsformen einen entscheidenden Mangel der Wettbewerbswirtschaft beseitigen, wären sie – sofern der Gefahr der Monopolisierung durch den Staat begegnet wird – insgesamt zu befürworten. Erhard schätzt die Folgen einer Wirtschaftspolitik, die Kartellvereinbarungen untersagt und die Unternehmen damit auf den Weg zur Konzentration drängt, als weitaus schädlicher ein[1].

Aus liberaler, aber auch aus sozialistischer Sicht ist die Kartellfrage recht schnell abgehandelt. Erhard geht es nicht um die Entscheidung einer einfachen Alternative – „Ordnung der Wirtschaft durch den Staat" oder „Ordnung der Wirtschaft durch Private". Das Treffen ordnungspolitischer Grundentscheidungen soll selbstverständlich und ausschließlich dem Staat vorbehalten bleiben. Das Tolerieren von Kartellen und die Beschränkung auf eine staatliche Mißbrauchsaufsicht ist gemäß Erhards Ausführungen eine ordnungspolitische Entscheidung; er versteht diese Aufgabe als eine ausschließlich staatliche, und sie ist gerechtfertigt, weil aus der Alternative – einem generellen Kartellverbot – negative Folgen für die Wirtschaftsstruktur zu erwarten sind.

Als Liberaler ist Erhard der Ansicht, daß der Wirtschaftsprozeß nach Möglichkeit nicht durch laufende Eingriffe des Staates, sondern durch eine wirtschaftsverfassungsrechtliche Grundentscheidung gelenkt werden soll. Dieses Prinzip erfordert im Bereich der Wettbewerbspolitik eine bedachtsame Anwendung: In den potentiell durch Monopole gefährdeten Wirtschaftsektoren muß der Staat stärker kontrollieren und gegebenenfalls stärker regulierend eingreifen als in anderen Bereichen. Im Rahmen dieser Ordnungspolitik plädiert Erhard zunächst für die Preisüberwachung, also nicht für eine Marktstrukturpolitik, sondern für eine sektorspezifische Miß-

1 Robert Liefmann, Kartelle, Seiten 62f., beschreibt, wie Kartelle „auf die gesellschaftlichen Anschauungen der Unternehmer über ihr Verhalten zu den Konkurrenten und ihre ganze Stellung im Wirtschaftsleben" wirken. Er nennt dies „volkswirtschaftlich von allergrößter Bedeutung" und betont, daß erst durch die Kartelle, „durch das Gefühl der Zusammengehörigkeit", ein System größerer Öffentlichkeit in der Wirtschaft möglich geworden sei und der „hauswirtschaftliche Zug, den die Unternehmungen trotz allen großkapitalistischen Charakters und aller Aktiengesellschaften" hatten, überwunden werden konnte.

brauchsaufsicht. Er hält vor allem eine Preisüberwachung für erforderlich, die zu einer Einschränkung jenes speziellen Außenseiterwettbewerbs führt, der zu Preisen stattfindet, die nicht kostendeckend sein können[1]. Erhard meint, zur Erfüllung dieser Aufgabe „muß man auch Organe haben, die in unmittelbar enger Fühlung zu den Menschen und zu den Dingen stehen und aus enger lebensnaher Anschauung urteilen und handeln können"[2]. Dies aber seien vor allem die Kartelle. Darüberhinaus – wiederum nicht über die gesamte Wirtschaft, sondern nur schwerpunktmäßig über Sektoren, von denen aufgrund ihrer Wirtschaftsstrukturen die Gefahr von Monopolisierungen vorhergesehen werden kann – gilt: „Wirtschaften setzt... eine Einhaltung einer Ordnung überwachende und regelnde Wirtschaftsbehörde voraus, die ihr Amt zugleich als Ausdruck des Willens der Wirtschaftsgemeinschaft zu besorgen vermag. Träger der modernen Volkswirtschaft kann in dieser Ausrichtung füglich nur der Staat sein. Ihm fällt damit aber zugleich auch die Aufgabe zu, die Preisbildung, besonders in der Form der starren Preisbindung, vor allem in jenen Sektoren der Wirtschaft zu überwachen, in deren Bereich der Wettbewerb durch Gegenseitigkeitsverpflichtungen am leichtesten zu beseitigen ist"[3].

Was aber geschieht, wenn Verstöße in diesen heiklen „monopolfähigen" Wirtschaftsbereichen festgestellt werden? Finden dann doch staatliche Preisinterventionen statt, und muß der Wettbewerb letztendlich und trotz aller als „ordnungspolitisch" deklarierten Aussagen nicht zwangsläufig der staatlichen „Fremdverwaltung" anheimfallen, weil die Unternehmen in Monopolstellungen beträchtliche Vorteile sehen und diese deshalb anstreben werden? So wäre es doch vorhersehbar, daß ein monopolfähiger Wirtschaftsbereich über ein Kartell zu einem Monopol wächst und er mit dieser Entwicklung schließlich doch den staatlichen Preisverordnungen unterworfen werden müßte – eine Entwicklung, die der von 1931 bis 1936, von der Preisüberwachung zur Preisbildung, gliche.

Erhard verweist darauf, daß jede monopolistische Kontrolle einer Ware im Hinblick auf die Erzeugungsmenge und den Absatz eine nur graduell zu bestimmende Position sei[4]. Ausschließlich der Staat verfüge kraft der ihm

---

1 Erhard schildert Fälle von „Kellerunternehmen", deren „Konkurrenzfähigkeit" darin bestehe, daß Mutter, Großmutter und Kind die Arbeit unentgeltlich verrichten würden. Während das Bild des „Außenseiters" im allgemeinen das eines dynamisch und innovativ in einen Markt drängenden Unternehmens ist, beschreibt Erhard also eher das Phänomen der „Schwarzarbeit". Vgl. Ludwig Erhard, Preisüberwachung, Seite 191.

2 Ludwig Erhard, Gruppen, Seite 9.

3 Ludwig Erhard, Preisbildung, Seite 67.

4 Ludwig Erhard, Preisbildung, Seite 69.

zu Gebote stehenden Machtmittel über alle Voraussetzungen zur Errichtung und Beherrschung von Monopolen[1]. Erhard meint, daß der Wettbewerb auch in Wirtschaftsbereichen, in denen Monopole herrschen, nie völlig erlahmen werde, sofern dies der Staat nur selbst nicht wolle; allein der Staat könne vollständige Monopole begründen. Eine Marktbehörde habe es darum stets und ohne besondere Organisation in der Hand, das gesamte Angebot an gleichartigen Erzeugnissen zu beeinflussen[2]. Erhard schreibt, „daß die Problemstellung eine absolut gültige Entscheidung nicht zuläßt"[3]. Seinen Aussagen läßt sich jedoch entnehmen, daß Erhard wettbewerbspolitische Interventionen dort für nötig erachtet, wo die Preisüberwachung „starre Preise" registriert. Unter solchen Interventionen verstand Erhard jedoch keine Preistaxen, sondern Maßnahmen, die den Restwettbewerb intensivieren: Das Jedermann-Programm könnte hier eine Rechtfertigung finden, ebenso auch Investitionshilfen und Förderungen des Mittelstandes.

b. Über Funktionsmechanismen der Wirtschaftspolitik

Insgesamt geht aus der vorangegangenen Untersuchung hervor, daß der Erhardschen Betrachtung der Wirtschaft und der Aufgabe der Wirtschaftspolitik ein recht komplexes Leitbild zugrundeliegt. Es steht fest: Erhard geht von einem Modell der reinen marktwirtschaftlichen Konkurrenz aus. Er legt dar, daß das Modell in der Wirtschaftspraxis nicht so funktioniert, wie es den einfachen theoretischen Wirkungszusammenhängen entnommen werden kann. Erhard relativiert sein Bekenntnis zur Marktwirtschaft daraufhin jedoch an keiner Stelle, an der er Diskrepanzen zwischen dem Marktmodell und der Wirtschaftspraxis analysiert:

□ Neben einem privaten Nutzenoptimum führt der marktwirtschaftliche Austausch nur dann zu einem gesellschaftlichen Optimum, wenn die Vermögen als Elemente der Nachfrage relativ gleich verteilt sind. Also, meint Erhard, ist „Wohlstand für alle"[4] Voraussetzung einer Sozialen Marktwirtschaft und damit Ziel einer Politik, die die gesellschaftliche

---

1 Ludwig Erhard, Preisbildung, Seite 64.

2 Ludwig Erhard, Preisbildung, Seite 96.

3 Ludwig Erhard, Preisbildung, Seite 75.

4 Mit der angestrebten Gleichverteilung soll bewirkt werden, daß die Nachfrageintensitäten gegenüber der aus dem Arbeitseinkommen stammenden Nachfrage nicht verzerrt werden. Diese Bedingung wäre bei Vollbeschäftigung durch eine

Arbeitsteilung und eine im Hinblick auf den Markttausch freiwillig erbrachte Leistung zu zentralen Elementen der gesellschaftlichen Ordnung erheben möchte.

□ Soll die gewünschte gesellschaftliche Ordnung stabil sein, dürfen grundsätzlich keine Stufungen in der Mitgliedschaft in dieser Wirtschaftsgesellschaft auftreten. Eine gleichmäßige Vermögensverteilung trägt hierzu bei. Aber sie ist noch nicht genug. Jedes Mitglied dieser Gesellschaft muß auch erhalten können, was es nachfragt. In einer arbeitsteiligen, marktwirtschaftlichen Ordnung ist die Grundlage der Nachfrage eines jeden dessen eigenes Leistungsangebot. Das bedeutet: Eine um den Markt zentrierte Wirtschaftsgesellschaft ist nur bei Vollbeschäftigung zu verwirklichen.

Die Erhardsche Konzeption zeichnet sich als Leitbild somit durch drei gleichberechtigt miteinander verbundene Elemente aus – durch die marktwirtschaftliche Ordnung, durch „Wohlstand für alle", durch Vollbeschäftigung. Dieses Leitbild könnte nur bei Inkaufnahme größerer Mißverständnisse als „Marktwirtschaft" bezeichnet werden. Erhard hat einen neuen Begriff hierfür gesucht und sein Leitbild schließlich „Soziale Marktwirtschaft" genannt[1].

Den weiteren Fragen nach den Schwierigkeiten, denen Erhard in einer Marktwirtschaft, die nach seinem Leitbild der Sozialen Marktwirtschaft geordnet ist, begegnen zu müssen meint, hat sich einiges erschlossen, das über die konstitutiven Erfordernisse hinausgeht und Notwendigkeiten einer regulativen Ordnungspolitik der Sozialen Marktwirtschaft bezeichnet:

□ Der Wirtschaftsprozeß in einer Sozialen Marktwirtschaft führt zu akzeptablen Ergebnissen, die durch Eingriffe des Staates nicht verbessert werden können, aber er führt zu diesen „gerechten" Ergebnissen auf weitgehend

---

Vermögensverteilung erfüllt, die zum Einkommen einer bestimmten Periode proportional ist. Vgl. Näheres oben, Seiten 81ff.

1 Der Begriff weist auf Erhards Ausgangspunkt, auf die Vorstellungen Oppenheimers, die Erhard zu seinem spezifischen Leitbild des „sozialen Liberalismus" umgeformt hat. Nach Ende des Zweiten Weltkrieges waren jedwede Dogmen und „Ismen" gründlich verhaßt. Erhard hat zunächst – bis Ende 1949 – nur von „Marktwirtschaft", dann von einer „wirklich ‚sozialen' Marktwirtschaft" gesprochen. Erst ab 1950 verwendet er den Begriff „Soziale Marktwirtschaft". Wenn Erhard auf ein früher entwickeltes Konzept eines anderen Wissenschaftlers oder Wirtschaftspolitikers hätte zurückgreifen wollen, das unter dem Begriff „Soziale Marktwirtschaft" beschrieben worden ist, dann wäre verwunderlich, warum es zu dieser großen zeitlichen Verzögerung gekommen ist. Beschreibungen unter dem Titel „Soziale Marktwirtschaft" sind seit 1946, zunächst von Alfred Müller-Armack und dem Stellvertretenden Leiter des bizonalen Verwaltungsamtes in Minden, Harold Rasch, dann von Edmund Kaufmann, dem Stellvertretenden Direktor der Verwaltung für Wirtschaft, vorgelegt worden.

anonyme Weise. Es ist für das einzelne Wirtschaftssubjekt schwer, nachzuprüfen, ob seine Leistungen im Markt fair vergütet worden sind. Das immer vorherrschende Mißtrauen und die verbreitete Furcht vor der Expropriation durch die Gesellschaft erfordern Vorkehrungen. Die Soziale Marktwirtschaft kommt darum ohne Aufklärungsarbeit nicht aus. Im besten Falle sollten sich an der Erfüllung dieser informationspolitischen Aufgabe alle wichtigen Gesellschaftsgruppen beteiligen – vor allem die Tarifpartner, die über einen besonders beachteten Preis zu befinden haben.

□ Der Wettbewerb kann „einschlafen". Leistungsfähige Wettbewerber können durch „Außenseiter" – durch Dumping etwa oder durch Schwarzarbeiter – ruiniert werden. In bestimmten Wirtschaftsbereichen ist es den Unternehmen leicht, monopolistische Positionen aufzubauen, die in anderen Wirtschaftsbereichen kaum zu befürchten sind und auch durch Kartellvereinbarungen nicht erreicht werden können. Der Staat muß den Wettbewerb darum laufend überwachen, aber es ist schwer, im einzelnen festzustellen, was jeweils der „wirkliche" Wettbewerb wäre und welche Ergebnisse er bringen würde. Der Vernichtung von leistungsfähigen Wettbewerbern können und sollen nach Erhards Ansicht die Unternehmen selbst vorbeugen, indem sie sich zu einem „lauteren Wettbewerbsverhalten" bereit finden. Auf diese Weise wären die Wettbewerber geschützt, nicht aber der Wettbewerb. Wo die Vermutung auftritt, daß der Wettbewerb durch „Gegenseitigkeitsverpflichtungen" beseitigt – das heißt nicht bloß vom Preis auf andere Wettbewerbsparameter verlagert – ist, kann der Staat Anreize geben, damit neue Wettbewerber auftreten und den Wettbewerb intensivieren. Erhards Konzeption sieht also eine regulative Wettbewerbspolitik vor, die vor allem „wettbewerbsfähige Märkte"[1] herstellt.

□ Wirtschaften soll Nachfrage befriedigen. Das bedeutet: Die tatsächlich vorhandene Nachfrage soll die Produktion steuern, nicht umgekehrt. Erhard ist es mit diesem Postulat der Verbraucherautonomie sehr ernst. Aus ihm folgt: Erhard ist weder Anhänger einer „Nachfragepolitik" noch unbedingter Befürworter einer „Angebotspolitik". Mit der Nachfragepolitik wird die Steuerung der Produktion durch künstliche, nicht durch genuine Nachfrage bewerkstelligt; mit der Angebotspolitik kann eine „Korrektur von Ansprüchen an das Produktionsergebnis"[2], also eine Verbraucherlenkung beabsichtigt sein, die Erhard ganz entschieden ablehnt. Eine Angebotspolitik, die Produktionsmöglichkeiten im Hinblick auf eine vorhandene Nachfrage schafft oder verbessert, könnte natürlich mit Erhards Vorstellungen

---

1 Zu diesem Konzept vgl. neuerdings William J. Baumol/John C. Panzar/Robert D. Willig, Industry Structure, sowie Hans-Günter Krüsselberg, Wettbewerbstheorie.

2 Olaf Sievert, Wirtschaftspolitik, Seite 69.

vereinbart werden. Nur: Diese Art der Produktionssteuerung ist die Aufgabe des Wettbewerbs und kann darum keine gesonderte wirtschaftspolitische Aufgabe begründen.

Eine politische Grundentscheidung für eine Marktwirtschaft ist relativ leicht zu realisieren. Die Grundentscheidung für eine Soziale Marktwirtschaft ist schwieriger; sie erfordert einen weitaus größeren ordnungspolitischen Handlungsbedarf: Eine Soziale Marktwirtschaft realisiert sich erst durch mehrere Komponenten – durch eine Marktwirtschaft, durch eine breite Vermögensverteilung und durch Vollbeschäftigung. Keines dieser drei Elemente der Sozialen Marktwirtschaft ist entbehrlich. Das bedeutet: Die Durchsetzung einer Sozialen Marktwirtschaft kann nur aus einem längeren wirtschaftspolitischen Prozeß erwartet werden.

Für die Wirtschaftspolitik in dieser Durchsetzungsphase können einige Leitregeln und Prioritäten genannt werden. Die Vermögensverteilung in einer Marktwirtschaft ist auf eine längere Sicht hin ausschließlich eine Funktion des Vermögenszuwachses, also der Einkommen. Vollbeschäftigung und eine großzügige Bodenerschließung würden die Arbeitseinkommen relativ zu den Einkommen aus Kapital und Boden erhöhen und damit die gewünschte gleichmäßige Vermögensverteilung in einem marktwirtschaftlichen Prozeß unter strikter Beachtung der Leistungsgerechtigkeit entstehen lassen. Formen des Lastenausgleichs könnten ein übriges tun. Bodenerschließungen und Lastenausgleich lassen sich relativ leicht politisch durchsetzen und administrativ vollziehen. So bleibt in Erhards Konzeption als der eigentlich kritische Punkt die Vollbeschäftigung. In der Sozialen Marktwirtschaft kann nicht auf Vollbeschäftigung verzichtet werden. Andererseits hat Erhard mit jeder Art der Verbraucherlenkung auch die Nachfragepolitik, das heißt die „Vollbeschäftigungspolitik", klar abgelehnt. Welche Rezepte konnte er dann noch befürworten?

(1) Die Bedeutung der realen Wirtschaftspolitik gegenüber der Geldpolitik

Georg Friedrich Knapps „Staatliche Theorie des Geldes" dürfte eines der für Ludwig Erhard wichtigsten volkswirtschaftlichen Lehrbücher gewesen sein[1]. Aus Eintragungen in dem in Erhards Bibliothek stehenden Exemplar,

1 Nach Melchior Palyi, Staatliche Theorie, Seite 6, dem Mitherausgeber des unvollendeten systematischen Werkes von Max Weber „Wirtschaft und Gesellschaft", hat Knapps „Staatliche Theorie des Geldes" der wissenschaftlichen Forschung „überaus starke Anregungen gegeben"; dabei sei es für eine wirtschaftspolitische Richtung „nahezu zur Heiligen Schrift geworden". Max Weber selbst,

der 1921 erschienenen dritten Auflage, geht hervor, daß Erhard dieses Buch im Mai 1922, wahrscheinlich zum ersten Male, gelesen hat. Über die Diplom-Prüfung Erhards im Jahre 1923 wird berichtet, Erhard erzähle hierüber „die Anekdote, er habe seinem Lieblingslehrer, Professor Rieger, unmittelbar vor der Prüfung gesagt: ‚Wenn Sie mich über Betriebswirtschaft befragen, so werde ich Sie blamieren. Prüfen Sie mich dagegen Volkswirtschaft, so wird alles gut ablaufen'. Tatsächlich wurde Erhard dann über Georg Friedrich Knapps ‚Staatliche Theorie des Geldes' geprüft, ein Werk, mit dem er vertraut war"[1].

Wilhelm Rieger ist als ein konsequenter Vertreter des von Georg Friedrich Knapp begründeten „Nominalismus" anzusehen. Für Rieger liegen schon dem Versuch, durch buchhalterische Wertberichtigungen eine Substanzerhaltung der Unternehmungen zu gewährleisten, ungebührliche „geldwertfeindliche Vorstellungen" zugrunde. Er schreibt etwa: „Eine Geldrechnung, an der herumkorrigiert wird, gibt es nicht. Dadurch würde ja die einzelne Mark zu einer Individualität – das schlimmste, was dem Geld geschehen kann"[2].

Auch in Erhards Dissertation wird auf die „Staatliche Theorie des Geldes" klar Bezug genommen. Das zeigt sich schon daran, daß unter Erhards Literaturverweisen die geldtheoretische Richtung Knapps unbestreitbar dominant ist: Neben der „Staatlichen Theorie" selbst werden drei Arbeiten von Friedrich Bendixen aufgeführt[3], in denen die „Staatliche Theorie"

Wirtschaft und Gesellschaft, 1. Teil, 2. Kapitel, § 36, hat über dieses Werk geurteilt: „Das Buch ist formell und inhaltlich eines der größten Meisterstücke deutscher schriftstellerischer Kunst und wissenschaftlicher Denkschärfe". Er nennt die „Staatliche Theorie" „schlechthin für immer grundlegend". – Ein bemerkenswertes Urteil über ein Buch, das zwanzig Jahre später schon völlig vergessen war.

1 Michael Caro, Ludwig Erhard, Seite 22. Auch in seinem Beitrag zum 90. Geburtstag von Wilhelm Rieger berichtet Erhard diese Anekdote, aber er schreibt dort allgemeiner, daß sich die Prüfung auf geldtheoretische Fragen erstreckt habe. Zuvor erwähnt er jedoch, daß Wilhelm Rieger ein begeisterter Schüler des bis 1918 in Straßburg lehrenden Geldtheoretikers Georg Friedrich Knapp gewesen sei, der in der „Staatlichen Theorie des Geldes" ein Standardwerk geschaffen habe, das seinerzeit – und wohl auch noch heute – die Geister schied. Vgl. Ludwig Erhard, Wilhelm Rieger, Seiten 8f.

2 Wilhelm Rieger, Privatwirtschaftslehre, Seite 253.

3 Es handelt sich um Friedrich Bendixen, Währungspolitik, Geld und Kapital sowie Das Wesen des Geldes. Der dort angeführte Otto Heyn, Zur Valutafrage, vertritt eine strenge Funktionswerttheorie. Neben den Hauptwerken von Adam Smith, David Ricardo und Franz Oppenheimer führt Erhard Joseph Schumpeter, Sozialprodukt und Rechenpfennige, auf, aus dem er auch eine längere Passage zitiert. Schumpeter vertritt die Auffassung, daß Geld nichts anderes sei als ein Hilfsmittel zur Abwicklung des Geschäftsverkehrs – völlig abhängig von den

erläutert und vertieft wird. Über Bendixen sagt Knapp: Er „hat volles Verständnis für die Staatliche Theorie gezeigt, hat sie treffend verteidigt und weiten Kreisen zugänglich gemacht"[1].

Affinitäten zu den Grundgedanken der „Staatlichen Theorie" sind in nahezu allen Frühschriften Erhards leicht feststellbar. Wie Knapp betont auch Erhard, daß sich die Geldwirtschaft „entfaltungsgeschichtlich" aus der Tauschwirtschaft entwickelt habe. Und wie Knapp sagt auch Erhard, im Zuge dieser Entwicklung sei „mit der Vervielfältigung und Intensivierung der wirtschaftlichen Beziehungen auch die gesellschafts-wirtschaftliche Verflechtung eine so enge geworden, daß ‚die Quantität in die Qualität umschlägt'" und sich neuartige Phänomene ergeben hätten[2]. Wo Erhard von Preisen spricht, vergißt er selten darauf hinzuweisen, daß es sich dabei bloß um „in Geld ausgedrückte" Marktbewertungen handle. – Er meint damit nicht etwa eine Bestimmung des absoluten Preisniveaus durch Geld als „numéraire"; es geht ihm vielmehr um die Bestimmung der relativen Preise, um Marktbewertungen aufgrund der „Güter-Tauschverhältnisse", und er distanziert sich mit dieser Sicht klar von einer quantitätstheoretischen Bestimmung der Preise[3]. Die Übereinstimmung mit den Aussagen Knapps geht in Erhards Schriften gelegentlich bis in Details: So verwendet

---

güterwirtschaftlichen Vorgängen. Neben Albert Hahn, Volkswirtschaftliche Theorie des Bankkredits, werden noch zwei Werke von Friedrich Schmidt, Der nationale Zahlungsverkehr und Der internationale Zahlungsverkehr, aufgeführt. Albert Hahn erklärt in seinem Werk das Entstehen von Konjunkturschwankungen aus Krediten, die nicht den Ersparnissen entsprechen, das heißt aus inflationären Krediten. Friedrich A. von Hayek, Geldtheorie und Konjunkturtheorie, Seite 58, sagt über Hahn, daß er „in vielen Punkten ähnliche theoretische Auffassungen wie Mises vertritt und sehr viel zu ihrer Verbreitung in Deutschland beigetragen hat". Im Text seiner Dissertation geht Erhard auch ein auf die „Polemiken, die Siegfried Budge in der Hauptsache gegen Bendixen und Schumpeter führte" (Seite 65) und erwähnt die Ansicht von Karl Diehl, daß nur stoffwertloses Geld ein Maßstab zum Wertvergleich mit anderen Gütern sein könne (Seite 47).

1 Georg Friedrich Knapp, Staatliche Theorie, Seiten 449f.

2 Ludwig Erhard, Preisbildung, Seite 68.

3 Vgl. etwa Ludwig Erhard, Preisbildung, Seite 48. Es heißt dort: „Die Nominalität der Werteinheit kann nicht darüber hinwegtäuschen, daß Preise nichts anderes auszudrücken vermögen als Mengenverhältnisse, und daß dem ursprünglichen, Zug um Zug vor sich gehenden Tauschakt kein anderer Vorgang zugrundeliegt als der in der Geldwirtschaft in Kauf und Verkauf zerspaltene Tausch. Die *Rückbeziehung des Preises auf mengenmäßige Austauschverhältnisse* verdeutlicht..." (Hervorhebung von mir). Auch Wilhelm Vershofen, Licht im Spiegel, Seite 85, vertritt diese Ansicht.

Erhard etwa ebenjene Passage aus Schopenhauers „Grundlage der Moral"[1], auf die sich auch Knapp bezog, um eine seiner zentralen Aussagen im Rahmen der ergänzenden Erläuterungen seiner Theorie zu verdeutlichen, nämlich daß es keinen „Wert des Geldes an sich" geben könne[2].

Die geldtheoretische Grundansicht, die Knapp in der „Staatlichen Theorie" vermittelt, besteht in der Hauptsache in einer strengen Geldwesenslehre. Knapp hält sich von jeder geldtheoretischen Bestimmung eines

---

1 Der Umstand, daß Erhard Knapps Hinweis auf Schopenhauers „Grundlage der Moral" in seine Schrift übernommen hat, ist bemerkenswert: Schopenhauer befaßt sich in dieser Schrift mit einer von der Königlich Dänischen Societät der Wissenschaften am 30. Januar 1840 gestellten Preisfrage, ob die Quelle und Grundlage der Moral unmittelbar im Bewußtsein und Gewissen liege oder einen anderen Erkenntnisgrund habe. Eine solche Frage hat natürlich auch für ethische Begründungen sowohl des Sozialen in der Sozialen Marktwirtschaft als auch für die Begründung der Marktwirtschaft als gesellschaftspolitisches Leitbild Bedeutung. Für das Wirtschaftliche wird häufig und ohne weiteres eine Verpflichtung auf eine (angelsächsisch) pragmatisch-utilitaristische Tradition angenommen; das Soziale wird in der Regel auf einen ethischen Imperativ zurückgeführt. Franz Furger, Ethik, Seite 10, hat jetzt darauf hingewiesen, daß mit diesen Annahmen vor allem das Erbe des Idealismus in den Hintergrund gedrängt wird – „und zwar sowohl in seiner Kant verpflichteten wie in der von der Neuscholastik geprägten Form". Die Erörterung der Frage, ob die Ethik deontologisch oder teleologisch begründet ist, geschieht heute wiederum in der Regel im Rahmen jener moraltheologischen Darlegungen, die schon Schopenhauer zwar als die denkbar wirksamsten, aber sozialphilosophisch unzureichenden Begründungen der Ethik genannt hat. Es ist ein Defizit der sozial-marktwirtschaftlichen Theorie, daß Grundfragen der Sozialethik außerhalb ihres Erkenntnisbereiches behandelt werden. Zu Ende des Zweiten Weltkrieges wurde – als eine mögliche Lösung dieses Problems – vor allem von Adolf Lampe und Constantin von Dietze die notwendige Nähe von Theologie und Volkswirtschaftslehre betont. – Zur Vermeidung eines allzu naheliegenden Mißverständnisses ist nochmals klarzustellen: Es geht nicht darum, die Theorie der Sozialen Marktwirtschaft auf einer moralischen Basis aufzubauen. Es handelt sich bei dem aufgeworfenen Problem nicht um die Bestimmung von Normen für die Soziale Marktwirtschaft, sondern um das Bemühen, eine Antwort auf die Frage zu geben, auf welcher Grundlage überhaupt „soziale Gerechtigkeit" bestimmt werden soll. Die Aussparung dieser Frage in der Markttheorie und die Übernahme von Antworten, beispielsweise aus der Moraltheologie und den päpstlichen Rundschreiben, ist das eigentlich Problematische, denn ohne eine eigenständige Theorie des Sozialen ist die Soziale Marktwirtschaft eben nichts anderes als eine Projektion bestimmter Handlungsgrundsätze in den Bereich der Wirtschaft hinein – im Beispiel: der Prinzipien der katholischen Soziallehre. Nicht, daß man hiermit ein Urteil über diese Prinzipien sprechen würde – doch man kann sich mit ihnen erst dann vernünftig auseinandersetzen, wenn es ein eigenständiges Fundament der Theorie der Sozialen Marktwirtschaft, insbesondere hinsichtlich des Sozialen, gibt.

2 Vgl. Ludwig Erhard, Preisbildung, Seite 50, und Georg Friedrich Knapp, Staatliche Theorie, Seite 437.

realen Geldwertes fern. Er sagt: „Preisänderungen finden immer statt; sie haben ihre Gründe in den Umständen des Marktes; sie dürfen nicht durch die Annahme erklärt werden, daß der Geldwert sich im entgegengesetzten Sinne geändert habe, denn das wäre eine Tautologie: man weiß ja über den Geldwert nur etwas durch die Preisstatistik, kann also diese nicht aus sich selber erklären"[1]. Geld hat „chartalen" Charakter: Es hat unabhängig von jeder Beschaffenheit seinen Wert nur aufgrund der proklamatorischen Festsetzung des Staates, daß Schuldverbindlichkeiten durch Geld zu begleichen sind.

Die Geldtheorie Knapps kann nicht als Fortführung der klassischen These von der güterwirtschaftlichen Unwirksamkeit des Geldes interpretiert werden[2]. Knapp unterscheidet valutarisches Geld, das ist Geld, das der Staat bei Zahlungen, die er leistet, verwendet, und akzessorische Geldarten, das ist Geld, das in valutarisches Geld eingelöst, aber dessen Annahme unter Umständen auch verweigert werden kann. Einige der Aussagen Knapps sind zeitbezogen und müssen für die Beurteilung von Geldwirkungen in modernen Geldverfassungen relativiert werden. So führt Knapp das Entstehen akzessorischer Geldarten in der Hauptsache auf das Nebeneinanderbestehen von Metall- und Papierwährungen zurück[3]. Jedoch erwähnt Knapp

---

1 Georg Friedrich Knapp, Staatliche Theorie, Seite XVI.

2 Die klarste Darstellung der in der Klassik weithin herrschenden Ansicht, daß Geld für den Wirtschaftsablauf unbedeutend sei, findet sich bei John Stuart Mill, Grundsätze, Seite 9: „There cannot... be intrinsically a more insignificant thing in the economy of society than money; except in the character of a contrivance for sparing time and labour". Für John Stuart Mill bildet sich der Geldwert wie der Wert jedes anderen Gutes – kurzfristig durch Angebot und Nachfrage, langfristig aufgrund der Herstellungskosten. Friedrich A. von Hayek, Richard Cantillon, Seite XXX, und Preise und Produktion, Seiten 10f., hat darauf verwiesen, daß die geldtheoretischen Schriftsteller der klassischen Schule die Gedankengänge von Richard Cantillon und David Hume kaum fortgeführt hätten und daß ein allgemeines Schema zur Analyse, auf welchem Wege und in welchem Verhältnis eine Geldvermehrung die Güterpreise erhöhe, erst durch Ludwig von Mises entwickelt worden sei.

3 Vgl. Georg Friedrich Knapp, Staatliche Theorie, Seite 157. Dabei gilt: „Bei jeder Einführung von papierenen Chartalstücken in akzessorischer Stellung weiß man von vornherein, daß sie ein negatives Agio haben". Aus kreislauftheoretischen Überlegungen ist zu folgern, daß auch kurzfristige staatliche Kredite, die in der Regel konsumtiv verausgabt werden, alsbald ein „negatives Agio" haben müssen: Sie schließen keine private Nachfrage aus, sondern ersetzen den mit dem Papierverkauf verbundenen Geldentzug durch valutarisches Geld, das mit den Staatsausgaben in Umlauf kommt. Sofern die Kassenscheine eingetauscht werden können, kann es zu jener „Stauung" kommen, die Knapp vorhersagt. – Zur Vermeidung dieses Effektes erlangt auch ein Gedanke Bedeutung, den Alfred Müller-Armack,

auch die Ausgabe von Kassenscheinen[1], und es lassen sich daraus Analogien zu modernen Geldverfassungen herstellen, bei denen der Staat Schatzwechsel, Schatzanweisungen und Kassenobligationen in Umlauf bringt[2].

Nach Knapp entstehen akzessorische Geldarten nur aus Emissionen des Staates. Dem entsprechen in modernen Geldverfassungen Offen-Markt-Operationen der Notenbank mit Staatspapieren und die Rediskontierung von Wechseln. Über derartige Maßnahmen erhält auch jenes aus der Geldschöpfung der Privatbanken stammende Geld, das Knapp „Banknoten privater Zahlungsgemeinschaften" nennt, jenen akzessorischen Geldcharakter, den Knapp seinerzeit diesem Geld nicht zusprechen konnte. Somit hat der Umfang der akzessorischen Geldarten mit den modernen geldpolitischen Usancen beträchtlich zugenommen.

Nun hat nach Knapps Auffassung das Greshamsche Gesetz, nach dem das „schlechte Geld" das „gute Geld" aus dem Verkehr verdrängt, keinerlei Bedeutung für valutarisches Geld, aber erhebliche Bedeutung für alle akzessorischen Geldarten. Wenn sich für eine akzessorische Geldart ein „negatives Agio" ergibt, sagt Knapp „Stauungen" dieser Geldart bei den öffentlichen Kassen voraus, die dieses Geld gegen valutarisches einlösen: Der Staat läuft „Gefahr, daß er diejenige Geldart, die er zu seinen... Zahlungen definitiv verwenden will, nach einiger Zeit nicht mehr in seinen Kassen hat, weil er den anderen Geldarten freien Zugang gestattet, ohne ihre Vermehrung zu hindern, während er für seine Ausgaben an der valutarischen Geldart, die er einmal erwählt hat, festhalten will"[3].

Der Zustand, den Knapp beschreibt, kann vor dem Hintergrund der jederzeitigen Möglichkeit des Staates, sich zu refinanzieren, gedacht werden als ein Zustand der Konkurrenz zwischen Zahlungen, die aus dem

---

Wirtschaftspolitik, Seite 19, angesichts der Staatsverschuldung Mitte der siebziger Jahre erörterte. Alfred Müller-Armack schlug vor, öffentliche Kassenkredite mit der Ausgabe von Steuergutscheinen zu verknüpfen. Es handelt sich hierbei um Wiederaufnahme eines Vorschlags, den Wilhelm Lautenbach Anfang der dreißiger Jahre unterbreitet hat. Über die Wirkung der Steuergutscheinaktion, die daraufhin in den Jahren 1934 bis 1938 durchgeführt worden ist, gibt es unterschiedliche Ansichten: Karl Schiller, Arbeitsbeschaffung, Seite 55, hat sie in einer Liquidisierung der Privatwirtschaft, Rudolf Stucken, Kreditpolitik, Seite 119, hat sie demgegenüber in einer Stillegung von Geld gesehen.

1 Georg Friedrich Knapp, Staatliche Theorie, Seiten 164ff.

2 Hans Peter, Wandlungen des Geldes, hat noch 1940 Phänomene und Entwicklungen, die sich mit dem Preisstopp von 1936 ergeben haben, strikt aus den geldtheoretischen Ansätzen Knapps erklärt. Ohne auf Knapp Bezug zu nehmen, bestätigt auch Otto Veit, Einfluß des Geldes, Seite 221, „daß der Entstehung von Staatskassenscheinen und Scheidemünzen ein ähnlicher Vorgang zugrunde liegt".

3 Georg Friedrich Knapp, Staatliche Theorie, Seiten 178f.

privatwirtschaftlichen Geschäftsverkehr stammen, und Ansprüchen, die der Staat an das Sozialprodukt stellt. Wenn der Staat seine Ansprüche an das Sozialprodukt nicht – etwa mittels Steuern – in einem direkten Entzug güterwirtschaftlich durchsetzt, sondern auf einer Verschuldung begründet, bedeutet dies, daß akzessorisches Geld in Umlauf kommt. Üblicherweise wird nun infolge der Staatsverschuldung erwartet, daß es zu Zinssteigerungen kommt, die dann – in der Regel die privatwirtschaftlichen – Investitionen zurückdrängen. Aber dieser Umstand muß nicht eintreten, und tritt er ein, ist er nach Knapp nur eine minder wichtige Folge. Generell handelt es sich bei einer Staatsverschuldung um eine „Beschränkung der Funktion des Zahlungsmittels schlechthin, mag dies selbst chartal sein oder nicht"[1]. So ist Hans Peter zuzustimmen, wenn er sagt: „Die Gewähr für die Güte der Währung bietet ganz ausschließlich das Funktionieren des Wirtschaftskreislaufes und die Anpassung der Geldausgabe an die Bedürfnisse der Wirtschaft"[2].

Aus dieser Sicht läßt sich Erhards grundsätzliche Aversion gegenüber jeder Art der öffentlichen Verschuldung verstehen; sie wäre in keiner Weise erklärbar, wenn mit der Verschuldung nur die quantitative Veränderung der Geldmenge mit bestimmten quantitativen Effekten auf die Wirtschaftaktivität, das Zins- und das Preisniveau betrachtet würde. Erhards strikte Ablehnung jeglicher Staatsverschuldung, seine unbeugsame Haltung, die schließlich auch in hohem Maße zu seinem Sturz als Bundeskanzler beigetragen hat, ist auf eine geldtheoretische Sicht zurückzuführen, die sich auf die „Staatliche Theorie des Geldes" gründet. Mit der Staatsverschuldung würde ein schwerer Übelstand eintreten: „Er liegt nicht darin, daß es zuviel Geld gibt, sondern darin, daß es zu viel Geld in akzessorischer Stellung mit negativem Agio gibt. Nicht der Verkehr, das heißt nicht die Bewohner des Staates werden von dem Übel betroffen, sondern der Staat selber, da er sich die Aufrechterhaltung der einmal beschlossenen Währung erschwert. Für die Bewohner des Staates ist die Sache von keiner Bedeutung, es sei denn, daß der Staat zum Aufgeben seiner Währung genötigt werde. Dann erst merkt der Verkehr das Übel"[3]. Mit seiner Verschuldung verschafft sich der Staat letztlich keine Finanzmittel, sondern verdrängt diese aus seinen Kassen. – Für Erhards Haushaltspolitik waren diese Erkenntnisse grundlegend und verbindlich: „Die Entstehung eines Kassendefizits muß unbedingt vermieden werden". Die Aufgabe der politisch verantwort-

---

1 Hans Peter, Wandlungen des Geldes, Seite 62.
2 Hans Peter, Wandlungen des Geldes, Seite 63.
3 Georg Friedrich Knapp, Staatliche Theorie, Seite 170.

lichen Organe geht dahin, „das Gleichgewicht des Bundeshaushaltes herzustellen und mit allen Mitteln zu sichern“[1].

Knapps Aussagen stehen quantitätstheoretischen Geldbetrachtungen sehr fern: Einerseits ist nicht die Geldmenge, sondern die Qualität des Geldes entscheidend für den Einfluß des Geldes auf das wirtschaftliche Geschehen; andererseits macht sich der Einfluß des Geldes nicht in Preisen, sondern vor allem in Liquiditätsfolgen bei Staat und Wirtschaft bemerkbar. Die Quantitätstheorie des Geldes diskutiert Knapp lediglich ablehnend im Rahmen der Darstellung des Geldverkehrs mit dem Ausland. Er sagt, daß die Entwirrung fehlerhafter geldtheoretischer Ansichten nur dann gelingen könne, wenn man die Stellung des Geldes im Inneren des Staates streng unterscheide von den Beziehungen des Geldes zu dem der Nachbarstaaten[2]. Mit der Quantitätstheorie sollen Veränderungen des Geldwertes bestimmt werden. Für inländische Verhältnisse, bei denen nur eine Geldart valutarische Funktion hat, könne kein Geldwert bestimmt werden, weil ein solcher erst aus dem Verhältnis zu einem anderen valutarischen Geld entstehen kann. Zur Bestimmung des Wertes der Währung gegenüber ausländischen Währungen aber lehnt Knapp die Quantitätstheorie des Geldes als „völlig laienhaft“ ab[3]; er begründet eine „Geschäftstheorie“, nach der die „Güterbewegungen und mithin die ‚kommerziellen‘ Verhältnisse der primäre Kursbestimmungsgrund“[4] sind.

Aus dem Umstand, daß Knapp im Rahmen seiner Theorie Erklärungen des Geldwertes gibt, wo er solche Erklärungen für sinnvoll hält, und derartige Erklärungen ablehnt, wo sie ihm nicht sinnvoll erscheinen – wo nur eine einzige valutarische Geldart existiert –, ist zu folgern, daß die von Knapp vorgestellte Geldlehre – die man gemeinhin, aber zu eng als Geldwesenslehre angesehen hat – von ihm als keiner Ergänzung durch eine spezielle Geldwertlehre bedürftig angesehen wurde. Dieser Punkt ist im Anschluß an die „Staatliche Theorie“ heftig diskutiert worden. Schließlich hat auch Melchior Palyi darauf hingewiesen, daß die Frage des Geldwertes theoretisch „als ein durchaus selbständiges Problem isoliert werden kann“[5]. Ludwig von Mises hat sich unter Bezug auf Palyi über die „Staatliche Theorie des Geldes“ dann höchst verständnislos geäußert. Er hat von einem „mißglückten Versuch“, von „absurden Ergebnissen“ und von der „wunderlichen Terminologie“ der „Staatlichen Theorie“ gesprochen und

1 Ludwig Erhard, Regierungserklärung vom 22. Juni 1956, Seite 324.
2 Georg Friedrich Knapp, Erläuterungen, Seite 246.
3 Georg Friedrich Knapp, Staatliche Theorie, Seite 250.
4 Melchior Palyi, Staatliche Theorie, Seite 23.
5 Melchior Palyi, Staatliche Theorie, Seite 8.

schließlich festgestellt: „Die ‚staatliche Theorie‘ ist nicht etwa eine schlechte Geldtheorie, sie ist überhaupt keine Geldtheorie“[1].

Ludwig von Mises meint fälschlicherweise, Knapp selbst habe zugestanden, daß seine Theorie über das Problem des Geldwertes nichts zu sagen wisse: „Wenn aber die ‚staatliche Theorie‘ die Klärung der Fragen, die uns wichtig scheinen, nicht fördert, wozu dient sie überhaupt“[2]? – An der Textstelle, der von Mises ein solches Eingeständnis von Knapp entnehmen zu können meint, schreibt dieser nur, daß er auf die Frage nach dem Geldwert keine Antwort geben würde, weil es sich um eine unvernünftig gestellte Frage handle: „Wer sich dennoch berufen fühlt, eine solche Frage zu beantworten, der möge es tun; er hat aber mit uns nichts Gemeinsames“[3]. Im Anschluß an diese Bemerkung nennt Knapp einige Beispiele, die von seiten der „Ökonomisten“ beantwortet werden müßten: Der Staat fordere beim Herannahen eines Krieges Leistungen, die er mit neu geschaffenem Papiergeld bezahle; die Angestellten der Eisenbahn erpressen durch Arbeitsverweigerungen höhere Löhne; der Staat nehme bei Ausbruch eines Krieges alle Transportmittel in Anspruch. – In all diesen Fällen würden die bestehenden Produktionsverhältnisse gestört; die Mannschaften etwa, die bei Kriegsausbruch einberufen werden, würden dem gewerblichen Leben entzogen: „Das ganze bürgerliche Leben wird unterwühlt: und da sollen ‚die Preise‘ ungestört bleiben? Vor allem aber: daran soll die Schöpfung des Papiergeldes schuld sein? Der Krieg nötigt uns, das gewohnte bürgerliche Leben umzuwälzen, und das Papiergeld ist nur das Mittel, die notgedrungene Umwälzung durchzuführen. Es ist doch eine merkwürdige Beschränktheit, nur das Papiergeld anzuklagen“[4].

Die Knappsche Geldwesenslehre verweist das Problem des Geldwertes ausschließlich in den Bereich der realwirtschaftlichen Betrachtung – allerdings unter der Bedingung einer einwandfrei realisierten Geldverfassung. Friedrich Bülow hat diesen Umstand auf die Formel gebracht: „Die Eigenart des Geldes besteht… darin, daß es einerseits durch die Wirtschaft mit Inhalt

---

1 Ludwig von Mises, Theorie des Geldes, Seiten 247ff.

2 Ludwig von Mises, Theorie des Geldes, Seite 249. Die Ansicht, daß Knapp „keine eigentlich volkswirtschaftlich orientierte Geldtheorie liefern wollte und geliefert hat“, war weit verbreitet. Vgl. Akademie für Deutsches Recht (Hg.), Deutsche Geldpolitik, Seite 529. – Zum fast vollständigen Vergessen des Ansatzes der „Staatlichen Theorie“ dürfte diese Fehlinterpretation erheblich beigetragen haben.

3 Ludwig von Mises bezieht sich auf Georg Friedrich Knapp, Staatliche Theorie, Seiten 245ff.

4 Georg Friedrich Knapp, Staatliche Theorie, Seiten 447f.

(Waren) erfüllt wird und andererseits durch den Staat seine Form (gesetzliches Zahlungsmittel, ‚Geltung') erhält"[1]. Aus der „Staatlichen Theorie" ergibt sich somit ein wirtschaftspolitischer Dualismus: Es ist Aufgabe der Geldpolitik, die Geldverfassung, nicht jedoch den Geldwert zu stabilisieren. Die Sicherung der Geldwertstabilität fällt in den Bereich der wirtschaftspolitischen Maßnahmen, die den realwirtschaftlichen Sektor zu beeinflussen vermögen.

Schon in seiner Dissertation hat Erhard diesen Umstand registriert und an mehreren Stellen ausgeführt. In dieser Arbeit stellt er zunächst fest, daß das Zentralproblem der Wirtschaft in der Güterverteilung zu suchen sei, daß der Konsum die Produktion antreibe, daß in der Produktion jedoch ein Moment der Unsicherheit stecke und daß unvermeidlich eine „Vorauseskomptierung des wahrscheinlichen Konsums" nötig sei. Darin jedoch stecke eine Krisengefahr[2].

Die Frage, wie eine solche Krise vermieden werden könne, führt Erhard auf „die Streitpunkte der Geldpolitik in bezug auf die Geldschöpfung als auch hinsichtlich der Bank- und besonders der Diskontpolitik"[3]. Seine Erörterung mündet in das Ergebnis: „Die Wirtschaft erschöpft sich im Austausch von realen Gütern"[4]. Es kommt ihm darauf an „zu zeigen, daß niemals das Geld Maßstab der Preise sein könnte"[5], und er schreibt fast programmatisch am Schluß seiner Arbeit: „Wir fragen nichts mehr nach Währungsform und Währungsmetall. Wir erkennen die Bedeutungslosigkeit all dieser Fragen und sehen nur noch auf das Gedankliche und auf das Güterwirtschaftliche. Alle Geldpolitik scheint so in eine Frage der Technik einzumünden. Mit der Technik verbinden wir nur irrtümlich den Geist, der über dem Geld als Stoff steht und der die Wirtschaft zu laufen und zu kreisen antreibt. Das ist allein die menschliche Arbeitskraft"[6].

Aus der Feststellung, daß Erhards wirtschaftstheoretische Grundposition auf der Knappschen Geldwesenslehre ruht, folgt, daß für Erhard monetaristische Strategien nicht in Betracht kommen – und zwar weder zur Stabilisierung des Preisniveaus noch zur Erhöhung des Wirtschaftswachstums und der Beschäftigung. Erhards Betrachtung der Wirtschaftsprozesse geht von einer Wirtschaft mit einer funktionsfähigen Geldverfassung und davon aus, daß die realen güterwirtschaftlichen Entscheidungen und Marktverhältnisse

---

1 Friedrich Bülow, Volkswirtschaftslehre, Seiten 495ff.
2 Ludwig Erhard, Werteinheit, Seite 26.
3 Ludwig Erhard, Werteinheit, Seite 27.
4 Ludwig Erhard, Werteinheit, Seite 42.
5 Ludwig Erhard, Werteinheit, Seite 88.
6 Ludwig Erhard, Werteinheit, Seite 131.

die Preise bestimmen. Erhard erklärt die Gebundenheit des Geldes an die primären güterwirtschaftlichen Vorgänge mit einem bemerkenswerten Bild: „Daß das Geld uns als etwas anscheinend ewig Bleibendes in der Wirtschaft gegenübertritt, beruht auf einer Täuschung. In Wahrheit entsteht es täglich mit der Leistung und vergeht mit der Konsumtion, gleich wie ein großes Feuerwerk eine dauerhafte Helle vorspiegelt, die durch Tausende von Raketen, die nacheinander aufsteigen und wieder ins Nichts zurückfallen, verursacht wird"[1].

Das geldpolitische Augenmerk Erhards war also auf das Herstellen und Sichern einer funktionsfähigen Geldverfassung, das heißt auf eine Ordnung gerichtet, bei der Güter tatsächlich und vorbehaltlos gegen Einkommen getauscht werden können, bei der Geld „Geltung" besitzt und seine Funktion als Tauschvermittler uneingeschränkt erfüllt. Gegen und nach Ende des Zweiten Weltkrieges bestand eine solche Geldordnung offensichtlich nicht mehr. Doch bevor die speziellen wirtschaftspolitischen Folgerungen Ludwig Erhards angesichts dieser Umstände betrachtet werden, möchte ich versuchen, die güterwirtschaftliche Betrachtungsweise Erhards in ihren wesentlichen wirtschaftstheoretischen Zügen darzulegen.

(2) Erhards realwirtschaftliche Betrachtungsweise

Die güterwirtschaftliche Betrachtung Erhards ruht auf einer Theorie der ökonomischen Gesamtentwicklung. Die umfänglichste Darstellung seiner theoretischen Basis hat Erhard in einer unveröffentlichten Schrift mit dem ursprünglichen Titel „Weltwirtschaftskrise und Arbeitslosigkeit" niederge-

---

1 Ludwig Erhard, Werteinheit, Seiten 39f. Die Geldmenge gilt vielfach als so ausschließlich gültige Bestimmungsgröße für das Preisniveau, daß es angemessen ist, nochmals ausdrücklich darauf zu verweisen: Mit der Relativierung geldpolitischer Maßnahmen muß keineswegs einem Inflationismus Raum gegeben werden. Der Erhardschen Betrachtung gemäß entsteht Inflation aus güterwirtschaftlichen Verhältnissen auf den Märkten; Inflation wäre entsprechend dieser Erkenntnis in ihren realwirtschaftlichen Entstehungsursachen zu bekämpfen. Gewiß ist dabei, daß die güterwirtschaftlichen Entscheidungen sich in entsprechenden Finanzierungen niederschlagen; nicht auszuschließen ist auch, daß es möglicherweise günstige Finanzierungen sind, die letztlich für realwirtschaftliche Entscheidungen ausschlaggebend sein können. Erhard, Werteinheit, Seite 49, hält es jedoch für belanglos, in derartige monetaristische Auseinandersetzungen einzutreten und etwa klären zu wollen, „ob man Bendixen zustimmt, der die Geldschöpfung und Kreditgewährung der Produktion folgen läßt, oder ob man Hahn beipflichtet, der die Kreditschöpfung als das Primäre und erst die Produktion entfachende Moment begriffen haben will".

legt. Vermutlich handelt es sich bei dieser Ausarbeitung um einen Entwurf für eine Habilitationsschrift[1].

In seinen Ausführungen kritisiert Erhard zunächst die zeitgenössische Verwendung der von Karl Marx beschriebenen Entwicklungsgesetze des Kapitalismus, deren „logische Geschlossenheit... anerkannt werden muß". Er beanstandet, daß diese Gesetze zu einem Dogma des wissenschaftlichen Sozialismus geworden seien: Es werde angenommen, „daß die logisch und formal vielleicht vollkommen einwandfrei dargestellte Entwicklungstendenz keine Kräfte auslösen wird, die materiell und psychologisch hinreichend gewichtig sind, die ursprüngliche Kausalreihe mit einer neuen zu durchkreuzen und abzubiegen"[2]. Schon die Erfahrung lehre jedoch: „Weit früher als sich die Deduktionen des wissenschaftlichen Sozialismus im geschichtlichen Verlauf bis zur letzten Expropriation der Expropriateure verwirklicht hatten, wird der Vernichtungskampf der Wirtschaftskräfte umgewandelt in eine mehr planmäßige Produktionspolitik der in wirtschaftlichen Interessenverbänden, Kartellen, Trusts und Syndikaten vereinten und zusammengeschlossenen Unternehmergruppen; früher auch als die Arbeiterschaft als Klasse durch die Entwicklung des reinen Kapitalismus in ihrem Lebensstandard an den Rand des Existenzminimums gebracht wurde, erreichte diese durch gewerkschaftlichen Zusammenschluß in den Tarifverträgen eine Regelung der Lohn- und Verteilungsfrage, die nicht mehr als in der organischen Entwicklung der kapitalistischen Dynamik liegend betrachtet werden kann"[3]. Erhard spricht von einer „Abschwächung, wenn nicht Aufhebung des kapitalistischen Prinzips" und fragt

---

1 In der im Archiv der Ludwig-Erhard-Stiftung verwahrten Kopie dieser 141 fortlaufend numerierte Typoskriptseiten und ein Inhaltsverzeichnis umfassenden Schrift (statt der Seite 46 ist die Seite 47 doppelt enthalten) ist der Titel handschriftlich durchgestrichen, aber nicht ersetzt. Die Schrift ist nicht datiert. Aus dem Inhalt geht hervor, daß sie in den ersten dreißiger Jahren entstanden ist: Erhard spricht hinsichtlich der Arbeitslosigkeit von „unserer heutigen Millionenziffer" (Seite 9). Auf Seite 56 (nochmals auf Seite 140) weist er auf die „neueste Schrift Vershofens" über die besondere Gestalt der menschlichen Gesellschaft hin. Diese Schrift Vershofens konnte seinerzeit noch nicht erschienen sein: Statt Vershofens Titel anzugeben, läßt Erhard zwei halbe Zeilen leer. Ich nehme an, es handelt sich um Vershofens 1931 erschienene Schrift „Stufen zur Sozietät", die aus Vorlesungstexten hervorgegangen ist und darum vor Drucklegung Erhard besser bekannt gewesen sein konnte als etwa die 1934 erschienene Schrift „Licht im Spiegel", die zudem – die Gestalt der menschlichen Gesellschaft betreffend – keine grundsätzlich neuen Aspekte enthält.

2 Ludwig Erhard, Arbeitslosigkeit, Seite 3.

3 Ludwig Erhard, Arbeitslosigkeit, Seiten 4f.

daraufhin: „Wie kommt es dennoch zur Absatzkrise, sogar zur Weltwirtschaftskrise"[1]?

Zunächst sei festzustellen, daß die „angebahnte planmäßige Ordnung die privatwirtschaftliche Grundlage der Erzeugung selbst unangetastet ließ. Wir haben es nicht mit einer neuen Wirtschaftsverfassung, sondern nur mit einer durchaus egoistisch eingestellten Unternehmerpolitik innerhalb des herrschenden Systems zu tun"[2]. Dieses System habe Vor- und Nachteile, die es abzuwägen gelte. Zu den Nachteilen gehöre etwa, daß das liberalistische Prinzip eines automatischen Preissturzes in der Krise infolge der systematischen Preispolitik seine Wirksamkeit verloren habe; die auf überfüllten Märkten wirksamen Marktkräfte würden nicht mehr als regulierende Ausgleichsfaktoren auf breiter Basis in Erscheinung treten[3].

Zur Klärung der Frage, wie es in dieser „gebundenen Wirtschaft", in einer durch Unternehmenszusammenschlüsse nur modifizierten, aber nicht grundsätzlich veränderten kapitalistischen Wirtschaftsverfassung, zu Absatzkrisen kommt, greift Erhard auf die Marxschen Reproduktionsschemata zurück. Er schreibt, daß es im Hinblick auf den Zweck seiner Arbeit zu weit gehen würde, „die gegenseitigen Austauschverhältnisse zwischen der Produktions- und der Konsumtionsmittelsphäre, auf denen ja das Funktionieren, eben die Verteilung der Wirtschaft, beruht, darzulegen"[4]. Erhard beschreibt nur knapp, daß das Streben nach einem möglichst hohen „Mehrwert" in beiden Produktionssektoren herrsche: „Die Situation ist die, daß der Produzent von Konsumgütern diese Masse immer mehr steigert, einen immer größeren Teil davon aber erübrigen und anlegen will. Diese in der besonderen Gestalt von Konsumgütern sich im Markte befindliche Warenmenge stößt, weil in der Produktionsmittelsphäre das gleiche Verhalten geübt wird, auf einen immer kleiner werdenden Einkommensteil, der bereit ist, die bereits hergestellten Konsumgüter aufzunehmen". Zu dieser übergroßen Investitionsneigung sagt Erhard: „Ob wir das nun mit Marx als Tendenz zu immer höherer organischer Zusammensetzung des Kapitals bezeichnen oder mit Schmalenbach in das Gesetz der ständigen Erhöhung der fixen Kosten kleiden, oder ob wir kurz von Rationalisierung

1 Ludwig Erhard, Arbeitslosigkeit, Seite 6.

2 Ludwig Erhard, Arbeitslosigkeit, Seite 7.

3 Ludwig Erhard, Arbeitslosigkeit, Seiten 7f.

4 Ludwig Erhard, Arbeitslosigkeit, Seite 11. – Der hier zitierte Begriff „Verteilung der Wirtschaft" hat in diesem Zusammenhang nichts mit einer Einkommensverteilung zu tun. Er bezieht sich vielmehr auf die Verteilung der Produktivkräfte unter den von Erhard unterschiedenen Wirtschaftssektoren. Heute wird von „Allokation" gesprochen.

sprechen, das Phänomen ist deutlich sichtbar, um bezweifelt werden zu können, und damit ist das Problem gestellt"[1].

Erhard identifiziert eine Wirtschaftskrise als eine Krise, die durch eine zu große Kapitalausdehnung[2] als Folge einer naturgemäßen wirtschaftlichen Dynamik verursacht wird – einer Dynamik, die prinzipiell kein Ende findet[3]. Er beansprucht für seine Betrachtungsweise eine breitere Gültigkeit als für die übliche wirtschaftstheoretische Sicht: „Eine ganze nationalökonomische Schule hat sich bemüht, die Produktivitätstheorie des Kapitals in immer wieder neuen Nuancen auszubauen und den Kapitalismus auch als wissenschaftliches System zu sichern und zu begründen... Es ist Sitte geworden, die Wahrheit dieser These an primitiven und isolierten Beispielen erhärten zu wollen"[4]. Man müsse jedoch – ohne sich dogmatisch binden zu wollen – die Marxsche Formel, das Wesen des Kapitals sei ein durch Sachen vermitteltes Verhältnis zwischen Personen, akzeptieren und den scharfen Widerspruch im System aufzeigen; es gelte, „aufzuweisen, daß diese unsere Wirtschaft nicht in der Lage ist, die volle Produktivität ihres Kapitals in Reichtum und Wohlfahrt ihrer Glieder umzuwandeln, weder im Hinblick auf die volle Ausnützung der Produktionsmittel bis zu ihrem Verschleiß, noch in der Richtung der Erzielung einer zeitlich maximalen Kapazitätsleistung. Die hochkapitalistischen Wirtschaften darben bei einer Überfülle von Produkten in einem wahren Arsenal von produktiven Werkzeugen"[5].

Erhard legt seiner güterwirtschaftlichen Betrachtung also fraglos das Modell der erweiterten Reproduktion von Karl Marx zugrunde. Dabei ist zu registrieren: Nach Theorien von Wilhelm Rieger, Franz Oppenheimer, Wilhelm Vershofen und Georg Friedrich Knapp ist Erhard damit abermals einer – von heute und aus wirtschaftstheoretischer Sicht her gesehen –

---

1 Ludwig Erhard, Arbeitslosigkeit, Seiten 11f.

2 Es gibt eine bemerkenswerte Nähe dieses Marx folgenden Ansatzes zur Kapitaltheorie Friedrich A. von Hayeks. Schon Fritz Burchardt, Schemata des stationären Kreislaufs, hat die Parallelitäten, aber auch die jeweiligen Unzulänglichkeiten der Kapitalmodelle mit zeitlicher Strukturierung des Produktionsprozesses, die Böhm-Bawerk folgen, und der, die Marx folgen, dargestellt. Auf wichtige, moderne Wirtschaftsprobleme erklärende Aspekte weist die Interpretation der Hayekschen Kapitaltheorie durch Erich Streißler, Hayek on Growth. Erich Streißler, Seiten 270f., hält unter anderem die Annahme, daß Unternehmer jede sich nur bietende Möglichkeit nutzen, Investitionen zu finanzieren, für das Grundcharakteristika des Hayek-Modells. Diese Annahme ist auch für Erhards Betrachtung der „kapitalistischen Dynamik" grundlegend.

3 Ludwig Erhard, Arbeitslosigkeit, Seiten 5.

4 Ludwig Erhard, Arbeitslosigkeit, Seite 27.

5 Ludwig Erhard, Arbeitslosigkeit, Seite 29.

Außenseitertheorie gefolgt. Dieser Umstand dürfte in ganz erheblicher Weise das Verständnis der politischen Absichten und darauf beruhender Handlungen Ludwig Erhards belasten. Von der Sache her kann man ihm keinen Vorwurf machen: Es ist nicht der Schuld oder der Neigung Erhards zuzuschreiben, daß er auf der Suche nach theoretischen Erklärungen für die Phänomene der Wirtschaft, mit denen er sich befaßt hat, theoretische Ansichten von Nationalökonomen aufgreifen mußte, die ihre Beiträge nicht im nationalökonomischen Lehrkanon zu etablieren vermochten. Gerade in Bezug auf die Theorie der volkswirtschaftlichen Gesamtentwicklung war die Situation in der Nationalökonomie für Fragende auch kaum jemals komfortabel: Nachdem François Quesnay die Quellen des Nationalreichtums in der Produktion entdeckt und die Entwicklungsprinzipien und die Mehrergiebigkeit der gesellschaftlichen Arbeitsteilung beschrieben hatte, ist dieser Zweig der ökonomischen Theorie bis in das 19. Jahrhundert hinein nahezu völlig unbeachtet geblieben, so daß erst das „Kapital" von Karl Marx einen Durchbruch gebracht hat. Doch auch hier ist die Forschung bald wieder ins Stocken geraten. Die wirtschaftstheoretischen Ansätze von Karl Marx wurden – im Gegensatz zu seinen soziologischen und sozialistischen – kaum fortgeführt[1]; die Beiträge der modernen Wachstumstheorie haben sich relativ weit von der Erklärung praktisch relevanter Entwicklungs- und Krisenphänomene entfernt.

Bei Marx münden die Gesetze der kapitalistischen Produktion in die These von der Notwendigkeit des ökonomischen Zusammenbruchs[2]. Erhard verwendet das Marxsche Modell, distanziert sich aber von der Marxschen Hauptkonsequenz. Dieser Umstand ist damit zu erklären, daß mit einem Modell nicht nur Endzustände erklärt werden können; für Erhard haben ausschließlich die Wirkungszusammenhänge im Zeitablauf und deren wirtschaftspolitische Beeinflußbarkeit Bedeutung. Seine Betrachtung richtet sich auf transiente Zustände.

---

1 Die soziologischen Ansätze von Karl Marx haben zu einer mächtigen Kapitalismustheorie als der Theorie der geistigen Bewegungsgesetze des Kapitalismus geführt. Hier finden sich Beiträge unter anderem von Werner Sombart, Max Weber, Ernst Troeltsch und Max Scheler. Neben den Theorien der sozialistischen Wirtschaftsweisen sind die Marxschen Wert- und Preistheorien unter anderem durch Rudolf Hilferding, Franz Oppenheimer und Eduard Heimann fortentwickelt worden. Die Marxsche Entwicklungstheorie blieb demgegenüber wenig beachtet.

2 Die Zusammenbruchthese hat Rosa Luxemburg den Marxschen Aussagen als notwendige Konsequenz beigefügt. Marx selbst hat den Zusammenbruch der kapitalistischen Wirtschaft nicht aus mangelnden Absatzmöglichkeiten, sondern aus der mit der wirtschaftlichen Krise unvermeidlicherweise auftretenden politischen Krise vorhergesagt.

Die Grundstruktur und die charakteristischen Merkmale des von Erhard verwendeten Reproduktionsmodells lassen sich recht anschaulich darstellen: Es handelt sich um ein einfaches Zwei-Sektoren-Modell mit einem Konsumgüter- und einem Investitionsgütersektor[1]. Nachfrageseitig werden alle Einkommen zu einer einheitlichen Konsumgüternachfrage zusammengefaßt: „Der Arbeiter und wer auch immer an dieser Einkommensbildung teil hat, kauft ja keine Maschinen, keine Häuser und dergleichen, sondern er will Konsumgüter kaufen“[2].

Der Zweck einer Trennung von Konsum- und Investitionsgütersektor ist in modernen ökonomischen Modellen zwar grundsätzlich anerkannt, weil „jene Zweiteilung des Realkapitals der Wirtschaft eine Mindestanforderung darstellt, ohne deren Erfüllung es nicht möglich ist, die eng mit Wachstumsvorgängen verbundenen endogenen Konjunkturschwankungen der modernen Wirtschaft zu erklären“[3]. Die Erklärungsmöglichkeiten der Disaggregation werden jedoch erst in den Anwendungsfällen dieser theoretischen Betrachtungsweise deutlich. Erhard hat sein Modell vor allem zur theoretischen Erklärung von zwei wirtschaftlichen Situationen benutzt: Einerseits erklärt er mit ihm die Wirtschaftskrise Ende der zwanziger/Anfang der dreißiger Jahre. In diesem Erklärungsmuster sind einige Aspekte enthalten, die auch stark an gegenwärtige Krisenerscheinungen – an Arbeitslosigkeit und Investitionsschwäche – erinnern. Zum anderen ist es Erhard möglich, aus seinem Modell die wirtschaftspolitischen Erfordernisse des Wiederaufbaus und der Sicherung einer darauf folgenden, störungsfreien Wirtschaftsentwicklung zu beschreiben.

---

1 Aufgrund dieser und der daraus folgenden zeitlichen Struktur des Erhard-Modells habe ich noch kürzlich angenommen, daß Erhard mit den kapitaltheoretischen Schriften Friedrich A. von Hayeks bekannt sein mußte und sich mit der Auseinandersetzung beschäftigt hat, die von Hayek in Anbetracht der Schriften von William T. Foster und Waddil Catchings um den „Widersinn des Sparens“ geführt hat. Vgl. Ludwig-Erhard-Stiftung (Hg.), Ludwig Erhard, Seite 105. Nach Prüfung von Erhards Bezug auf Karl Marx, Rosa Luxemburg sowie Nikolai I. Bucharin, Fritz Sternberg und Michael I. von Tugan-Baranowsky halte ich diese Vermutung nicht mehr für wahrscheinlich. Aufrechterhalten möchte ich jedoch die seinerzeit aufgeworfene Frage, ob Erhards wirtschaftspolitischer Weg zur Vollbeschäftigung nicht auch die praktische Bedeutung der Theorie von Hayeks für moderne Investitions- und Wachstumsprozesse aufgezeigt hat.

2 Ludwig Erhard, Investitionskredite, Seite 399.

3 Hans Horst, Vollbeschäftigung, Seite 44.

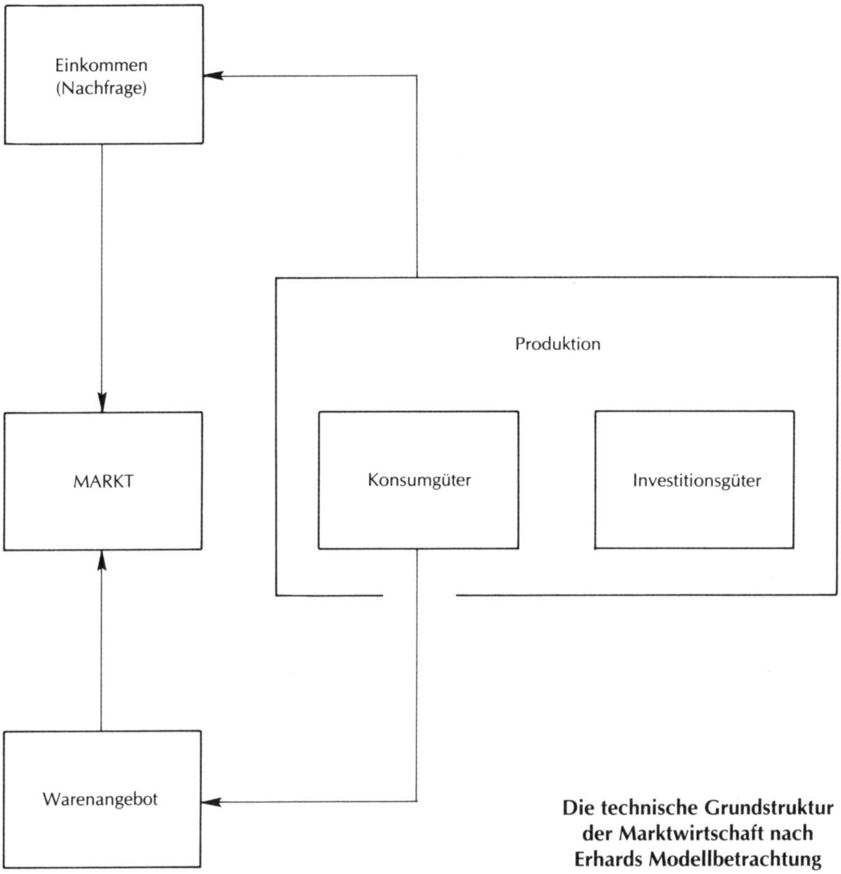

Die technische Grundstruktur der Marktwirtschaft nach Erhards Modellbetrachtung

(3) Wirtschaftspolitik zur Meidung von Wirtschaftskrisen

Wie Marx unterstellt auch Erhard eine unersättliche „kapitalistische Dynamik": Jeder Unternehmer versucht, seine Produktion zu rationalisieren, das heißt, er versucht relativ mehr „festes" gegenüber „variablem" Kapital zu investieren: „Kapitalistische Wirtschaft ist und muß eine dynamische Wirtschaft sein, und zwar beruht die Veränderung auf einer fortlaufenden Kapitalanreicherung"[1]. Durch die Investition von festem Kapital steigt die Produktivität der Arbeit. Ein konstantes Produktionsniveau könnte mit weniger Arbeit erzeugt werden. Marx bezeichnet dies als „Produktion des relativen Mehrwertes". Während Marx jedoch seine Entwicklungstheorie an diesem Punkt auf soziale Klassen anwendet und von der „Freisetzung

1 Ludwig Erhard, Arbeitslosigkeit, Seite 69.

der Arbeiter", der „industriellen Reservearmee" und der „Verelendung der Arbeiterklasse" spricht, bleibt Erhard konsequent bei einer wirtschaftstheoretischen Erklärung der Folgen der Dynamik der kapitalistischen Wirtschaft. Insbesondere stellt Erhard fest, daß sich an der Dynamik der kapitalistischen Produktionsweise nichts ändern würde, wenn der Besitz an den Produktionsmitteln irgendwie anders verteilt werden würde.

Erhard beschränkt seine Untersuchung auf die wirtschaftlichen Probleme, die aus der Dynamik der kapitalistischen Wirtschaft erwachsen[1]. Die höhere Kapitalakkumulation und die dadurch bewirkte höhere Produktivität der Arbeit wird die Beziehung der Konsumgüterproduktion zur Konsumgüternachfrage lösen. Die Produktion neigt dazu, sich zu verselbständigen: Nicht die Nachfrage, sondern die Erfordernisse der Akkumulation würden im Fortschreiten der kapitalistischen Wirtschaft zu den maßgeblichen Faktoren der Produktionsteuerung. Absatzkrisen wären für die unbeeinflußte kapitalistische Wirtschaft unausweichlich.

Aus Erhards Modell geht hervor, daß solche Krisen, einmal aufgetreten, nicht durch kollektive Produktionseinschränkungen behoben werden können. Erhard nennt es einen „logischen Fehlschluß sondergleichen, anzunehmen, man könne den Warenposten, den eine gewisse Gruppe nicht kaufen will und kann, zum Verschwinden bringen, indem man ihn nicht mehr produziert"[2]. Durch Produktionseinschränkungen, also die Stillegung von Kapazitäten, würden nur ansonsten konsumtiv auftretende Einkommen verkürzt. Schon die erste von irgendwem verfügte Produktionseinschränkung sei ein Beginnen, das das Übel nur noch verschärft. Es geht um den Absatz produzierter Waren, und die „Schwierigkeit bleibt immer die gleiche, ob nun das Kapital mit voller Intensität arbeitet oder nur mit einem Bruchteil davon"[3].

Erhard kommt aufgrund seines Kreislaufmodells und der Annahme, daß die unternehmerische Preispolitik in der modernen Wirtschaft auch in der Krise Preissenkungen verhindert, diese aber auch niemals ausreichen könnten, eine vom Markt nicht gewünschte Produktmenge abzusetzen, zum Schluß, daß die private Wirtschaft einer Absatzkrise hilflos zusteuert und auch in der Krise nicht imstande ist, geeignete Maßnahmen zu ergreifen, und daß darum der staatlichen Wirtschaftspolitik die

1 Die daraus folgenden „gesellschaftsphilosophischen" Probleme, schreibt Erhard, müßten separat erörtert werden, und er verweist auf eine Schrift Vershofens. Vgl. Ludwig Erhard, Arbeitslosigkeit, Seite 140.

2 Ludwig Erhard, Arbeitslosigkeit, Seite 36.

3 Ludwig Erhard, Arbeitslosigkeit, Seite 36.

Aufgabe zuwächst, „in concreto den Absatz zu ermöglichen, den die Wirtschaft am Ende dann ja doch unter den schwersten Krisen bewerkstelligen muß"[1].

Man kann diese Vorstellungen Erhards nicht einfach mit dem Konzept der „Anpassungsinterventionen" identifizieren; sie haben einen weiterreichenden ordnungspolitischen Gehalt. Erhard erörtert verschiedene wirtschaftspolitische Möglichkeiten, wobei es ihm kaum um ein Krisenmanagement geht – wie es mit Anpassungsinterventionen verbunden wäre –, sondern darum, die aus der kapitalistischen Dynamik immerfort drohende Krisenentwicklung von vornherein auszuschließen. Es geht ihm also um den Entwurf einer krisensicheren Ordnung für Marktwirtschaften.

Breiten Raum widmet Erhard der Erörterung von Möglichkeiten, den Absatz der industriellen Wirtschaft durch handelspolitische Maßnahmen, der Ausdehnung des Marktes über staatliche Grenzen hinaus, zu sichern. Seine außenwirtschaftspolitischen Vorstellungen hält er für zwar wichtige, aber doch nur für kurzfristige Lösungsbeiträge, weil ohne zwischenstaatlich hemmende Beeinflussungen recht schnell „die mögliche volle Ausnutzung der technischen Kapazität bei besserer Beschäftigung der Bevölkerung" zustandekäme, wodurch dann der „große offene Markt" frühzeitiger gesättigt würde und die Weltwirtschaft somit jenes Stadium erreiche, bei dem die gleichen Absatzprobleme auftreten würden, wie sie sich in der engeren Binnenwirtschaft ergeben haben.

Die Folgerung, die Erhard aus seinen Überlegungen schließlich zieht, ist: „Es ist keine Wirtschaftspolitik denkbar, die am Ende dieser Reihe den spezifischen Kapitalismus erhalten könnte"[2]. Doch gerade darum geht es ihm: „Der freie Kapitalismus hat die Selbststeuerung verloren und mit ihr auch den Mechanismus, der den Ausleseprozeß unter den Kapitalien besorgte"[3]. Zwei Erfordernisse stünden mithin im Vordergrund: „Es muß einerseits .. das segensreiche Konkurrenzprinzip wieder zwischengeschaltet werden, andererseits soll die Wirtschaft aber doch gleichzeitig von der Selbstgeißel der eigengesetzlichen Kapitalakkumulation befreit werden". Erhard zeigt auf, daß diese Aufgabe, die „in einem freien Kapitalismus einen sich selbst aufhebenden Widerspruch ausdrücken würde, in einem gebundenen, mehr und mehr organisatorisch beeinflußten Kapitalismus einen guten logischen Sinn haben kann"[4].

Die wichtigste Bedingung, die eine Wirtschaftspolitik zur Steuerung der

---

1 Ludwig Erhard, Arbeitslosigkeit, Seite 40.
2 Ludwig Erhard, Arbeitslosigkeit, Seite 45.
3 Ludwig Erhard, Arbeitslosigkeit, Seite 72.
4 Ludwig Erhard, Arbeitslosigkeit, Seite 74.

Kapitalakkumulation zu erfüllen habe, bestehe darin, die Produktions- und die Konsumtionsmittelerzeugung in ein „organisches Verhältnis zueinander" zu bringen, „denn die Akkumulation folgt dann nicht mehr aus der Entwicklungstendenz des Kapitals, sondern muß notwendig Bezug entweder zur Erhöhung des Lebensstandards oder zu einer Bevölkerungsvermehrung haben. Es ist offensichtlich, daß beispielsweise Rationalisierung ohne neuen Konsumentenkreis und ohne neue Märkte zur Erhöhung der Kapitalrentierung nicht mehr beitragen kann"[1]. Der in der freien kapitalistischen Wirtschaft immanente „Zwang zur Rationalisierung führt... dahin, daß sich dieser Prozeß nach allem Möglichen richtet, nur nicht nach dem für ihn Maßgebenden. Dafür hätte zu gelten die Marktlage schlechthin, insbesondere die absolute und relative Konsumkraft des Inlandsmarktes, die Aufnahmefähigkeit des Auslandsmarktes und endlich die Situation auf dem reinen Kapitalmarkt"[2].

Erhard sucht eine Wirtschaftspolitik, die über einen geschmälerten Kapitalertrag „die Akkumulation, und das heißt heute die Rationalisierung der Produktion, mit einem langsameren Tempo, mit größerer Sorgfalt, nicht mehr allein aus technischen, sondern aus wirtschaftlichen Überlegungen heraus wird fortschreiten lassen"[3]. Dies könnte als ein überflüssiges Bemühen erscheinen: Nach Marx fällt die Profitrate des Kapitals tendenziell; aber sie fällt erst infolge der Kapitalakkumulation. Erhard meint, daß es möglich sein müßte, den Prozeß der Kapitalakkumulation nicht erst bis zu einem Punkt, bei dem das Fallen der Profitrate mit einer Krise verbunden ist, vonstatten gehen zu lassen; die Kapitalakkumulation müsse durch eine niedrige Profitrate von vornherein gebremst werden.

Erhard nennt einige Maßnahmen hierfür, verweist aber ausdrücklich

---

1 Ludwig Erhard, Arbeitslosigkeit, Seite 45.

2 Ludwig Erhard, Arbeitslosigkeit, Seite 96.

3 Ludwig Erhard, Arbeitslosigkeit, Seite 73. Angesichts der „neuen Technologien" und der amerikanischen und japanischen Dominanz bei einigen Produktgruppen auf den Weltmärkten ist auch in der gegenwärtigen Wirtschaftspolitik wieder die „technische" statt der ökonomischen Wettbewerbsfähigkeit in den Vordergrund getreten. Dabei überrascht zudem die vielfach dilettantische Beihilfenpolitik. Hierfür ein Beispiel: In den Bundesministerien für Wirtschaft und Technologie wird gegenwärtig erwogen, in bestimmten Unternehmen die Produktion eines „4-Mega-Bit-Speicherbausteins" anzuregen. Man spricht dabei stets von diesem eindrucksvollen Speichervolumen, statt der Öffentlichkeit mitzuteilen, daß man die Produktion eines 512-kByte-Bausteins fördern möchte. Der Grund ist einfach: Der Absatz eines Speichers mit einem „Nennvolumen" von 4-Mega-Bit kann trotz des extremen Überangebots ähnlicher Bausteine am Weltmarkt gesichert erscheinen, während die Absatzproblematik für den gleichen Baustein, würde er geläufiger bezeichnet, offenkundig wäre.

darauf, daß er hiermit nur Möglichkeiten aufzeigen, keineswegs aber unbedingt gültige Handlungsempfehlungen für die tagespolitische Anwendung präsentieren könne. Mit anderen Worten: Erhard gibt weder eine vollständige Liste aller wirtschaftspolitischen Möglichkeiten, noch diskutiert er die Details und Einzelprobleme seiner Vorschläge. Aber seine Aufzählung zeigt doch, daß er zur Lösung der aufgeworfenen Problematik sehr weit zu gehen gedenkt und recht tiefgreifende und vielfältige staatliche Maßnahmen für erforderlich hält[1]. Er erwähnt unter anderem eine Politik unbürokratischer Investitionskonzessionen[2] sowie die Förderung wirtschaftlicher Integrationsformen, die die Kapitalrendite zugunsten einer längerfristigen Sicherung der Unternehmen begrenzen. Hierbei sei jedoch als eine besonders wichtige Direktive zu beachten: „Gebundene Preisbildung darf nicht zur Umkehrung der freien Konkurrenz werden"[3]. Auch könne versucht werden, die Betriebe, die aus der mit stärkster und modernster Kapitalausstattung durchgeführten Massenproduktion ausgegliedert worden sind, für „besonders ausgewählte und geeignete Spezialitäten-Herstellung weiter volkswirtschaftlich zu erhalten"[4]. Besondere Aufmerksamkeit widmet Erhard der Kreditpolitik. Es müßten Maßnahmen ergriffen werden, die es unmöglich machen, „zusätzliche Kredite in einer Wirtschaft zur Produktionsvermehrung heranzuziehen, die ihrerseits nur mit einem Bruchteil der möglichen Erzeugungskapazität ausgenutzt ist, obwohl die privatwirtschaftliche Rentabilität auch in einem solchen Falle noch denkbar wäre"[5].

Als wirtschaftspolitische Leitlinie nennt Erhard: Die Kapitalakkumulation soll der „Aufwärtsentwicklung des Lebensstandards" dienen. Sie muß deshalb in der Konsumseite ihren Maßstab finden. Doch auch hier ergibt sich sogleich ein Problem, denn der sichtbare Sparumfang kann ein Dop-

1 Ludwig Erhard, Arbeitslosigkeit, Seiten 103ff., 137 und 140. Auf Seite 102 nennt Erhard die von ihm vorgeschlagene Politik „eine jedenfalls überprivate, aber doch auch nicht staatlich autoritative Kapitalinvestitionspolitik".

2 Ludwig Erhard, Arbeitslosigkeit, Seite 81.

3 Ludwig Erhard, Arbeitslosigkeit, Seite 92.

4 Ludwig Erhard, Arbeitslosigkeit, Seite 93.

5 Ludwig Erhard, Arbeitslosigkeit, Seite 103. – An dieser Stelle – bei der Frage der „Kreditexpansion" – läge es nahe, entgegen meinen Ausführungen oben, Seiten 156f., bei Erhard doch gewisse quantitätstheoretische Grundansichten anzunehmen. Erhard unterstellt jedoch keine invariante Beziehung zwischen Geldmenge und Sozialprodukt oder Preisniveau, sondern untersucht, wie die güterwirtschaftlichen Entscheidungen der Einzelwirtschaften durch kreditpolitische Maßnahmen – in diesem Falle durch Kreditbeschränkungen – gelenkt werden können. Das ist keine geldtheoretische, sondern eine güterwirtschaftliche Frage.

peltes bedeuten: Er kann den Wunsch nach Leistungssteigerung der Wirtschaft ebenso ausdrücken, wie er die Bekundung der materiellen Gütersättigung sein kann[1]. Die Wirtschaft, auf sich allein gestellt, behandle das Sparvolumen einseitig, als Anlaß zur Investition, und daraus folge: „Der industrielle Beschäftigungsstand im Augenblickszustand hat einzig und allein Beziehung zur Kapitalverwertung". Das aber dürfe nicht sein, und man könne sich andere Entwicklungen vorstellen: „Wo die gesellschaftliche Gütermasse ein Ausmaß erreicht, daß sich die Weitervermehrung als allgemein unerwünscht von selbst verbietet, da wird ein Teil der Bevölkerung aus dem Produktionsprozeß ausgeschlossen, und es entsteht Arbeitslosigkeit einer grundsätzlich anderen Art als die, mit der wir es zu tun haben... Neben dieser Entwicklung ginge dann wohl auch zwangsläufig eine andere einher, die einen größeren Teil der Bevölkerung für die Schaffung kultureller, künstlerischer und wissenschaftlicher Werte in Anspruch nimmt"[2].

Insgesamt verbindet Erhard also zwei wirtschaftspolitische Ziele: Es geht ihm um „Weiterentfaltung der Wirtschaft und der Wirtschaftlichkeit der Erzeugung", das heißt um „Rationalisierung am ökonomisch richtigen Ort unter Berücksichtigung der Bedeutung der Industrie für den Export bei tunlichster Vermeidung von Kapitalentwertung"[3]. Darüberhinaus aber gilt: „Alles wird daran liegen, den Unternehmen die Sicherheit zu geben, bei Nichtrationalisierung ihres Betriebes in gleicher Weise weiter rentabel wirtschaften zu können, bzw. es muß sich erweisen, daß Rationalisierung nicht mehr in einem funktionalen Zusammenhang mit der Gewinnung von Monopol- und Differentialrenten zu bringen ist. Es war ausschließlich diese Verbindung, die die technische Kapitalakkumulation immer, wieder, und sogar gleichgültig dagegen, wie hoch die in der Vergangenheit realisierte Akkumulationsmasse war, gegen alle wirtschaftliche Vernunft erzwang"[4].

Aus Erhards Darstellung geht hervor: Erhard will eine freie Wirtschaft. Aber er sieht eine bedeutende Gefahr dieser Wirtschaft in ihrer auf Dauer übergroßen Effizienz und Dynamik – einer Dynamik, die zwar den Wohlstand der Gesellschaft hebt und insoweit nützlich und erstrebenswert ist, die aber auch zu einer von den Bedürfnissen losgelösten, einer „beziehungslosen" Expansion des Produktionsapparates führt: Eine freie Wirtschaft neigt zur Kapitalakkumulation der Kapitalakkumulation wegen, und sie neigt hierzu nicht nur im allgemeinen, sondern der Wettbewerb und die

1 Ludwig Erhard, Arbeitslosigkeit, Seite 114.
2 Ludwig Erhard, Arbeitslosigkeit, Seite 116.
3 Ludwig Erhard, Arbeitslosigkeit, Seite 103.
4 Ludwig Erhard, Arbeitslosigkeit, Seite 103.

Notwendigkeit der Existenzsicherung wird die Unternehmen insbesondere bei auftretenden Absatzschwierigkeiten zu krisenverstärkenden Maßnahmen verleiten. Die dauernde Gefahr von sich schnell ausweitenden Absatzkrisen erfordert darum vorbeugende wirtschaftspolitische Maßnahmen, weil „durch diesen krisenhaften Wirtschaftsverlauf der Mensch zu sehr in die Abhängigkeit von ökonomischen Geschehnissen gerät und Wirtschaft zum Lebensinhalt der Menschheit zu werden droht". Erhard hält eine neue Art der Wirtschaftspolitik für notwendig, weil bislang „alles Bemühen und alles Kämpfen um eine gesunde materielle Lebensbasis auf den beschrittenen Bahnen nach unserer Überzeugung eitel Beginnen bleiben muß"[1]. Erhards Erörterungen laufen insgesamt auf die Empfehlung hinaus, die Kapitalrendite auf das Maß zu begrenzen, das nur Investitionen fördert, die auf Dauer Konsumbedürfnisse befriedigen helfen.

Es wäre leichtfertig, Erhards Vorstellungen allgemein mit Konzepten der Investitionslenkung oder speziell mit industriepolitischen Konzepten zu identifizieren. Erhard geht es nicht um die Entwicklung, Förderung oder gezielte Beeinflussung wirtschaftlicher Strukturen. Die von Erhard erörterten Mittel sind nicht spezifiziert; sie wirken auf die Wirtschaft schlechthin, nicht auf bestimmte Wirtschaftsbereiche. In ihrer Wirkungsrichtung unterscheiden sich seine Vorschläge von Empfehlungen zum investitionslenkenden Intervenieren, auch wenn deren Zielrichtung mit seiner Sorge übereinstimmen mag. Während aber Investitionskontrollen im Erhardschen Konzept überhaupt nicht unterzubringen sind, wären Anpassungshilfen nur deshalb abzulehnen, weil es Erhard mehr um eine Krisenvermeidung als um ein Krisenmanagement geht. Erhard sieht eine wirtschaftspolitische Aufgabe darin, die Wirtschaft im Globalen vor einer Entwicklung zu bewahren, die unvermeidlicherweise in eine Krise führen muß. Wäre die Wirtschaftspolitik der Globalsteuerung der späten sechziger Jahre nicht mit starken Elementen der Verbraucherlenkung und der Schaffung künstlicher Nachfrage nach dem keynesschen Konzept durchsetzt gewesen, könnte man Erhards Vorstellungen in dieser Politik realisiert sehen. Es ist sein Ziel, eine Ordnung zu schaffen, in der die Ausweitung der Produktionskapazitäten in dauernder Übereinstimmung mit dem Konsum bleibt, um die Keime krisenhafter Entwicklungen zu ersticken.

1 Ludwig Erhard, Arbeitslosigkeit, Seite 132.

(4) Die wirtschaftspolitischen Aufgaben des Wiederaufbaus

Ludwig Erhard hat seine theoretischen Vorstellungen vom „Fortgang des kapitalistischen Entfaltungsprozesses"[1] häufiger skizziert. Seine speziellen Vorstellungen zur Wirtschaftspolitik nach Ende des Zweiten Weltkrieges hat er insbesondere in seiner in den Jahren 1943/44 geschriebenen Denkschrift „Kriegsfinanzierung und Schuldenkonsolidierung" niedergelegt. In dieser Denkschrift findet sich zunächst eine Beschreibung der wirtschaftlichen Ausgangslage nach Ende des Zweiten Weltkrieges, an die sich dann eine Darstellung der erforderlichen wirtschaftspolitischen Maßnahmen des Wiederaufbaus anschließt.

Erhard prognostiziert, daß die wirtschaftliche Ausgangslage nach Beendigung des Zweiten Weltkrieges durch zwei Umstände geprägt sein wird:

☐ Die Wirtschaft wird zur Entfaltung höchster Aktivität gezwungen sein, obwohl sie „weder über Finanzkapital noch über flüssige Betriebsmittel oder konsumtiv zu verausgabende Kaufkraft verfügt"[2].

☐ Einer staatlichen Wirtschaftsbelebung, die naheliegend sei, „umsomehr gemeinwirtschaftliche Kollektivaufgaben in größtem Ausmaß vorliegen,... sind sehr enge Grenzen gezogen"[3].

Beide Bedingungen sind nicht in qualitativ besonderer Weise mit wirtschaftlichen Problemen der Nachkriegszeit verbunden, sondern zeichnen im allgemeinen, wenngleich auch in meistens geringerem Ausmaß, jede rezessive Konjunkturphase, beziehungsweise jede wirtschaftliche Situation aus, in der versucht werden muß, Wirtschaftskräfte zu beleben. Erhard kann die Beschreibung der wirtschaftlichen Ausgangsbedingungen in seiner Studie so allgemein halten, weil er – bevor er in die Diskussion der Wiederaufbaufragen eintritt – die Frage der Konsolidierung der Kriegsschulden ausführlich erörtert und mit der Feststellung abgeschlossen hat, „daß es dem Staat vor Inangriffnahme der sachlichen Wiederaufbauarbeit möglich gewesen war, eine Konsolidierung der Schuldverhältnisse und damit auch eine Neuordnung des Geld- und Kreditwesens in dem vorgetragenen Sinne herbeizuführen"[4].

Über die Konsolidierung der Kriegsschulden meint Erhard[5]: Die durch

1 Ludwig Erhard, Notweg, Seite 1203.

2 Ludwig Erhard, Kriegsfinanzierung, Seite 243.

3 Ludwig Erhard, Kriegsfinanzierung, Seite 243.

4 Ludwig Erhard, Kriegsfinanzierung, Seite 211. Schon dieser Vorstellung zufolge wäre die Identifizierung von Währungs- und Wirtschaftsreform als ein Akt, mit dem gleiche wirtschaftspolitische Ziele verfolgt werden, problematisch.

5 Vgl. Ludwig Erhard, Kriegsfinanzierung, vor allem Seiten 141f. und 179f.

den Arbeitseinsatz für Zwecke der Kriegsproduktion entstandenen Ansprüche an das Sozialprodukt hat der Staat, wie andere im Krieg erbrachte Opfer der Bevölkerung auch, anzuerkennen. Eine Realisierung dieser Ansprüche wird nach Kriegsende aber noch lange nicht in Frage kommen. So hat der Staat diese Ansprüche zunächst nur formal durch die Ausgabe von Schuldverschreibungen zu übernehmen, deren Tilgung – parallellaufend zur Entwicklung der Wirtschaft – sorgfältig auf die Dringlichkeit der Bedürfnisse der einzelnen Betroffenen abgestellt werden muß. Neben der Erfüllung des Gebotes eines angemessenen Lastenausgleichs ist es Erhard vor allem wichtig, die Verhältnisse der Kriegswirtschaft nach Kriegsende kreislaufmäßig schnell zu konsolidieren, so daß zu Beginn des Wiederingangsetzens der Wirtschaft keine Altforderungen auf den Gütermärkten auftreten und mit der Nachfrage konkurrieren, die auf Einkommenszahlungen aus der Produktion des neuen Sozialproduktes beruhen.

Zur Beschreibung der wünschenswerten wirtschaftlichen Entwicklung in der ersten Nachkriegszeit verwendet Erhard sein Zwei-Sektoren-Modell. In der herrschenden Nachkriegssituation scheint es ihm gerechtfertigt, nur einen eingeschränkten Kreislauf, die „einfache Reproduktion", zu betrachten: Investitionen werden in der ersten Aufschwungphase nicht stattfinden können, denn „es muß Klarheit darüber bestehen, daß je nach den vorherrschenden Relationen die Erneuerung und Ausweitung des Produktivapparates in den Hintergrund tritt"[1].

---

1 Ludwig Erhard, Kriegsfinanzierung, Seite 224. – Anzumerken ist hierbei, daß bei Abfassung der zitierten Schrift 1943 der Produktionsapparat noch keineswegs so stark zerstört war wie bei Kriegsende. Die unabweisbare Notwendigkeit, angesichts der bereichsweise nahezu totalen Zerstörung der Produktionsanlagen in den Wiederaufbau Investitionen zum Aufbau von produktiven Anlagen zu integrieren, stellte dann eine zusätzliche Erschwerung der Wirtschaftspolitik dar.

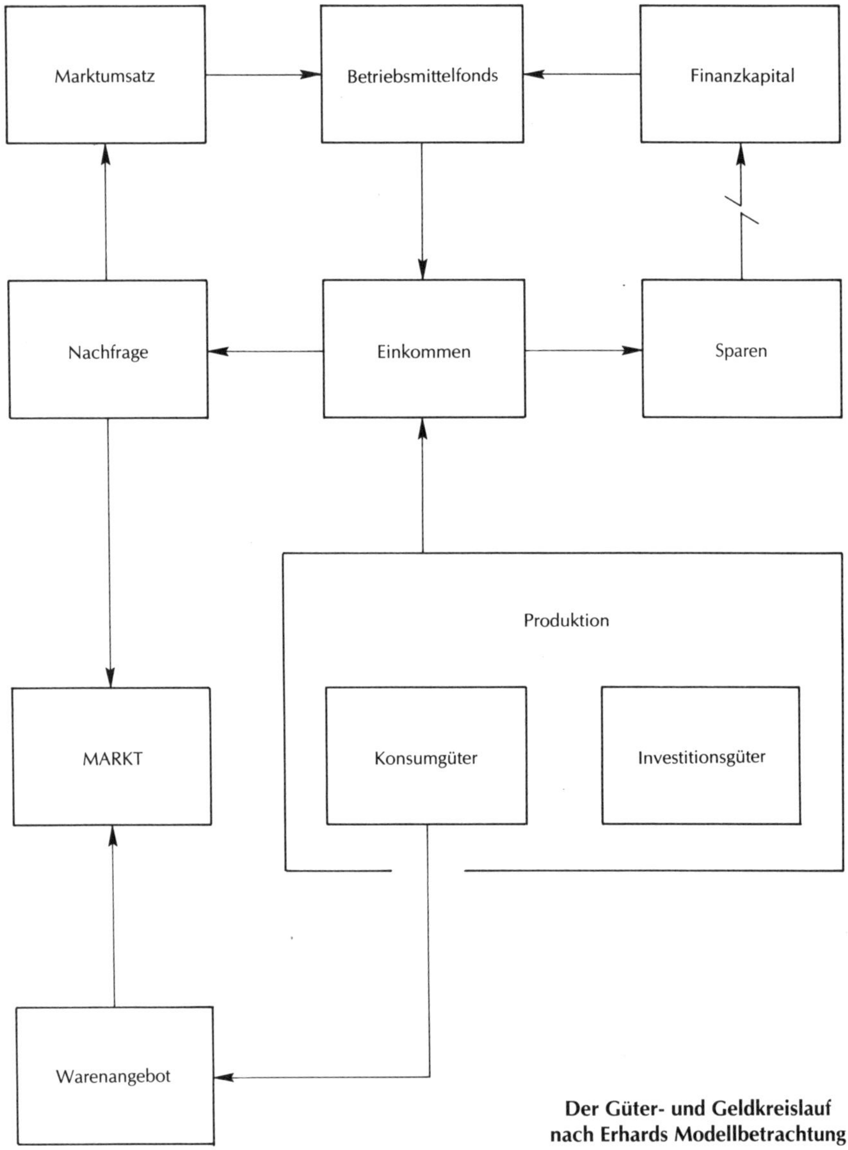

Der Güter- und Geldkreislauf nach Erhards Modellbetrachtung

Für den Aufschwung zentral wichtig ist nach Erhard die Sicherung der Vorfinanzierung der Produktion durch „flüssige Betriebsmittel". Mit der Integration der von ihm angeführten Begriffe und Beziehungen in sein einfaches Kreislaufschema ergeben sich für den Wirtschaftsprozeß nach Ende des Krieges die skizzierten monetären und realen Kreisläufe: Aus dem Einsatz von Arbeit an dem noch vorhandenen Realkapitalstock entsteht ein Konsumgüterangebot. Die geleistete Arbeit wird aus flüssigen Betriebsmitteln oder aus Finanzkrediten entlohnt. Mit dem Arbeitseinkommen werden die produzierten Konsumgüter nachgefragt. Der Umsatz dieser Güter füllt den Betriebsmittelfonds, oder er wird zur Kredittilgung verwendet.

Für die ersten Jahre des Wiederaufbaus stellt Erhard keine außenwirtschaftlichen Beziehungen in Betracht: In dieser Phase wäre es dringend nötig, zunächst eine bemerkenswerte innere wirtschaftliche Leistungsfähigkeit zu schaffen, um „die deutsche Wirtschaft so rasch wie möglich vertrauenswürdig zu machen, daß das Ausland bereit ist, Kapital nach Deutschland zu lenken"[1]. Den Kapitalmangel hält Erhard für den größten Engpaß des Wiederaufbaus – ganz im Gegensatz zu seiner zuvor dargestellten, auf hoher Kapitalakkumulation beruhenden Krisenerwartung, die erst auf längere Sicht, mit der Entfaltung der wirtschaftlichen Dynamik, relevant wird.

Erhard erinnert darüberhinaus eindringlich daran, daß in der Ausgangslage der Produktion keine Betriebsmittel, kein Finanzkapital und keine sonstigen Quellen vorhanden wären, aufgrund derer eine Produktion in Gang kommen könne. Die effektive Nachfrage andererseits dürfe sich erst mit den Produktionsleistungen bilden. Denn mit der Produktion entstehen zwangsläufig Einkommen, und ausschließlich diese Einkommen sind dann auch güterwirtschaftlich gedeckt – soweit es gelingt, produktionsseitige Verschwendungen zu unterbinden.

Diese Ansicht Erhards steht in krassem Widerspruch zu üblichen Beurteilungen der wirtschaftspolitischen Bedingungen des Wiederaufbaus. Man spricht in der Regel von einem immensen Nachholbedarf, dem die wirtschaftliche Expansion in der Nachkriegszeit zuzuschreiben gewesen wäre. In Erhards Wiederaufbaustrategie spielte dieser gewiß vorhandene Nachholbedarf jedoch als ein latenter Störfaktor eine höchst gefährliche Rolle: Es mußte das Ziel der Währungsreform sein, für die erste Aufschwungphase alle Möglichkeiten auszuschalten, daß Nachfrage auf den Konsumgütermärkten auftritt, die nicht durch die

---

1 Ludwig Erhard, Investitionskredite, Seite 398.

Produktion am neuen Sozialprodukt gedeckt ist. Gerade diese wichtigste Bedingung hat die Währungsreform aber nicht erfüllt.

Das Erhardsche Modell ist ein Modell eines längerfristigen Aufschwungs. In derartigen Zusammenhängen wird häufig die Notwendigkeit eines Ausbaus des Investitionsgütersektors zu Lasten der Konsumgüterproduktion postuliert. Erhard meint jedoch, daß dieser Entwicklungsweg nur deshalb so naheliegend erscheine, weil der Staat, wenn er zur Belebung der Wirtschaft als Nachfrager auftrete, „für eigene Zwecke sinnvollerweise wohl eine Nachfrage nach Kapitalgütern (Bautätigkeit, Verbesserung der Verkehrseinrichtungen, Aufrüstung u.dgl.m.) geltend machen, niemals aber Verbrauchsgüter erwerben kann“[1].

Erhard hält es für sehr wichtig, eine optimale Struktur der Wirtschaft anzustreben. Er schreibt: „Das Hauptaugenmerk ist... zweifellos dem Verhältnis zwischen der Produktionsgüter- und der Verbrauchsgütererzeugung zuzuwenden, denn diese Relation bestimmt in erster Linie den zukünftigen materiellen Lebensstandard“[2]. Erhard entscheidet sich jedoch klar für die Bevorzugung der Konsumgüterproduktion in der ersten wirtschaftlichen Aufschwungphase: „Gleich, ob das Problem von der finanz- oder der güterwirtschaftlichen Seite angepackt wird, immer weisen alle Überlegungen darauf hin, daß es sich nach dem Kriege als erstes wirtschaftliches und soziales Erfordernis nur darum handeln kann (im Original von Erhard handschriftlich korrigiert auf: vornehmlich darum handelt), die deutsche Verbrauchsgüterindustrie sofort und unmittelbar zu höchster Leistung anzufachen“[3].

Diese Aussage läßt sich leicht als eine wirtschaftspolitische Trivialität mißverstehen: Nach Ende des Krieges mußte es freilich darauf ankommen, die „dräuendste Not“ zu beseitigen. Das erkennt Erhard selbstverständlich an. Er begründet seine Entscheidung für einen von der Konsumgüternachfrage bestimmten Entwicklungsweg jedoch kreislauftheoretisch. Bei seinen Erörterungen geht Erhard davon aus, daß bei dem großen vorhandenen Konsumgüterbedarf eine geringe Sparneigung herrschen werde, so daß „die Verausgabung zusätzlicher Mittel in der Kapitalgütersphäre... entweder Preissteigerungen auslöst oder den Tatbestand des Auftretens überschüssiger Kaufkraft schafft“[4], denn es fließen nur die in der Verbrauchsgüterindustrie „zum Einsatz gelangten Mittel sofort wieder dorthin zurück und können zur Finanzierung der weiteren Erzeugung Verwendung finden. Der

1 Ludwig Erhard, Kriegsfinanzierung, Seite 238.
2 Ludwig Erhard, Kriegsfinanzierung, Seite 224.
3 Ludwig Erhard, Kriegsfinanzierung, Seite 237.
4 Ludwig Erhard, Kriegsfinanzierung, Seite 246.

Verbrauchsgüterindustrie solcherart Betriebsmittel zur Verfügung zu stellen, erscheint also finanzwirtschaftlich unbedenklich, denn sie schaffen keine zusätzliche und in diesem Sinne inflationistisch wirkende Kaufkraft"[1].

Damit ist die Rolle des Staates beim Wiederaufbau bestimmt. Da nach Ende des Krieges nirgends liquide Vermögenswerte vorhanden sein werden, die es der Wirtschaft ermöglichen könnten, Produktionen vorzufinanzieren, und das Geld, das nach der Konsolidierung der Kriegsschulden seine Tauschmittelfunktion erfüllen würde, wegen der großen Nachfrage als Wertaufbewahrer ausscheidet, wird sich die Wirtschaft in einer schwierigen Lage befinden: Die Wirtschaft wird keine Mittel aktivieren können, um ihre Produktion zu finanzieren. Solchen Mitteln müßten ja marktgängige Güter gegenüberstehen, auf die sich die Einkommen aus der Produktion nachfragend richten könnten. Ein solcher kreditierbarer Güterbestand wird nicht aufzutreiben sein. Ein Geldbestand als solcher ist kein investierbares Kapital. Produktionen, die als technisch möglich initiiert werden könnten, können wegen der fehlenden Finanzierungsgrundlagen nicht begonnen werden. Um dem Zustand einer dauernden staatlichen Bevormundung und Bewirtschaftung zu entkommen, sieht Erhard nur einen Weg: Die Wirtschaft selbst muß Initiativen ergreifen. Er schreibt: „Es ist im wesentlichen Aufgabe der Wirtschaft selbst, Mittel und Wege zu finden, um durch Erstellung eines neuen Sozialproduktes dem deutschen Volke wieder eine Lebensgrundlage zu eröffnen. Die freie Wirtschaft hat damit noch einmal die Chance der Bewährung und muß sie... dann auch nützen"[2].

Erhards Vorstellungen könnte es etwa entsprechen, daß die Löhne den Betrieben in der ersten Aufbauphase gestundet werden oder daß eine Entlohnung mit Produkten stattfindet. Aber auch der Staat könnte bei diesen Produktionsinitiativen helfend, durch eine „großzügige Bereitstellung von Betriebskrediten", eingreifen[3]. Mit solchen Krediten können jedoch nur Fonds im Bereich der Produktion schnell auf den Markt gelangender Verbrauchsgüter geschaffen werden. Der vertretbare Umfang dieser Kredite ist durch den jeweils verfügbaren Rohstoffvorrat und die Arbeitskräfte klar bestimmt[4]. Bei der Abstimmung des Kreditvolumens auf den jeweiligen Produktionsumfang „empfiehlt sich wohl eine straffe Kontrolle, aber es wäre psychologisch richtiger, den Staat bei dieser Aktion nicht unmittelbar in Erscheinung treten zu lassen"[5].

---

1 Ludwig Erhard, Kriegsfinanzierung, Seite 245.
2 Ludwig Erhard, Kriegsfinanzierung, Seite 243.
3 Ludwig Erhard, Kriegsfinanzierung, Seite 260.
4 Ludwig Erhard, Kriegsfinanzierung, Seite 247.
5 Ludwig Erhard, Kriegsfinanzierung, Seite 248.

Der Aufschwung bedarf einer anfänglichen Initiative zur Aufnahme von Produktionen, die nicht – wie der spätere Fortgang der Entwicklung – von den Unternehmern erwartet werden kann: Der Wirtschaft fehlt bei Kriegsende die Kapitalbasis. Was könnte dann „reproduziert" werden? Auch der Staat kann die notwendige erste unternehmerische Initiative nicht unmittelbar anregen oder aktiv fördern; er kann nur passiv Hemmnisse der Produktionsaufnahme beseitigen, und er sollte dies tun, wo kurzfristig Konsumgüterproduktionen begonnen werden können[1]. Alles kommt schließlich doch auf die Unternehmer an und auf deren keineswegs wirtschaftsrational begründbare Initiative. Noch in seiner Rundfunkansprache am Tage nach der Währungsreform appelliert Erhard an die Unternehmer.

Nach Erhards Vorstellungen wird eine Aufnahme der Investitionsgüterproduktionen erst in einer fortgeschrittenen Entwicklungsphase möglich, dann nämlich, wenn die Konsumgüternachfrage nachläßt: Investitionen werden erst „durch echte Ersparnisse, sei es durch Spartätigkeit über die gesamte Breite unserer Volkswirtschaft, das heißt durch die Spartätigkeit der Bevölkerung oder über die Eigenfinanzierung der Unternehmen"[2] ermöglicht. Erhard erörtert keine wirtschaftspolitischen Maßnahmen, um den Investitionsprozeß bei beginnender Spartätigkeit wirtschaftspolitisch zu fördern. Es ist anzunehmen, daß er von diesem Zeitpunkt an auf die immanenten Kräfte der Wirtschaft vertraute und für die weitere Entwicklung auf das Wirken der kapitalistischen Wirtschaftsdynamik rechnete, die zu fördern keineswegs nötig ist, sondern die es – ganz im Gegenteil – alsbald zu zügeln und zu bremsen gilt.

Die Modellvorstellung Erhards läßt sich in manchem Punkt in der Nähe der kapitaltheoretischen Betrachtung Friedrich von Hayeks sehen und anhand der spezifisch Hayekschen Betrachtungsweise verdeutlichen. Auch Hayek verwendet – abgesehen von der zeitlichen Struktur des Produktionsprozesses – ein Zwei-Sektoren-Modell. Er geht von einer Kapitalknappheit aus, das heißt von einer Begrenzung der Ressourcen, die im Produktionsprozeß eingesetzt werden können. Diese Mittel sind verwendbar entweder

---

1 Das von Ludwig Erhard 1948 initiierte „Jedermann-Programm" zur Produktion preisgünstiger Konsumgüter bestand nicht in einer direkten staatlichen Lenkung der Produktion, sondern in der bevorzugten Rohstoffzuteilung an Firmen, die „zur Herstellung solcher soliden und preiswerten Bedarfsartikel bereit waren". Vgl. Hermann Pünder, Entstehung der Sozialen Marktwirtschaft, Seite 193. Der Hauptzweck des „Jedermann-Programmes" wäre dann darin zu sehen, einen ermatteten Wettbewerb neu zu entfachen und „starre Preise" aufzuweichen.

2 Ludwig Erhard, Investitionskredite, Seite 398. Unter die erwähnte Spartätigkeit rechnet Erhard unter anderem auch die für die Investitionsfinanzierung aktivierbaren Rücklagen der Sozialversicherungen.

direkt zur Erzeugung von Konsumgütern oder zur Ausweitung (Vertiefung) des Produktionsprozesses. Werden Ressourcen in der Produktionsmittelerzeugung eingesetzt, so entsteht die Aussicht auf eine Erhöhung der Konsumgüterproduktion nach der Vollendung der Investitionsprojekte und dem vollständigen Ausreifen der Konsumgüter durch die einzelnen Herstellungsstufen hindurch. Die Erwartung der reichlicheren Produktion kann sich allerdings nur erfüllen, wenn die Gegenwartsansprüche an die Konsumgüterproduktion entsprechend gemindert worden sind. Findet eine Beschränkung der Konsumgüternachfrage nicht statt, so können die begonnenen Investitionsprojekte nicht vollendet werden. Die Konsumnachfrage muß befriedigt werden, und das ist nur dadurch möglich, daß das in der Produktionsmittelsphäre eingesetzte Kapital umgewidmet wird.

Bei diesem Hayek-Prozeß ist es schwierig zu erklären, warum mit der Überinvestition, bei der eine Kapitalvernichtung erfolgt, schließlich auch Arbeitslosigkeit entsteht. Die unterstellte Knappheit der Ressourcen würde ja zum alsbaldigen Einsatz in der Konsumgüterproduktion führen. Hayek löst das Problem durch die Annahme einer Spezialisierung aller verwendeten Produktionsmittel: Die Überinvestition trägt vor ihrer Vollendung nichts zur Konsumgüterproduktion bei; die unvollendeten Investitionsprojekte sind verloren, aber auch die Arbeitslosen können nicht ohne weiteres an anderen Orten der Wirtschaft eingesetzt werden. Problematisch erscheint der Hayek-Prozeß auch, sobald man unterstellt, daß die ursprüngliche Knappheit in den Faktorpreisen ihren Niederschlag gefunden haben sollte – einem ansonsten durch Hayek stark betonten Umstand, der auch im vorliegenden Fall eigentlich schon vor Fehlinvestitionen hätte schützen müssen.

Erhard geht das Problem etwas anders an. Er unterstellt keine naturgemäße Knappheit an Ressourcen; eine solche Knappheit entwickelt sich erst im kapitalistischen Wirtschaftsprozeß, bei dem sich das unternehmerische Handeln darauf richtet, Kapital zu akkumulieren. Das bedeutet: Die Unternehmer richten relativ autonom Produktionsprozesse ein, in denen sie Produktionsfaktoren einsetzen und entlohnen, deren Produkte sie jedoch nicht auf den Markt bringen, sondern im eigenen Produktionsprozeß verwenden. Gleich wie im Hayek-Modell ist aus dieser Investition erst später ein höherer Konsumgüterausstoß zu erwarten. Der entscheidende Unterschied zum Hayek-Modell ist, daß die Unternehmer im Erhard-Modell ihre Investitionen über einen Prozeß des Zwangssparens durchführen können und auch an einer fortlaufenden Akkumulation nicht gehindert werden. Zwar stagnieren kurzzeitig die realen Umsätze auf den Konsumgütermärkten, weil diesen Märkten nur ein Teil der Produktion zugeführt wird. Aber die Betriebsmittelfonds können dennoch nicht zum Engpaß der

Akkumulation werden, weil die Unternehmer den Kapitalteil, um den sie ihre Produktion ausweiten oder auszuweiten planen, in die Kalkulation der Konsumgüterpreise in dem Ausmaß einbeziehen, wie sie bei der Herstellung der Produktionsmittel Einkommen zahlen oder zahlen werden. Der Erhard-Prozeß ist logisch völlig geschlossen. Allein der Wettbewerb auf den Konsumgütermärkten und dort entstehende Preisschwellen könnten der Selbstfinanzierung der Investition eine Grenze setzen – eine Hoffnung, die man nach Erreichen der angestrebten Vollbeschäftigung kaum noch hegen könnte.

Für die Einordnung der konjunktur- und entwicklungstheoretischen Ansichten Ludwig Erhards ist es interessant, daß Erich Preiser, von Franz Oppenheimer ausgehend, ähnliche Vorstellungen entwickelt hat. Preiser faßt Oppenheimers Konjunkturtheorie dahingehend zusammen: „Oppenheimer sieht die letzte Ursache der Krise darin, daß der industrielle Unternehmer nicht nur bei steigenden, sondern auch bei sinkenden Gewinnen seine Produktion ausdehnt, um in der Masse hereinzuholen, was er am Stück verliert“[1]. Wenn Erich Preiser sagt, daß er Oppenheimer in dieser Ansicht nicht folge, so bedeutet das nur, daß er den von Oppenheimer angeführten Grund für die Überakkumulation nicht akzeptiert, während er den Sachverhalt selbst nicht bezweifelt: „Das Ergebnis des ganzen Prozesses ist eine Vergrößerung der Kapazität vor allem in der Produktionsmittelindustrie, die früher oder später notwendig zu einem Rückschlag führen muß“[2].

Preiser führt aus, daß der Fehler, der zur Krise führt, zutage tritt „in Gestalt eines Mißverhältnisses zwischen Ausdehnung der Produktionsanlagen und definitivem Konsum. Die Ursache dieses Mißverhältnisses ist nicht das Ausmaß bzw. Tempo, sondern die Art und Weise der Akkumulation, auf Grund deren sich die Produktion in eine Richtung entwickelt, die der Fühlung mit dem definitiven Konsum entbehrt“[3]. Preiser unterscheidet „autonomes“ und „heteronomes“ Sparen. Beim einen fließen die zu investierenden Mittel über den Kreditmarkt, beim anderen werden Investitionsmittel nicht „aufgenommen“, sondern fließen den Unternehmen „automatisch“ zu. Für die Aufnahme von Investitionsmitteln am Kreditmarkt sind die Möglichkeiten des Absatzes und die Höhe des Zinses entscheidend wichtig. Wenn jedoch einem Unternehmen Mittel durch „heteronomes Sparen“ zufließen, so wird allein diese Tatsache, nämlich der offenkundige Erfolg des Unternehmens, der sich im Gewinn zeigt, zur Ausweitung der Produktion Anlaß geben.

---

1 Erich Preiser, Konjunkturtheorie, Seiten 18f.
2 Erich Preiser, Konjunkturtheorie, Seite 83.
3 Erich Preiser, Konjunkturtheorie, Seite 84.

Mit dieser Argumentation ist die Antwort Erich Preisers auf die Frage nach dem „Widersinn des Sparens" die, daß es keineswegs allein darauf ankommt, wieviel gespart werde; es würde nicht einfach „zuviel" gespart oder der Produktionsapparat „zu weit" ausgedehnt: „Man hat die durch das heteronome Sparen anfallenden Mittel nicht so eingesetzt, wie es die Rücksicht auf den letzten Absatz verlangt, der der Prüfstein für alle Investitionen ist und der bei der Akkumulation auf Grund autonomen Sparens nie außer acht gelassen wird; man hat diese Mittel nicht ‚richtig' eingesetzt, und dieses ‚nicht richtig' äußert sich praktisch als ein ‚zu groß'. In diesem Sinne ist der Produktionsapparat, so wie er sich entwickelt hat, im Hinblick auf den definitiven Konsum ‚übermäßig', und in diesem Sinne kann man die ganze Entwicklung als einen Prozeß der ‚Überakkumulation' bezeichnen"[1].

Im Zentrum der entwicklungstheoretischen Analyse Erhards steht dieser Prozeß der „Überakkumulation". Die „Überakkumulation" wird sich unweigerlich in einer Unrentabilität der geschaffenen Anlagen zeigen. Nach dem Erhard-Modell ist ein zunächst stabiler Investitionsprozeß zu erwarten, bei dem Konsumeinschränkungen die Produktionsausweitung alimentieren. Durch die Kapitalakkumulation wird der Ausstoß der Konsumgütererzeugung immer umfänglicher, der Versorgungsgrad der Bevölkerung mit Konsumgütern wächst, die anfänglichen Einschränkungen des Konsums zugunsten der Produktionsmittelerzeugung werden immer weniger drückend, die Produktion von Konsumgütern steigt weiter und führt – wie dargelegt – in eine Absatzkrise, aus der Produktionseinschränkungen nicht mehr herausführen können, weil mit Produktionseinschränkungen – ob sie in der Produktions- oder der Konsumgütersphäre vorgenommen werden – in jedem Falle auch die Einkommen und damit die Nachfrage gemindert werden.

Man wird sich anhand der Hinweise Erhards die Krisenlage und den Fortgang der Entwicklung etwa so vorzustellen haben: Mit der Verschärfung der Absatzkrise werden die Betriebsmittelfonds zum Engpaß des Aufrechterhaltens der Produktion. Die kalkulierten Preise können am Markt nicht realisiert werden. Den zu niedrigeren Preisen realisierten Marktumsätzen und den nicht abgesetzten Produkten stehen in unverminderter Höhe Aufwendungen für Einkommenzahlungen gegenüber. Es kommt zu Liquiditätsschwierigkeiten und Konkursen, also zu unvermeidlichen Produktionseinschränkungen neben solchen, die aufgrund der Absatzlage, „freiwillig", durchgeführt werden – in jedem Falle zur Arbeitslosigkeit.

---

1 Erich Preiser, Konjunkturtheorie, Seiten 84f.

Andererseits sind sowohl die Produktionsanlagen als auch die Gütervorräte in einer industriellen Wirtschaft von einiger Dauer; sie sind zumindest in den Anfangsphasen der Krise noch vorhanden und intakt. Diesen Realwerten entsprechen die Einkommen, die für die Produktion der in der Krise nicht absetzbaren Waren wie für den Aufbau der Produktionsanlagen gezahlt worden sind. Die Chance, eine solche Krise zu überwinden, besteht in einer Neuverteilung der Rollen im Wirtschaftsleben: Die Pioniere der Produktion haben sich durch eine zu umfängliche Akkumulation zugrundegerichtet; die Mittel, die Produktion über den Markt wieder in Gang zu bringen, sind vorhanden – nur: Sie sind in die Hand der Nichtunternehmer geraten. Dieser Gesichtspunkt zeigt abermals, welche Bedeutung den vermögenspolitischen Zielsetzungen Erhards im allgemeinen und den von ihm später – namentlich in hochkapitalisierten Wirtschaftsbereichen – befürworteten Maßnahmen zur breiten Verteilung des Produktivvermögens im besonderen beizumessen ist.

(5) Der Wirtschaftsaufschwung unter den Sonderbedingungen der Währungsreform

Mit der Währungsreform trat eine Situation ein, die zwar der von Erhard in seiner Denkschrift gewünschten finanztechnischen Ausgangslage, nicht aber der von ihm für erforderlich gehaltenen Konsolidierung entsprach: Jeder Betrieb erhielt einen Geschäftsbetrag in Höhe von DM 60,-- pro Arbeitnehmer; zusätzlich wurde jedoch auch, in zwei Raten zu DM 40,-- und DM 20,-- pro Einwohner, Kaufkraft geschaffen.

Mit den durch die Währungsreform zugeteilten Betriebsmitteln war die Finanzierung erster Produktionsleistungen möglich. Die Auszahlung in Abhängigkeit von der Anzahl der beschäftigten Arbeitnehmer war eine Kopplung mit dem tatsächlichen Produktionsumfang. Das entsprach den Vorstellungen Erhards, denn im Rahmen der Produktion würden mit den verfügbaren Betriebsmitteln Einkommen gezahlt werden können, die äquivalent zum hergestellten Produkt sind – sofern nur keine Verschwendung in der Produktion stattfinden würde. Damit wäre ein schließlich sich selbst tragender Wirtschaftsprozeß in Gang gekommen, mit dessen Fortschreiten die Bewirtschaftung hätte fortfallen können[1].

Doch mit der Währungsreform wurde sogleich auch – unabhängig von

---

1 Daß Erhard von einem überaus raschen Fortschreiten des Wirtschaftsaufschwunges überzeugt war und vom „deutschen Wirtschaftswunder" keineswegs überrascht wurde, folgt aus Erhards striktem Bekenntnis zur Marktwirtschaft. Vgl. die zusammenfassende Wertung, oben, insbesondere Seiten 88f.

der Produktion – Kaufkraft in Höhe von etwa 10 Milliarden DM geschaffen. Durch die Ausgabe des Kopfgeldes und die alsbald erfolgende Währungsumstellung, bei der Bargeld im Verhältnis 100 RM zu DM 6,50 eingetauscht und Altgeldguthaben 10 : 1 abgewertet und zur Hälfte auf frei verfügbaren Konten gutgeschrieben wurden, wurden Ansprüche an das neue Sozialprodukt aus der Vorkriegswirtschaft übernommen statt „konsolidiert". Die Schaffung dieser „künstlichen" – weil nicht in der neuen Produktion begründeten – Kaufkraft entsprach nicht den Vorstellungen und Empfehlungen Erhards.

Der Zweck und die Bedeutung der Wirtschaftsreform, die Erhard handstreichartig mit der Währungsreform im Juni 1948 verkündet hat, ist vor allem aufgrund dieser Sachlage zu würdigen. In der Regel wird diese Reform als die Geburtsstunde der Sozialen Marktwirtschaft angesehen, was auch insofern problematisch ist, als hierbei das „Soziale" der „Sozialen" Marktwirtschaft nur als in der Marktwirtschaft inhärent gedacht werden kann: Ohne ihre spezielle kreislauftheoretische Fundierung läßt sich die Wirtschaftsreform nur als ein Akt würdigen, bei dem – gewiß mutig – ein bewundernswertes und unerschütterliches Vertrauen Ludwig Erhards in die Kraft freier Marktprozesse maßgebend gewesen ist.

Gewiß: Nach den oben beschriebenen Vorstellungen Erhards erforderte der längerfristig notwendige Prozeß zur Realisierung der Sozialen Marktwirtschaft zunächst eine klare Entscheidung für eine marktwirtschaftliche Ordnung. Aber es dürfte unbestreitbar sein, daß Erhard für eine solche Liberalisierungsaktion, wäre es nur um sie gegangen, besser einen späteren Zeitpunkt gewählt hätte[1]. Nach der Verabschiedung des hart umstrittenen Gesetzes über die wirtschaftspolitischen Leitsätze nach der Geldreform am 18. Juni 1948 im Wirtschaftsrat des Vereinigten Wirtschaftsgebietes konnte

---

1 Der Wissenschaftliche Beirat bei der Verwaltung für Wirtschaft schreibt in seinem Gutachten vom 1. April 1948: „Die Währungsreform ist nur sinnvoll, wenn eine grundsätzliche Änderung der bisherigen Wirtschaftslenkung mit ihr verbunden wird". Auch der Beirat begründet diese Auffassung nicht in einer Weise, die das Vorgehen Erhards rechtfertigen könnte. Er verweist vielmehr darauf, daß die Währungsreform die wirksame Nachfrage so beschränke, daß eine totale Verbrauchsreglementierung und Zwangsbewirtschaftung gegenstandslos werde. In dieser Situation sei es dann wünschenswert, daß die Preise den volkswirtschaftlichen Prozeß steuern – alsbald und in möglichst weitem Umfange. Die Mehrheit des Beirates hat sich aus diesen Gründen für eine „möglichst sofortige Freigabe der Preisbildung", das ist nicht eine unbedingt sofortige, ausgesprochen. Da die aufgeführte Bedingung dieser Reform, die Beschränkung der wirksamen Nachfrage, mit der Währungsreform nicht erfüllt worden ist, hätten die Empfehlungen des Wissenschaftlichen Beirats keinerlei Liberalisierungen, noch nicht einmal ein zögerlicheres Vorgehen Erhards, rechtfertigen können.

Erhard damit rechnen, daß dieses Gesetz alsbald in Kraft tritt. Hiernach hätte sich die Möglichkeit eröffnet, eine marktwirtschaftliche Wirtschaftsreform legal auf den Weg zu bringen. Das Leitsätzegesetz sah vor, daß „der Freigabe aus der Bewirtschaftung... vor ihrer Beibehaltung... und... der Freigabe der Preise... vor ihrer behördlichen Festlegung der Vorzug zu geben" ist. Dem Leitsätzegesetz wurde erst am 21. Juni 1948 in der Länderkammer zugestimmt; die Militärregierungen unterfertigten es am 30. Juni 1948. Erst mit der Veröffentlichung im Gesetzes- und Verordnungsblatt des Wirtschaftsrates des Vereinigten Wirtschaftsgebietes am 7. Juli 1948 trat das Leitsätzegesetz in Kraft. Von diesem Zeitpunkt an wäre die Durchführung von Reformmaßnahmen für Erhard weit risikoloser gewesen als zum Zeitpunkt der Währungsreform[1].

Jedoch: Erhard konnte nicht auf diesem von ihm vermutlich geplanten Weg verfahren, weil mit der Währungsreform besondere Umstände eingetreten waren, in denen er sein Handeln für notwendig erachtete. Die Motive für seinen spontanen Entschluß, eine Wirtschaftsreform anzuordnen, lassen sich plausibel aus Erhards kreislauftheoretischen Überlegungen herleiten. Erhard konnte keinesfalls überzeugt sein, daß mit der Währungsreform die Sternstunde der deutschen Wirtschaft und des Wiederaufbaus angebrochen sei. Im Gegenteil: In dieser Situation, in der das neue, künstlich geschaffene Geld ohne die durch Produktion gesicherte güterwirtschaftliche Deckung auf den Markt gelangen würde, bestand die akute Gefahr, daß das Geld völlig wertloses Papier bleiben werde[2]; zudem mußte Erhard sehen, daß die aus den neu aufgenommenen Produktionen fließen-

1 Erhard riskierte mit seinen Maßnahmen seine Entlassung als Direktor der Verwaltung für Wirtschaft durch die Alliierte Kontrollbehörde. Erhard hatte für seine Maßnahmen keine Kompetenzen und war sich hierüber offensichtlich klar, zumal er erstens eigene Erfahrungen aus seiner Amtszeit als Minister in Bayern hatte und ihm zweitens gegenwärtig sein mußte, daß er dreieinhalb Monate zuvor auf den Posten des Wirtschaftsdirektors wegen der raschen Entlassung seines Vorgängers berufen worden war. Johannes Semler hatte die Alliierten durch eine Rede verstimmt, in der er in Kenntnis deutscher Ernährungsgewohnheiten amerikanische Nahrungsmittellieferungen – Mais – minderwertig und „Hühnerfutter" genannt hatte. Erhard nun gar beschränkte sich nicht auf Verbales, sondern setzte kurzerhand Verordnungen der Alliierten außer Kraft.

2 Die Kopfgeldzuteilung zum Zeitpunkt der Währungsreform ist einer der wenigen wirklich realistischen Fälle der Geldvermehrung, wie sie quantitätstheoretischen Überlegungen häufig zugrundegelegt wird. Da Erhard, Knapp folgend, quantitätstheoretischen Betrachtungen fern stand, konnte ihn vermutlich nicht eine nur quantitätstheoretisch begründbare Inflationsgefahr schrecken, sondern weit eher die Sorge, daß die neue Währung die seinerzeit gängige Zigaretten-Währung nicht zu verdrängen vermochte.

den Einkommen nicht das ihrer Entlohnung entsprechende volle Güteräquivalent finden würden. Er mußte aus seiner theoretischen Sicht – bekräftigt durch seine Kenntnis der wirtschaftlichen Entwicklung nach dem Ersten Weltkrieg und zusätzlich sensibilisiert durch seine Einschätzung der nach dem Zweiten Weltkrieg weit verbreiteten Inflationsphobie und der ebenso weit verbreiteten Ansicht, daß nur ein sozialistisches System soziale Gerechtigkeit zu sichern vermöge – befürchten, daß mit dieser Währungsreform eine höchst unheilvolle Entwicklung in Gang gebracht wird, die im geldwirtschaftlichen Bereich zur Notwendigkeit weiterer währungspolitischer Maßnahmen führen müßte, deren Aussichtslosigkeit aber bereits feststünde, denn: Wer würde einer neuerlichen Notenausgabe wieder Vertrauen schenken, wenn die neu geschaffene Deutsche Mark sich nicht als staatliche Währung hätte durchsetzen können, und – abgesehen von dieser psychologischen Frage – auf welcher Grundlage könnte eine neuerlich nötige Währungsreform dann technisch überhaupt noch einmal durchgeführt werden[1]?

Wird der von Erhard theoretisch für möglich erachtete Wirtschaftsablauf mit der durch die Währungsreform geschaffenen Situation verglichen, so ist festzustellen, daß er in der Währungsreform ein immenses Hindernis für den Wiederaufbau sehen mußte. Die mit der Währungsreform geschaffene Kaufkraft zerstörte nun wirklich jeglichen Anreiz, marktorientierte und dauerhaftere Produktionen zu beginnen. Die Erwartungen richteten sich ohnehin auf eine Nachkriegsinflation, die das Horten von Waren sinnvoll erscheinen ließ. Es gab Schwarzmärkte, über die gehortete Ware Absatz fand. Auch neu aufgenommene Produktionen drohten über diese illegale Marktorganisation zu laufen. Aus den geldtheoretischen Erkenntnissen, die Erhard aus Knapps „Staatlicher Theorie" gewonnen hatte, mußte für ihn feststehen, daß eine Wirtschaft ohne eine funktionsfähige Geldverfassung – eine Verfassung, in der Geld seine Tauschmittelfunktion vollständig und für alle Teilnehmer am Wirtschaftsverkehr erfüllt – nicht existieren kann.

Wenn es für den Erfolg der Währungsreform wichtig war, daß das umlaufende Geld wieder als „staatliche Chartalwährung" Anerkennung fand, so mußte dieses Geld vor allem auch auf ein Warenangebot treffen. Dies konnte nur durch Maßnahmen zusätzlich zur Währungsreform bewerkstelligt werden. Es wäre undurchführbar gewesen, Sachwertbesitzer administrativ zu verpflichten, ihre Waren anzubieten. Aber es war möglich, sie durch das Setzen geeigneter Bedingungen zu entsprechenden

---

1 Erhard hat sich bereits 1931 mit der Frage und den technischen Möglichkeiten befaßt, den Zahlungsverkehr in einer „ausgesprochenen Vertrauenskrise" aufrechtzuerhalten. Vgl. Ludwig Erhard, Notweg.

freiwilligen Entschlüssen anzuregen. Die Waren durften nicht zögernd auf dem offiziellen DM-Markt erscheinen. Das Warenangebot mußte in eindeutig überzeugender Weise breites Vertrauen in das neue Geld manifestieren.

Aus dieser Lagebeurteilung heraus ist es als die besondere Sorge Ludwig Erhards anzusehen, aus einer vorhersehbaren verhängnisvollen Entwicklung einen Ausweg zu finden. Bei dem währungsreformbedingten Kaufkraftüberschuß kam es ihm darauf an, daß möglichst jeder verfügbare Gütervorrat auch auf dem Markt sichtbar gemacht wird[1]. Es war dabei keinesfalls erforderlich, daß Umsätze getätigt wurden. Waren mußten lediglich auf dem Markt vorgezeigt und gegen die neue Währung angeboten werden. Wenn diese Waren zu teuer angeboten würden und somit nur die Schaufenster füllten, wäre das durchaus kein Nachteil: Der Effekt des Anbietens wäre erreicht; die mit der Währungsreform geschaffene prekäre Kreislaufsituation würde ja gerade in dem Maße entspannt, wie die Verbraucher sich entschlössen, vorerst noch zu sparen.

Das Verhalten Erhards zum Zeitpunkt der Währungsreform kann somit nicht als das eines von liberalen Grundsätzen blind überzeugten und aus grundsätzlicher liberalen Überzeugung heraus unbeirrt handelnden, das heißt dogmatisch agierenden Wirtschaftspolitikers gesehen werden. Erhard hat vielmehr akut drohende Gefahren erkannt, und er hat deshalb mutig die angemessenen Maßnahmen ergriffen: Er hat sich anläßlich der Währungsreform sofort mit allen ihm zu Gebote stehenden Mitteln dafür eingesetzt, daß alle Gütervorräte, Lager und Horte, aufgelöst werden. Er hat darum – und er mußte diese Maßnahmen natürlich unbedingt zum Zeitpunkt der Währungsreform treffen – „Hunderte von Bewirtschaftungs- und Preisvorschriften in den Papierkorb befördert"[2]. Dies hat für die Besitzer von Sachwerten einen großen Anreiz geschaffen, ihre Waren anzubieten, nämlich so schnell wie möglich und selbstverständlich in der Absicht, sie zu Preisen so hoch wie möglich loszuschlagen.

Erhard hat den gewünschten Effekt erreicht: Alle Berichte über die Wirtschafts- und Währungsreform weisen vor allem darauf hin, in welch verblüffender Weise sich die Schaufenster füllten. Damit war für die Nachfrager der Eindruck entstanden, für das neue Geld werde etwas geboten. Es waren Waren vorhanden, die die Kaufkraft aufnehmen oder auf deren Erwerb gespart werden konnte. Beides war geeignet, die Situation

1 Schon im April 1948 führte Erhard aus, „daß eine radikale Lagerauflösung vor der Reform so ungefähr der verhängnisvollste Schritt sein würde, den man sich überhaupt denken könnte." Ludwig Erhard, Weg in die Zukunft, Seite 50.

2 Ludwig Erhard, Rundfunkansprache vom 19. Juni 1958, Seiten 388ff.

des währungsreformbedingten Kaufkraftüberschusses zu entspannen. Erst durch diese der Wirtschaftsreform Erhards zuzuschreibenden Wirkungen, nämlich die staatliche Garantie der Währung, konnte es gelingen, das neue Geld gegen Schwarzmärkte durchzusetzen und eine Wirtschaftsordnung zu begründen. Erhard hat sich darüberhinaus sofort in einer Rundfunkansprache[1] an die Bevölkerung gewandt, um – nicht in offizieller Mission, nicht in seiner Eigenschaft als Direktor der Verwaltung der Wirtschaft, sondern betont „als Fachmann" – „verständlich zu machen, warum wir nach meiner Überzeugung der neuen Währung Vertrauen schenken können". Er hat dabei nicht zu erwähnen vergessen, daß im „wohlverstandenen eigenen Interesse keine Notwendigkeit besteht, sich neu erworbener Kaufkraft sofort wieder zu entäußern", zumal sich alsbald die „preissenkenden Tendenzen durchsetzen werden", was sich „alles ganz logisch begründen" ließe.

Mit dieser Interpretation wäre auch der Umstand erklärt, der ansonsten verblüffend wäre, daß sich in Erhards Darstellung der wirtschaftspolitischen Erfordernisse des Wiederaufbaus nach Kriegsende, insbesondere in seiner Denkschrift, keinerlei Ausführungen über die Notwendigkeit einer unmittelbaren Verbindung von Währungs- und Wirtschaftsreform finden. Wäre der kriegsschuldenbedingte Kaufkraftüberhang gemäß Erhards Vorstellungen konsolidiert worden, hätte die Aufhebung der Bewirtschaftung sukzessive und in längerer Perspektive erfolgen können, nämlich „wenn nach Vollendung einiger Umsatzakte eine fortlaufende Speisung des Marktes gewährleistet ist"[2].

Wenn es Erhards Absicht war, mit der Wirtschaftsreform von 1948 besonderen, durch die Währungsreform geschaffenen Umständen zu begegnen, dann ist es unmöglich, allein aus dieser Reform die Konzeption des folgenden Wiederaufbaus abzuleiten. Die Befreiung der Marktkräfte von bürokratischen Fesseln, wie sie in Erhards Maßnahmen der Wirtschaftsreform von 1948 so offenkundig zu Tage tritt, waren Maßnahmen, die Erhard in der speziellen Lage, die mit der Währungsreform geschaffen worden war, für angemessen befand. Die „regulare", von Erhard konzipierte Wirtschaftspolitik sieht jedoch völlig anders aus; sie besteht in einer hochkomplexen wirtschafts- und gesellschaftpolitischen Konzeption und stützt sich auf manch wichtige, in der modernen Nationalökonomie leider vielfach mißachtete wirtschaftstheoretische Erkenntnis. Erhard war Theoretiker der Marktwirtschaft: Seinen Vorstellungen liegt ein eindeutiges Bekenntnis zur marktwirtschaftlichen Ordnung zugrunde. Aber gerade

---

1 Ludwig Erhard, Rundfunkansprache vom 21. Juni 1948, Seiten 62ff.
2 Ludwig Erhard, Kriegsfinanzierung, Seite 248.

diese eindeutige Überzeugung ist es, die ihm eine weitergehende Ausgestaltung der marktwirtschaftlichen Ordnung vertreten läßt. Dabei wäre nicht einmal ganz richtig, vorbehaltlos zu sagen, Erhards wirtschaftspolitische Vorstellungen würden sich nicht allein im Vertrauen auf die Wirtschaftskräfte erschöpfen, denn damit würden diese Kräfte womöglich zu vorbehaltlos anerkannt und ein wichtiger Grundzug in Erhards Konzeption übersehen: die kritische Distanz den wirtschaftlichen Kräften gegenüber und die Sorge vor der Dynamik, die diese Kräfte – unversehens und unbeabsichtigt, aber zum Schaden der Gesellschaft – zu entfalten vermögen.

Als „marktwirtschaftlich" ist Erhards Haltung eben unzureichend bezeichnet. Erhard ging es um eine *Soziale* Marktwirtschaft. Schon frühzeitig hat er hierfür das Motto niedergeschrieben: „Die Bedeutung des Ertragsstrebens der privaten Wirtschaft soll gewiß auch für die Gegenwart nicht verkannt werden, aber dieses Streben darf nicht ausschließlich zum Lenkungsmittel für den volkswirtschaftlichen Kapital- und Arbeitseinsatz werden"[1]. Richtig ist jedoch: Die uneingeschränkte Grundentscheidung für eine marktwirtschaftliche Ordnung war die erste Bedingung, die auf dem Weg zur Sozialen Marktwirtschaft im Sinne Ludwig Erhards zu erfüllen war. Doch auch hier sind Vorbehalte anzubringen: Nicht die ökonomische Effizienz der Marktwirtschaft hat Erhard bewegt – ihm ging es vor allem darum, das historische Schrecknis der industriellen Wirtschaft, den Klassenkampf, zu überwinden und in sozialer Verantwortung eine moderne – weder kollektivistische noch in das Private atomisierte – Industriegesellschaft nach dem Leitbild gleicher, freier und gegenüber dem Wirtschaftlichen emanzipierter Menschen zu formieren.

---

1 Ludwig Erhard, Preisbildung, Seite 91.

Literaturverzeichnis*

Abelshauser, Werner:

Ansätze „korporativer Marktwirtschaft" in der Korea-Krise der frühen fünfziger Jahre. Ein Briefwechsel zwischen dem Hohen Kommissar John McCloy und Bundeskanzler Konrad Adenauer. In: Vierteljahrshefte für Zeitgeschichte 1982, Band 30.

Freiheitlicher Sozialismus oder Soziale Marktwirtschaft? Die *Gutachtertagung* über Grundfragen der Wirtschaftsplanung und Wirtschaftslenkung am 21. und 22. Juni 1946. In: Vierteljahrshefte für Zeitgeschichte 1976, Band 24.

Die *Rekonstruktion der westdeutschen Wirtschaft* und die Rolle der Besatzungspolitik. In: Claus Scharf/Hans-Jürgen Schröder (Hg.), Politische und ökonomische Stabilisierung Westdeutschlands 1945–1949. Fünf Beiträge zur Deutschlandpolitik der westlichen Alliierten. Wiesbaden 1977.

Wirtschaft in Westdeutschland 1945–1948. Rekonstruktion und Wachstumsbedingungen in der amerikanischen und britischen Zone. Stuttgart 1975.

Albert, Hans:

Erwerbsprinzip und Sozialstruktur. Zur Kritik der neoklassischen Marktsoziologie. In: Jahrbuch für Sozialwissenschaft 1968, Band 19.

Albrecht, Gerhard:

Geschichtliche und soziologische *Begründung der berufsständischen Ordnung*. In: Jahrbücher für Nationalökonomie und Statistik 1933, Band 138.

Altmann, Rüdiger:

Marktwirtschaft als *Politische Ökonomie*. Der Weg aus der Krise. In: Die Politische Meinung 1974, Band 19, Heft 157.

Wirtschaftspolitik und *Staatskunst*. Wirkungen Ludwig Erhards. Bonn 1977.

Altmann, Rüdiger/Frb, Dieter:

Soziale Marktwirtschaft als gesellschaftliche Ordnungspolitik. In: Ludwig-Erhard-Stiftung (Hg.), Ludwig Erhard und seine Politik. Stuttgart/New York 1985

Ambrosius, Gerold:

Die *Durchsetzung der Sozialen Marktwirtschaft* in Westdeutschland 1945–1949. Stuttgart 1977.

Amonn, Alfred:

Nationalökonomie und Philosophie. Berlin 1961.

Objekt und *Grundbegriffe* der theoretischen Nationalökonomie (1911). Leipzig/Wien 1927.

* Die im Textteil verwendeten Kurztitel sind *kursiv* gesetzt; das Verzeichnis ist nach diesen Kurztiteln alphabetisch geordnet.

Andreae, Clemens-August:
Unternehmerverhalten und Wettbewerb (1962). Wiederabgedruckt in: Wilhelm Andreae/Walter Heinrich/Clemens-August Andreae, Beiträge zur Wettbewerbsordnung. Köln/Berlin/Bonn/München 1963.

Andreae, Wilhelm:
Kartelle als Ordnungsfaktor (1951). Wiederabgedruckt in: Wilhelm Andreae/Walter Heinrich/Clemens-August Andreae, Beiträge zur Wettbewerbsordnung. Köln/Berlin/Bonn/München 1963.

Kritik des *Liberalismus*. Naturrecht, freier Wettbewerb und Mitbestimmung (1952). Wiederabgedruckt in: Wilhelm Andreae/Walter Heinrich/Clemens-August Andreae, Beiträge zur Wettbewerbsordnung. Köln/Berlin/Bonn/München 1963.

Grundlegung einer neuen *Staatswirtschaftslehre*. Jena 1930.

Staatssozialismus und *Ständestaat*. Jena 1931.

Wettbewerb und Wirtschaftsordnung (1953). Wiederabgedruckt in: Wilhelm Andreae/Walter Heinrich/Clemens-August Andreae, Beiträge zur Wettbewerbsordnung. Köln/Berlin/Bonn/München 1963.

Die Kartelle und die deutsche *Wirtschaftsordnung* (1951). Wiederabgedruckt in: Wilhelm Andreae/Walter Heinrich/Clemens-August Andreae, Beiträge zur Wettbewerbsordnung. Köln/Berlin/Bonn/München 1963.

von Arnim, Hans Herbert:
Gemeinwohl und Gruppeninteressen. Die Durchsetzungsschwäche allgemeiner Interessen in der pluralistischen Demokratie. Frankfurt am Main 1977.

Badstübner, Rolf:
Restauration in Westdeutschland. Berlin 1965.

Barkai, Avraham:
Das Wirtschaftssystem des *Nationalsozialismus*. Der historische und ideologische Hintergrund 1933–1936. Köln 1977.

Baumol, William J.:
Contestable Markets. An Uprising in the Theory of Industry Structure. In: The American Economic Review 1982, Band 72.

Baumol, William J./Panzar, John C./Willig, Robert D.:
Contestable Markets and the Theory of *Industry Structure*. San Diego 1982.

Bayrhoffer, Walther:
Die alte und die neue *Reichsbank*. In: Akademie für Deutsches Recht (Hg.), Deutsche Geldpolitik. Berlin 1941 (= Schriften der Gruppe Wirtschaftswissenschaften, Nr. 4).

von Beckerath, Erwin:
Der Einfluß der Wirtschaftstheorie auf die *Wirtschaftspolitik*. Wiederabgedruckt in: Ernst Topitsch (Hg.), Logik der Sozialwissenschaften. Köln/Berlin 1971.

von Beckerath, Erwin und andere:
Wichtigste Probleme des Wiederaufbaus der Friedenswirtschaft und ihre Lösung durch primär marktwirtschaftliche Wirtschaftsordnung. Unveröffentlichtes Typoskript der „Arbeitsgemeinschaft Erwin von Beckerath". Freiburg 1943.

von Beckerath, Herbert:
Der moderne Industrialismus. *Gewerbepolitik* I. In: Karl Diehl/Paul Mombert (Hg.), Grundrisse zum Studium der Nationalökonomie, Band 11/I. Jena 1930.

Der *Inhaltswandel des Kartellbegriffs* und seine wirtschaftspolitischen Folgen. In: Wirtschaftsdienst 1927, Band 12.

Behlke, Reinhard:

Der *Neoliberalismus* und die Gestaltung der Wirtschaftsverfassung in der Bundesrepublik Deutschland. Berlin 1961.

Bendixen, Friedrich:

Geld und Kapital. Gesammelte Aufsätze. Jena 1922.

Währungspolitik und Geldtheorie im Lichte des Weltkrieges. Neue Folge von „Geld und Kapital" (1916). München/Leipzig 1919.

Das Wesen des Geldes. Zugleich ein Beitrag zur Reform des Reichsbankgesetzes (1908). München/Leipzig 1926.

Bergler, Georg:

Geschichte der *Hochschule für Wirtschafts- und Sozialwissenschaften Nürnberg* 1919–1962. Nürnberg 1963.

Die Entwicklung der *Verbrauchsforschung* in Deutschland und die Gesellschaft für Konsumforschung bis zum Jahre 1945. Kallmünz o.J.

Berg-Schlosser, Dirk:

Die *Konstituierung* des Wirtschaftssystems. In: Claus Scharf/Hans-Jürgen Schröder (Hg.), Politische und ökonomische Stabilisierung Westdeutschlands 1945–1949. Fünf Beiträge zur Deutschlandpolitik der westlichen Alliierten. Wiesbaden 1977.

Beste, Theodor:

Die optimale *Betriebsgröße* als betriebswirtschaftliches Problem. Leipzig 1933.

Kritik des Monopolpreises und der volkswirtschaftlich richtige *Kartellpreis* der gelenkten Wirtschaft. In: Akademie für Deutsches Recht (Hg.), Der gerechte Preis. Berlin 1940 (= Schriften der Gruppe Wirtschaftswissenschaften, Nr. 1).

Biedenkopf, Kurt H.:

Arbeitsmarktpolitik in der Sozialen Marktwirtschaft. Ein Arbeitsprogramm für die Gegenwart und Zukunft. In: Aus Politik und Zeitgeschichte 1979, Heft 9.

Ludwig Erhard und die politischen Parteien. In: Ludwig-Erhard-Stiftung (Hg.), Ludwig Erhard und seine Politik. Stuttgart 1985.

Soziale Wirtschaftsordnung. In: Richard von Weizsäcker (Hg.), CDU-Grundsatzdiskussion. Beiträge aus Wissenschaft und Politik. Bonn 1977.

Das *Verhältnis von Staat und Wirtschaft* in der Bundesrepublik Deutschland. In: Peter Harbusch/Dietrich Wiek (Hg.), Marktwirtschaft. Eine Einführung in das Konzept der freiheitlichen Wirtschaftsordnung. Stuttgart 1975.

Blaich, Fritz:

Wirtschaftspolitik des Nationalsozialismus in Deutschland. In: Dieter Cassel (Hg.), Wirtschaftspolitik im Systemvergleich. Konzeption und Praxis der Wirtschaftspolitik in kapitalistischen und sozialistischen Wirtschaftssystemen. München 1984.

Blümle, Gerold:

Ungewißheit und *Verteilung* in marktwirtschaftlichen Ordnungen. Funktion und Berechtigung des Gewinns in der marktwirtschaftlichen Ordnung unter Berücksichtigung von Ungewißheit. In: Christian Watrin/Erich Streißler (Hg.), Zur Theorie marktwirtschaftlicher Ordnungen. Tübingen 1980.

Blum, Reinhard:
Soziale Marktwirtschaft. Wirtschaftspolitik zwischen Neoliberalismus und Ordoliberalismus. Tübingen 1969.
Die Problematik systemkonformer *Steuerung sozialer Systeme.* In: Zeitschrift für die gesamte Staatswissenschaft 1977, Band 133.

Blumenberg-Lampe, Christine:
Das wirtschaftspolitische Programm der *„Freiburger Kreise".* Berlin 1973.

Böhm, Franz:
Die *Idee des Ordo* im Denken Walter Euckens (1950). Wiederabgedruckt in: Franz Böhm, Freiheit und Ordnung in der Marktwirtschaft. Baden-Baden 1980.
Kartelle und Koalitionsfreiheit. Berlin 1933
Eine *Kampfansage* an Ordnungstheorie und Ordnungspolitik. Zu einem Aufsatz in Kyklos. In: Ordo 1973, Band 24.
Verstößt ein gesetzliches *Kartellverbot* gegen das Grundgesetz? In: Wirtschaft und Wettbewerb 1956, Band 6.
Marktwirtschaft von links und von rechts (1953). Wiederabgedruckt in: Wolfgang Stützel/Christian Watrin/Hans Willgerodt/Karl Hohmann (Hg.), Grundtexte zur Sozialen Marktwirtschaft. Zeugnisse aus zweihundert Jahren ordnungspolitischer Diskussion. Stuttgart und New York 1981.
Wettbewerb und *Monopolkampf.* Eine Untersuchung zur Frage des wirtschaftlichen Kampfrechts und zur Frage der rechtlichen Struktur der geltenden Wirtschaftsordnung. Berlin 1933.
Die *Ordnung der Wirtschaft* als geschichtliche Aufgabe und rechtsschöpferische Leistung. Stuttgart/Berlin 1937.
Privatrechtsgesellschaft und Marktwirtschaft (1966). Wiederabgedruckt in: Franz Böhm, Freiheit und Ordnung in der Marktwirtschaft. Baden-Baden 1980.
Recht und Macht. In: Die Tatwelt 1934, Band 10.
Der *Sprung in die Marktwirtschaft.* In: Gerhard Schröder/Alfred Müller-Armack/Karl Hohmann/Johannes Gross/Rüdiger Altmann (Hg.), Ludwig Erhard. Beiträge zu seiner politischen Biographie. Frankfurt am Main/Berlin/Wien 1972 (= Festschrift für Ludwig Erhard).
Wirtschaftsordnung und *Staatsverfassung* (1950). Wiederabgedruckt in: Franz Böhm, Freiheit und Ordnung in der Marktwirtschaft. Baden-Baden 1980.
Wettbewerbsfreiheit und Kartellfreiheit (1958). Wiederabgedruckt in: Franz Böhm, Freiheit und Ordnung in der Marktwirtschaft. Baden-Baden 1980.
Der Wettbewerb als Instrument staatlicher *Wirtschaftslenkung.* In: Akademie für Deutsches Recht (Hg.), Der Wettbewerb als Mittel volkswirtschaftlicher Leistungssteigerung und Leistungsauslese. Berlin 1942 (= Schriften der Gruppe Wirtschaftswissenschaft, Nr. 6).

Böhm, Franz/Eucken, Walter:
Die *Aufgabe des Jahrbuchs.* In: Ordo 1948, Band 1.

Böhm, Franz/Eucken, Walter/Großmann-Doerth, Hans:
Unsere Aufgabe. In: Ordnung der Wirtschaft 1936.

von Böhm-Bawerk, Eugen:

Nachteilige Wirkungen des freien Wettbewerbs (1886). Wiederabgedruckt in: Gesammelte Schriften von Eugen von Böhm-Bawerk. Leipzig 1924.

Historische und theoretische *Nationalökonomie* (1896). Wiederabgedruckt in: Gesammelte Schriften von Eugen von Böhm-Bawerk. Leipzig 1924.

Wahres und Falsches am Gesetz von „Angebot und Nachfrage“ (1886). Wiederabgedruckt in: Gesammelte Schriften von Eugen von Böhm-Bawerk. Leipzig 1924.

Boese, Franz:

Geschichte des Vereins für Socialpolitik 1872–1932. Berlin 1939 (= Schriften des Vereins für Socialpolitik, Band 188).

Bombach, Gottfried:

Quantitative und monetäre Aspekte des *Wirtschaftswachstum*. Berlin 1959 (= Schriften des Vereins für Socialpolitik, Band 15 NF).

Borchardt, Knut:

Die *Konzeption der Sozialen Marktwirtschaft* in heutiger Sicht. In: Otmar Issing (Hg.), Zukunftsprobleme der Sozialen Marktwirtschaft. Berlin 1981 (= Schriften des Vereins für Socialpolitik, Band 116 NF).

Bosl, Karl:

Der Grad der „*Gegenwärtigkeit*“ des Mittelalters im modernen Gesellschaftsprozeß. In: Karl Bosl, Die Grundlagen der modernen Gesellschaft im Mittelalter. Eine deutsche Gesellschaftsgeschichte des Mittelalters. Stuttgart 1972.

Die *Perioden* der europäischen Geschichte als gesellschaftliches Strukturproblem. In: Karl Bosl, Mensch und Gesellschaft in der Geschichte Europas. München 1972.

Bossle, Lothar:

Ordoliberalismus und Christliche Soziallehre – die Versöhnungsidee der 80er Jahre. München 1983.

Brandt, Karl:

Disproportionalitäten im Aufbau des Produktionsprozesses. In: Beiträge zur Theorie der Produktion und der Einkommensverteilung. Berlin 1956 (= Schriften des Vereins für Socialpolitik, Band 12 NF).

Konkurrenzprobleme im wirtschaftlichen Wachstum. In: Zeitschrift für die gesamte Staatswissenschaft 1963, Band 119.

Konzentration und wirtschaftliche Entwicklung. In: Helmut Arndt (Hg.), Die Konzentration in der Wirtschaft. Dritter Band: Wirkungen und Probleme der Konzentration. Berlin 1960 (= Schriften des Vereins für Socialpolitik, Band 20/III NF).

Methodologische Bemerkungen zur *Marktformenlehre*. In: Norbert Kloten/Wilhelm Krelle/J. Heinz Müller/Fritz Neumark (Hg.), Systeme und Methoden in den Wirtschafts- und Sozialwissenschaften. Tübingen 1964 (= Festschrift für Erwin von Beckerath).

Nationalökonomie zwischen gestern und heute. In: Jahrbücher für Nationalökonomie und Statistik 1977/1978, Band 192.

Wesensunterschiede zwischen horizontaler und vertikaler *Preisbindung*. In: Der Markenartikel 1955, Band 17.

Der *Prozeß der schöpferischen Zerstörung*. In: Der Markenartikel 1955, Band 17.

Wesen und Grenzen einer staatlichen *Wettbewerbspolitik*. In: Der Markenartikel 1960, Band 22.

Zur Frage des Vorranges geld- oder finanzpolitischer *Stabilisierungsmaßnahmen*. In: Hans E. Büschgen (Hg.), Geld, Kapital und Kredit. Stuttgart 1968 (= Festschrift für Heinrich Rittershausen).

Das neoklassische Marktmodell und die *Wettbewerbstheorie*. In: Jahrbücher für Nationalökonomie und Statistik 1984, Band 199/2.

Braun, Martha Stephanie:

Theorie der staatlichen *Wirtschaftspolitik*. Leipzig/Wien 1929.

Brentano, Lujo:

Über die *Ursachen der heutigen sozialen Not*. Ein Beitrag zur Morphologie der Volkswirtschaft. Vortrag gehalten beim Antritt des Lehramtes an der Universität Leipzig am 27. April 1889. Leipzig 1889.

Briefs, Goetz:

Gewerkschaftsprobleme in unserer Zeit. Beiträge zur Standortbestimmung. Frankfurt am Main 1968 (= Zugleich zweite Auflage des 1955 erschienenen Buches: Das Gewerkschaftsproblem gestern und heute).

Grenzmoral in der pluralistischen Gesellschaft. In: Erwin von Beckerath/Fritz W. Meyer/Alfred Müller-Armack (Hg.), Wirtschaftsfragen der freien Welt. Frankfurt am Main 1957 (= Festschrift für Ludwig Erhard).

Staat und Wirtschaft im Zeitalter der *Interessenverbände*. In: Goetz Briefs (Hg.), Laissez-faire-Pluralismus. Demokratie und Wirtschaft des gegenwärtigen Zeitalters. Berlin 1966.

„Kapitalismus" zwischen Utopie und Wirklichkeit. Die Krise der kommunistischen „Alternative". In: Anton Rauscher (Hg.), Kapitalismuskritik im Widerstreit. Köln 1973.

Kartellkritik des Liberalismus. In: Magazin der Wirtschaft. 1928

Die sozial- und wirtschaftsphilosophischen Ideen des kapitalistischen Zeitalters.

Der klassische Liberalismus. In: Archiv für Rechts- und Wirtschaftsphilosophie 1930/1931, Band 24.

Liberalismus und katholische Soziallehre. In: Die Politische Meinung 1960, Band 5, Heft 52.

Artikel: *Proletariat*. In: Handwörterbuch der Soziologie. Stuttgart 1931.

Sozialform und Sozialgeist der Gegenwart. In: Handwörterbuch der Soziologie. Stuttgart 1959.

Brinkmann, Carl:

Geschichtliche Wandlungen in der *Idee des gerechten Preises*. In: Akademie für Deutsches Recht (Hg.), Der gerechte Preis. Berlin 1940 (= Schriften der Gruppe Wirtschaftswissenschaften, Nr. 1).

Die moderne Staatsordnung und der *Kapitalismus*. In: Grundriß der Sozialökonomik, IV. Abteilung: Spezifische Elemente der modernen kapitalistischen Wirtschaft, 1. Teil. Tübingen 1925.

Buber, Martin:
Pfade in *Utopia*. Heidelberg 1950.

Buchanan, James M.:
Die *Grenzen der Freiheit*. Zwischen Anarchie und Leviathan (engl. 1975). Tübingen 1984.

Bucharin, Nikolai I.:
Imperialismus und Weltwirtschaft (1929). Frankfurt am Main 1969.
Ökonomik der *Transformationsperiode* (1922). Hamburg 1970.

Budge, Siegfried:
Vom theoretischen *Nominalismus*. In Jahrbücher für Nationalökonomie und Statistik 1919, Band 113.

Bülow, Friedrich:
Volkswirtschaftslehre. Eine Einführung in das wirtschaftliche Denken. Leipzig 1931.

Burchardt, Fritz:
Die *Schemata des stationären Kreislaufs* bei Böhm-Bawerk und Marx. In: Weltwirtschaftliches Archiv 1931 und 1932, Bände 34 und 35.

Caro, Michael K.:
Der Volkskanzler *Ludwig Erhard*. Köln/Berlin 1965.

Cassel, Dieter:
Die *Konzertierte Aktion*: Instrument einer rationalen Stabilisierungspolitik? In: Dieter Cassel/Gernot Gutmann/H. Jörg Thieme (Hg.), 25 Jahre Marktwirtschaft in der Bundesrepublik Deutschland. Konzeption und Wirklichkeit. Stuttgart 1972.
Wirtschaftspolitik in alternativen Wirtschaftssystemen: Begriffe, Konzepte, Methoden. In: Dieter Cassel (Hg.), Wirtschaftspolitik im Systemvergleich. Konzeption und Praxis der Wirtschaftspolitik in kapitalistischen und sozialistischen Wirtschaftssystemen. München 1984.

Cassel, Gustav:
Theoretische Nationalökonomie (1918). Leipzig 1932.

Clay, Lucius D.:
Glückwunschadresse. In: Gerhard Schröder/Alfred Müller Armack/Karl Hohmann/Johannes Gross/Rüdiger Altmann (Hg.), Ludwig Erhard, Beiträge zu seiner politischen Biographie. Frankfurt am Main/Berlin/Wien 1972 (= Festschrift für Ludwig Erhard).

Conrad, Johannes:
Grundriß zum Studium der politischen Ökonomie, 3 Bände (1896/1897/1898). Jena 1927 (= Allgemeine Volkswirtschaftslehre)/1930/1923.
Leitfaden zum Studium der Nationalökonomie (1901). Jena 1929.

Conrad, Otto:
Der Mechanismus der *Verkehrswirtschaft*. Jena 1931.

Damaschke, Adolf:
Geschichte der Nationalökonomie (1913), 2 Bände. Jena 1929.

Dessauer, Friedrich:
Kooperative Wirtschaft. Das kooperative System. Bonn 1929.
Philosophie der Technik. Bonn 1927.
Im Kampf mit der *Wirtschaftskrise.* Gemeinverständliche Darstellung der Wirtschaftslage und der Möglichkeiten ihrer Überwindung (1931). Frankfurt 1932.

Diehl, Karl:
Über *Fragen des Geldwesens* und der Valuta während des Krieges und nach dem Kriege. Jena 1918.
Der Einzelne und die Gemeinschaft. Überblick über die wichtigsten Gesellschaftssysteme vom Altertum bis zur Gegenwart: *Individualismus,* Kollektivismus, Universalismus. Jena 1940.
Die rechtlichen Grundlagen des *Kapitalismus.* Jena 1929.

von Dietze, Constantin:
Nationalökonomie und Theologie. Mit einem Anhang: Grundsätze einer Wirtschafts- und Sozialordnung in evangelischer Sicht. Tübingen/Stuttgart 1947.
Volkswirtschaft und Weltwirtschaft unter besonderer Berücksichtigung der Rohstofflage. In: Probleme des Deutschen Wirtschaftslebens. Erstrebtes und Erreichtes. Berlin/Leipzig 1937 (= Festschrift für Hjalmar Schacht).
Volkswirtschaftspolitik. Mannheim 1936.
Wirtschaftsmacht und *Wirtschaftsordnung.* Tübingen 1947.
Der *Zerfall* der Wahrheit im Dritten Reich. Freiburg 1945.

Dietzel, Heinrich:
Technischer Fortschritt und *Freiheit der Wirtschaft.* Bonn 1922
Theoretische *Socialökonomik.* Leipzig 1895.
Sozialpolitik und Handelspolitik. Berlin 1902.

Dittrich, J. M.:
Wilhelm Vershofen – 60 Jahre alt! In: Georg Bergler/Ludwig Erhard (Hg.), Marktwirtschaft und Wirtschaftswissenschaft. Eine Festgabe aus dem Kreis der Nürnberger Schule zum 60. Geburtstag von Wilhelm Vershofen. Berlin 1939.

Dobretsberger, Josef:
Fehlerquellen der privaten Wirtschaftsführung (1939). In: Josef Dobretsberger, Wirtschaft und Gesellschaft. Gesammelte Aufsätze aus drei Jahrzehnten. Graz 1963.
Freie oder gebundene Wirtschaft? Zusammenhänge zwischen Konjunkturverlauf und Wirtschaftsform. München/Leipzig 1932.
Kartelle unter dem Druck der Krise (1932). In: Josef Dobretsberger, Wirtschaft und Gesellschaft. Gesammelte Aufsätze aus drei Jahrzehnten. Graz 1963.

Dörinkel, Wolfram/Müllensiefen, Heinz:
Die *Preisüberwachung* 1934/35. Berlin 1935.
Das neue Kartell-, Zwangskartell- und *Preisüberwachungsrecht.* Berlin 1939.

Domar, Evsey David:
Capital Expansion, Rate of Growth, and Employment. In: Econometrica, Band 14, 1946.

Dürr, Ernst-Wolfram:
Wesen und Ziele des Ordoliberalismus. Winterthur 1954.

Ehrenberg, Herbert:
Die *Erhard-Saga*. Analyse einer Wirtschaftspolitik, die keine war. Stuttgart 1965.

Eisermann, Gottfried:
Wirtschaftsordnung und Gesellschaftsstruktur. Bausteine zur Erkenntnis von Wirtschaft und Gesellschaft. In: Die Einheit der Sozialwissenschaften. Stuttgart 1954.

Engels, Friedrich:
Die Entwicklung des *Sozialismus* von der Utopie zur Wissenschaft (1893). Berlin 1924.

Engisch, Karl:
Einführung in das juristische Denken (1956). Stuttgart 1964.

Erhard, Ludwig:
Arbeitslosigkeit und Weltwirtschaftskrise. Unveröffentlichtes Typoskript im Archiv der Ludwig-Erhard-Stiftung, o.J. (= Alternativer Titel: Die Überwindung der Wirtschaftskrise durch wirtschaftspolitische Beeinflussungen).

Die *Arbeitslosigkeit in Europa*. In: Der Markt der Fertigware, 1931, Heft 6.

Bestimmungsgründe des deutschen Lebensstandards (1947). Wiederabgedruckt in: Ludwig Erhard, Deutsche Wirtschaftspolitik. Der Weg der Sozialen Marktwirtschaft. Düsseldorf/Wien/Frankfurt am Main 1962.

Marktordnung und *Betriebswirtschaft*. In: Der praktische Betriebswirt 1937, Band 17, Heft 2.

Bundestagsreden. Bonn 1972.

Deutsche Wirtschaftspolitik. Der Weg der Sozialen Marktwirtschaft. Düsseldorf/Wien/Franfurt am Main 1962.

Deutschlands Rückkehr zum Weltmarkt (1953). Düsseldorf 1954.

Aufgabe und Stellung der deutschen *Fertigindustrie* in der heutigen Wirtschaft. In: Die deutsche Fertigware, Teil A, 1933, Heft 1.

Die *Formierte Gesellschaft*. Ludwig Erhards Gedanken zur politischen Ordnung Deutschlands. Reden und Interviews des Bundeskanzlers und bemerkenswerte Stellungsnahmen. Bonn 1966.

Ansprache bei der Gedenkfeier der Freien Universität Berlin zum 100. Geburtstag von *Franz Oppenheimer* am 30. April 1964. Abgedruckt in: Ludwig Erhard, Wirken und Reden. Ludwigsburg 1966 (Auszugsweise abgedruckt in: Franz Oppenheimer, Erlebtes, Erstrebtes, Erreichtes. Lebenserinnerungen. Düsseldorf 1964).

Freie Marktwirtschaft oder Planwirtschaft. In: Die Neue Zeitung, Ausgabe vom 7. April 1947.

Freie Wirtschaft und Planwirtschaft. Gedanken über das Verhältnis von Wirtschaft und Staat (1946). Wiederabgedruckt in: Ludwig Erhard, Deutsche Wirtschaftspolitik. Der Weg der Sozialen Marktwirtschaft. Düsseldorf/Wien/Frankfurt am Main 1962.

Der Reichskommissar für Arbeitsbeschaffung und der *Gereke-Plan*. In: Wirtschaftsdienst, Ausgabe vom 13. Januar 1933.

Das Verhältnis zwischen den Kartellen und den *Gruppen* der Gewerblichen Wirtschaft. In: Die deutsche Fertigware, Teil A, 1936, Heft 1.

Gütezeichen und Export. In: Der Überblick. Berlin 1934.

Herrn Schachts „Grundsätze". In: Leopold Schwarzschild (Hg.), Das Tagebuch, Band 13 (Ausgabe vom 20. August 1932).

Einsatz langfristiger *Investitionskredite*. In: Die Wirtschaftsverwaltung 1949, Band 2.

Das neue *Kartellgesetz*. In: Die deutsche Fertigware, Teil A, 1933, Heft 4.

Kriegsfinanzierung und Schuldenkonsolidierung. Typoskript (1943/44). Frankfurt am Main 1977.

Die liberale Welt und der soziale Fortschritt. In: Die Brücke 1947, Heft 4.

Markenartikel und Qualitätsmarke. In: Die deutsche Fertigware, Teil A, 1935, Heft 2.

Voraussetzungen und Prinzipien der *Marktforschung*. In: Andreas Predöhl u.a., Marktforschung als Gemeinschaftsaufgabe von Wissenschaft und Wirtschaft. Wuppertal 1939 (= Festschrift für Conrad Herrmann).

Marktordnung und Preisbildung. In: Die deutsche Fertigware, Teil A, 1937, Heft 1.

Marktverbände und Gemeinschaftswerbung. In: Die deutsche Fertigware, Teil A, 1935, Heft 4.

Rede vor dem 2. Parteikongreß der CDU der britischen Zone am 28. August 1948 in Recklinghausen. Abgedruckt unter dem Titel *„Marktwirtschaft im Streit der Meinungen"* in: Ludwig Erhard, Deutsche Wirtschaftspolitik. Der Weg der Sozialen Marktwirtschaft. Düsseldorf/Wien/Frankfurt am Main 1962.

Nationalwirtschaft. In: Die deutsche Fertigware, Teil A, 1933, Heft 2.

Ein *Notweg*. In: Leopold Schwarzschild (Hg.), Das Tagebuch, Band 12 (Ausgabe vom 1. August 1931).

Politischer Föderalismus und wirtschaftlicher Zentralismus. Aufgaben und Grenzen zentraler Wirtschaftsverwaltungsstellen. In: Der Wirtschaftsspiegel 1947, Band 2.

Einfluß der *Preisbildung* und Preisbindung auf die Qualität und die Quantität des Angebots und der Nachfrage. In: Georg Bergler/Ludwig Erhard (Hg.), Marktwirtschaft und Wirtschaftswissenschaft. Eine Festgabe aus dem Kreis der Nürnberger Schule zum 60. Geburtstag von Wilhelm Vershofen. Berlin 1939.

Preisbindung und *Preisüberwachung*. In: Die deutsche Fertigware, Teil A, 1934, Heft 12.

Der Zwang zur *Preisregulierung*. Ursachen und Wirkungen. In: Die deutsche Fertigware, Teil A, 1934, Heft 11.

Rangordnung der volkswirtschaftlichen Aufgaben/Rangordnung der Produktion (1947). Wiederabgedruckt in: Ludwig Erhard, Deutsche Wirtschaftspolitik. Der Weg der Sozialen Marktwirtschaft. Düsseldorf/Wien/Frankfurt am Main 1962.

Regierungserklärung vom 22. Juni 1956. Abgedruckt unter dem Titel „Regierungserklärung zur konjunkturpolitischen Lage" in: Ludwig Erhard, Deutsche Wirtschaftspolitik. Der Weg der Sozialen Marktwirtschaft. Düsseldorf/Wien/Frankfurt am Main 1962.

Regierungserklärung vom 18. Oktober 1963. Wiederabgedruckt in: Ludwig Erhard, Bundestagsreden. Bonn 1972.

Regierungserklärung vom 10. November 1965. Wiederabgedruckt in: Ludwig Erhard, Bundestagsreden. Bonn 1972.

Reparationen. In: Markt und Verbrauch 1940, Heft 7/8.

Rundfunkansprache vom 21. Juni 1948. Abgedruckt unter dem Titel „Der Neue Kurs" in: Ludwig Erhard, Deutsche Wirtschaftspolitik. Der Weg der Sozialen Marktwirtschaft. Düsseldorf/Wien/Frankfurt am Main 1962.

Rundfunkansprache vom 19. Juni 1958. Abgedruckt unter dem Titel „Zehn Jahre Währungs- und Wirtschaftsreform" in: Ludwig Erhard, Deutsche Wirtschaftspolitik. Der Weg der Sozialen Marktwirtschaft. Düsseldorf/Wien/Frankfurt am Main 1962.

Der *Sinn der Marke*. In: Der Konfektionär vom 30. Januar 1935.

Sprachverwirrung um die Wirtschaftsordnung (1947). Wiederabgedruckt in: Ludwig Erhard, Deutsche Wirtschaftspolitik. Der Weg der Sozialen Marktwirtschaft. Düsseldorf/Wien/Frankfurt am Main 1962.

Stabiler Preisstand. Der neue Kurs der Wirtschaftspolitik. In: Währung und Wirtschaft 1949, Heft 1.

Der ökonomische *Standort des Markenartikels*. In: Die deutsche Fertigware, Teil A, 1934, Heft 10.

Deutsche Wirtschaftspolitik nach der Währungsreform. Rede aus dem *Streitgespräch* Ludwig Erhards mit Erik Nölting am 14. November 1948 in Frankfurt am Main. Abgedruckt in: Orientierungen zur Wirtschafts- und Gesellschaftspolitik 1983, Heft 4.

Rede vor der 14. Vollversammlung des Wirtschaftsrates des Vereinigten Wirtschaftsgebietes am 21. April 1948 in Frankfurt am Main. Abgedruckt unter dem Titel „Der *Weg in die Zukunft*" in: Ludwig Erhard, Deutsche Wirtschaftspolitik. Der Weg der Sozialen Marktwirtschaft. Düsseldorf/Wien/Frankfurt am Main 1962.

Werbung und Konsumforschung. In: Die deutsche Fertigware, Teil A, 1936, Heft 3.

Werbewirtschaft und Werbegestaltung. In: Die deutsche Fertigware, Teil A, 1937, Heft 3.

Wesen und Inhalt der *Werteinheit*. Dissertation: Frankfurt am Main o.J. (1925).

Aller Anfang ist schwer. Aus den ersten Semestern der Handelshochschule Nürnberg. In: Johannes Fettel (Hg.), *Wilhelm Rieger*. Erinnerungen und Dokumente aus 50 Jahren seines Wirkens. Nürnberg/München 1968.

In memoriam *Wilhelm Röpke*. Marburg 1968.

Erscheinungsformen der *Wirtschaftlichkeit*. In: Markt und Verbrauch 1940, Heft 7/8.

Wirtschaftsbelebung von der Verbraucherseite. Grundsätzliches zum Wirtschaftsprogramm der Reichsregierung. In: Der Deutsche Ökonomist 1932.

Wohlstand für alle (1957). Düsseldorf/Wien 1964.

Zweites Streitgespräch Ludwig Erhards mit Erik Nölting am 8. Dezember 1951 in Düsseldorf. Wiederabgedruckt in: Ludwig Erhard, Deutsche Wirtschaftspolitik. Der Weg der Sozialen Marktwirtschaft. Düsseldorf/Wien/Frankfurt am Main 1962.

Erhard, Ludwig/Mulzer, Andreas:

Regionale Unterschiede der Arbeitslosigkeit. In: Der Markt der Fertigware. 1931, Heft 4/5.

Eschenburg, Theodor:

Aus persönlichem Erleben: Zur Kurzfassung der *Denkschrift* 1943/44. In: Ludwig Erhard, Kriegsfinanzierung und Schuldenkonsolidierung. Frankfurt am Main 1977.

Esenwein-Rothe, Ingeborg:

Die *Wirtschaftsverbände* 1933 bis 1945. Berlin 1965.

Eucken, Walter:

Gibt es wirtschaftliche Zwangsläufigkeiten? Visionen, Suggestionen und *Entwicklungsgesetze*. In: Wirtschafts-Zeitung vom 24. Januar 1947.

Die *Grundlagen* der Nationalökonomie (1944). Berlin/Heidelberg 1965.

Grundsätze der Wirtschaftspolitik (1952). Tübingen 1968.

Die geistige Krise und der *Kapitalismus* (1926). Wiederabgedruckt in: Frankfurter Allgemeine Zeitung vom 31. Januar 1981.

Kapitaltheoretische Untersuchungen (1934). Tübingen 1954.

Staatliche Strukturwandlungen und die *Krisis des Kapitalismus*. In: Weltwirtschaftliches Archiv 1932, Band 36.

Das ordnungspolitische Problem. In: Ordo 1948, Band 1.

Religion – Wirtschaft – Staat. In: Die Tatwelt 1932, Band 8.

Zur Würdigung *Saint Simons*. In: Schmollers Jahrbuch 1921, Band 45.

Die soziale Frage (1948). Wiederabgedruckt in: Wolfgang Stützel/Christian Watrin/Hans Willgerodt/Karl Hohmann (Hg.), Grundtexte zur Sozialen Marktwirtschaft. Zeugnisse aus zweihundert Jahren ordnungspolitischer Diskussion. Stuttgart/New York 1981.

Wettbewerb als Grundprinzip der Wirtschaftsverfassung. In: Akademie für Deutsches Recht (Hg.), Der Wettbewerb als Mittel volkswirtschaftlicher Leistungssteigerung und Leistungsauslese. Berlin 1942 (= Schriften der Gruppe Wirtschaftswissenschaft, Nr. 6).

Die *Wettbewerbsordnung* und ihre Verwirklichung. In: Ordo 1949, Band 2.

Wissenschaft im Stile Schmollers. In: Weltwirtschaftliches Archiv 1940, Band 52.

Eulenburg, Franz:

Staatliche *Marktpolitik*. Ein Versuch, ihren Sinn und ihre Grenzen zu bestimmen. Breslau 1931.

Die *Preisbildung* in der modernen Wirtschaft. In: Grundriß der Sozialökonomik, IV. Abteilung: Spezifische Elemente der modernen kapitalistischen Wirtschaft, 1. Teil. Tübingen 1925.

Allgemeine *Volkswirtschaftspolitik*: Staat und Wirtschaft. Zürich/Leipzig 1938.

Fischer, Curt Eduard:
Die Geschichte der deutschen Versuche zur *Lösung des Kartell- und Monopolproblems*. In: Zeitschrift für die gesamte Staatswissenschaft 1954. Band 110.

Fischoff, Ephraim:
The *Protestant Ethic* and the Spirit of Capitalism. In: Social Research 1944, Band 11.

Focke, Franz:
Sozialismus aus christlicher Verantwortung. Die Idee eines christlichen Sozialismus in der katholisch-sozialen Bewegung und in der CDU. Wuppertal 1978.

Föhl, Carl:
Geldschöpfung und Wirtschaftskreislauf. Berlin 1955.

Forsthoff, Ernst:
Der Staat der *Industriegesellschaft*. Dargestellt am Beispiel der Bundesrepublik Deutschland. München 1971.

Fried, Ferdinand:
Das *Ende des Kapitalismus*. Jena 1931.

Furger, Franz:
Was *Ethik* begründet. Deontologie oder Teleologie – Hintergründe und Tragweite einer moraltheologischen Auseinandersetzung. Zürich 1984.

Gäfgen, Gérard:
Zur Ökonomie der *Ideologiebildung*. Eine analytische Vorstudie. In: Heinz Sauermann/Ernst-Joachim Mestmäcker (Hg.), Wirtschaftsordnung und Staatsverfassung. Tübingen 1975 (= Festschrift für Franz Böhm).

Garvy, Georg:
Keynes and the Economic Activists of Pre-Hitler-Germany. In: Journal of Political Economy 1975, Band 83.

Gehlen, Arnold:
Moral und Hypermoral. Eine pluralistische *Ethik* (1969), Frankfurt am Main 1973.

Gebhardt, Hans:
Freie und gebundene Wirtschaft. Jena 1930.

Gestrich, Hans:
Liberalismus als Wirtschaftsmethode. Berlin 1930.

Die *Moral des Leistungsprinzips*. In: Industrie- und Handelszeitung vom 31. Januar 1931.

Giersch, Herbert:
Über *Ludwig Erhard* und seine wirtschaftspolitischen Prinzipien in Gegenwart und Zukunft. In: Hermann-Ehlers-Akademie (Hg.), Soziale Marktwirtschaft und freiheitliche Demokratie. Ludwig Erhards Erbe für die Zukunft. Kiel 1977.

Gigon, Olof:
Der Staat Platons, der Staat der Gegenwart und die Civitas humana. In: Ludwig-Erhard-Stiftung (Hg.), Wilhelm Röpke, Beiträge zu seinem Leben und Werk. Stuttgart/New York 1980.

Girnth, Walter:
Zwischen Geldreform und *Lastenausgleich*. Stehen wir am Beginn einer Gesundungskrise? In: Wirtschaftsverwaltung 1948. Band 1, Heft 5.

Goerdeler, Carl:
Die *Ordnung der Wirtschaft*. Wirtschaftspolitische Bemerkungen zu dem Buch von Franz Böhm. In: Finanzarchiv 1938/1939, Band 5 NF.
Das Ziel. Unveröffentlichtes Typoskript. Bundesarchiv Koblenz, Goerdeler-Nachlaß, Band 19.

Götz, Hans Herbert:
Die berufsständisch selbstverwaltete *Wirtschaft* als ökonomisches und ordnungspolitisches Problem. Dissertation: Freiburg 1949.

Gottl-Ottlilienfeld, Friedrich:
Der Mythos der *Planwirtschaft*. Vom Wahn im Wirtschaftsleben. Jena 1932.

Graf, Gerhard:
Artikel: *Beschäftigungstheorie*. In: Handwörterbuch der Wirtschaftswissenschaften. Stuttgart/New York 1977.

Grinder, Walter E.:
Auf der Suche nach dem subjektiven *Paradigma*. (1977). In: Ludwig M. Lachmann, Marktprozeß und Erwartungen. Studien zur Theorie der Marktwirtschaft. München/Wien 1984.

Großmann-Doerth, Hans:
Selbstgeschaffenes Recht der Wirtschaft und Staatliches Recht. Freiburg 1933.

Grotkopp, Wilhelm:
Die große Krise. Lehren aus der Überwindung der Wirtschaftskrise 1929–1932. Düsseldorf 1954.

Gsell, Silvio:
Die natürliche *Wirtschaftsordnung* durch Freiland und Freigeld. Arnstadt 1919.

Gundlach, Gustav:
Artikel: *Gemeinwohl*. In: Staatslexikon. Freiburg 1959.

Guth, Karl:
Die *Reichsgruppe Industrie*. Standort und Aufgabe der industriellen Organisation. Berlin 1941.

Gutmann, Gernot/Klein, Werner/Paraskewopoulos, Spiros/Winter, Helmut:
Die *Wirtschaftsverfassung* der Bundesrepublik Deutschland. Stuttgart/New York 1976.

Gutowski, Armin:
Was sagt uns *Ludwig Erhard* heute? In: Ludwig-Erhard-Stiftung (Hg.), Ludwig Erhard und seine Politik. Stuttgart/New York 1985.

Guttmann, Viktor:
Industriepolitik. Kritik der interventionistischen und Begründung einer organischen Auffassung. 1932.

von Haberler, Gottfried:
Some Reflections on the Present Situation of *Business Cycle Theory*. In: Review of Economic Statistics 1936, Band 18.

Hättich, Manfred:
Wirtschaftsordnung und Katholische Soziallehre. Die subsidiäre und berufsständische Gliederung der Gesellschaft in ihrem Verhältnis zu den wirtschaftlichen Lenkungssystemen. Stuttgart 1957.

Hahn, Albert:
Volkswirtschaftliche *Theorie des Bankkredits* (1920). Tübingen 1930.

Halbach, Werner:
Carl Rodbertus. Künder der Gemeinwirtschaft. Ein Beitrag zu einer Morphologie der Wirtschaft. Nürnberg 1938.

Halm, Georg N.:
Wirkung der *Besteuerung* des Kartellgewinns. In: Das Kartellproblem. München 1930 (= Schriften des Vereins für Socialpolitik, Band 180).

Metamorphosen der *Sozialismusdebatte*. In: Joseph Höffner/Alfred Verdross/Francesco Vito (Hg.), Naturordnung in Gesellschaft, Staat, Wirtschaft. Innsbruck/Wien/München 1961 (= Festschrift für Johannes Messner).

Hartmann, Klaus:
Politische Philosophie. Freiburg/München 1981.

Hartwig, Karl-Hans:
Bundesrepublik Deutschland: *Wirtschaftspolitik* in der Sozialen Marktwirtschaft. In: Dieter Cassel (Hg.), Wirtschaftspolitik im Systemvergleich. Konzeption und Praxis der Wirtschaftspolitik in kapitalistischen und sozialistischen Wirtschaftssystemen. München 1984.

Haussmann, Frederick:
Der extreme *Neoliberalismus*. Kritische Betrachtungen. Hannover 1952.

von Hayek, Friedrich:
Collectivist *Economic Planning*. Critical Studies on the Possibilities of Socialism (1935). Clifton/New Jersey 1975.

The Trend of *Economic Thinking*. In: Economica 1933, Band 13.

Persönliche *Erinnerungen an Keynes* und die „Keynessche Revolution" (1966). Wiederabgedruckt in: Freiburger Studien. Gesammelte Aufsätze. Tübingen 1969.

Geldtheorie und Konjunkturtheorie (1929). Salzburg 1976.

Gleichheit, Wert und Verdienst. In: Ordo 1958, Band 10.

Grundsätze einer liberalen Gesellschaftsordnung (1967). Wiederabgedruckt in: Friedrich A. von Hayek, Freiburger Studien. Tübingen, 1969.

Wahrer und falscher *Individualismus* (1945). In: Ordo 1948, Band 1.

Kapitalaufzehrung. In: Weltwirtschaftliches Archiv 1932, Band 36.

Price Expectations, Monetary Disturbances and *Malinvestments*. In: Friedrich A. von Hayek, Profits, Interest, and Investment. New York 1969.

Preise und Produktion (1931). Wien/New York 1976.

The *Pure Theory* of Capital, Chicago 1941.

Richard Cantillon. In: Richard Cantillon, Abhandlung über die Natur des Handelns im allgemeinen (1755). Jena 1931.

Socialist Calculation: The Competitive Solution. In: Economica 1940, Band 7 NF.

Was ist und was heißt *„Sozial"*? In: Albert Hunold (Hg.), Masse und Demokratie. Zürich 1957.

Soziale Gerechtigkeit: Eine Fata Morgana. In: Frankfurter Allgemeine Zeitung vom 16. April 1977.

The *Use of Knowledge* in Society. In: The American Economic Review 1945, Band 35.

Die *Verfassung der Freiheit* (engl. 1960). Tübingen 1971.

Der *Weg zur Knechtschaft* (engl. 1943). München 1971.

Der *Wettbewerb als Entdeckungsverfahren* (1968). Wiederabgedruckt in: Friedrich A. von Hayek, Freiburger Studien. Gesammelte Aufsätze. Tübingen 1969.

Gibt es einen *Widersinn des Sparens*? Eine Kritik der Krisentheorie von W. T. Foster und W. Catchings mit einigen Bemerkungen zur Lehre von den Beziehungen zwischen Geld und Kapital. In: Zeitschrift für Nationalökonomie 1930, Band 1.

Die *Wiederentdeckung der Freiheit*. Persönliche Erinnerungen. Ansprache vor dem VDMA am 1. Februar 1983 in Bonn.

Wissenschaft und Sozialismus. Tübingen 1979.

Heimann, Eduard:

Kapitalismus, Organwirtschaft, Sozialpolitik und ihre theoretische Erfassung. In: Weltwirtschaftliches Archiv, 1931, Band 34.

Geschichte der volkswirtschaftlichen *Lehrmeinungen*. Eine Einführung in die nationalökonomische Theorie. Frankfurt am Main 1949.

Soziale Theorie des Kapitalismus. *Theorie der Sozialpolitik*. Tübingen 1929.

Heinrich, Walter:

Der Genossenschaftsgedanke in den gesellschaftspolitischen Auseinandersetzungen von heute und morgen. In: Blätter für Genossenschaftswesen 1962, Band 108.

Die soziale Frage. Ihre Entstehung in der individualistischen und ihre Lösung in der ständischen Ordnung. Jena 1934.

Staatsgefüge, Wirtschaftsverbände und Betriebsleben in ihrer Gegenseitigkeit. In: Emil Anderegg (Hg.), Gewerbe und Wissenschaft. St. Gallen 1953 (= Festschrift für Paul Gysler).

Das Ständewesen mit besonderer Berücksichtigung der Selbstverwaltung der Wirtschaft (1931). Jena 1934.

Wirtschaftspolitik, 2 Bände (1948/1953). Berlin 1964/1967.

Wirtschaftswissenschaft und Humanismus. In: Wilhelm Andreae/Walter Heinrich/Clemens-August Andreae, Beiträge zur Wettbewerbsordnung. Köln/Berlin/Bonn/München 1963.

Helander, Sven:

Der gerechte Preis als Zentralproblem der Wirtschaftspolitik. In: Akademie für Deutsches Recht (Hg.), Der gerechte Preis. Berlin 1940 (= Schriften der Gruppe Wirtschaftswissenschaften, Nr. 1).

Rationale Grundlagen der *Wirtschaftspolitik*. Nürnberg 1933.

Henning, Friedrich-Wilhelm:
Das industrialisierte Deutschland 1914 bis 1972. Paderborn 1974.

Herbst, Ludolf:
Krisenüberwindung und Witschaftsneuordnung. Ludwig Erhards Beteiligung an den *Nachkriegsplanungen* am Ende des Zweiten Weltkrieges. In: Vierteljahrshefte für Zeitgeschichte 1977, Band 25.

Herder-Dorneich, Philipp:
Der *Sozialstaat* in der Rationalitätenfalle. Grundfragen der sozialen Steuerung. Bonn 1982.

Herkner, Heinrich:
Sozialpolitischer Liberalismus. In: Moritz Julius Bonn/Melchior Palyi (Hg.), Die Wirtschaftswissenschaft nach dem Kriege. München/Leipzig 1925 (= Festgabe für Lujo Brentano).

Hermann, Erich:
Die Lehre von der gebundenen *Preisbildung* seit Albert Eberhard Friedrich Schäffle und die politische Ökonomie. Coburg 1936.

Hermann, Franz:
Lohnproblem und Wirtschaftsethik. Die Beziehung zwischen „moderner Theorie" und katholischer Wirtschaftsethik dargestellt am Lohnproblem. Freiburg 1937.

Hesse, Albert:
Einführung in das wirtschaftliche und soziale Verständnis der Gegenwart. Jena 1932.

Lehrbuch der *Nationalökonomie*, 3 Bände. Offenburg 1949/1950.

Heusgen, Christoph:
Ludwig Erhards Lehre von der Sozialen Marktwirtschaft. Ursprünge, Kerngehalt, Wandlungen. Bern/Stuttgart 1981.

Heuß, Ernst:
Allgemeine *Markttheorie*. Tübingen/Zürich 1965.

Methodische Bemerkungen zur *Preis- und Wettbewerbstheorie*. In: Harald Enke/ Walter Köhler/Wilfried Schulz (Hg.), Struktur und Dynamik der Wirtschaft. Freiburg 1983 (= Festschrift für Karl Brandt).

Makroökonomie und *Stabilitätsgesetz*. In: Erich Hoppmann (Hg.), Konzertierte Aktion. Kritische Beiträge zu einem Experiment. Frankfurt am Main 1971.

Das Versagen der deutschsprachigen *Wirtschaftstheorie*. Bemerkungen zu Capital and Time von J. Hicks. In: Ordo 1975, Band 26.

Heyn, Otto:
Über *Geldschöpfung* und Inflation. Stuttgart 1921.

Hicks, John Robert:
The *Hayek-Story* (1967). Wiederabgedruckt in: John Robert Hicks, Critical Essays in Monetary Theory. Oxford 1979.

The Future of *Industrialism*. In: International Affairs 1974, Band 50.

Hockerts, Hans Günter:
Sozialpolitische Entscheidungen im Nachkriegsdeutschland. Alliierte und deutsche Sozialversicherung 1945 bis 1957. Stuttgart 1980.

Höffner, Joseph:

Neoliberalismus und christliche Soziallehre (1960). In: Wilfried Schreiber/ Wilhelm Dreier (Hg.), Gesellschaftspolitik aus christlicher Verantwortung. Joseph Höffner, Reden und Aufsätze. München 1968.

Hohmann, Karl:

Aus dem Leben Ludwig Erhards: Die Jahre bis 1945. In: Orientierungen zur Wirtschafts- und Gesellschaftspolitik 1982, Heft 11.

Ludwig Erhard. *Erbe* und Auftrag. Aussagen und Zeugnisse. Düsseldorf/Wien 1978.

Ludwig Erhard. In: Fränkische Lebensbilder, Band 11, 1984.

Holzwarth, Fritz:

Ludwig Erhards Lehre von der Sozialen Marktwirtschaft. Zu dem gleichnamigen Buch von Christoph Heusgen. In: Ordo 1982, Band 33.

Hoppmann, Erich:

Soziale Marktwirtschaft oder *Konstruktivistischer Interventionismus*? Zur Frage der Verfassungskonformität der wirtschaftspolitischen Konzeption einer „Neuen Wirtschaftspolitik". In: Egon Tuchtfeldt (Hg.), Soziale Marktwirtschaft im Wandel. Freiburg 1973.

Das *Konzept der optimalen Wettbewerbsintensität*. Rivalität oder Freiheit des Wettbewerbs: Zum Problem eines wettbewerbspolitisch adäquaten Ansatzes der Wettbewerbstheorie. In: Jahrbücher für Nationalökonomie und Statistik, 1966, Band 179.

Konzertierte Aktion und der Rahmen der marktwirtschaftlichen Ordnung. In: Erich Hoppmann (Hg.), Konzertierte Aktion. Kritische Beiträge zu einem Experiment. Frankfurt am Main 1971.

Wettbewerb als *Norm der Wettbewerbspolitik*. In: Ordo 1967, Band 28.

Marktbeherrschung und Preismißbrauch. Möglichkeiten und Grenzen kartellrechtlicher *Preiskontrollen* dargestellt am Beispiel der pharmazeutischen Industrie. Baden-Baden 1983.

Horn, Norbert:

Aktienrecht und Entwicklung der *Großunternehmen* 1860–1920. Über Zusammenhänge rechtlicher und wirtschaftlicher Entwicklungen beim Übergang zum modernen Industriestaat. In: Ordo 1979, Band 30.

Horst, Hans:

Die technischen und marktwirtschaftlichen Bedingungen der *Vollbeschäftigung* der wachsenden Wirtschaft. In: Zeitschrift für die gesamte Staatswissenschaft 1956, Band 112.

Isay, Rudolf:

Die Geschichte der *Kartellgesetzgebungen*. Berlin 1955.

Jessen, Jens:

Der gerechte Preis als allgemeines Problem der Gegenwart. In: Akademie für Deutsches Recht (Hg.), Der gerechte Preis. Berlin 1940 (= Schriften der Gruppe Wirtschaftswissenschaften, Nr. 1).

Währungspolitik und *Preispolitik*. In: Akademie für Deutsches Recht (Hg.), Deutsche Geldpolitik. Berlin 1941 (= Schriften der Gruppe Wirtschaftswissenschaften, Nr. 4).

Wettbewerb als grundsätzliche historisch-politische Frage. In: Akademie für Deutsches Recht (Hg.), Der Wettbewerb als Mittel volkswirtschaftlicher Leistungssteigerung und Leistungsauslese. Berlin 1942 (= Schriften der Gruppe Wirtschaftswissenschaften, Nr. 6).

Volk und Wirtschaft. Zugleich eine Einführung in das deutsche *Wirtschaftsleben*. Hamburg 1935.

Jöhr, Walter Adolf:

Die *Nationalökonomie* im Dienste der Wirtschaftspolitik (1955). Göttingen 1969.

Nationalökonomie und Soziologie. In: Wirtschaftstheorie und Wirtschaftspolitik, Bern 1953 (= Festschrift für Alfred Ammon).

Ist ein Freiheitlicher *Sozialismus* möglich? Bern 1948.

Die ständische Ordnung. Geschichte, Idee und Neuaufbau. Leipzig/Bern 1937.

Subsidiaritätsprinzip und Marktwirtschaft. In: Joseph Höffner/Alfred Verdoss/Francesco Vito (Hg.), Naturordnung in Gesellschaft, Staat, Wirtschaft. Innsbruck/Wien/München 1961 (= Festschrift für Johannes Messner).

Theoretische Grundlagen der *Wirtschaftspolitik*. Band 1: Die Argumente der Wirtschaftsfreiheit. Das Modell der vollkommenen Konkurrenz und seine Annäherung an die Wirklichkeit. St. Gallen 1943.

Karrenberg, Friedrich:

Geschichte der sozialen Ideen im deutschen Protestantismus. In: Helga Grebing (Hg.), Geschichte der sozialen Ideen in Deutschland. München/Wien 1969.

Karrenbrock, Paul:

Recht und Wirtschaft in der ständischen Ordnung. Berlin/Wien 1932.

Kaufmann, Edmund:

Frankfurter Wirtschaftspolitik. In: Wirtschaftsverwaltung 1949, Sonderheft.

Die neuen Fachstellen. In: Wirtschaftsverwaltung 1949, Band 2, Heft 1.

Wirtschaft und Währung. Eine wirtschaftspolitische Studie zur *Preisentwicklung*. In: Wirtschaftsverwaltung 1948, Band 1, Heft 12.

Soziale Marktwirtschaft In: Wirtschaftsverwaltung 1948, Band 1, Heft 8.

Kaulla, Rudolf:

Staat, *Stände* und der gerechte Preis. Ein Beitrag zur Geschichte und Kritik des ökonomischen Wertproblems (1936). Basel 1951.

Kautsky, Karl:

Die *Diktatur des Proletariats*. Wien 1918.

Keiser, Günter:

Zur Vor- und Frühgeschichte der *D-Mark*. In: Zeitschrift für das gesamte Kreditwesen 1973.

Kelter, Ernst:

Geschichte der obrigkeitlichen *Preisregulierungen*. Jena 1935.

Keynes, John Maynard:

Das *Ende des Laissez-faire*. Ideen zur Verbindung von Privat- und Gemeinwirtschaft. München/Leipzig 1926.

Vom Gelde (engl. 1931). Berlin 1955.

The *General Theory* of Employment, Interest, and Money. London 1936.

Kirzner, Israel M.:
Wettbewerb und Unternehmertum. Tübingen 1978.

Klüber, Franz:
Katholische *Soziallehre* und demokratischer Sozialismus. Bonn 1979.

Knapp, Georg Friedrich:
Erläuterungen zur Staatlichen Theorie des Geldes (1906). Wiederabgedruckt in: Georg Friedrich Knapp, Einführung in einige Hauptgebiete der Nationalökonomie. Siebenundzwanzig Beiträge zur Sozialwissenschaft. München/Leipzig 1925.

Staatliche Theorie des Geldes (1905). München/Leipzig 1921.

Knight, Frank H.:
The *Ethics of Competition*. London 1935.

Koch, Waldemar:
Der Wissenschaftliche Beirat beim Bundesminister für Wirtschaft. In: Probleme der normativen Ökonomik und der wirtschaftspolitischen Beratung. Berlin 1963 (= Schriften des Vereins für Socialpolitik, Band 29 NF).

Kommission für wirtschaftlichen und sozialen Wandel:
Wirtschaftlicher und sozialer Wandel in der Bundesrepublik Deutschland. *Gutachten*, erstattet am 28. Oktober 1976.

Kopp, Bernhard:
Liberalismus und Sozialismus auf dem Weg zur Synthese. Eine Analyse des gesellschaftlichen und geistigen Wandels unserer Zeit. Meisenheim 1964.

Korsch, Andreas:
Der *Stand der beschäftigungspolitischen Diskussion* zur Zeit der Weltwirtschaftskrise in Deutschland. In: Gottfried Bombach/Hans-Jürgen Ramser/Manfred Timmermann/Walter Wittmann, Der Keynesianismus I. Theorie und Praxis keynesianischer Wirtschaftspolitik. Entwicklung und Stand der Diskussion. Berlin/Heidelberg 1976.

Krämer, Hans Leo:
Soziale Schichtung. Einführung in die moderne Theoriediskussion. Frankfurt am Main/Berlin/München 1983.

Kraus, Otto:
Grundfragen der *Wirtschaftsphilosophie*. Eine analytische Einführung. Berlin 1962.

Kroll, Gerhard:
Von der Weltwirtschaftskrise zur *Staatskonjunktur*. Berlin 1958.

Krüsselberg, Hans-Günter:
Das *Systemkonzept* und die Ordnungstheorie: Gedanken über einige Forschungsaufgaben. In: Dieter Cassel/Gernot Gutmann/H. Jörg Thieme (Hg.), 25 Jahre Marktwirtschaft in der Bundesrepublik Deutschland. Konzeption und Wirklichkeit. Stuttgart 1972.

Paradigmawechsel in der *Wettbewerbstheorie*? In: Harald Enke/Walter Köhler/Wilfried Schulz (Hg.), Struktur und Dynamik der Wirtschaft. Freiburg 1983 (= Festschrift für Karl Brandt).

Kruse, Alfred:
Preisstopp und Produktionskosten. Ein akademischer Vortrag. Jena 1940.

Küng, Emil:
Artikel: *Interventionismus.* In: Handwörterbuch der Sozialwissenschaften. 1956.

Der Interventionismus. Volkswirtschaftliche Theorie der staatlichen *Wirtschaftspolitik.* Bern 1941.

Lachmann, Ludwig M.:
Bemerkungen zum nationalökonomischen Denken 1933–1953 (1954). Wiederabgedruckt in: Ludwig M. Lachmann, Marktprozeß und Erwartungen. Studien zur Theorie der Marktwirtschaft. München/Wien 1984.

Ludwig von Mises und der Marktprozeß (1971). Wiederabgedruckt in: Ludwig M. Lachmann, Marktprozeß und Erwartungen. Studien zur Theorie der Marktwirtschaft. München/Wien 1984.

Methodologischer Individualismus und Marktwirtschaft (1969). Wiederabgedruckt in: Ludwig M. Lachmann, Marktprozeß und Erwartungen. Studien zur Theorie der Marktwirtschaft. München/Wien 1984.

Marktwirtschaft und *Modellkonstruktionen* (1966). Wiederabgedruckt in: Ludwig M. Lachmann, Marktprozeß und Erwartungen. Studien zur Theorie der Marktwirtschaft. München/Wien 1984.

Die Österreichische Schule der Volkswirtschaftslehre und die gegenwärtige Krise des nationalökonomischen Denkens (1977). Wiederabgedruckt in: Ludwig M. Lachmann, Marktprozeß und Erwartungen. Studien zur Theorie der Marktwirtschaft. München/Wien 1984.

Lagler, Ernst:
Ordnungsprobleme der Wirtschaft. Wien 1957.

Laitenberger, Volkhard:
Zur Programmatik und zur *Politik Ludwig Erhards* in der Vor- und Frühgeschichte der Bundesrepublik Deutschland. In: Orientierungen zur Wirtschafts- und Gesellschaftspolitik 1980, Heft 3.

Lambsdorff, Otto Graf:
Ansprache am 20. Juni 1978. In: Industrie- und Handelskammer Frankfurt am Main (Hg.), 30 Jahre Soziale Marktwirtschaft. Frankfurt am Main 1978.

Lampe, Adolf:
Gefallene Wirtschaft. Frankfurt am Main 1949.

Landauer, Carl:
Artikel: *Sozialismus* (III), Theoretische Konzeptionen des nachmarxistischen Sozialismus. In: Handwörterbuch der Sozialwissenschaften 1956.

Planwirtschaft und *Verkehrswirtschaft.* München/Leipzig 1931.

Landauer, Gustav:
Aufruf zum *Sozialismus* (1911). Frankfurt am Main 1967.

Lautenbach, Wilhelm:
Zins, Kredit und Produktion. Tübingen 1952 (= Gesammelte Schriften herausgegeben von Wolfgang Stützel).

Leijonhufvud, Axel:
Über *Keynes* und den Keynesianismus. Eine Studie zur monetären Theorie (engl. 1966). Köln 1973.

Lederer, Emil:
Technischer Fortschritt und *Arbeitslosigkeit* (1938). Frankfurt am Main 1981.

Lemberg, Eugen:
Ideologie und Gesellschaft. Eine Theorie der ideologischen Systeme, ihrer Struktur und Funktion. Stuttgart/Berlin/Köln 1971.

Lenel, Hans Otto:
Zur *Kritik an der Marktwirtschaft*. Mit einem Exkurs über die These „1,7% der Haushalte besitzen 70% des Produktivvermögens". In: Ordo 1973, Band 24.

Über zwei Richtungen des *Sozialismus* in der Gegenwart. In: Ordo 1948, Band 1.

Ursachen der Konzentration unter besonderer Berücksichtigung der deutschen Verhältnisse. Tübingen 1962.

Vollständiger und freier Wettbewerb als Leitbilder für die *Wettbewerbspolitik* gegenüber mächtigen Unternehmen. In: Ernst-Joachim Mestmäcker/Heinz Sauermann (Hg.), Wirtschaftsordnung und Staatsverfassung. Tübingen 1975 (= Festschrift für Franz Böhm).

Walter Euckens ordnungspolitische Konzeption, die wirtschaftspolitische Lehre in der Bundesrepublik und die *Wettbewerbstheorie* heute. In: Ordo 1975, Band 26.

Liefmann, Robert:
Kartelle und Trusts und die Weiterbildung der volkswirtschaftlichen Organisation. Stuttgart 1920.

Subjektivismus. In: Zeitschrift für die gesamte Staatswissenschaft 1926, Band 81.

Lippold, Ernst:
Der Philosoph *Vershofen*. Ein Versuch. In: Werner Halbach und andere (Hg.), Festgabe für Wilhelm Vershofen. Nürnberg 1937.

Longert, Wilhelm:
Liberale oder organische Staats- und *Wirtschaftsordnung*? Berlin 1931.

Ludwig-Erhard-Stiftung (Hg.):
Bodenordnung in der Marktwirtschaft. Bonn o.J. (1974).

Ludwig Erhard und seine Politik. Stuttgart/New York 1985 (= Symposion XIII der Ludwig-Erhard-Stiftung).

Die *Korea-Krise* als ordnungspolitische Herausforderung der deutschen Wirtschaftspolitik. Texte und Dokumente. Stuttgart/New York 1986 (= Symposion XV der Ludwig-Erhard-Stiftung).

Soziale Marktwirtschaft im vierten Jahrzehnt ihrer Bewährung. Stuttgart/New York 1982 (= Symposion VIII der Ludwig-Erhard-Stiftung).

Freier oder selbstverwalteter *Wettbewerb*? Bonn o.J. (1984).

Lukas, Eduard:
Sparen und Investieren. In: Akademie für Deutsches Recht (Hg.), Deutsche Geldpolitik. Berlin 1941 (= Schriften der Gruppe Wirtschaftswissenschaften, Nr. 4).

Wirtschaftsverfassung und Wirtschaftsethos. 1933.

Lutz, Friedrich A.:
Bemerkungen zum *Monopolproblem*. In: Ordo 1956, Band 8.

Die *Wirtschaftsordnung* in neoklassischer Sicht. In: Ernst-Joachim Mestmäcker/ Heinz Sauermann (Hg.), Wirtschaftsordnung und Staatsverfassung. Tübingen 1975 (= Festschrift für Franz Böhm).

Die Entwicklung der *Zinstheorie* seit Böhm-Bawerk. In: Walter Eucken, Kapitaltheoretische Untersuchungen. Tübingen 1954.

Luxemburg, Rosa:
Die *Akkumulation* des Kapitals. Ein Beitrag zur ökonomischen Erklärung des Imperialismus (1912). Berlin 1923.

Machlup, Fritz:
Würdigung der Werke von *Friedrich A. von Hayek* (1974). Tübingen 1977.

Mahr, Alexander:
Wirtschaftliches und *Ethisches Verhalten*. In: Joseph Höffner/Alfred Verdross/ Francesco Vito (Hg.), Naturordnung in Gesellschaft, Staat, Wirtschaft. Innsbruck/Wien/München 1961 (= Festschrift für Johannes Messner).

Malchus, Eva von:
Das *Vordringen des sozialen Gesichtspunktes* in Deutschland. In: Ordo 1966, Band 17.

Mann, Fritz Karl:
Beruf und Erwerb. In: Kölner Vierteljahreshefte für Sozialwissenschaften, Soziologische Reihe, 1922, Band 2.

Begriff und Illusion der Sozialen *Marktwirtschaft*. In: Bodo B. Gemper (Hg.), Marktwirtschaft und soziale Verantwortung. Köln 1973.

Die *Staatswirtschaft* unserer Zeit. Eine Einführung. Jena 1930.

Manz, Matthias:
Stagnation und *Aufschwung* in der französischen Besatzungszone 1945–1948. Augsburg 1968.

Marshall, Alfred:
Principles of Economics. An Introductory volume (1890). London/Melbourne/ Toronto 1966.

Marx, Karl:
Die deutsche *Ideologie* (1845/46). Auszugsweise wiederabgedruckt in: Karl Marx, Die Frühschriften. Stuttgart 1971.

Das Kapital. Kritik der politischen Ökonomie (1867). Frankfurt am Main/Berlin/ Wien 1969.

Mayer, Hans:
Der Erkenntniswert der funktionellen *Preistheorie*. Wien 1902.

Meinhold, Helmut:
Systembezogene oder rational-pragmatische bzw. systematische *Sozialpolitik*. In: Ernst-Joachim Mestmäcker/Heinz Sauermann (Hg.), Wirtschaftsordnung und Staatsverfassung. Tübingen 1975 (= Festschrift für Franz Böhm).

Menger, Carl:
Grundsätze der Volkswirtschaftslehre. Wien 1871.

Menger, Karl:
Bemerkungen zu meinem Aufsatz: Das *Unsicherheitsmoment* in der Wertlehre. In: Zeitschrift für Nationalökonomie 1935, Band 6.

Merk, Walther:
Der *Gedanke des Gemeinen Besten* in der deutschen Staats- und Rechtsentwicklung. Weimar 1934 (= Festschrift für Alfred Schultze).

Messner, Johannes:
Die berufsständische Ordnung. Innsbruck/Wien 1936.

Die soziale Frage der Gegenwart. Eine Einführung. Innsbruck/Wien/München 1934.

Sozialökonomie und *Sozialethik.* Studien zur Grundlegung einer systematischen Wirtschaftsethik. Paderborn 1927.

Mestmäcker, Ernst-Joachim:
Der verwaltete Wettbewerb. Eine vergleichende Untersuchung über den Schutz von Freiheit und Lauterkeit im Wettbewerbsrecht. Tübingen 1984.

Wettbewerbspolitik in der Industriegesellschaft (1973). Wiederabgedruckt in: Ernst-Joachim Mestmäcker, Die sichtbare Hand des Rechts. Über das Verhältnis von Rechtsordnung und Wirtschaftssystem. Baden-Baden 1978.

Die *Zukunft des Wettbewerbs* (1977). Wiederabgedruckt in: Ernst-Joachim Mestmäcker, Die sichtbare Hand des Rechts. Über das Verhältnis von Rechtsordnung und Wirtschaftssystem. Baden-Baden 1978.

Meyer, Fritz W.:
Geldpolitik, Vollbeschäftigung und Wirtschaftsordnung. In: Ordo 1948, Band 1.

Glanz und Elend der *Vollbeschäftigungspolitik* (1966). Wiederabgedruckt in: Wolfgang Stützel/Christian Watrin/Hans Willgerodt/Karl Hohmann (Hg.), Grundtexte zur Sozialen Marktwirtschaft. Zeugnisse aus zweihundert Jahren ordnungspolitischer Diskussion. Stuttgart/New York 1981.

Miksch, Leonhard:
Freiheit oder Sicherheit. In: Wirtschaftsverwaltung 1949, Band 2, Heft 13.

Kalkulationskartelle – wozu? In: Arbeit und Wirtschaft 1936, Band 5.

Kapitalbildung und Kapitalbesitz. In: Wirtschaftsverwaltung 1949, Band 2, Heft 4.

Möglichkeiten und Grenzen der gebundenen *Konkurrenz.* In: Akademie für Deutsches Recht (Hg.), Der Wettbewerb als Mittel volkswirtschaftlicher Leistungssteigerung und Leistungsauslese. Berlin 1942 (= Schriften der Gruppe Wirtschaftswissenschaft, Nr. 6).

Vom Preisstopp zur *Kostenkontrolle.* In: Die Wirtschaftskurve 1939.

Marktpreis und Verteilungsspannen. In: Wirtschaftsverwaltung 1949, Band 2, Heft 1.

Wie arbeitet die *Preisaufsicht?* In: Die Wirtschaftskurve 1937.

Preisentwicklung und Investition. In: Wirtschaftsverwaltung 1949, Band 2, Heft 2.

Möglichkeiten und Methoden der *Preispolitik.* In: Wirtschaftsverwaltung 1948, Band 1, Heft 9.

Wege zur *Preissenkung.* In: Wirtschaftsverwaltung 1949, Band 2, Heft 7.

Vom Zwang zur Freiheit. In: Wirtschaftsverwaltung 1948, Band 1, Heft 11.

Wettbewerb als Aufgabe. Grundsätze einer Wettbewerbsordnung (1937). Godesberg 1947.

Wettbewerbsordnung und Monopolbekämpfung. In: Wirtschaftsverwaltung 1949, Band 2, Heft 20.

Wirtschaftsmoral und Wirtschaftsordnung. In: Wirtschaftsverwaltung 1948, Band 1, Heft 14.

Mill, John Stuart:

Grundsätze der politischen Ökonomie nebst einigen Anwendungen derselben auf die Gesellschaftswissenschaft (1869). Aalen 1968.

von Mises, Ludwig:

Die *Gemeinwirtschaft.* Untersuchungen über den Sozialismus (1922). München 1981.

Grundprobleme der Nationalökonomie. Untersuchungen über Verfahren, Aufgaben und Inhalt der Wirtschafts- und Gesellschaftslehre. Jena 1933.

Kritik des *Interventionismus.* Untersuchungen zur Wirtschaftspolitik und Wirtschaftsideologie der Gegenwart. Jena 1926. Wiederabgedruckt in: Wolfgang Stützel/Christian Watrin/Hans Willgerodt/Karl Hohmann (Hg.), Grundtexte zur Sozialen Marktwirtschaft. Zeugnisse aus zweihundert Jahren ordnungspolitischer Diskussion. Stuttgart/New York 1981.

Im Namen des Staates oder: Die Gefahren des *Kollektivismus.* Stuttgart 1978.

Liberalismus. Jena 1927.

Nation, Staat, Wirtschaft. Beiträge zur Politik und Geschichte der Zeit. Wien/Leipzig 1919.

Nationalökonomie. Theorie des Handelns und Wirtschaftens. Genf 1940.

Theorie des Geldes und der Umlaufsmittel (1911). München/Leipzig 1924.

Möller, Hans:

Die Geldreform: Ihre wirtschaftliche und politische Bedeutung. In: Zeitschrift für das gesamte Kreditwesen 1973.

Zur *Vorgeschichte* der Deutschen Mark. Tübingen 1961.

Moeller, Hero:

Leistungen und Aufgaben der deutschen *Geldpolitik* der Gegenwart. In: Akademie für Deutsches Recht (Hg.), Deutsche Geldpolitik. Berlin 1941 (= Schriften der Gruppe Wirtschaftswissenschaften, Nr. 4).

Molitor, Bruno:

Der *Sozialstaat* auf dem Prüfstand. Baden-Baden 1984.

Moll, Bruno:

Gerechtigkeit in der Wirtschaft. Kritische Analyse der volkswirtschaftlichen Verteilung. Eine theoretisch-soziologische Studie. Bonn 1932.

Mommsen, Wolfgang J.:

Die liberale Idee in einer sich wandelnden Gesellschaft. In: Aus Politik und Zeitgeschichte 1979, Heft 23.

Mombert, Paul:

Soziale und wirtschaftspolitische *Anschauungen* in Deutschland vom Beginn des neunzehnten Jahrhunderts bis zur Gegenwart. Leipzig 1919.

Monzel, Nikolaus:

Die *Katholische Soziallehre* in der Sozialgeschichte. Von den Anfängen bis zur Gegenwart. München/Wien 1980.

Morgenstern, Oskar:
Thirteen *Critical Points* in Contemporary Economic Theory: An Interpretation. In: Journal of Economic Literature 1972, Band 10.

Morsey, Rudolf:
Die Rhöndorfer Weichenstellung vom 21. August 1949. Neue Quellen zur Vorgeschichte der Koalitions- und *Regierungsbildung* nach der Wahl zum ersten Deutschen Bundestag. In: Vierteljahrshefte für Zeitgeschichte 1980, Band 28.

Müllensiefen, Heinz:
Kartelle als Produktionsförderer. 1926.

Freiheit und Bindung in der geordneten Wirtschaft. *Kartellgesetzgebung* und Marktordnung in der gewerblichen Wirtschaft. Hamburg 1939.

Müller, Adam:
Elemente der *Staatskunst* (1808/1809). In: Adam Müller, Vom Geiste der Gemeinschaft. Leipzig 1931.

Müller, J. Heinz:
Stärkung der *Konsumentenstellung*. In: Gérard Gäfgen (Hg.), Soziale Herausforderung der Marktwirtschaft. Limburg 1976.

Grundlagen einer allgemeinen *Theorie der Wahlakte*. In: Jahrbuch für Nationalökonomie und Statistik 1952, Band 164.

Müller, W.:
Sozialer Kapitalismus. Grundsätze einer Wirtschafts- und Arbeitskultur. Berlin 1930.

Müller-Armack, Alfred:
Gedanken zu einer sozialwissenschaftlichen *Anthropologie*. In: Friedrich Karrenberg/Hans Albert (Hg.), Sozialwissenschaft und Gesellschaftsgestaltung. Berlin 1963 (Festschrift für Gerhard Weisser).

Entwicklungsgesetze des Kapitalismus. Ökonomische, geschichtstheoretische und soziologische Studien zur modernen Wirtschaftsverfassung. Berlin 1932.

Fortschreibung der Sozialen Marktwirtschaft. In: Heinz Sauermann/Ernst-Joachim Mestmäcker (Hg.), Wirtschaftsordnung und Staatsverfassung. Tübingen 1975 (= Festschrift für Franz Böhm).

Genealogie der Sozialen Marktwirtschaft. Frühschriften und weiterführende Konzepte. Bern/Stuttgart 1981.

Das *Grundproblem* unserer Wirtschaftspolitik: Rückkehr zur Marktwirtschaft (1948). Wiederabgedruckt in: Alfred Müller-Armack, Genealogie der Sozialen Marktwirtschaft. Frühschriften und weiterführende Konzepte. Bern/Stuttgart 1981.

Wirtschaftspolitiker zwischen Wissenschaft und Politik (1971). In: Gerhard Schröder/Alfred Müller-Armack/Karl Hohmann/Johannes Gross/Rüdiger Altmann (Hg.), *Ludwig Erhard*, Beiträge zu seiner politischen Biographie. Frankfurt am Main/Berlin/Wien 1971 (= Festschrift für Ludwig Erhard).

Soziale Irenik (1950). Wiederabgedruckt in: Alfred Müller-Armack, Religion und Wirtschaft. Bern/Stuttgart 1981.

Soziale Marktwirtschaft (1956). Wiederabgedruckt in: Alfred Müller-Armack, Wirtschaftsordnung und Wirtschaftspolitik. Bern/Stuttgart 1976.

Staatsidee und Wirtschaftsordnung im neuen Reich. Berlin 1933.

Die fünf großen *Themen* der künftigen Wirtschaftspolitik. Bonn 1977.

Wirtschaftslenkung und Marktwirtschaft (1946). Wiederabgedruckt in: Alfred Müller-Armack, Wirtschaftsordnung und Wirtschaftspolitik. Bern/Stuttgart 1976.

Die *Wirtschaftsordnung sozial gesehen* (1948). Wiederabgedruckt in: Alfred Müller-Armack, Wirtschaftsordnung und Wirtschaftspolitik. Bern/Stuttgart 1976.

Die zweite Phase der Sozialen Marktwirtschaft. Ihre Ergänzung durch das Leitbild einer neuen Gesellschaftspolitik (1960). Wiederabgedruckt in: Alfred Müller-Armack, Wirtschaftsordnung und Wirtschaftspolitik. Bern/Stuttgart 1976.

Münnich, Frank E.:

Gesellschaftliche Ziele und Organisationsprinzipien. In: Christian Watrin/Erich Streißler (Hg.), Zur Theorie marktwirtschaftlicher Ordnungen. Tübingen 1980.

Muhs, Karl:

Kartelle und Konjunkturbewegung. Ein Beitrag zur Problematik der Wirtschaftskrise. Jena 1933.

Vom Goldautomatismus zur *Währungsautonomie*. In: Akademie für Deutsches Recht (Hg.), Deutsche Geldpolitik. Berlin 1941 (= Schriften der Gruppe Wirtschaftswissenschaften, Nr. 4).

Naumann, Friedrich:

Die Stellung des *Liberalismus* in der deutschen Gegenwart. In: W. Ohr (Hg.), Gegenwart und Zukunft des deutschen Liberalismus. München 1908.

Nationale *Socialpolitik*. Göttingen 1898.

Nawroth, Egon Edgar:

Die wirtschaftspolitischen *Ordnungsvorstellungen* des Neoliberalismus. Köln/Berlin/Bonn/München 1962.

Zur *Sinnerfüllung* der Marktwirtschaft. Köln 1965.

Die Sozial- und *Wirtschaftsphilosophie* des Neoliberalismus. Löwen 1961.

von Nell-Breuning, Oswald:

Können *Neoliberalismus* und katholische Soziallehre sich verständigen? In: Ernst-Joachim Mestmäcker/Heinz Sauermann (Hg.), Wirtschaftsordnung und Staatsverfassung. Tübingen 1975 (= Festschrift für Franz Böhm).

Neuhauser, Gertrud:

Die wirtschaftspolitische *Konzeption* als Problem der theoretischen Wirtschaftspolitik. In: Hans-Jürgen Seraphim (Hg.), Zur Grundlegung wirtschaftspolitischer Konzeptionen. Berlin 1960.

Neumann, Franz:

Behemoth. Struktur und Praxis des *Nationalsozialismus* 1933–1944 (engl. 1942). Köln/Frankfurt am Main 1977.

Neumark, Fritz:

Antinomien interventionistischer Wirtschaftspolitik und Möglichkeiten ihrer Überwindung. In: Zeitschrift für die gesamte Staatswissenschaft 1952, Band 108.

Neue *Ideologie* der Wirtschaftspolitik. Leipzig/Wien 1935.

Nölting, Erik:

Der liberale Sozialismus Franz Oppenheimers als proletarische Ideologie. In:

Robert Wilbrandt (Hg.), Wirtschaft und Gesellschaft. Beiträge zur Ökonomik und Soziologie der Gegenwart. Frankfurt am Main 1924 (= Festschrift für Franz Oppenheimer).

Oppenheimer, Franz:

Das *Bodenmonopol*. Zu Joseph Schumpeters „Das Grundprinzip der Verteilungslehre" (1917/18). In: Franz Oppenheimer, Wege zur Gemeinschaft. Gesammelte Reden und Aufsätze erster Band. München 1924.

Freiland in Deutschland. Berlin 1895.

Die *Gesellschaftswirtschaft* (1923). System der Soziologie, Band III/2. Stuttgart 1964.

Großgrundeigentum und soziale Frage. Versuch einer neuen Grundlegung der Gesellschaftswissenschaft. Berlin o.J.

Weder *Kapitalismus* noch Kommunismus. Jena 1932.

Erlebtes, Erstrebtes, Erreichtes. *Lebenserinnerungen*. Düsseldorf 1964.

Die soziale Forderung der Stunde. Gedanken und Vorschläge. Leipzig 1919.

Die soziale Frage und der Sozialismus, Eine kritische Auseinandersetzung mit der marxistischen Theorie. Jena 1919.

Der Staat (1925). System der Soziologie, Band II. Stuttgart 1964.

Theorie der reinen und politischen Ökonomie. System der Soziologie, Band III/1. Stuttgart 1964.

Kapitalismus – Kommunismus – *Wissenschaftlicher Sozialismus*. Jena 1919.

Ortlieb, Heinz-Dietrich/Lösch, Dieter:

Artikel: *Franz Oppenheimer*. In: Handwörterbuch der Sozialwissenschaften, Band 9. Stuttgart 1956.

Artikel: *Sozialismus* II: Sozialismus als Leitbild der Wirtschaftsordnung. In: Handwörterbuch der Wirtschaftswissenschaften, Band 5. Stuttgart/New York 1977.

Palyi, Melchior:

Der Streit um die *Staatliche Theorie* des Geldes. München/Leipzig 1922.

Pesch, Heinrich:

Nicht kommunistischer, sondern christlicher *Sozialismus*. Berlin 1918.

Peter, Hans:

Freiheit der Wirtschaft. Kritik des Neoliberalismus. Köln 1953.

Der *Ganzheitsgedanke* in Wirtschaft und Wirtschaftswissenschaft. Stuttgart 1934.

Marktwirtschaft und kapitalistisches *Gewinnstreben*. In: Finanzarchiv 1937, Band 4.

Besprechung: „*Grundsätze* der Wirtschaftspolitik" von Walter Eucken. In: Finanzarchiv NF 13.

Über gerechte *Verteilung* des Einkommens und Eigentums. In: Zeitschrift für die gesamte Staatswissenschaft 1956, Band 112.

Wandlungen des Geldes. In: Schmollers Jahrbuch 1940, Band 64/I.

Sozialpolitik und freier *Wettbewerb*. In: Akademie für Deutsches Recht (Hg.), Der Wettbewerb als Mittel volkswirtschaftlicher Leistungssteigerung und Leistungsauslese. Berlin 1942 (= Schriften der Gruppe Wirtschaftswissenschaften, Nr. 6).

Gutachten zu Grundsatzfragen eines Gesetzes gegen *Wettbewerbsbeschränkungen*. Köln 1955.

Petzina, Dietmar:
Die deutsche Wirtschaft in der *Zwischenkriegszeit*. Wiesbaden 1977.

Pfister, Bernhard:
Sozialpolitik als Krisenpolitik. Stuttgart 1936.

von Philippovich, Eugen:
Grundriß der Politischen Ökonomie, 3 Teilbände (1893/1899/1907). Tübingen 1919.

Pieper, August:
Berufsgedanke und Berufsstand im Wirtschaftsleben. Mönchengladbach 1926.

Pohle, Ludwig:
Die *Entwicklung der Großindustrie*, die industrielle Kartellbewegung und die Entstehung der gewerblichen Arbeiterfrage. In: Ludwig Pohle, Die Entwicklung des deutschen Wirtschaftslebens im letzten Jahrhundert. Leipzig/Berlin 1920.

Kapitalismus und Sozialismus. Betrachtungen über die Grundlagen der gegenwärtigen Wirtschaftsordnung sowie die Voraussetzungen und Folgen des Sozialismus. Berlin/Leipzig 1919.

Prager, Ludwig:
Nationalsozialismus gegen *Liberalismus*. München 1933.

Preiser, Erich:
Besitz und Macht in der Distributionstheorie (1948). Wiederabgedruckt in: Erich Preiser, Bildung und Verteilung des Volkseinkommens. Göttingen 1963.

Franz Oppenheimer. Gedenkrede zur 100. Wiederkehr seines Geburtstages. Frankfurt 1964.

Der Kapitalbegriff und die neuere Theorie (1953). Wiederabgedruckt in: Erich Preiser, Bildung und Verteilung des Volkseinkommens, Göttingen 1963.

Grundzüge der *Konjunkturtheorie*. Tübingen 1933.

Privatwirtschaftslehre (1930). Wiederabgedruckt in: Erich Preiser, Politische Ökonomie im 20. Jahrhundert. Probleme und Gestalten. München 1970.

Zur nichtmonetären *Überinvestitionstheorie* (1951). Wiederabgedruckt in: Erich Preiser, Politische Ökonomie im 20. Jahrhundert. Probleme und Gestalten. München 1970.

Wettbewerbspreis und Kostenpreis. In: Akademie für Deutsches Recht (Hg.), Der Wettbewerb als Mittel volkswirtschaftlicher Leistungssteigerung und Leistungsauslese. Berlin 1942 (= Schriften der Gruppe Wirtschaftswissenschaften, Nr. 6).

Die Zukunft unserer *Wirtschaftsordnung*. Probleme und Möglichkeiten. Stuttgart 1949.

Preller, Ludwig:
Praxis und Probleme der *Sozialpolitik*. 2 Bände. Tübingen/Zürich 1970.

Preston, Lee E.:
Corporation and Society: The Search for a Paradigm. In: Journal of Economic Literature 1975, Band 13.

Pünder, Hermann:
Die *Entstehung der Sozialen Marktwirtschaft* während des „bizonalen Interregnums". Aus der Amtszeit des Frankfurter Verwaltungsrates 1948/49. In: Gerhard Schröder/Alfred Müller-Armack/Karl Hohmann/Johannes Gross/Rüdiger Altmann (Hg.), Ludwig Erhard, Beiträge zu seiner politischen Biographie. Frankfurt am Main/Berlin/Wien 1972 (= Festschrift für Ludwig Erhard).

Pütz, Theodor:
Das „*Gemeinwohl*" als Begriff der theoretischen Wirtschaftspolitik. In: Wilhelm Weber (Hg.), Einheit und Vielfalt in den Sozialwissenschaften. Wien/New York 1966 (= Festschrift für Alexander Mahr).

Die wirtschaftspolitische *Konzeption*. In: Hans-Jürgen Seraphim (Hg.), Zur Grundlegung wirtschaftspolitischer Konzeptionen. Berlin 1960.

Rämisch, Raimund Hubert:
Die berufsständische Verfassung in Theorie und Praxis des *Nationalsozialismus*. Dissertation: Berlin 1957.

Rasch, Harold:
Das Ende der kapitalistischen *Rechtsordnung*. Heidelberg 1946.

Grundfragen der *Wirtschaftsverfassung*. Godesberg 1948.

Rauscher, Anton:
Katholische Soziallehre und liberale *Wirtschaftsauffassung*. In: Anton Rauscher (Hg.), Selbstinteresse und Gemeinwohl. Beiträge zur Ordnung der Wirtschaftsgesellschaft. Berlin 1985.

Recktenwald, Horst Claus:
Lexikon der Staats- und Geldwirtschaft. Ein Lehr- und Nachschlagewerk. München 1983.

Markt und Staat. Fundamente einer freiheitlichen Ordnung. Göttingen 1980.

Die Theorie der *Staatswirtschaft* in der Gegenwart. Wiederabgedruckt in: Wolfgang Stützel/Christian Watrin/Hans Willgerodt/Karl Hohmann (Hg.), Grundtexte zur Sozialen Marktwirtschaft. Zeugnisse aus zweihundert Jahren ordnungspolitischer Diskussion. Stuttgart/New York 1981.

Rieger, Wilhelm:
Einführung in die *Privatwirtschaftslehre* (1928). Erlangen 1959.

Riese, Hajo:
Ordnungsidee und *Ordnungspolitik*. Kritik einer wirtschaftspolitischen Konzeption. In: Kyklos 1972, Band 25.

Risse, Roland:
Alltag mit Erhard. In: Gerhard Schröder/Alfred Müller-Armack/Karl Hohmann/Johannes Gross/Rüdiger Altmann (Hg.), Ludwig Erhard, Beiträge zu seiner politischen Biographie. Frankfurt am Main/Berlin/Wien 1972 (= Festschrift für Ludwig Erhard).

Robbins, Lionel:
The Great Depression. New York 1934.

The Evolution of *Modern Economic Theory*. Chicago 1970.

Röpke, Wilhelm:

Praktische Konjunkturpolitik. Die Arbeit der *Brauns-Kommission*. In: Weltwirtschaftliches Archiv, Band 34, 1931.

Civitas humana. Grundfragen der Gesellschafts- und Wirtschaftsreform (1944). Bern/Stuttgart 1979.

Crisis and Cycles. London 1937.

Ein Weg aus der Krise (1931). Wiederabgedruckt in: Wilhelm Röpke, Gegen die Brandung. Erlenbach/Zürich 1959.

Franz Oppenheimer (1944). Wiederabgedruckt in: Wilhelm Röpke, Gegen die Brandung. Erlenbach/Zürich 1959.

Gesellschaftskrisis der Gegenwart (1942). Bern/Stuttgart 1979.

Jenseits von Angebot und Nachfrage (1957). Erlenbach/Zürich 1961.

Kapitalbeschaffung und Kapitalverwendung in unserer Zeit (1952). Wiederabgedruckt in: Wilhelm Röpke, Gegen die Brandung. Erlenbach/Zürich 1959.

Kapitalismus und Konkurrenzsystem. Eine kritische Literaturübersicht. In: Zeitschrift für Schweizerische Statistik und Volkswirtschaft 1936, Band 12.

Klein- und Mittelbetrieb in der Volkswirtschaft. In: Ordo 1948, Band 1.

Die Krise des *Kollektivismus*. München 1947.

Die *Lehre von der Wirtschaft* (1937). Bern/Stuttgart 1979.

Maß und Mitte. Erlenbach/Zürich 1950.

Die Grundlagen der *Nationalökonomie* (1942). Wiederabgedruckt in: Wilhelm Röpke, Gegen die Brandung. Erlenbach/Zürich 1959.

Marktwirtschaft und *Ordnung des Wettbewerbs*. In: Joseph Höffner/Alfred Verdross/Francesco Vito (Hg.), Naturordnung in Gesellschaft, Staat, Wirtschaft. Innsbruck/Wien/München 1961 (= Festschrift für Johannes Messner).

Die Angst vor der *Produktion* (1931). Wiederabgedruckt in: Wilhelm Röpke, Gegen die Brandung. Erlenbach/Zürich 1959.

Wirtschaftlicher Liberalismus und *Staatsgedanke* (1923). Wiederabgedruckt in: Wilhelm Röpke, Gegen die Brandung. Erlenbach/Zürich 1959.

Artikel: *Staatsinterventionismus*. In: Ludwig Elster/Adolf Weber (Hg.), Handwörterbuch der Staatswissenschaften, Ergänzungsband. Jena 1929.

Ist die deutsche *Wirtschaftspolitik* richtig? Analyse und Kritik. Stuttgart 1950.

Rössle, Wilhelm:

Ständestaat und politischer Staat. Tübingen 1934.

Roscher, Wilhelm:

Geschichte der *National-Ökonomik* in Deutschland. München 1874.

Grundlagen der Nationalökonomie. Ein Hand- und Lesebuch für Geschäftsmänner und Studierende (1854). Stuttgart 1879.

System der Volkswirtschaft, 5 Bände. (1906/1912/1913/1901/1906).

Rothbard, Murray N.:

America's *Great Depression*. Kansas City 1975.

Rüstow, Alexander:

Diktatur innerhalb der Grenzen der Demokratie. Vortrag vor der Deutschen Hochschule für Politik am 5. Juli 1929. Abgedruckt mit den anschließenden

Diskussionsbeiträgen von Hermann Heller, Josef Windschuh und Theodor Heuss und einer Einleitung von Waldemar Besson in: Vierteljahrshefte für Zeitgeschichte 1959, Band 7.

Diskussionsbeitrag auf der 32. Tagung des Vereins für Socialpolitik am 28. November 1932 in Dresden. Wiederabgedruckt unter dem Titel „Liberale *Interventionen*" in: Wolfgang Stützel/Christian Watrin/Hans Willgerodt/Karl Hohmann (Hg.), Grundtexte zur Sozialen Marktwirtschaft. Zeugnisse aus zweihundert Jahren ordnungspolitischer Diskussion. Stuttgart/New York 1981.

Zwischen *Kapitalismus* und Kommunismus. In: Ordo 1949, Band 2.

Ortsbestimmung der Gegenwart. Eine universalgeschichtliche Kulturkritik, Zweiter Band: Weg der Freiheit. Erlenbach/Zürich 1952.

Paläoliberalismus, Kommunismus und Neoliberalismus. In: Franz Greiß/Fritz W. Meyer (Hg.), Wirtschaft, Gesellschaft und Kultur. Berlin 1961 (= Festschrift für Alfred Müller-Armack).

Das Versagen des *Wirtschaftsliberalismus* (1945). Bad Godesberg 1950.

Salin, Edgar:

Geschichte der *Volkswirtschaftslehre*. Berlin 1923.

Sander, Paul:

Feudalstaat und bürgerliche Verfassung. Ein Versuch über das Grundproblem der deutschen Verfassungsgeschichte. Berlin 1906.

Sanmann, Horst:

Daten und Alternativen der deutschen Wirtschafts- und Finanzpolitik in der *Ära Brüning*. In: Hamburger Jahrbuch für Wirtschafts- und Gesellschaftspolitik 1965, Band 10.

Say, Jean Baptist:

Vollständiges *Handbuch* der praktischen Nationalökonomie für Staatsmänner, Grundbesitzer, Gelehrte, Kapitalisten, Landwirte, Manufakturisten, Handelsleute und überhaupt jeden denkenden Bürger. Stuttgart 1829.

Schachtschabel, Hans Georg:

Artikel: *Genossenschaften* (III), Soziologisch-volkswirtschaftliche Problematik. In: Handwörterbuch der Sozialwissenschaften, Band 4. Stuttgart 1956

Historische *Grundformen* wirtschaftlicher Ordnungen: Merkantilismus, Liberalismus, Sozialpolitik. In: Landeszentrale für politische Bildung Nordrhein-Westfalen (Hg.), Unsere Wirtschaft – Basis, Dschungel, Dogma? Marktwirtschaft in der gegenwärtigen Auseinandersetzung. Köln 1973.

Wirtschaftspolitische *Konzeptionen* (1967). Stuttgart/Berlin/Köln/Mainz 1976.

Die Entwicklung der deutschen *Währungsgesetzgebung* seit der Reichsgründung. In: Akademie für Deutsches Recht (Hg.), Deutsche Geldpolitik. Berlin 1941 (= Schriften der Gruppe Wirtschaftswissenschaften, Nr. 4).

Schäfer, Erich:

Die *Institutszeit* in Nürnberg. In: Gerhard Schröder/Alfred Müller-Armack/Karl Hohmann/Johannes Gross/Rüdiger Altmann (Hg.), Ludwig Erhard, Beiträge zu seiner politischen Biographie. Frankfurt am Main/Berlin/Wien 1972 (= Festschrift für Ludwig Erhard).

Artikel: *Wilhelm Vershofen*. In: Handwörterbuch der Sozialwissenschaften, Band 12. Stuttgart 1956.

Scheler, Max:
Der *Bourgeois* – Der Bourgeois und die religiösen Mächte – Die Zukunft des *Kapitalismus.* Drei Aufsätze zum Problem des kapitalistischen Geistes (1914). Wiederabgedruckt in: Max Scheler, Vom Umsturz der Werte. Abhandlungen und Aufsätze. Bern/München 1972.

Schickling, Willi:
Entscheidung in Frankfurt. Ludwig Erhards Durchbruch zur Freiheit. 30 Jahre Deutsche Mark. 30 Jahre Soziale Marktwirtschaft. Stuttgart 1978.

Schiller, Karl:
Arbeitsbeschaffung und Finanzordnung in Deutschland. Berlin 1936.

Preisstabilität durch globale Steuerung der Marktwirtschaft. Tübingen 1966.

Die Rolle der *Selbsthilfeorganisationen* bei der Entwicklung einer freiheitlichen und sozialen Wirtschaftsordnung. Hamburg 1953.

Schilling, Kurt:
Geschichte der sozialen Ideen. Individuum. Gemeinschaft. Gesellschaft. Stuttgart 1966.

Schlecht, Otto:
Die *Genesis* des Konzepts der Sozialen Marktwirtschaft. In: Otmar Issing (Hg.), Zukunftsprobleme der Sozialen Marktwirtschaft. Berlin 1981 (= Schriften des Vereins für Socialpolitik, Band 116 NF).

Schlesinger, Helmut:
Beschäftigungs- und Konjunkturpolitik in der Bundesrepublik Deutschland. In: Handwörterbuch der Wirtschaftswissenschaften. Stuttgart/New York 1977.

Schmahl, Hans-Jürgen:
Ohne *Mitwirkung der Gruppen* keine Lösung des Zielkonflikts. In: Wirtschaftsdienst 1967, Band 47.

Schmidt, Friedrich:
Der bargeldlose *Zahlungsverkehr* in Deutschland und seine Förderung. Berlin 1917.

Schmidt, Kurt:
Möglichkeiten und Grenzen einer *Finanzpolitik* des sozialen Ausgleichs. In: Ordo 1958, Band 10.

Wirtschaftsordnung und öffentliche Mittelverwendung. In: Ordo 1956, Band 8.

Schmitt, Carl:
Politische Romantik (1919). München/Leipzig 1925.

Schmittmann, Benedikt:
Wirtschafts- und Sozialordnung als Aufgabe. Stuttgart 1932.

Schmitz, Wolfgang:
Soziale Marktwirtschaft: Der Katholischen Soziallehre am nächsten. In: Europäische Rundschau 1980, Heft 1.

Schmölders, Günter:
Erhards Denkschrift im Lichte neuer Dokumente über die Kriegsfinanzierung 1943–45. In: Ludwig Erhard, Kriegsfinanzierung und Schuldenkonsoliderung. Denkschrift von 1943/44. Frankfurt am Main 1977.

Probleme der *Preisbeherrschung*. In: Akademie für Deutsches Recht (Hg.), Deutsche Geldpolitik. Berlin 1941 (= Schriften der Gruppe Wirtschaftswissenschaften, Nr. 4).

Wirkungsmöglichkeiten und Grenzen öffentlicher *Preisregelung*. In: Akademie für Deutsches Recht (Hg.), Der gerechte Preis. Berlin 1940 (= Schriften der Gruppe Wirtschaftswissenschaften, Nr. 1).

Höchstleistungsepochen der *Reichsfinanzwirtschaft*. Ein Vergleich der Perioden 1914/18 und 1933/38. In: Bank-Archiv 1939.

von Schmoller, Gustav:

Über einige *Grundfragen* des Rechts und der Volkswirtschaft. Leipzig 1898.

Die soziale Frage. Klassenbildung, Arbeiterfrage, Klassenkampf. München/Leipzig 1918.

Schneider, Hans Karl:

Artikel: *Beschäftigungs- und Konjunkturpolitik*. In: Handwörterbuch der Wirtschaftswissenschaften. Stuttgart/New York 1977.

Schoeck, Helmut:

Der Neid. Eine *Theorie der Gesellschaft* (1966). Freiburg 1971.

Schönfeld-Illy, Leo:

Grenznutzen und Wirtschaftsrechnung (1924). München/Wien 1982.

Schott, Heinzgerd:

Die *Formierte Gesellschaft* und das Deutsche Gemeinschaftswerk. Zwei gescheiterte politische Konzepte Ludwig Erhards. Dissertation: Bonn 1981.

Schüller, Alfred:

Wirtschaft unter dem Grundgesetz. *Strukturbedingungen* der Sozialen Marktwirtschaft. In: Die Politische Meinung 1974, Band 19.

Schultz, Bruno:

Franz Oppenheimer als Lehrer und Ökonom. In: Zeitschrift für die gesamte Staatswissenschaft 1954, Band 110.

Schultz, Wilfried:

Die Entwicklung der Diskussion um das *Machtproblem* innerhalb der Verteilungslehre in Deutschland seit Franz Oppenheimer. Dissertation: Köln 1966.

Schulz, Alfred:

Der sinnhafte *Aufbau der sozialen Welt*. Wien 1932.

Schumann, Wolfgang:

Nachkriegsplanungen der Reichsgruppe Industrie im Herbst 1944. In: Jahrbuch für Wirtschaftsgeschichte 1972.

Schumpeter, Joseph A.:

Franz Oppenheimers Theorie des Bodenmonopols (1917). Wiederabgedruckt in: Joseph A. Schumpeter, Dogmenhistorische und biographische Aufsätze. Tübingen 1954.

Das Wesen und der Hauptinhalt der *Nationalökonomie*. Leipzig 1908.

Das Sozialprodukt und die *Rechenpfennige*. Glossen und Beiträge zur Geldtheorie von heute (1917/1918). Wiederabgedruckt in: Joseph A. Schumpeter, Aufsätze zur ökonomischen Theorie. Tübingen 1952.

Theorie der wirtschaftlichen Entwicklung. Eine Untersuchung über Unternehmergewinn, Kapital, Kredit, Zins und Konjunkturzyklen (1911). München/ Leipzig 1926.

Seraphim, Hans Jürgen:
Die genossenschaftliche Gesinnung und das moderne *Genossenschaftswesen.* Karlsruhe 1956.

Sievert, Olaf:
Angebotsorientierte versus nachfrageorientierte *Wirtschaftspolitik.* In: Peter Hampe (Hg.), Friedman contra Keynes. Zur Kontroverse über Konjunktur- und Beschäftigungspolitik. München 1984.

Simmel, Georg:
Philosophie des Geldes (1900). Berlin 1977.

Skinner, Quentin:
The Foundations of *Modern Political Thought.* 2 Bände, Cambridge/London/ New York/Melbourne 1978.

Smith, Adam:
Theorie der ethischen Gefühle (1759). Hamburg 1977.

Der *Wohlstand* der Nationen. Eine Untersuchung seiner Natur und seiner Ursachen (1776). Aus dem Englischen übertragen und mit einer Würdigung von Horst Claus Recktenwald. München 1974.

Sombart, Werner:
Prinzipielle *Eigenart des modernen Kapitalismus.* In: Grundriß der Sozialökonomik, IV. Abteilung: Spezifische Elemente der modernen kapitalistischen Wirtschaft. Tübingen 1925.

Artikel: *Kapitalismus.* In: Handwörterbuch der Soziologie. Stuttgart 1959.

Das ökonomische Zeitalter. Zur *Kritik der Zeit.* Berlin 1934.

Der moderne Kapitalismus. München/Leipzig 1924.

Die *Ordnung des Wirtschaftslebens.* Berlin 1927.

Ideale der *Sozialpolitik.* In: Archiv für Sozialpolitik 1931.

Artikel: *Wirtschaft.* In: Handwörterbuch der Soziologie. Stuttgart 1959.

Sontheimer, Kurt:
Der Tatkreis. In: Vierteljahrshefte für Zeitgeschichte 1959, Band 7.

Sozialenquête-Kommission (Hg.):
Soziale Sicherung in der Bundesrepublik Deutschland. Stuttgart 1966.

Spann, Othmar:
Gesellschaftslehre (1914). Graz 1969.

Die *Haupttheorien* der Volkswirtschaftslehre auf lehrgeschichtlicher Grundlage (1910). Graz 1967.

Kategorienlehre. Jena 1939.

Der wahre Staat (1920). Vorlesungen über Abbruch und Neubau der Gesellschaft. Graz 1972.

von Stackelberg, Heinrich:
Grundlagen der theoretischen Volkswirtschaftslehre. Bern 1948.

Marktform und Gleichgewicht, Wien 1934.

Möglichkeiten und Grenzen der *Wirtschaftslenkung.* In: Ordo 1949, Band 2.

Stegerwald, Adam:
Nicht Klassen, sondern *Stände*! In: Alfred Bozi/Alfred Niemann (Hg.), Die Einheit der Nationalen Politik. Stuttgart 1925.

Stegmann, Franz-Josef
Geschichte der sozialen Ideen im deutschen Katholizismus. In: Helga Grebing (Hg.), Geschichte der sozialen Ideen in Deutschland. München/Wien 1969.

Die Katholische Kirche in der *Sozialgeschichte*. Die Gegenwart. München/Wien 1983.

Von der ständischen *Sozialreform* zur staatlichen Sozialpolitik. Der Beitrag der Historisch-Politischen Blätter zur Lösung der sozialen Frage. München/Wien 1965.

Sternberg, Fritz:
Der Niedergang des deutschen *Kapitalismus*. Berlin 1932.

Eine Umwälzung der Wissenschaft? Kritik des Buches von Henryk Großmann: Das Akkumulations- und *Zusammenbruchsgesetz* des kapitalistischen Systems. Zugleich eine positive Analyse des Imperialismus. Berlin 1930.

Stolper, Gustav:
Ein *Finanzplan*. Vorschläge zur deutschen Finanzreform. Berlin 1929.

Das deutsche *Wirtschaftsproblem*. Berlin 1928.

Streißler, Erich:
Preissystem, Eigentumsrechte und politische Wahlprozesse als soziale *Entscheidungsfindung*. In: Wirtschaftspolitische Blätter 1976, Band 23.

Hayek on Growth: A Reconsideration of his Early Theoretical Work. In: Erich Streißler (Hg.), Roads to Freedom. Essays in Honour of Friedrich A. von Hayek. London 1969.

Kritik des neoklassischen Gleichgewichtsansatzes als Rechtfertigung marktwirtschaftlicher Ordnungen. In: Erich Streißler/Christian Watrin, Zur Theorie marktwirtschaftlicher Ordnungen. Tübingen 1980.

Liberale Wirtschaftsordnung – aktueller denn je. Versuch einer „materialistischen" Geschichtsinterpretation. In: Peter Harbusch/Dietrich Wiek (Hg.), Marktwirtschaft. Eine Einführung in das Konzept der freiheitlichen Wirtschaftsordnung. Stuttgart 1975.

Macht und Freiheit in der Sicht des *Liberalismus*. In: Hans K. Schneider/Christian Watrin (Hg.,), Macht und ökonomisches Gesetz. Berlin 1973 (= Schriften des Vereins für Socialpolitik).

Streißler, Erich/Beinsen, Lutz/Schleicher, Stefan/Suppanz, Hannes:
Zur Relativierung des Zieles der *Geldwertstabilität*. Göttingen 1976.

von Strigl, Richard:
Kapital und Produktion (1934). München/Wien 1982.

Stucken, Rudolf:
Deutsche *Geldpolitik* im Kriege. In: Akademie für Deutsches Recht (Hg.), Deutsche Geldpolitik. Berlin 1941 (= Schriften der Gruppe Wirtschaftswissenschaften, Nr. 4).

Deutsche Geld- und *Kreditpolitik* 1914 bis 1953. Tübingen 1953.

Stützel, Wolfgang:
Die *Gewerkschaften* und die Soziale Marktwirtschaft. In: Otmar Issing (Hg.), Zukunftsprobleme der Sozialen Marktwirtschaft. Berlin 1981 (= Schriften des Vereins für Socialpolitik, Band 116 NF).

Marktwirtschaft einsichtig machen. Sinn und Wert unserer Wirtschaftsordnung, 1981 neu bestimmt. Wiederabgedruckt in: Wolfgang Stützel, Marktpreis und Menschenwürde. Thesen zur Wirtschafts- und Bildungspolitik. Stuttgart 1982.

Ohne Konzeption im Bereich des Sozialen. In: Frankfurter Institut für Wirtschaftspolitische Forschung (Hg.), Mehr Mut zum Markt. Stuttgart 1984.

Sicherung der Sozialen Marktwirtschaft durch eine konsequente *Ordnungspolitik*. In: Ludwig-Erhard-Stiftung (Hg.), Fundamentalkorrektur statt Symptomtherapie. Von der Zukunft der Sozialen Marktwirtschaft. Stuttgart 1978.

Zur *Systemkritik* an der Sozialen Marktwirtschaft (1981). Wiederabgedruckt in: Wolfgang Stützel, Marktpreis und Menschenwürde. Thesen zur Wirtschafts- und Bildungspolitik. Stuttgart 1982.

Surànyi-Unger, Theo:
Philosophie in der *Volkswirtschaftslehre*. Ein Beitrag zur Geschichte der Volkswirtschaftslehre. Zwei Bände, Jena 1923/1926.

Wirtschaftsphilosophie des 20. Jahrhunderts. Stuttgart 1967.

Talmon, Jakob L.:
Die Ursprünge der totalitären *Demokratie*. Köln/Opladen 1961.

Thalenhorst, Jobst/Wenig, Alois:
F. A. Hayeks *„Prices and Production"* Re-Analyzed. In: Jahrbücher für Nationalökonomie und Statistik 1984, Band 199.

Thieme, H. Jörg/Steinbring, Reinhard:
Wirtschaftspolitische *Konzeptionen* kapitalistischer Marktwirtschaften. In: Dieter Cassel (Hg.), Wirtschaftspolitik im Systemvergleich. Konzeption und Praxis der Wirtschaftspolitik in kapitalistischen und sozialistischen Wirtschaftssystemen. München 1984.

Timm, Herbert:
Geldpolitik und Wirtschaftslenkung. In: Akademie für Deutsches Recht (Hg.), Deutsche Geldpolitik. Berlin 1941 (= Schriften der Gruppe Wirtschaftswissenschaften, Nr. 4).

Tönnies, Ferdinand:
Artikel: Stände und *Klassen*. In: Handwörterbuch der Soziologie. Stuttgart 1959.

Treue, Wilhelm:
Wirtschaftsgeschichte der Neuzeit. Das Zeitalter der technisch-industriellen Revolution 1700 bis 1966. Stuttgart 1966.

Troeger, Heinrich:
Grundlagen und *Möglichkeiten des Lastenausgleichs*. In: Wirtschaftsverwaltung 1948, Band 1.

Troge, Andreas:
Wirtschaftspolitik als institutionelles Problem. Eine ordnungstheoretische Untersuchung am Beispiel der sektoralen *Strukturpolitik* in der Sozialen Markwirtschaft. Köln 1982.

Tschierschky, Siegfried:
Kartellpolitik. Berlin 1930.

Tuchtfeldt, Egon:
Soziale Marktwirtschaft und *Globalsteuerung*. In: Egon Tuchtfeldt (Hg.), Soziale Marktwirtschaft im Wandel. Freiburg 1973.

Ideensysteme als Bezugsrahmen der Politik. In: Ordo 1979, Band 30.

Das *Instrumentarium* der Wirtschaftspolitik. Ein Beitrag zu seiner Systematik. In: Hamburger Jahrbuch für Wirtschafts- und Gesellschaftspolitik 1957, Band 2.

Der „*Interventionskapitalismus*" – eine gemischte Wirtschaftsordnung. Bemerkungen zur systematischen Erfassung konkreter Wirtschaftsordnungen. In: Christian Watrin/Hans Willgerodt (Hg.), Widersprüche der Kapitalismuskritik. Bern/Stuttgart 1976.

von Tugan-Baranowsky, Michael:
Theoretische Grundlagen des *Marxismus*. Leipzig 1905.

Utz, Arthur Fridolin:
Das Grundanliegen der Pluralismusidee in der freiheitlichen Gesellschaftskonzeption und der *Dritte Weg*. In: Internationale Stiftung Humanum (Hg.), Neomarxismus und pluralistische Wirtschaftsordnung. Bonn 1979.

Die *Marktwirtschaft* im katholischen Denken. Weltanschauung im Streit um Wettbewerbsordnung und Planwirtschaft. In: Die neue Ordnung in Kirche, Staat, Gesellschaft, Kultur 1955, Band 9.

Veit, Otto:
Der *Einfluß des Geldes* auf den Güterkreislauf. In: Weltwirtschaftliches Archiv 1944, Band 59.

Die *Tragik* des technischen Zeitalters. Berlin 1935.

Vershofen, Wilhelm:
Es ist merkwürdig... (1956). Wiederabgedruckt in: Wilhelm Vershofen, Philosophische Schriften. München o.J.

Der *Fenriswolf*. Eine Finanznovelle. Jena 1917.

Das *Jahr* eines Ungläubigen (1942). Wiederabgedruckt in: Wilhelm Vershofen, Philosophische Schriften. München o.J.

Kartelle und Gemeinwohl. Berlin 1925.

Positives *Kartellrecht*. In: Die deutsche Fertigware, Teil A, 1933, Heft 1.

Konsumforschung. Eine neue wissenschaftliche Disziplin und ihre wirtschaftspolitische Bedeutung. In: Andreas Predöhl u.a., Marktforschung als Gemeinschaftsaufgabe von Wissenschaft und Wirtschaft. Wuppertal 1939 (= Festschrift für Conrad Herrmann).

Der *Konsument* hat den Trumpf! In: Die deutsche Fertigware, Teil A, 1934, Heft 10.

Licht im Spiegel (1934). Wiederabgedruckt in: Wilhelm Vershofen, Philosophische Schriften. München o.J.

Die *Marktverbände*. Tübingen 1928.

Marktzufall oder Marktordnung. Ein Aufsatz mit Verkehrssignalen. In: Die deutsche Fertigware, Teil A, 1937, Heft 1.

Neue Wege der Wirtschaftswissenschaft. In: Die deutsche Fertigware, Teil A, 1934, Heft 7.

Die neuen Aufgaben der *Wirtschaftsgruppen*. In: Die deutsche Fertigware, Teil A, 1937, Heft 4.

Die Stufen zur *Sozietät*. Ein Beitrag zur Lehre von den Gestalten (1931). Wiederabgedruckt in: Wilhelm Vershofen, Philosophische Schriften. München o.J.

Wille und *Verantwortung* (1940). Wiederabgedruckt in: Wilhelm Vershofen, Philosophische Schriften. München o.J.

Verbraucherlenkung und die Wiederentdeckung des Verbrauchers. In: Die deutsche Fertigware, Teil A, 1935, Heft 7/8.

Wettbewerb als System der Gegenkräfte. Gutachten zum Entwurf eines Gesetzes gegen Wettbewerbsbeschränkungen (1955). Stuttgart 1969.

Zusammenbruch und *Wiederaufbau des Verbrauchs*. In: Die deutsche Fertigware, Teil A, 1935, Heft 6.

Wirtschaft als Schicksal und Aufgabe. Darmstadt 1930.

Vierkandt, Alfred:

Gesellschaftslehre. Hauptprobleme der philosophischen Soziologie. Stuttgart 1923.

Vleugels, Wilhelm:

Über *Gegenwartslage*, Erbe und heutige Aufgaben der deutschen volkswirtschaftlichen Theorie. In: Zur Gegenwartslage der deutschen Volkswirtschaftslehre. Eine Sammlung von Aufsätzen. Jena 1939.

Kritik des freiverkehrswirtschaftlichen Wettbewerbspreises vom Standpunkt der *Idee des gerechten Preises*. In: Akademie für Deutsches Recht (Hg.), Der gerechte Preis. Berlin 1940 (= Schriften der Gruppe Wirtschaftswissenschaften, Nr. 1).

Die Kritik am wirtschaftlichen *Liberalismus* in der Entwicklung der deutschen Volkswirtschaftslehre. München/Leipzig 1935.

Die Volkswirtschaftslehre als *Politische Ökonomie* und die formale Wirtschaftstheorie. Stuttgart 1936.

Reine und politische Wissenschaft in der Lehre von der *Staatswirtschaft*. In: Jahrbücher für Nationalökonomie und Statistik 1934, Band 140.

Probleme der *Wertlehre*. In: Archiv für Sozialwissenschaft und Sozialpolitik 1932, Band 68.

Wagemann, Ernst:

Wo kommt das viele Geld her? *Geldschöpfung* und Finanzlenkung in Krieg und Frieden. Düsseldorf 1940.

Wirtschaftspolitische Strategie. Von den obersten Grundsätzen wirtschaftlicher Staatskunst (1937). Hamburg 1943.

Wagenführ, Horst:

Kartellpreise und Tariflöhne im Konjunkturverlauf. In: Jahrbücher für Nationalökonomie und Statistik 1933, Band 138.

Preise und *Preispolitik*. Berlin 1937.

Walb, Ernst:

Der gerechte Preis in der gewerblichen Wirtschaft. In: Akademie für Deutsches Recht (Hg.), Der gerechte Preis. Berlin 1940 (= Schriften der Gruppe Wirtschaftswissenschaften, Nr. 1).

Wallich, Henry C.:

Triebkräfte des deutschen Wiederaufstiegs. Frankfurt 1955.

Wandel, Eckhard:

Historical Developments Prior to the *Currency Reform* of 1948. In: Zeitschrift für die gesamte Staatswissenschaft 1979, Band 135.

von Wartenburg, Yorck:

Ansätze zum *Leistungswettbewerb* in der Kriegswirtschaft. In: Akademie für Deutsches Recht (Hg.), Der Wettbewerb als Mittel volkswirtschaftlicher Leistungssteigerung und Leistungsauslese. Berlin 1942 (= Schriften der Gruppe Wirtschaftswissenschaften, Nr. 6).

Watrin, Christian:

Fragen an die Kritiker von Wettbewerbsgesellschaften. In: Anton Rauscher (Hg.), Kapitalismuskritik im Widerstreit. Köln 1973.

Grenzen der Gleichheit in einer freiheitlichen Ordnung. In: Ordo 1979, Band 30.

Geldwertstabilität, *Konzertierte Aktion* und autonome Gruppen. In: Erich Hoppmann (Hg.), Konzertierte Aktion. Kritische Beiträge zu einem Experiment. Frankfurt am Main 1971.

Ordnungspolitische Aspekte des Sozialstaates. In: Bernhard Külp/Heinz-Dieter Haas (Hg.), Soziale Probleme der modernen Industriegesellschaft. Berlin 1977 (= Schriften des Vereins für Socialpolitik, Band 92/2 NF).

Ordoliberalismus und Marktwirtschaft. In: Landeszentrale für politische Bildung Nordrhein-Westfalen (Hg.), Unsere Wirtschaft – Basis, Dschungel, Dogma? Marktwirtschaft in der gegenwärtigen Auseinandersetzung. Köln 1973.

The *Principles* of the Social Market Economy – Its Origins and Early History. In: Zeitschrift für die gesamte Staatswissenschaft 1979, Band 135.

Thesen zum Programm der Sozialen Marktwirtschaft. In: Dieter Cassel/Gernot Gutmann/H. Jörg Thieme (Hg.), 25 Jahre Marktwirtschaft in der Bundesrepublik Deutschland. Konzeption und Wirklichkeit. Stuttgart 1972.

Modelle und Hypothesen in der *Wachstumstheorie*. In: Wirtschaftspolitische Chronik, Heft 1, 1960.

Weber, Adolf:

Allgemeine Volkswirtschaftslehre. Eine Einführung. Berlin 1953.

Ende des *Kapitalismus*? Die Notwendigkeit freier Erwerbswirtschaft. München 1929.

Kurzgefaßte Volkswirtschaftslehre (1935). Berlin 1957.

Schein und Wirklichkeit in der Volkswirtschaft. Sechs Jahrzehnte im Dienst der Volkswirtschaftslehre. Beiträge zur Klärung sozialökonomischer Gegenwartsfragen. Berlin 1961.

Grundlagen und Grenzen der *Sozialpolitik*. In: Franz Boese (Hg.), Grundlagen und Grenzen der Sozialpolitik. Deutsche Agrarnot. Städtische Wohn- und Siedelwirtschaft. München/Leipzig 1931 (= Schriften des Vereins für Socialpolitk, Band 182).

Zur *Theorie und Praxis* der Marktwirtschaft. In: In: Joseph Höffner/Alfred Verdross/Francesco Vito (Hg.), Naturordnung in Gesellschaft, Staat, Wirtschaft. Innsbruck/Wien/München 1961 (= Festschrift für Johannes Messner).

Wohin steuert die Wirtschaft? München 1946.

Weber, Max:

Die protestantische Ethik und der Geist des Kapitalismus (1920). Tübingen 1934.

Gesammelte politische *Schriften*. Tübingen 1958.

Wirtschaft und Gesellschaft. Grundriß der verstehenden Soziologie (1921). Tübingen 1972.

Weber, Wilhelm:

Liberalismus. In: Anton Rauscher (Hg.), Der soziale und politische Katholizismus. Entwicklungslinien in Deutschland 1803–1963. München/Wien 1981.

Weddigen, Walter:

Wirtschaftsethik. Berlin/München 1951.

Weippert, Georg:

Genossenschaftswesen und Soziale Marktwirtschaft. In: Zeitschrift für das gesamte Genossenschaftswesen. Göttingen 1950/1951, Band 1.

Das Prinzip der *Hierarchie*. Hamburg 1932.

Die *Soziologie* des Genossenschaftswesens. In: Zeitschrift für das gesamte Genossenschaftswesen 1957, Band 7.

„*Vereinbarung*" als drittes Ordnungsprinzip. In: Jahrbuch für Sozialwissenschaft 1963, Band 14.

Weisser, Gerhard:

Artikel: *Hans Peter*. In: Handwörterbuch der Sozialwissenschaften. Stuttgart 1956.

Wengst, Udo:

Staatsaufbau und Regierungspraxis 1948/1953. Zur Geschichte der Verfassungsorgane der Bundesrepublik Deutschland. Düsseldorf 1984.

Wenzel, Rolf:

Wirtschafts- und Sozialordnung. In: Josef Becker/Theo Stammen/Peter Waldmann (Hg.), Vorgeschichte der Bundesrepublik Deutschland. Zwischen Kapitulation und Grundgesetz. München 1979.

Werner, Kurt:

Oppenheimers System des liberalen Sozialismus. Kritische Untersuchung über seine ökonomisch-theoretischen Kernpunkte. Jena 1928.

Wessel, Theodor:

Wettbewerbsprinzip und Nachkriegswirtschaft. In: Akademie für Deutsches Recht (Hg.), Der Wettbewerb als Mittel volkswirtschaftlicher Leistungssteigerung und Leistungsauslese. Berlin 1942 (= Schriften der Gruppe Wirtschaftswissenschaften, Nr. 6).

Westphalen, Ferdinand A.:

Die theoretischen Grundlagen der *Sozialpolitik*. Jena 1931.

Wiedenfeld, Kurt:
Gewerbepolitik. Berlin 1927.

von Wiese, Leopold:
Artikel: *Beziehungssoziologie*. In: Handwörterbuch der Soziologie. Stuttgart 1959.

Die *Konkurrenz*, vorwiegend in soziologisch-systematischer Betrachtung. Tübingen 1929 (= Schriften der Deutschen Gesellschaft für Soziologie, Verhandlungen der Deutschen Soziologentage, Band 6).

Der *Liberalismus* in Vergangenheit und Zukunft. Berlin 1917.

Einführung in die *Sozialpolitik*. Leipzig 1910.

Rezensionen: *Wilhelm Vershofen*, Wirtschaft als Schicksal und Aufgabe und Die Stufen zur Sozietät. In Weltwirtschaftliches Archiv 1932, Band 35.

Freiherr von Wieser, Friedrich:
Freiheit. In: Recht und Macht. Sechs Vorträge. Leipzig 1919.

Theorie der gesellschaftlichen Wirtschaft. Tübingen 1924.

Wilbrandt, Robert:
Das Zentralproblem der *Nationalökonomie* als praktischer Wissenschaft. In: Robert Wilbrandt (Hg.), Wirtschaft und Gesellschaft. Beiträge zur Ökonomik und Soziologie der Gegenwart. Frankfurt am Main 1924 (= Festschrift für Franz Oppenheimer).

Willeke, Franz-Ulrich:
Grundsätze wettbewerblicher Konzeptionen. Tübingen 1973.

Willgerodt, Hans:
Kapital- und Vermögensbildung. Ordnungspolitische Konsequenzen. Wiederabgedruckt in: Wolfgang Stützel/Christian Watrin/Hans Willgerodt/Karl Hohmann (Hg.), Grundtexte zur Sozialen Marktwirtschaft. Zeugnisse aus zweihundert Jahren ordnungspolitischer Diskussion. Stuttgart/New York 1981.

Die gesellschaftliche Aneignung privater *Leistungserfolge* als Grundelement der wettbewerblichen Marktwirtschaft. In: Ernst-Joachim Mestmäcker/Heinz Sauermann (Hg.), Wirtschaftsordnung und Staatsverfassung. Tübingen 1975 (= Festschrift für Franz Böhm).

Das *Leistungsprinzip* – Kriterium der Gerechtigkeit und Bedingung des Fortschritts? In: Anton Rauscher (Hg.), Kapitalismuskritik im Widerstreit. Köln 1973.

Warum *Staatsplanung* in der Marktwirtschaft? In: Ordo 1966, Band 17.

Wirtschaftsordnung und *Staatsverwaltung*. In: Ordo 1979, Band 30.

Vermögen für alle. Probleme der Bildung, Verteilung und Werterhaltung des Vermögens in der Marktwirtschaft. Düsseldorf/Wien 1971.

Winkel, Harald:
Die *Volkswirtschaftslehre* der neueren Zeit. Darmstadt 1973.

Die *Wirtschaft im geteilen Deutschland* 1945–1970. Wiesbaden 1970.

Finanz- und wirtschaftspolitische Fragen der *Zwischenkriegszeit*. Berlin 1973.

Wissenschaftlicher Beirat beim Direktor der Verwaltung/ beim Bundesminister für Wirtschaft:
Maßnahmen der Verbrauchsregelung, der Bewirtschaftung und der Preispolitik nach der Währungsreform. *Gutachten vom 1. April 1948*.

Wirtschaftspolitische Möglichkeiten zur Begrenzung der direkten lenkenden Eingriffe. *Gutachten vom 25. Februar 1951.*

Lenkungsmaßnahmen. *Gutachten vom 10. Juni 1951.*

Staatliche Interventionen in einer Marktwirtschaft. *Gutachten vom 12. Januar 1979.* Wiederabgedruckt in: Wolfgang Stützel/Christian Watrin/Hans Willgerodt/Karl Hohmann (Hg.), Grundtexte zur Sozialen Marktwirtschaft. Zeugnisse aus zweihundert Jahren ordnungspolitischer Diskussion. Stuttgart/New York 1981.

Wolfers, Arnold:
Das *Kartellproblem* im Lichte der deutschen Kartelliteratur. München/Leipzig 1931.

Woll, Artur:
Wirtschaftspolitik. München 1984.

Wünsche, Horst Friedrich:
Vom Marktmodell zur Politischen Ökonomie. *Alexander Rüstow* zum 100. Geburtstag. In: Orientierungen zur Wirtschafts- und Gesellschaftspolitik 1985, Heft 24.

Bodenordnung in der Marktwirtschaft. Typoskript der Ludwig-Erhard-Stiftung. Bonn o.J. (1974).

Welcher Marktwirtschaft gebührt das *Beiwort „sozial"*? In: Orientierungen zur Wirtschafts- und Gesellschaftspolitik 1986, Heft 27.

Does *Industrial Policy* Comply with Ludwig Erhard's Concept of Social Market Economy? In: Bodo B. Gemper (Hg.), Industrial Policy – Structural Dynamics. Hamburg 1985.

Protektionismus: Ökonomische Konsequenz einer emanzipierten Technik. In: Bodo B. Gemper (Hg.), Protektionismus in der Weltwirtschaft. Verstöße gegen die Spielregeln der Marktwirtschaft und das Freihandelsprinzip. Hamburg 1984.

Sozialer Frieden – Primärziel der Sozialen Marktwirtschaft. In: Orientierungen zur Wirtschafts- und Gesellschaftspolitik 1981, Heft 8.

Ist die *Vollbeschäftigung* passé? In: Arbeit und Sozialpolitik 1983, Band 37.

Wirtschaft in Westdeutschland. Bemerkungen zu dem gleichnamigen Buch von Werner Abelshauser. In: Orientierungen zur Wirtschafts- und Gesellschaftsordnung 1979, Heft 2.

Wulff, Manfred:
Die neoliberale Wirtschaftsordnung: Versuch einer dynamischen Analyse der Konzeption und der Realität. Tübingen 1976.

Zacher, Hans Friedrich:
Gewerkschaften in der rechtsstatlichen Demokratie einer *Arbeitnehmergesellschaft.* In: Ernst-Joachim Mestmäcker/Heinz Sauermann (Hg.), Wirtschaftsordnung und Staatsverfassung. Tübingen 1975 (= Festschrift für Franz Böhm).

Soziale Sicherung in der Sozialen Marktwirtschaft. In: Vierteljahresschrift für Sozialrecht 1973/74, Band 1.

Zunkel, Friedrich:
Industrie und *Staatssozialismus.* Der Kampf um die Wirtschaftsordnung in Deutschland 1914–18. Düsseldorf 1974.

Personenregister

Sachregister